ENTRE TODOS

Gilbert A. Jarvis
Thérèse M. Bonin

Diane W. Birckbichler
Jill K. Welch

HOLT, RINEHART AND WINSTON

AUSTIN NEW YORK SAN DIEGO CHICAGO TORONTO MONTREAL

Consultants

We would like to thank the teachers and administrators who reviewed the manuscript. Their enthusiastic reception of the materials was very encouraging, and their suggestions for improvements were most helpful. We are very pleased to acknowledge the important contributions of the consultants whose names appear below.

Robert Hawkins
Upper Arlington High School
Columbus, Ohio

Pam Kaatz
Haltom High School
Fort Worth, Texas

Stephen Levy
Roslyn Public Schools
Roslyn, New York

Gloria Salinas
Austin Independent School District
Austin, Texas

Albert Rubio
Greensboro Public Schools
Greensboro, North Carolina

Lorraine Paszkeicz
Mount Pleasant High School
San Jose, California

A special thanks to Linita C. Shih of the Ohio State University for writing the **Capítulo puente.**

Printed in the United States of America

ISBN 0-03-014942-8
90123 040 9876543

Acknowledgments

For permission to reprint copyrighted material, grateful acknowledgment is made to the following sources:

GACETA 1: p. 104; *Editorial América, S.A. / A. de Armas Publications Co.:* Adaptation of "El lenguaje de los hombres," retitled "El lenguaje de los enamorados," from *Tú Internacional*, año 8, no. 5, May 1987, pp. 88–89. **p. 106;** *El Mundo, San Juan, P.R.:* From "Exhibición" in *El Mundo*, June 21, 1987, p. 32. **p.108;** *Editorial América, S.A. / A. de Armas Publications Co.:* Adaptation of "Intimidad. . . ¿mucha o poca?" adapted from *Buenhogar*; año 21, no. 11; May 21, 1986.

CAPÍTULO 4: p. 120; *Editorial Samara, S.A. de C.V.:* "¡Tele-Guías!," front cover. **p. 127;** *El Caribe:* Adaptation of advertisement, "Se venden cerdos . . .," from *El Caribe*, July 29, 1983, p. 2. **p. 131;** *Imprenta y Librería L. H. Cruz, C. por A.:* Adaptation of advertisement, "Imprenta y Librería." **p. 141;** *Farmacia Abreu:* Adaptation of advertisement for Farmacia Abreu. **p. 141;** *Panadería Denys:* Adaptation of advertisement for Panadería Denys. **p. 141;** *Peluquería y Salón Mary:* Adaptation of advertisement for Peluquería y Salón Mary. **p. 145;** *Hotel Ramiro I:* Adaptation of advertisement for Hotel Ramiro I.

CAPÍTULO 5: p. 165; *Sistema de Transporte Colectivo Metro, México, D.F., México:* Subway guide, "El Metro de la Ciudad de México." **p. 176;** *El País, Madrid, Spain:* Advertisement, "Alphaville, Festival Buster Keaton." **p. 176;** *Arco, IFEMA:* Advertisement, "Arco . . ." **p. 176;** *Ajuntament de Valéncia:* Advertisement, "Royal Ballet de Londres." **p. 178;** *Sistema de Transporte Colectivo Metro, México, D.F., México:* Ticket from El Metro de la Ciudad de México.

CAPÍTULO 6: p. 197; *Mueblería "El Coral", C. por A.:* Advertisement for Mueblería "El Coral." **p. 197;** *Páginas Amarillas:* Advertisement, "Dimas Comercial." **p. 200;** *La Silla:* Advertisement, "Todo en sillas. . ."

GACETA 2: p. 224; *Siete Días:* Adapted from "El dueño de la nieve" from *Siete Días*, year XX, no. 1042, July 30—August 2, 1987, pp. 40–41. **p. 226;** *La Revista del Mundo:* Adapted from "El Rey se sorprendió con el atuendo de Alaska" by Isabel Saracho from *La Revista del Mundo*, no. 111, November 17, 1986. **p. 228;** *Bill London:* Adapted from "Excursión con los camélidos del Nuevo Mundo" by Bill London from *Américas*, v. 37, no. 6, November / December 1985. Published by the General Secretariat of the Organization of the American States.

CAPÍTULO 7: p. 236; *El Tiempo:* Advertisement, "Ballet de Canadá . . ." from *El Tiempo*. **p. 242;** *MGM/UA Television Productions, Inc.:* Adaptation of the logo, "Fame" (Titled "Fama"). Copyright © 1982 MGM/UA Television Productions, Inc.

CAPITULO 8: p. 297; *The New York Times Company:* Adapted from "One Woman, At 80, Continues Quest to Solve Puzzle in Peruvian Desert" by Edward Schumacher in *The New York Times*, August 9, 1983. Copyright © 1983 by the New York Times Company.

CAPÍTULO 9: p. 311; *Centro Español, Inc.:* Advertisement, "Programa para los bailes de Carnaval . . ." from *Boletín Informativo.* **p. 317;** *Centro Español, Inc.:* Front covers of *Boletín Informativo.* **p. 325;** *Centro Español, Inc.:* Advertisement, "Baile de Comparsas from *Boletín Informativo.* **p. 331;** *Centro Español, Inc.:* Advertisement, "Baile Infantil" from *Boletín Informativo.* **p. 332;** *Dominican Tourist Information Center:* Poster, "Festival de Merengue . . ." **p. 332;** *Instituto Boliviano de Turismo:* Logo, "Instituto Boliviano de Turismo." **p. 332;** *Instituto Boliviano de Turismo:* "Carnaval de Oruro . . .", front cover.

GACETA 3: p. 345; *Judith Bronowski:* Adaptation of "Sabina Sánchez, Auto-retrato" from *Artesanos Mexicanos* by Judith Bronowski. Copyright © 1978 by Judith Bronowski. **p. 347;** *Hola, S.A.:* Adaptation of "El cantante Luis Miguel . . .", by Tico Medina Chao, from *¡Hola!*, no. 2.123, May 1985, pp. 143–144. **p. 349;** *Editorial América, S.A. / A. de Armas Publications Co.:* Adaptation of "Julia Díaz, Exponente de la Pintura Salvadoreña Actual" by Silvia Nozal from *Geomundo*, January 1987, pp. 28–34.

CAPÍTULO 10: p. 355; *Manos Unidas:* Advertisement, "Una ayuda al tercer mundo." **p. 364;** *Noticias del Mundo:* Advertisement, "¿Está Buscando Empleo? . . ." **p. 368;** *Ministerio de Cultura, Instituto de la Juventud, Madrid, Spain:* "Juventud y Naturaleza," back cover. **p. 376;** *World Food Council Office in New York:* "Estrategias Alimentarias," front cover. **p. 379;** *Columbia Pictures, Inc.:* "El Progreso" by Roberto Carlos from the album, *Roberto Carlos Canta Sus Grandes Éxitos.* **p. 381;** *Pan American Health Organization, World Health Organization:* "La Organización Mundial de la Salud," front cover.

CAPÍTULO 11: p. 406; *Dominican Tourist Information Center:* "The Dominican Republic," front cover. **p. 407;** *Muy interesante:* Advertisement, "Esto es un trozo de Cuba . . ."

CAPÍTULO 12: p. 429; *Disfraces good time.:* Advertisement, "Disfraces good time . . ." **p. 438;** *Casa Consuelo:* Advertisement, "Casa Consuelo."

GACETA 4: p. 460; *Ediciones Alfaguara, S.A.:* Adaptation of "El hombrecito vestido de gris" from *El hombrecito vestido de gris y otros cuentos* by Fernando Alonso. Published by Ediciones Alfaguara, S.A.

Table of Contents

TEMAS de REPASO y EXTENSIÓN

México, Centroamérica y el Caribe

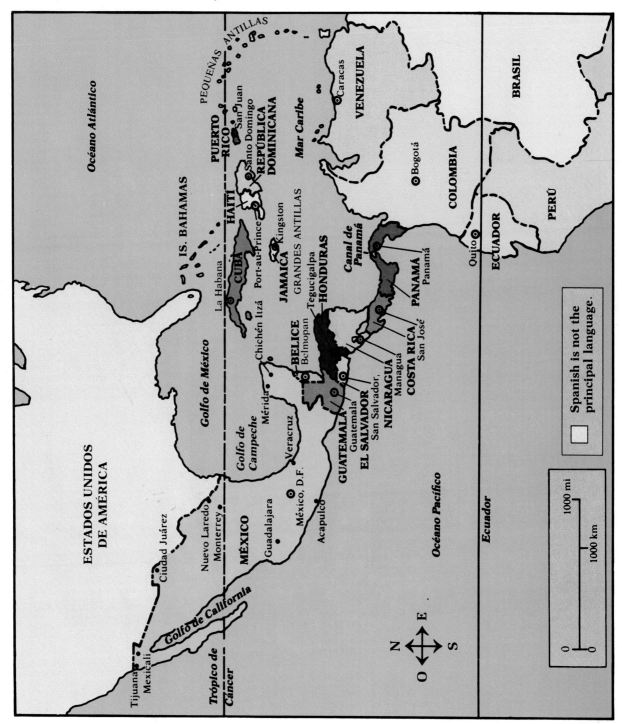

América del Sur

Mar Caribe

NICARAGUA

Barranquilla

COSTA RICA

Maracaibo Caracas

VENEZUELA

GUYANA

Georgetown

PANAMÁ

Medellín

Río Magdalena

Río Orinoco

Paramaribo

Cayena

Cali

Bogotá

GUAYANA FRANCESA

COLOMBIA

SURINAM

Océano Atlántico

Quito

ECUADOR

Ecuador

Iquitos

Río Amazonas

PERÚ

Machu Picchu

BRASIL

Lima

Cuzco

BOLIVIA

Lago Titicaca

La Paz

Brasilia

Sucre

PARAGUAY

Río Paraná

Río de Janeiro

CHILE

Asunción

São Paulo

Trópico de Capricornio

ARGENTINA

Río Uruguay

Océano Pacífico

Córdoba

Spanish is not the principal language.

Santiago

Buenos Aires

CORDILLERA DE LOS ANDES

Punta del Este

URUGUAY

Montevideo

Mar del Plata

Río de la Plata

N

O   E

S

ISLAS MALVINAS

0   500 mi

TIERRA DEL FUEGO

0   500 km

Estrecho de Magallanes

España

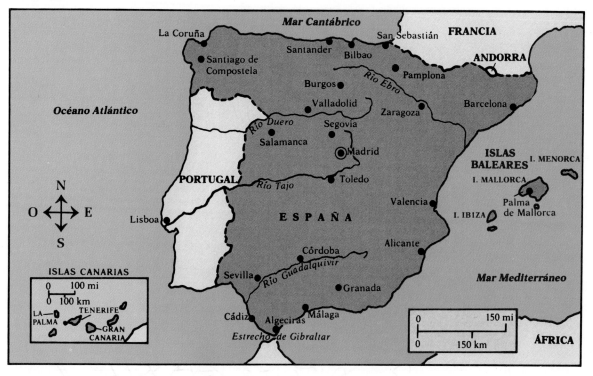

Mar Cantábrico

FRANCIA

La Coruña
Santander
Bilbao
San Sebastián

ANDORRA

Santiago de
Compostela

Pamplona

Río Ebro

Burgos

Océano Atlántico

Valladolid

Zaragoza

Barcelona

Río Duero

Segovia

Salamanca

Madrid

ISLAS
BALEARES

I. MENORCA

I. MALLORCA

PORTUGAL

Río Tajo

Toledo

ESPAÑA

Valencia

Palma
de Mallorca

I. IBIZA

N

O — E

S

Lisboa

Córdoba

Alicante

Mar Mediterráneo

ISLAS CANARIAS

Sevilla

Río Guadalquivir

Granada

0   100 mi

0   100 km

Cádiz

Algeciras

Málaga

0   150 mi

LA —
PALMA

TENERIFE

GRAN
CANARIA

Estrecho de Gibraltar

0   150 km

ÁFRICA

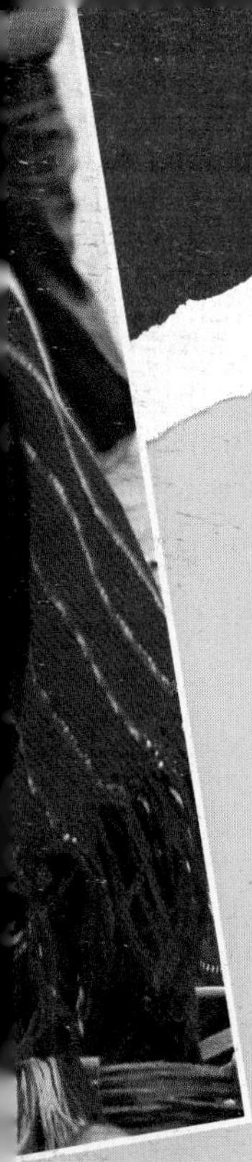

Capítulo puente

In this chapter, you will begin your study of Spanish in *Entre todos* by reviewing what you learned in *¿Y tú?* You will review the following grammar and vocabulary topics.

Grammar

- nouns and adjectives
- possession
- regular and reflexive verbs
- questions
- irregular and stem-changing verbs
- object pronouns
- the preterite
- formal and informal commands

Vocabulary

greetings and numbers

seasons and weather

parts of the body

clothing

colors

question words

1 NTRODUCCIÓN

EN CONTEXTO

🎬 Licencia de conducir

driver's license

<u>Cumplir</u> 16 años es algo importante en la vida de cada <u>adolescente</u>. Hay tantas cosas nuevas y emocionantes, entre ellas conducir un carro. Aquí tienes una conversación entre dos estudiantes de Los Ángeles, California.

turning / teenager

JORGE	Hoy cumples 16 años, ¿eh, Marcos?
MARCOS	Sí, ¿y sabes? Mi papá dice que me va a ayudar a comprar un carro, no nuevo, pero en buenas condiciones.
JORGE	¡Qué bueno! Todos los padres deben ser como tu papá.
MARCOS	Sí, pero primero tengo que aprender a conducir.
JORGE	¿Y tu papá no puede darte clases?
MARCOS	Pues, <u>en realidad</u>...
JORGE	Bueno, yo puedo ayudarte, pero tu papá tiene más experiencia.
MARCOS	Por cierto, ya salimos tres veces a conducir. La primera vez, <u>crucé</u> una <u>luz</u> roja; la segunda, <u>choqué</u> la <u>puerta</u> de su carro y la tercera...
JORGE	En ese caso, a mí no me busques para salir a conducir. Asiste a una escuela de conducir y después hablamos.

actually

ran / light / wrecked / door

🎲 Comprensión

1. ¿Cuántos años tiene Marcos?
2. ¿Sabe conducir Marcos?
3. ¿Su papá quiere darle clases de conducir a Marcos?
4. ¿Jorge quiere salir a conducir con Marcos ahora?
5. ¿Qué debe hacer Marcos para aprender a conducir?

ASÍ SE DICE

Saludos y despedidas

¡Hola!

¡Buenos días!
¡Buenas tardes!
¡Buenas noches!

¿Cómo estás?
(*informal*)
¿Qué tal?

¿Cómo está usted?
(*formal*)

¿Cómo te llamas?
(*informal*)

¿Cómo se llama usted?
(*formal*)

Adiós.
Hasta luego.

Respuestas

¡Hola! ¡Buenos días!
¡Buenas tardes!
¡Buenas noches!

Bien, gracias.
Muy mal.
Regular.

Me llamo _____.

Adiós.

Los números

0 cero	14 catorce	80 ochenta
1 uno	15 quince	90 noventa
2 dos	16 dieciséis	100 cien (ciento)
3 tres	17 diecisiete	200 doscientos(as)
4 cuatro	18 dieciocho	300 trescientos(as)
5 cinco	19 diecinueve	400 cuatrocientos(as)
6 seis	20 veinte	500 quinientos
7 siete	21 veintiuno	600 seiscientos(as)
8 ocho	30 treinta	700 setecientos(as)
9 nueve	31 treinta y uno	800 ochocientos(as)
10 diez	40 cuarenta	900 novecientos(as)
11 once	50 cincuenta	1.000 mil
12 doce	60 sesenta	100.000 cien mil
13 trece	70 setenta	1.000.000 un millón

Las cuatro estaciones del año

la primavera *spring*
el verano *summer*
el otoño *fall*
el invierno *winter*

El tiempo

Hace buen tiempo. *It's good weather.*
Hace mal tiempo. *It's bad weather.*

Hace fresco. *It's cool.*
Hace frío. *It's cold.*
Hace calor. *It's hot.*
Hace sol. *It's sunny.*
Hace viento. *It's windy.*
Está nevando. *It's snowing.*
Está nublado. *It's cloudy.*
Está lloviendo. *It's raining.*

ACTIVIDADES

A. ¡Hola! Introduce yourself to a classmate, then ask his or her name and how he or she is. Try out different styles of greeting.

> EJEMPLO **¡Hola! Me llamo Luisa. ¿Y tú?**
> **Me llamo Juan Carlos.**
> **¿Cómo estás?**
> **Bastante bien. ¿Y tú?**
> **Bien, gracias.**

B. Mi teléfono es... Give your telephone number in Spanish, and have another student write it on a piece of paper. Then check to see whether the number is recorded correctly.

> MODELO Mi número es cuatro, siete, siete...tres, cinco, cero, dos.

C. Pronóstico del tiempo. Imagine that you are giving the weather forecast for the cities and days listed below. Tell what the weather is like today and what it will be like tomorrow.

> EJEMPLO el 4 de julio en Miami
> **Hace calor, pero va a llover mañana.**

1. el 5 de mayo en Nueva York
2. el 15 de octubre en Los Ángeles
3. el primero de julio en Atlanta
4. el 25 de abril en Chicago
5. el 30 de agosto en Houston
6. el 2 de enero en Mineápolis

D. Entrevista. Answer the following questions, or use them to interview another student.

1. ¿Cuándo es tu cumpleaños?
2. ¿Qué estación del año te gusta más?
3. ¿Qué te gusta hacer cuando está lloviendo? ¿Cuando está nevando?
4. ¿Cuál es tu día favorito? ¿Por qué?
5. ¿Te gustan los lunes? ¿Por qué (no)?
6. ¿Qué te gusta hacer cuando hace frío? ¿Cuando hace calor? ¿Cuando está lloviendo?

PRESENTACIÓN

Nouns and adjectives. All nouns are either masculine or feminine in Spanish. Articles and adjectives also must agree in gender (masculine or feminine) and in number (singular or plural) with the nouns they modify.

A. As a general rule, adjectives ending in **-o** change **-o** to **-a**, and those ending in **-e** or a consonant do not change in the feminine. To form the plural of nouns and adjectives, **-s** is added to vowel endings, and **-es** to consonant endings. Point out that adjectives usually follow nouns.

un disco bueno	unos discos buenos
una canción alegre	unas canciones alegres
el último concierto	los últimos conciertos
la última película	las últimas películas

ACTIVIDADES

A. ¿Qué te parece? Paco's girlfriend wants to know more about his football practice sessions. What does he tell her?

> **MODELO** ¿Los ejercicios? (difícil)
> **Los ejercicios son difíciles.**

1. ¿Las horas? (largo)
2. ¿El profesor de educación física? (exigente)
3. ¿Los otros jugadores? (grande)
4. ¿Las prácticas? (aburrido)
5. ¿La comida después de la práctica? (bueno)
6. ¿Los partidos? (emocionante)

B. Opiniones. Tell how you feel about various people or things, using the suggestions below. Make sure nouns and adjectives agree.

> **EJEMPLO** **El béisbol es muy emocionante.**

El dinero	es (son)	aburrido
La clase de…	no es (son)	emocionante
Los (las) chicos(as) de esta clase	es (son) bastante	guapo / feo
La televisión	es (son) muy	simpático
El tenis	no es (son) muy	antipático
¿…?		fácil / difícil
		¿…?

PRESENTACIÓN

***De* and the possessive adjectives.**   There are two ways to show owner-
ship or possession in Spanish. One way is to use a **de** phrase (**de Antonio,
de la chica, del colegio**). Another way is to use a possessive adjective
before the noun (**mis clases, tus anteojos, su cuaderno**). Like other adjectives, these forms must agree in gender and number with the noun they
modify.

mi, mis	*my*	nuestro(s), nuestra(s)	*our*
tu, tus	*your* (fam.)	vuestro(s), vuestra(s)	*your*
su, sus	*his, her, its,*	su, sus	*your, their*
	your (formal)		

El diccionario es de Margarita.   Tenemos tus discos.
Son las llaves del señor Ruiz.   No es nuestra calculadora.

ACTIVIDADES

A. ¿De quién son?   Catalina's family has just moved. As they unpack,
Catalina tries to figure out to whom things belong. How does her
mother help her?

> MODELO   ¿Los pantalones son de Sergio? (sí)
> **Sí, son sus pantalones.**

1. ¿Las blusas son de Paula? (sí)
2. ¿El traje de baño es de Rita? (no)
3. ¿La corbata es de papá? (no)
4. ¿Los calcetines son del bebé? (sí)
5. ¿Las faldas son de Silvia? (sí)
6. ¿La camiseta es de mi amiga Amelia? (no)

La ropa			
el vestido	*dress*	la blusa	*blouse*
el suéter	*sweater*	la falda	*skirt*
el abrigo	*coat*	la camisa	*shirt*
los jeans	*jeans*	la camiseta	*T-shirt*
los pantalones	*pants*	la chaqueta	*jacket*
los zapatos	*shoes*	las botas	*boots*
los calcetines	*socks*	el sombrero	*hat*
el traje	*suit*	los anteojos (de sol)	
los guantes	*gloves*	*(sun)glasses*	

B. ¡Qué desorden!   Pedro and Jaime's aunt is helping them clean their room before their parents come home from vacation. What do the boys answer as she asks whom certain items belong to?

MODELO ¿Es esta cámara de tu padre?
Sí, es **su** cámara.

1. Sí, es ===== vestido.
2. Sí, es ===== grabadora.
3. No, no es ===== tarjeta. Es de Pedro.
4. Sí, son ===== libros.
5. No, no es ===== camiseta. Es mi camiseta.
6. Sí, son ===== cintas.
7. Sí, es ===== radio.

verde azul rojo gris amarillo

marrón rosado blanco anaranjado negro morado

C. ¡Qué trajes!   Imagine that you are writing to a friend about a play you attended last night. The following is a lineup of the characters in the play as they take a bow after the play. How would you describe their costumes?

EJEMPLO **Los vestidos de Sara y Tara son rosados y blancos, sus calcetines son blancos . . .**

PRESENTACIÓN

Irregular verbs *ser* and *estar*. Both **ser** and **estar** mean *to be*, but these verbs have different uses.

A. In general, **ser** is used to describe identifying traits, such as origin, professions, and personality characteristics. **Estar** is used to talk about location and changeable conditions and to form certain set expressions.

ser	
soy	somos
eres	sois
es	son

estar	
estoy	estamos
estás	estáis
están	están

Paco es guapo y simpático.
Marta es de Colombia.

Estoy en la clase.
El profesor de inglés está enfermo.

ACTIVIDADES

A. Mi mejor amiga. Linda is showing pictures of her best friend. Tell what she says by supplying the correct form of **ser** or **estar**.

Aquí __1__ la foto de mi mejor amiga. Se llama Fabiola Cruz y __2__ dominicana. __3__ de la ciudad de Santiago. __4__ muy guapa, ¿verdad? Le gusta mucho escribir. ¿Su profesión? __5__ periodista para *El Sol*, un periódico de Santiago. Ella me dice que su trabajo __6__ muy exigente pero divertido.

Aquí hay otra foto. Ella __7__ en frente de su casa. La casa __8__ muy grande y tiene muchas flores bonitas. Y, ¿qué te parecen los pantalones que lleva Fabiola? __9__ muy a la moda, ¿verdad?

En esta foto sus hermanos __10__ en el patio de la casa. __11__ muy cansados porque acaban de jugar tenis.

Y, por último, mira esta foto de toda la familia en la fiesta de cumpleaños de Fabiola. Ellos __12__ en un restaurante mexicano y todos __13__ muy contentos. Para mí, ¡ __14__ la familia ideal!

B. Entrevista. Answer the following questions, or use them to interview another student.

1. ¿Cómo estás hoy?
2. En general, ¿eres simpático(a)? ¿eres divertido(a)?
3. ¿Son pacientes tus padres?
4. ¿Estás generalmente en casa los fines de semana? Si no, ¿dónde estás?
5. ¿Estás nervioso(a) cuando hablas español?
6. ¿Cómo es tu mejor amigo(a)?

REPASO 2

PRESENTACIÓN

Regular -ar, -er, and -ir verbs. There are three regular groups of verbs in Spanish, classified by their endings **-ar, -er,** and **-ir**. The endings for each group are listed in the chart below.

bailar		comprender		vivir	
bail**o**	bail**amos**	comprend**o**	comprend**emos**	viv**o**	viv**imos**
bail**as**	bail**áis**	comprend**es**	comprend**éis**	viv**es**	viv**ís**
bail**a**	bail**an**	comprend**e**	comprend**en**	viv**e**	viv**en**

Here are other **-ar, -er,** and **-ir** verbs you are familiar with.

ayudar	aprender (a)	abrir
comprar	comer	permitir
mirar	comprender	insistir (en)
trabajar	leer	recibir
levantarse	prometer	vivir
quejarse	deber	escribir
hablar	ponerse	descubrir

Reflexive verbs take the reflexive pronouns **me, te, se, nos,** and **se.**

me baño	**nos** bañamos
te bañas	**os** bañáis
se baña	**se** bañan

Some **-er** and **-ir** verbs are irregular because the **yo** form does not follow the expected pattern. Some of these verbs are listed here.

hacer	**hago**	ver	**veo**
traer	**traigo**	poner	**pongo**
salir	**salgo**	oír	**oigo**

ACTIVIDADES

A. ¡Todos ayudan!   Enrique's family is very large, but everyone helps out at home, especially on the weekends. Who does he say does each activity? Give the correct form of the verbs in parentheses.

1. Ana (arreglar) ===== los cuartos los lunes.
2. Antonio (comprar) ===== la comida en el supermercado los martes.
3. Mi abuelo les (leer) ===== historietas a los niños los miércoles.
4. Mi hermano y yo (levantarse) ===== temprano los fines de semana para trabajar en el jardín.
5. Silvia (lavar) ===== los platos todos los días.
6. Mis padres (insistir) ===== en cocinar los sábados.
7. Nosotros siempre (ponerse) ===== ropa vieja para arreglar la casa.

B. ¡Qué prisa!   The Spanish class has 15 minutes to complete preparations for the surprise party they are having for their teacher. Everyone is eager to help. How do different people answer as Rita asks who is doing what?

> MODELO   Jaime, ¿traes los discos del otro cuarto?
> **Sí, yo traigo los discos.**

1. Marta, ¿pones la mesa?
2. Rogelio, ¿haces la tarjeta?
3. Cintia, ¿traes los carteles de tu carro?
4. Noemí, ¿sales a comprar refrescos en la cafetería?
5. Susana, ¿ves todavía el carro del profesor?
6. Tomás, ¿dices "Feliz cumpleaños" cuando llega el profesor?
7. ¿Qué dices, Beto? ¿Oyes la voz del profesor?

C. ¿Con qué frecuencia?   Tell how often you do the following activities.

> EJEMPLO   tomar leche
> **Todos los días tomo leche.**

nunca	pocas veces	a veces	muchas veces	todos los días

hablar por teléfono   leer libros
jugar baloncesto   trabajar en la computadora
tomar café por la mañana   hacer gimnasia
andar en bicicleta   sacar fotos
leer historietas   arreglar el cuarto
salir con los amigos   tocar el piano

PRESENTACIÓN

Questions. There are several ways of asking questions in Spanish. One way is to raise your voice at the end of a sentence. Another is to add a tag question such as **¿no?** or **¿verdad?** A third way to ask a question is to place the subject either after the verb or at the end of the sentence: **¿Quiere Elsa una manzana?** Finally, interrogative words may be used.

Palabras para preguntar	
¿qué? *what? which?*	¿adónde? *to where?*
¿quién(es)? *who?*	¿de dónde? *from where?*
¿de quién(es)? *whose?*	¿cómo? *how?*
¿cuándo? *when?*	¿por qué? *why?*
¿dónde? *where?*	¿cuántos(as)? *how many?*
¿cuánto(a)? *how much?*	¿cuál? *what? which?*

With interrogative words the following word order is used.

> question word + verb + subject

¿Cuándo va a llegar Ana?   *When is Ana going to arrive?*

¿Por qué no salen ellos hoy?   *Why are they not leaving today?*

ACTIVIDADES

A. ¡No es posible! Susana cannot believe what Carlos tells her about the habits of different members of his family. How does she respond?

> MODELO   Asisto a una fiesta todas las noches.
> **¿Asistes tú a una fiesta todas las noches?**

1. Mi tía trabaja todo el tiempo.
2. Mis hermanos nunca estudian.
3. Luis arregla su cuarto a la medianoche.
4. Mis hermanos se levantan a las cuatro de la mañana.
5. Mi papá se pone ropa *punk*.
6. Lavo los platos en el jardín.

B. En los ratos libres. Answer the following questions about what you like to do in your free time, or use them to interview another student.

1. ¿Escuchas la radio? ¿Cuándo?
2. ¿Ves mucho la televisión? ¿Cuál es tu programa favorito?
3. ¿Te gustan las películas? ¿De qué tipo?
4. ¿Qué deportes practicas? ¿Cuál te gusta más?
5. ¿Te gusta sacar fotos? ¿De qué o de quién?
6. ¿Te gusta viajar? ¿Adónde?
7. ¿Lees mucho las revistas? ¿Qué revista lees más?

PRESENTACIÓN

Irregular verbs *ir*, *saber*, and *conocer*. The three verbs, **ir**, **saber**, and **conocer**, are irregular in the present tense.

A. The verb **ir** means *to go*. This verb is used with the preposition **a** to talk about going somewhere.

ir

voy	vamos
vas	vais
va	van

Voy ahora.
Vamos a la escuela.
¿Vas a la fiesta hoy?

B. **Ir** plus **a** plus an infinitive is used to talk about what you are going to do.

Ana va a preparar la cena.   *Ana **is going to prepare** supper.*
Voy a descansar en una hamaca.   *I'm **going to rest** in a hammock.*

C. The verbs **saber** and **conocer** both mean *to know*. In the present tense, they are irregular only in the **yo** form.

saber		conocer	
used to talk about facts or information or knowing how to do something		used to express familiarity or acquaintance with a person, place, or thing	
sé	sabemos	**conozco**	conocemos
sabes	sabéis	conoces	conocéis
sabe	saben	conoce	conocen

ACTIVIDADES

A. Un sábado pesado. Dorotea is in a terrible mood. She is stuck at home with the flu while her friends enjoy the afternoon. Tell what she says to another friend over the telephone about everyone's plans.

MODELO   Beatriz y Ángela / dar un paseo
Beatriz y Ángela van a dar un paseo.

1. mi novio / jugar tenis
2. Martín y Luis / nadar
3. mis padres y mi tía / comer en un restaurante
4. tú / ver una película
5. mi prima / patinar
6. Ana y José / correr
7. yo / estar en casa

B. Una carta a mis padres. Tomás, an exchange student from Panamá, is writing his first letter home. Tell what he says by supplying the correct form of **saber** or **conocer**.

Queridos padres:

¡Hola! ¿Cómo están ustedes? Hasta ahora, me va muy bien. Después de poco tiempo aquí __1__ hablar inglés un poco mejor y __2__ dónde queda la escuela, el supermercado, el cine y las casas de unos amigos.

Ya __3__ a todos los miembros de la familia Hayes. Son muy simpáticos y me quieren mucho. __4__ también a muchos chicos del colegio. Varios de ellos __5__ hablar español y me ayudan a veces con la tarea. Otra cosa, ¿ __6__ ustedes que ya __7__ hacer hamburguesas?

Ahora, un secreto: __8__ que hay una chica que se llama Shelley que me encuentra muy guapo, pero no la __9__ todavía. No __10__ tampoco dónde vive porque no __11__ la ciudad muy bien. Pero no hay prisa. Acabo de llegar, ¿verdad?

Abrazos para todos. Los quiere su hijo.

Tomás

C. Quiero saber. Answer these questions or use them to interview another student. Be prepared to report to the class.

1. ¿Conoces a alguna persona famosa? ¿Quién? ¿Por qué es famosa?
2. ¿Sabes cocinar algún plato especial? ¿Qué plato es? ¿Cuándo lo preparas?
3. ¿Conoces otros países americanos? ¿Conoces algunos países europeos? ¿Cuáles conoces?
4. ¿Conoces algunas ciudades de México? ¿Cuáles conoces? ¿Te gustan? ¿Por qué (no)?
5. ¿Conoces a alguien de otro país? ¿Qué idioma(s) habla?
6. ¿Sabes jugar un deporte muy bien? ¿Qué deporte?
7. ¿Sabes hacer algo que tus amigos no saben hacer? ¿Qué es?

PRESENTACIÓN

Direct objects. Direct object pronouns are used to refer to someone or something already mentioned. They agree in gender and number with the noun replaced, and they are either placed immediately before a conjugated verb or attached to the end of an infinitive.

Singular		Plural	
me	*me*	nos	*us*
te	*you*	os	*you*
lo	*him, it, you* (*formal*)	los	*them, you* (*formal*)
la	*her, it, you* (*formal*)	las	*them, you* (*formal*)

Necesitamos **el tocadiscos**. **Lo** necesitamos
¿Conoces a **mi mamá**? ¿**La** conoces?

¿Vas a invitar **a Luisa y a José**? Sí, voy a invitar**los**.
Sí, **los** voy a invitar.

ACTIVIDADES

A. ¿Cómo oyes? Conchita's great-grandfather has just received a new hearing aid. Conchita is helping him adjust it, and she asks how well he hears certain sounds. What does he answer?

> MODELO   ¿Oye bien a mamá? (sí)
> **Sí, la oigo bien.**

1. ¿Oye bien el tocadiscos? (sí)
2. ¿Oye bien a José y a Rosa? (sí)
3. ¿Oye bien a Julia? (no)
4. ¿Oye bien los carros? (no)
5. ¿Oye bien la televisión? (sí)
6. ¿Oye bien los pájaros en el jardín? (no)
7. ¿Oye bien la radio? (sí)
8. ¿Oye bien los aviones que pasan? (no)

B. ¡Qué preguntona!　Carlota is asking Anita all about her new boyfriend
Rogelio. How does Anita answer her friend's numerous questions?

> MODELO　¿Te llama mucho? (sí)
> **Sí, me llama mucho.**
> ¿Invita a tus padres y a ti a comer? (no)
> **No, no nos invita a comer.**

1. ¿Te ayuda con la tarea? (sí)
2. ¿Te busca para salir el viernes por la noche? (sí)
3. ¿Sabes si él todavía invita a otras chicas a salir? (no)
4. ¿A veces invitan a su hermana Juana a salir con ustedes? (no)
5. ¿Conoce él a tus abuelos? (sí)
6. ¿Te va a ver mañana otra vez? (no)
7. ¿Visita él a tus padres y a ti los fines de semana? (sí)

C. El títere.　Sara is talking to her younger cousin Joaquín, who has just
received a new puppet. How does Joaquín answer her questions?

> EJEMPLO　¿De qué color tiene el pelo?
> **Lo tiene negro.**

la nariz　*nose*
la boca　*mouth*
la cabeza　*head*
el pelo　*hair*
el cuello　*neck*
los dientes　*teeth*
los ojos　*eyes*
los pies　*feet*
las piernas　*legs*
los dedos del pie　*toes*
los brazos　*arms*
las manos　*hands*
los dedos　*fingers*
las orejas　*ears*

1. ¿Cuántos dedos tiene?
2. ¿De qué color tiene los ojos?
3. ¿Tiene la nariz larga o corta?
4. ¿Cómo tiene las orejas?
5. ¿Cómo es el cuello?
6. ¿Tiene los pies grandes o pequeños?
7. ¿Cómo es su boca?
8. ¿ . . . ?

PRESENTACIÓN

Stem-changing verbs.   There are four types of stem-changing verbs:
e → ie, e → i, o → ue, and **u → ue.** These stem changes are reflected
in all but the **nosotros** (and **vosotros**) form of the verb.

querer (e → ie)

qu**ie**ro	queremos
qu**ie**res	queréis
qu**ie**re	qu**ie**ren

pedir (e → i)

p**i**do	pedimos
p**i**des	pedís
p**i**de	p**i**den

acostarse (o → ue)

me ac**ue**sto	nos acostamos
te ac**ue**stas	os acostáis
se ac**ue**sta	se ac**ue**stan

jugar (u → ue)

j**ue**go	jugamos
j**ue**gas	jugáis
j**ue**ga	j**ue**gan

Other stem-changing verbs with which you are familiar include the
following:

almorzar (o → ue)	repetir (e → i)
despertarse (e → ie)	seguir (e → i)
dormir (o → ue)	sentirse (e → ie)
encontrar (o → ue)	servir (e → i)
entender (e → ie)	*tener (e → ie)
pensar (en) (e → ie)	*venir (e → ie)
preferir (e → ie)	vestirse (e → i)
probarse (o → ue)	volver (o → ue)

ACTIVIDADES

A. ¡Feliz cumpleaños!   Susana is reading the minutes from the last
Spanish Club meeting. She states what different members want to
buy with the money from a recent fund-raising project. What does
she report for the following persons?

> MODELO   Mariela / una cámara
> **Mariela pide una cámara.**

1. yo / un reloj para el cuarto
2. nosotros / una grabadora
3. Simón / unas revistas latinoamericanas
4. tú / un televisor
5. Elsa y Raúl / una guitarra
6. ustedes / una computadora
7. Lucía / unos periódicos de España
8. Carlos y José / unas cintas de música mexicana

---

*In addition to an **e** to **ie** stem change in the present tense, **tener** and **venir** also have irregular **yo**
forms: **tengo, vengo.**

B. Preferencias. It is Saturday, and everyone in Rogelio's family has different feelings about how to spend the day. What are their plans?

> MODELO   papá / sentirse enfermo / preferir estar en casa
> **Papá se siente enfermo. Prefiere estar en casa.**

1. mamá / sentirse deprimido / querer ir a ver una película divertida
2. Roxana y Reynaldo / sentirse nervioso / pensar estudiar para el examen del lunes
3. tú / sentirse cansado / preferir dormir por la tarde
4. Gina y yo / no sentirse cansado / pensar nadar en la piscina
5. mis hermanos / sentirse emocionado / pensar ir a bailar
6. yo / sentirse contento / preferir dar un paseo más tarde
7. papá / sentirse enojado / tener que trabajar hoy

C. ¡Una hermana modelo! Andrés is complaining that he and his brother Esteban cannot ever keep up with their sister Andrea. Tell what he says by filling in the correct form of the verb in parentheses.

> MODELO   Yo **vuelvo** a casa tarde, pero Andrea **vuelve** temprano. (volver)

1. Yo nunca ═══ mis cosas, pero Andrea siempre las ═══ . (encontrar)
2. Esteban y yo no ═══ los cumpleaños de la familia, pero Andrea siempre los ═══ . (recordar)
3. Yo ═══ el álgebra aburrida, pero Andrea la ═══ interesante. (encontrar)
4. Yo no ═══ sacar buenas notas, pero Andrea siempre ═══ sacarlas. (poder)
5. Esteban y yo ═══ tenis bastante mal, pero Andrea lo ═══ bien. (jugar)
6. Nosotros nunca ═══ temprano, pero Andrea ═══ siempre a las nueve y media. (acostarse)

D. ¿Cómo, cuándo y dónde? Answer the following questions about your daily life, or use them to interview another student.

1. ¿Te despiertas fácilmente? ¿Por qué (no)?
2. ¿A qué hora te acuestas? ¿A qué hora se acuestan tus padres?
3. ¿Dónde almuerzas durante la semana? ¿Con quién almuerzas generalmente?
4. ¿Duermes bien cuando vas a tener un examen? ¿Por qué (no)?
5. ¿A qué hora vuelves a casa después de la escuela?
6. ¿A qué hora comienza tu programa de televisión favorito?
7. ¿Tú y tus amigos juegan algún deporte? ¿Qué deporte juegan ustedes?
8. ¿Tienes que hacer mucha tarea esta noche? ¿Para qué clase?

PRESENTACIÓN

Indirect object pronouns.   Indirect object pronouns are used to tell to whom or for whom the action of the verb is performed. These pronouns come before the conjugated verb or are attached to the end of the infinitive.

A. With the forms **le** and **les,** a phrase with **a** plus a prepositional pronoun is often added to clarify or emphasize the person being referred to.

Singular		Plural	
me	*to me*	nos	*to us*
te	*to you* (fam.)	os	*to you*
le	*to him,* *to her,* *to you* (formal)	les	*to them,* *to you* (formal)

For clarity: No quiero decir**le** el secreto **a él.**
Generalmente, **les** da el dinero **a ellos.**

For emphasis: **A mí,** no **me** dan nada.
¿**Nos** compran algo **a nosotros**?

ACTIVIDADES

A. Mucho trabajo.   Juan is complaining about all the things he does for others. What does he tell the members of his family he is always doing for them?

> MODELO   llevar el periódico / mamá
> **Siempre le llevo el periódico.**

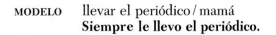

1. lavar el carro / tú
2. arreglar el cuarto / Sarita
3. preparar el desayuno / nuestros abuelos
4. cuidar el jardín / abuelito
5. lavar los platos / mamá y papá
6. comprar muchos regalos / mi novia

B. Recuerdos de mi viaje. Friends and family come to a party at Sara's house. To entertain her guests, Sara shows them souvenirs from her trip to Spain. She shows different people different items, depending on their interests. What is Sara going to show each person?

> MODELO   a ti / discos
> **A ti te voy a mostrar mis discos.**

1. a los abuelos / fotos
2. a Carlos / camiseta
3. a usted, doña Olivia / guitarra
4. a ustedes / carteles
5. a Luisito / monedas españolas
6. a mis amigos / recuerdos
7. a mi profesora / libros
8. a mi novio / tarjetas

C. Entrevista. Answer the following questions about your parents, or use them to become better acquainted with another student.

1. ¿Te permiten conducir su carro a la escuela? ¿Por qué (no)?
2. ¿Qué te dan para tu cumpleaños?
3. ¿Te permiten salir de la casa todas las noches?
4. ¿Te permiten volver a casa a la medianoche?
5. ¿Te preguntan mucho sobre tus amigos(as) o tu novio(a)?
6. ¿Te permiten hablar mucho tiempo por teléfono?

PRESENTACIÓN

Past Events. To talk about events completed in the past, the preterite is used. To form the preterite, drop the infinitive ending, and add the endings shown in the chart.

lavarse

me lav**é**	nos lav**amos**
te lav**aste**	os lav**asteis**
se lav**ó**	se lav**aron**

aprender

aprend**í**	aprend**imos**
aprend**iste**	aprend**isteis**
aprend**ió**	aprend**ieron**

decidir

decid**í**	decid**imos**
decid**iste**	decid**isteis**
decid**ió**	decid**ieron**

A. Verbs ending in **-car, -gar,** and **-zar** change the spelling of the **yo** form to maintain the sound of the stem.

Lle**gué** ayer a las dos de la tarde.   Bus**qué** el anillo pero no lo encontré.
Comen**cé** el trabajo esta mañana.   Almor**cé** a las once hoy.

B. Stem-changing verbs in the present do not have a stem change in the preterite, with the exception of certain **-ir** stem-changing verbs. With these verbs, the vowel in the stem changes from **o** to **u** or from **e** to **i** in the **usted** and third person forms. Study the following charts.

servir (e → i, i)

serví	servimos
serviste	servisteis
sirvió	sirvieron

divertirse (e → i, i)

me divertí	nos divertimos
te divertiste	os divertisteis
se divirtió	se divirtieron

dormir (o → ue, u)

dormí	dormimos
dormiste	dormisteis
durmió	durmieron

C. Here are some other **-ir** verbs that have a preterite stem change.

conseguir (e → i, **i**)   pedir (e → i, **i**)   seguir (e → i, **i**)
divertirse (e → ie, **i**)   preferir (e → ie, **i**)   sentirse (e → ie, **i**)
dormirse (o → ue, **u**)   repetir (e →i, **i**)   vestirse (e →i, **i**)

ACTIVIDADES

A. Una fiesta.   Yesterday Roxana went to a party, and today she is at another. Listen to Roxana's comments about both parties. If she is talking about today's party, write **hoy;** if she is talking about yesterday's party, write **ayer.**

> MODELO   Antonio y Eva tienen que preparar más postre.
> **hoy**
> No me divertí mucho.
> **ayer**

B. ¡No se preocupen!   Mr. and Mrs. Estévez went on a weekend trip. On their return, their grandmother tells them everything that happened while they were away. What does she say?

> MODELO   Los chicos (divertirse) **se divirtieron** conmigo.

1. Rogelio y Delia (preferir) ===== quedarse en casa.
2. Pedro (conseguir) ===== una oferta de trabajo.
3. Los niños (vestirse) ===== solos.
4. El bebé (dormir) ===== sin problemas todas las noches.
5. Además, el niño (repetir) ===== la palabra *dientes* por primera vez.
6. Marta (pedir) ===== un poco de dinero para ir al cine.
7. Leticia y yo (divertirse) ===== mucho en el parque el sábado.
8. Enrique (sentirse) ===== muy mal el domingo por la mañana.

C. Viaje a México. Mr. Quiñones had a good time on his recent trip to Mexico. Tell what he and the other people in his group did, by rewriting this paragraph in the preterite.

El señor Quiñones visita[1] la Ciudad de México. Él sigue[2] el mismo horario que los otros turistas del grupo. Por la mañana, se levanta[3] a las siete, come[4] algo rápidamente y sale[5] con el grupo a visitar los monumentos de la ciudad. Allí saca[6] muchas fotos bonitas. Después, almuerza[7] en un restaurante típico, donde conoce[8] a varios mexicanos muy simpáticos y aprende[9] un poco de historia. Por la tarde, toma[10] el autobús para ir al centro. Llega[11] al mercado La Lagunilla donde compra[12] artesanías y algunos recuerdos. Regresa[13] al hotel a las cinco, duerme[14] un poco y por la noche busca[15] un pequeño restaurante donde come[16] solo. Más tarde, decide[17] caminar un poco y vuelve[18] al hotel a las nueve.

D. La semana pasada. Work with a partner, and tell each other all the things you did last week. You can even invent a few! Take notes and see which of you comes up with the most activities.

EJEMPLO   **Anoche escuché la radio.**
           El viernes pasado me levanté tarde.

ayer
anoche
anteayer
esta mañana
la semana pasada
el año pasado
el viernes pasado
ayer por la mañana
el lunes
¿...?

jugar
encontrar
gastar
acostarse
levantarse
aprender
asistir
escribir
perder
volver
recibir
salir
¿...?

REPASO 5

PRESENTACIÓN

Irregular verbs in the preterite tense. As in the present tense, some verbs are irregular in the preterite.

A. Some verbs have irregular stems and endings in the preterite. They take the same irregular endings: **-e, -iste, -o, -imos, -isteis, -ieron,** with no written accents. **Ir** and **ser** have the same distinctly irregular forms in the preterite.

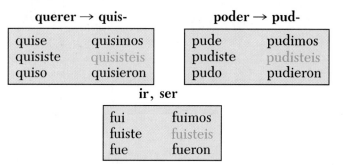

querer → quis-		**poder → pud-**	
quise	quisimos	pude	pudimos
quisiste	quisisteis	pudiste	pudisteis
quiso	quisieron	pudo	pudieron

ir, ser

fui	fuimos
fuiste	fuisteis
fue	fueron

B. Here are some other familiar verbs with irregular stems in the preterite.

hacer → hic-	estar → estuv-	saber → sup-
venir → vin-	poner → pus-	tener → tuv-

ACTIVIDADES

A. Entre novios. Ramón had a fight with his girlfriend, Cristina, on Friday. It is now Monday, and after making up, he wants to know what she did all weekend long. What does he ask?

> MODELO   ir sola al juego de baloncesto
> **¿Fuiste sola al juego de baloncesto?**

1. poner mis cartas en la basura
2. hacer gimnasia sola el sábado
3. estar en la fiesta de Ana Gabriela
4. poder visitar a tu tío Ángel el domingo
5. saber que yo / estar enfermo
6. querer venir a verme

B. Una tarde interesante. Rita is telling her father what she did this afternoon. Reconstruct what she says by filling in the blanks with preterite verb forms.

Carla y yo (ir) __1__ a una exposición de coleccionistas esta tarde. (nosotras, estar) __2__ allí dos horas y (ver) __3__ a muchos de nuestros amigos. ¡Cuántas personas (venir) __4__ a presentar sus colecciones de muñecas, estampillas, monedas... en fin tantas cosas interesantes! (yo, querer) __5__ sacar algunas fotos, pero no (poder) __6__ porque casi no (yo, tener) __7__ tiempo para ver todas las colecciones. (nosotras, venir) __8__ a casa un poco tarde, pero (ser) __9__ un día muy interesante.

C. Entrevista. Answer the following questions, or use them to interview another student.

1. ¿Fuiste de compras la semana pasada? ¿Qué compraste?
2. ¿Fuiste al cine este fin de semana? ¿Con quién? ¿Qué película viste?
3. ¿Tuviste tiempo para estudiar anoche? ¿Por qué (no)?
4. ¿Pudiste entender la tarea de español la semana pasada?
5. ¿Quisiste hacer una colección alguna vez? ¿De qué?
6. ¿Alguna vez estuviste en un grupo de teatro? ¿Te gustó?
7. ¿Tuviste que hacer algo difícil la semana pasada? ¿Qué?
8. ¿Hiciste algo interesante el fin de semana pasado? ¿Qué hiciste?

PRESENTACIÓN

Familiar commands. We use command forms to give advice or orders, to make a request, or to tell someone to do or not to do something. Here are the command forms you use for people you address with **tú**.

A. In the affirmative, the familiar command form is the same as the **tú** form minus the final **s**.

Abre el libro.   **Llega** más temprano mañana.

B. Certain verbs have irregular familiar command forms in the affirmative.

decir → di	ir → ve	salir → sal	tener → ten
hacer → haz	poner → pon	ser → sé	venir → ven

C. In the negative, use this formula:

yo form minus **-o**	plus opposite vowel ar → e, er → a, ir → a	plus s
no mir**ø**	e	no mir**es**
no ve**ø**	a	no ve**as**

ACTIVIDADES

A. Consejos. Susana's friend Graciela is advising her about how to get prepared and in shape for an upcoming hiking trip. What does she say?

> MODELO comprar un mapa
> **Compra un mapa.**

1. hacer una lista de equipo
2. tomar más agua
3. escuchar los pronósticos del tiempo
4. hacer más ejercicios
5. practicar un deporte
6. aprender a leer los mapas

B. Un pasatiempo nuevo. Luisa is looking for a new hobby. She is trying to develop her writing and creative abilities and is not too interested in physical or outdoor activities. What does her friend Marta suggest that she do?

> MODELO patinar en hielo   practicar la guitarra
> **No patines en hielo.**   **Practica la guitarra.**

1. aprender a dibujar
2. pasear en velero
3. correr por las mañanas
4. colaborar en el periódico
5. saltar en paracaídas
6. escribir poesías
7. hacer yoga
8. jugar tenis

C. Profesiones de interés. What career are you most interested in? Tell the class what it is, and then have other students advise you on how best to prepare for the profession you have chosen. Use the suggestions below, or create your own.

> EJEMPLO **Yo quiero ser ingeniera.**
> **Entonces, estudia matemáticas y física y aprende a usar una computadora. También busca un puesto para conseguir experiencia.**

abogado(a)
actor (actriz)
artista
veterinario(a)
hombre (mujer) de negocios
programador(a) de computadoras
¿...?

estudiar
hacer
conseguir
aprender (a)
ir
asistir (a)
¿...?

PRESENTACIÓN

Formal commands.   Formal commands are used for people you would address as **usted** or **ustedes**.

A. The affirmative and negative formal commands are formed by dropping the final **-o** of the **yo** form and adding the opposite vowel endings. The commands have all the stem changes that normally occur in the present.

yo form minus **o**	plus opposite vowel	(usted)	plus **-n** (ustedes)
escuchø	e	escuche	escuchen
aprendø	a	aprenda	aprendan
duermø	a	duerma	duerman

Piense bien.   No duerman ustedes en clase.
No sigan por esta calle.   Abra la ventana.

B. Verbs ending in **-car, -zar,** and **-gar** have the same spelling change as in the **yo** form of the preterite.

busco → busque   almuerzo → almuerce
empiezo → empiece   jugar → juegue

C. Here are some verbs that have irregular **usted** and **ustedes** commands.

	(usted)	(ustedes)
estar	esté	estén
dar	dé	den
ir	vaya	vayan
ser	sea	sean

ACTIVIDADES

A. Profesión médica. Ana María wants to study to be a doctor. What advice does her university counselor give her?

> MODELO   visitar los hospitales
> **Visite los hospitales.**

1. hablar con los médicos
2. tomar una clase de biología
3. observar a las enfermeras
4. aprender química
5. ser una buena estudiante
6. conseguir trabajo en el hospital

B. Atención. Drill Sergeant Quesada is telling the new recruits what not to do. What does he say?

> MODELO   no hablar cuando yo hablo
> **No hablen cuando yo hablo.**

1. no dormir más de seis horas por la noche
2. no tener miedo de las prácticas
3. no llegar tarde a la cafetería
4. no tener problemas con las otras personas
5. no olvidar lavar la ropa todos los días
6. no salir por la noche
7. no pensar en sus novias
8. no poner las botas en la mesa

C. La entrevista. A friend of Daniel's father has arranged an interview for him with the president of the company she works for. She tells Daniel how to make a favorable impression. What does she say?

> MODELO   llegar quince minutos antes de la entrevista
> **Llegue quince minutos antes de la entrevista.**

1. ir a la oficina del jefe
2. explicar su experiencia como programador
3. decir por qué le interesa trabajar aquí
4. traer referencias de otros trabajos
5. hablar de soluciones a los problemas
6. recordar decirle que le interesa el puesto

D. Lugares de interés. Imagine that you are a tour guide at the places shown on page 27. What would you tell the tourists in your group to do or not to do to get the most out of their trip? You may wish to use some of the verbs listed below or others of your own.

ir	ver	subir	viajar	caminar
entrar	tener cuidado	bajar	sentarse	salir
visitar	sacar fotos	entrar	mirar	saltar

EJEMPLO   Miren los animales.
           ¡No jueguen con los gorilas!

1.

2.

3.

CONTEXTO
CULTURAL

En los países latinoamericanos se puede conseguir la licencia de conducir a los dieciocho años. Por lo general, los adolescentes no tienen su propio carro, sino que conducen el auto de la familia. En muchos países, se limita la importación de carros de lujo (*luxury cars*) y carros deportivos, en los cuales la gente paga impuestos de importación (*import taxes*) extraordinariamente altos. Hoy aumenta el número de países hispanos que producen automóviles. Actualmente (*presently*) existen industrias nacionales de autos en México, Colombia, Argentina y España, por ejemplo.

Las diversiones

In this chapter, you will talk about amusement parks and other popular outdoor pastimes. You will also learn about the following functions and structures.

Functions	Structures
● talking about what you think and feel	verbs like **gustar**
● comparing people, things, and actions	comparisons with **tan...como** and **tanto...como**
● making impersonal statements	the pronoun **se**
● expressing *most*, *least*, *best*, and *worst*	the superlative

1NTRODUCCIÓN

EN CONTEXTO

¿Una diversión peligrosa?

Tres buenos amigos pasan el domingo en El Salitre, un parque de atracciones en Bogotá, la capital de Colombia. A Carmen y a Miguel les encanta <u>subirse</u> a todos los <u>aparatos</u>, pero a Ana María no.

CARMEN	¡Vengan! Vamos a subirnos a la <u>montaña rusa</u>. Miren. ¡Allá está! ¿No les parece fabulosa?	roller coaster
ANA MARÍA	¿Fabulosa? ¡Yo me siento <u>mareada</u> de sólo mirarla! Vayan ustedes. Yo los espero aquí.	dizzy
MIGUEL	¿Para qué viniste? Para divertirte, ¿no? Ven, no seas <u>miedosa</u>.	scaredy-cat
ANA MARÍA	Pero a mí esa montaña rusa <u>me da pánico</u>. Es muy peligrosa. ¡A lo mejor <u>me caigo</u>*!	terrifies me / I'll fall
CARMEN	¡No me hagas <u>reír</u>, mujer! Es muy emocionante. Sé que te va a gustar.	laugh
MIGUEL	Sí, amiga, no seas <u>tonta</u>.	silly
ANA MARÍA	No sé... esas cosas me dan miedo. Bajan tan rápidamente.	
CARMEN	<u>Claro</u>, chica, <u>lentamente</u> no van a bajar. No seas <u>aguafiestas</u>. Vamos, <u>te acompañamos</u>.	of course / slowly / party pooper / we'll go with you
ANA MARÍA	Bueno, les voy a mostrar que no soy <u>cobarde</u>. Pero recuerden que si me <u>pasa</u> algo, la <u>culpa</u> es de ustedes, ¿eh?	coward / happens / fault

to ride / rides

*In the present tense, **caerse** (*to fall*) is irregular only in the **yo** form (**me caigo**).

Comprensión

Answer the following questions based on **¿Una diversión peligrosa?**

1. ¿Quiénes pasan el día en el parque El Salitre?
2. ¿Dónde está el parque?
3. Para Carmen, ¿cómo es la montaña rusa?
4. ¿Cómo se siente Ana María cuando mira la montaña rusa?
5. ¿Por qué no quiere Ana María subirse a la montaña rusa?
6. ¿Crees que la montaña rusa es divertida? ¿Por qué (no)?
7. ¿Por qué decidió Ana María subirse a la montaña rusa?
8. ¿A veces haces cosas que te dan miedo? ¿Cuáles? ¿Por qué?

ASÍ SE DICE

Lugares de diversión

un parque natural

un circo

un parque de atracciones

una feria

un zoológico

Actividades

subirse a la montaña rusa

ir de excursión
al bosque

hacer un picnic

probar suerte en
los juegos

observar animales
exóticos·

entrar en el salón
de espejos

ver los espectáculos
y las exposiciones

remar en el lago

Atracciones

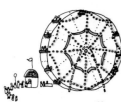

la estrella

los trapecistas
y los payasos

el carrusel

las jaulas de los monos
y de los elefantes

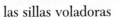

las sillas voladoras

la casa de fantasmas

Comida

los quioscos

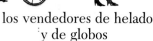

los vendedores de helado y de globos

las palomitas

el algodón de azúcar

las empanadas de carne o de pollo

el perro caliente

la raspadilla

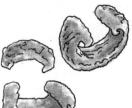

los chicharrones

A. ¿Dónde estás?   What outdoor amusement would you recommend for each person you hear, based on what he or she likes?

> MODELO   Me encanta remar en el lago.
> **el parque natural**

B. ¡Exprésate!   Listen to pairs of sentences containing everyday expressions you might hear at an amusement park. Number your paper from 1 to 6, and write **lógico** if each pair fits together and **ridículo** if it does not.

> MODELO   ¿Otro algodón de azúcar y más helado? ¡No seas comilón!
> **lógico**

COMUNICACIÓN

A. ¿Qué quieres comer?   Tell which foods you would rather eat at this moment, and explain why. Use the reasons listed, or give some of your own.

> EJEMPLO   ¿Prefieres carne asada o una ensalada?
> **Prefiero una ensalada. Quiero bajar de peso.**
> **No quiero ni carne asada ni ensalada. ¡Acabo de almorzar!**

¿Prefieres...
1. unos chicharrones o una raspadilla?
2. un helado o pollo frito?
3. una empanada de carne o una ensalada?
4. un algodón de azúcar o un refresco?
5. un perro caliente o unas palomitas?
6. una empanada de pollo o un taco de pollo?

Quiero bajar (aumentar) de peso.
(No) tengo mucha hambre (sed).
Hace mucho frío para comer (tomar)...
(No) me gusta(n) mucho...
No conozco...
Me parece(n) raro(s) o rara(s)...
¿...?

B. Sensaciones y sentimientos.   Tell how each of these activities makes you feel. Use the expressions given, or think of your own.

> EJEMPLO   subirte a la estrella
> **Me siento mareado.**

me da miedo, pánico
me da pena
me da sed

me hace reír
me siento fabuloso(a), aburrido(a)...
¿...?

1. comer palomitas sin tomar ningún refresco
2. ver a los payasos en el circo
3. probar suerte en los juegos y ganar
4. observar animales exóticos
5. entrar en una casa de fantasmas
6. remar en un lago
7. entrar en una jaula de tigres
8. subirte a la montaña rusa
9. ver el espectáculo de los elefantes en el circo
10. subirte al carrusel

C. Preferencias.   Write about one outdoor pastime that appeals to you and one that does not. Provide reasons for your preferences.

> EJEMPLO   **Prefiero los zoológicos porque me encantan los animales exóticos.**
> **No me gustan los circos porque me da pánico ver a los trapecistas.**

EXPLORACIÓN 1

Function: *Talking about what you think and feel*
Structure: *Verbs like gustar*

PRESENTACIÓN

A. For a long time you have been using **gustar** to express likes and dislikes: **gusta** and **gustan** in the present and **gustó** and **gustaron** in the preterite.

Me **gustan** los chicharrones.   ¿No te **gustó** el circo?

You have also learned other verbs like **gustar—interesar, encantar, fascinar,** and **parecer.** They all require an indirect object pronoun (**me, te, nos, le,** or **les**) and may be preceded by a prepositional phrase such as **a mí, a él,** or **a Ramón** for emphasis or clarity.

¡No **nos interesan** los aparatos!   **A mí me fascinan** las palomitas.
¿**Te pareció** aburrido el juego?   **Al profesor le encantan** las ferias.

B. Here are some other verbs that follow the same model.

molestar	*to bother, to annoy*	quedar	*to have left,*
importar	*to be important, to*		*to remain*
	matter	tocar	*to be one's turn*

¿Te molestan los aguafiestas?   *Do party poopers annoy you?*
¿No le importó llegar tarde?   *Didn't you mind arriving late?*
Nos queda una hora de clase.   *We have one hour of class left.*
Me toca a mí, ¿verdad?   *It's my turn, isn't it?*

C. When we talk to others, we sometimes use an incomplete sentence to ask for a reaction or express agreement. In most cases, we use a subject pronoun:

Quiero subirme a la estrella. ¿**Y tú**?   **Yo** también.

However, with verbs like **gustar**, we use **a** plus a prepositional pronoun.

Me gustaría subirme al carrusel. ¿**Y a ti**?   **A mí** también.
A ellos no les importa. ¿**Y a ustedes**?   **A nosotros** tampoco.

PREPARACIÓN

A. Problemas de dinero. After a day at El Retiro, some friends are trying to find out how much money they have left. What do they say?

> MODELO   a Patricia / cien pesetas
> **A Patricia le quedan cien pesetas.**

1. a Samuel / noventa pesetas
2. a mí / una peseta
3. a Evita y a Elena / ciento cincuenta pesetas
4. a Marcos / ciento veinte pesetas
5. a todos nosotros / cuatrocientas sesenta y una pesetas

B. No les importa. Raúl and Ana are eager for part-time work at an amusement park and do not mind working hard. When they apply for a job, what does the manager ask them, and how do they reply?

> MODELO   ¿A ustedes / llegar temprano?
> **¿A ustedes no les importa llegar temprano?**
> **No, no nos importa llegar temprano.**

1. ¿A ustedes / quedarse tarde?
2. ¿Y a ti, Raúl / lavar los espejos?
3. ¿A ustedes / trabajar todo el día?
4. ¿A ustedes / el sol del verano?
5. ¿Y a ti, Ana / ser vendedora?
6. ¿A ustedes / ganar poco dinero?

CONTEXTO CULTURAL

Los domingos en Madrid mucha gente va al Parque del Retiro. Allí, la gente se encuentra con su familia o sus amigos para caminar, charlar (*chat*) y tomar algo en los pequeños quioscos. Algunas personas alquilan (*rent*) un bote y reman hasta la estatua del rey Alfonso XII en medio del lago. A veces hay fuegos artificiales (*fireworks*) por la noche. Hay tanto que hacer para divertirse. ¡Qué bonito es pasar un día en este bello lugar!

C. De buen humor. Carmen and Rolando are on a picnic. Rolando is in a bad mood, but nothing at all is bothering Carmen. How does Carmen respond to Rolando's complaints?

MODELO   Hay demasiada gente aquí, ¿verdad?
Pues, a mí no me molesta la gente.

1. Hace mucho sol hoy, ¿no?
2. ¡Dios mío! Casi no te oigo por los radios.
3. ¡Mira toda la basura!
4. Los insectos sí molestan, ¿verdad?
5. ¿Y por qué hay tantos niños?
6. ¡Tengo tanto calor!

D. La Feria del Pacífico. Some classmates visited the annual international fair in Lima, Perú, and were very impressed. Claudio, who could not go along, asks María about the various things they saw, and she answers.

MODELO   a ti / la comida (muy buena)   . . . los estéreos (caros)
A ti, ¿qué te pareció la comida?   **¿Y los estéreos?**
Me pareció muy buena.   **Me parecieron caros.**

1. a Rosa / la ropa francesa (elegante)
   . . . los bailes (excelentes)
2. a Luis y a José / la exposición de automóviles (muy buena)
   . . . los quioscos de libros (interesantes)
3. y a ti, María / la música peruana (alegre)
   . . . las guitarras españolas (fabulosas)
4. y a ustedes / la colección de insectos raros (exótica)
   . . . los instrumentos electrónicos (raros)

E. A mí también. Some friends are discussing how they feel about certain things. How do they express their agreement?

MODELO   A mí me molesta ese ruido. ¿Y a ti?
A mí también me molesta.

1. A José y Ana les encanta la artesanía. ¿Y a ustedes?
2. A Ana le parece fácil remar en el lago. ¿Y a José?
3. A él le fascinan los circos pequeños. ¿Y a sus padres?
4. A nosotros nos da miedo la estrella. ¿Y a ti?
5. A mi tío le importa mucho la familia. ¿Y a tu tío?
6. A Víctor le gustaría hacer un picnic el domingo. ¿Y a Salomé?
7. A Susana le interesan mucho los animales exóticos. ¿Y a ti?

F. **¿A quién le toca?**   Rosa takes her three nephews, Jorge, Pablo, and Pepito, to El Salitre. Before leaving the park, she asks them who wants to ride the ferris wheel. Listen to what they say, and answer the questions with appropriate names from the list on the right.

1. ¿A quién le quedan doce pesos?
2. ¿Quién dice que a él le toca subirse a la estrella?
3. ¿A quién le toca en realidad?
4. ¿A quién le molestan las mentiras?

a. Rosa
b. Jorge
c. Pablo
d. Pepito

COMUNICACIÓN

A. **A mí, sí. ¿Y a ustedes?**   Tell how you feel about these items, and ask others how they feel about them.

EJEMPLO   **A mí me encantan las palomitas.**
¿Y a usted, profesor(a)? ¿Y a ti, María?

interesar, parecer, dar miedo, molestar, importar, encantar, ¿...?

1. los picnics
2. el circo
3. los parques de atracciones
4. la casa de fantasmas
5. el algodón de azúcar
6. los chicharrones
7. los aparatos
8. ¿...?

B. **¡Quién puede dormir!**   Different things bother different people when they are trying to fall asleep. Write six statements that tell what bothers you and members of your family.

EJEMPLO   **A mi madre le molesta el viento.**

A mí			la televisión
A mi hermano			los niños
A mi hermana	me		el tráfico
A mis hermanos y a mí	le	molesta	el teléfono
A mi padre	les	molestan	el frío
A mi madre	nos		la música
A mis padres			el reloj
A mis abuelos			las sirenas
A mi perro / gato			¿...?

C. Entrevista. Ask a classmate these questions, and respond to them yourself. Jot down both of your answers as you go.

EJEMPLO

Tú: **¿Qué te da más miedo? ¿un león o un gorila?**
Beto: **Un león me da más miedo.**
Tú: **A mí no. A mí me da más miedo un gorila.**
Tú escribes: **A mí, un gorila. A Beto, un león.**

1. ¿Qué te gusta más? ¿un parque de atracciones o un parque natural?
2. ¿Qué te da más miedo? ¿subirte a la montaña rusa o esquiar en una montaña auténtica?
3. ¿Qué te molesta más? ¿demasiado frío o demasiado calor?
4. ¿Qué te interesa más? ¿ir de excursión al bosque o hacer un picnic?
5. ¿Qué te parece más peligroso? ¿ser trapecista o astronauta?
6. ¿Qué te fascina más? ¿comer algodón de azúcar o una raspadilla?
7. ¿Qué te importa más? ¿el dinero o el amor?

D. ¿Qué tienen en común? Using your notes from Activity C, write a short comparison of how you and your partner feel about the items mentioned there. As shown in the example, begin your paragraph with a statement that tells how much or how little you have in common.

EJEMPLO

Luis y yo no tenemos mucho en común. Por ejemplo, a él le gustan los parques de atracciones y a mí no. Además, él prefiere subirse a la montaña rusa y yo prefiero esquiar en una montaña auténtica. Pero sí tenemos una cosa en común: nos fascinan las raspadillas.

Repaso y extensión

One way to express your feelings about things is to describe them using **ser** plus an adjective. Now you can make these statements more personal by using **interesar, fascinar,** and **importar** to express your opinions. Give your reactions to these statements.

EJEMPLO

Para mucha gente las cosas eléctricas son interesantes.
A mí también me interesan las cosas eléctricas.
Pero a mí no me interesan las cosas eléctricas.

1. Para los profesores los estudios son importantes.
2. Para los atletas los deportes son interesantes.
3. Para muchos niños los dibujos animados son fascinantes.
4. Para los científicos las computadoras son interesantes.
5. Para muchas personas el dinero es importante.

EXPLORACIÓN 2

Function: *Comparing people, things, or actions*
Structure: *Using tan...como and tanto...como*

PRESENTACIÓN

When we talk about things, people, or actions, we often want to show ways in which they are similar. In English we use phrases like *as interesting as* and *as many cousins as*. In Spanish we use **tan...como** or **tanto...como** to show similarity.

A. In order to express the comparison *as...as*, use this formula.

> **verb** + **tan** + adjective/adverb + **como**

La estrella es **tan peligrosa como** la montaña rusa.
Me parece que llegas **tan rápidamente** en carro **como** en tren.

B. To make the comparison *as much...as* or *as many...as*, use the following formula. Here **tanto** is an adjective and must agree with the the noun it modifies.

> **tanto(a, os, as)** + noun + **como**

No gasté **tanto dinero como** ustedes.
Los circos tienen **tantas diversiones como** las ferias.
En la Ciudad de México hay **tantos parques como** en Nueva York.

C. To express the comparison *as much as*, use this formula. Because **tanto** is used here as an abverb, it has only one form.

> subject + verb + **tanto como** + second subject

Tú sabes **tanto como** ellos.
Mis padres se divirtieron **tanto como** yo en la feria.
El carrusel cuesta **tanto como** la estrella.

D. These formulas can also be used in the negative to suggest degrees of difference.

> Este año **no** tuvimos **tantas ferias como** el año pasado.
> En un circo **no** hay **tantos animales como** en un zoológico.

PREPARACIÓN

A. **¿Quién tiene razón?**   Gregorio sometimes compares himself too hastily to his friend José. Look at the pictures, and listen to what Gregorio says to José. Write **correcto** if Gregorio's comparisons prove to be right and **incorrecto** if they do not.

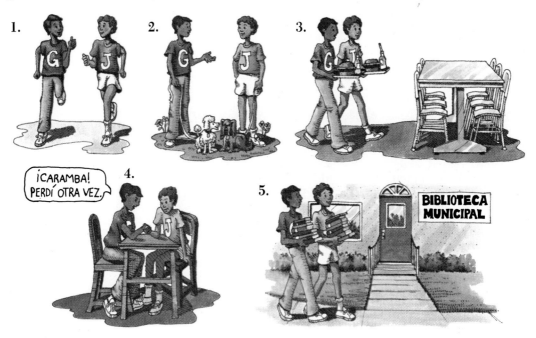

B. El nuevo parque de atracciones. Susana and a friend go to a new amusement park. How do they compare it to the other one they have been to?

> MODELO   la comida / buena
> **La comida es tan buena como en el otro.**

1. los juegos / difíciles
2. la montaña rusa / emocionante
3. el ruido / fuerte
4. la gente / divertida
5. los vendedores / antipáticos
6. los precios / altos

C. Un optimista. Héctor is amazing. He never lets criticism get him down. Instead he lets people know that he is doing better than he used to. How does he respond to their complaints?

> MODELO   Siempre caminas muy lentamente.
> **Es verdad, pero no camino tan lentamente**
> **como antes.**

1. Comes muy lentamente.
2. Siempre te levantas muy tarde.
3. Haces la tarea muy mal.
4. Cantas muy feo.
5. Te acuestas muy tarde.
6. Conduces muy rápidamente.

D. ¿De qué te quejas? Maribel has had a bad day and needs a sympathetic ear. Unfortunately, her friend Sara responds that she is even worse off. What does Sara say?

> MODELO   Tengo muchas dificultades.
> **Puede ser, pero no tienes tantas**
> **dificultades como yo.**

1. Tengo mucha tarea esta noche.
2. Además, tengo mucho sueño.
3. Y al mismo tiempo, tengo mucha hambre.
4. Es más, tengo muchos amigos tontos.
5. Por eso, tengo muchos dolores de cabeza.
6. En fin, tengo muchos problemas.

E. Buenas intenciones.   Cecilia is full of good intentions for the new school year and decides to work just as hard as the best students in her class. What does she say?

> MODELO   leer
> **Voy a leer tanto como ellos.**

1. organizarme
2. estudiar
3. aprender
4. trabajar
5. concentrarme
6. impresionar al profesor

F. ¿Es cobarde o no?   While at El Salitre, Miguel did not want to ride the ferris wheel. Find out why not as you write **tan...como** and forms of **tanto...como** to complete his conversation with Carmen and Ana María.

MIGUEL   A mí no me gusta la estrella __1__ __2__ la casa de fantasmas.
CARMEN   ¡No me digas! ¿Te da miedo o qué?
MIGUEL   Claro que no. Es que no tengo __3__ ganas de subirme __4__ ustedes y, es más, la estrella no es __5__ divertida __6__ la casa de fantasmas.
ANA MARÍA   ¿Qué dices? Es un aparato fabuloso y te va a gustar __7__ __8__ las otras atracciones. Ven, te invito.

CONTEXTO CULTURAL

El Salitre, en Bogotá, es el parque más grande de esta capital y es muy popular entre los jóvenes. Tiene un parque de atracciones con aparatos de todo tipo (estrella, montaña rusa, sillas voladoras, etcétera) y un gran coliseo. Allí se presentan conciertos, partidos de baloncesto y otros deportes. En 1968 se construyó (*was built*) el Templete, el altar donde el Papa Pablo VI dijo misa (*mass*) cuando visitó la capital.

COMUNICACIÓN

A. Costumbres.   Compare how your friends or family do some of the activities listed. Use the verbs and adverbs as needed.

> EJEMPLO   **Mi hermano no se viste tan rápido como yo.**
> **Mi padre se despierta tan temprano como mi madre.**

dormirse, vestirse, acostarse, despertarse, quejarse, cantar, trabajar, conducir, llegar, salir, comer, hablar, ¿...?

bien, mal, temprano, tarde, rápidamente, inteligentemente, lentamente, frecuentemente, alegremente, fácilmente, ¿...?

B. De regreso.   A friend of yours has just returned from visiting another country, and you are eager to hear how it compares to yours. Write four questions you would ask, choosing from the possible topics listed and using **tan...como** and **tanto...como**.

> EJEMPLO   el calor
> **¿Hace tanto calor en el verano como aquí?**
> los lagos
> **¿Tienen lagos tan grandes como aquí?**

el calor	el tráfico	las ciudades	la comida
las diversiones	los precios	la gente	¿...?

Repaso y extensión

You have learned to use **tan...como** and **tanto...como** to make comparisons showing how things are similar. You also know how to compare things that are different by using **más...que** and **menos...que**. Describe as many similarities and differences as you can find in the illustrations.

EJEMPLO

Ana es tan alta como Eva.
Ana está más contenta que Eva.
Eva no tiene tantos globos como Ana.

Function: *Making impersonal statements*
Structure: *Using* **se**

PRESENTACIÓN

A. Spanish uses the impersonal reflexive construction **se** plus a verb to describe actions or conditions without mentioning a specific subject. In this case, the use of **se** often corresponds to the English use of *people*, *they*, *you*, *we*, or *one*. The verb following **se** must be in the singular because **se** is considered a singular subject.

¿Cómo se va a la feria?	*How do you get to the fair?*
Se vive bien aquí.	*People live well here.*

B. When a reflexive verb is present, **uno** expresses the impersonal subject.

Uno se levanta tarde los domingos.	*We get up late on Sunday.*
Uno no debe quejarse tanto.	*People shouldn't complain so much.*

C. The impersonal reflexive **se** plus a verb also corresponds to the English passive where the person carrying out the action is not mentioned or implied. Here, the subject usually comes immediately after the verb. It may be in the third person singular or plural form.

Aquí se habla español.	*Spanish is spoken here.*
¿Se permiten niños?	*Are children allowed?*

D. New verbs you might use with the impersonal reflexive **se** are **prohibir** (*to prohibit, to forbid*), **vender** (*to sell*), and **cerrar** (e → ie) (*to close*).

PREPARACIÓN

A. Costumbres y tradiciones. Look at the pairs of pictures related to outdoor pastimes. Indicate which picture in each pair is described by the remarks you hear, and write your answers on paper.

MODELO

No se debe comer si se quiere bajar de peso.
el algodón de azúcar

1.

2.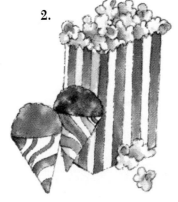

3.

4.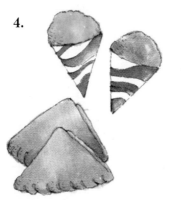

5.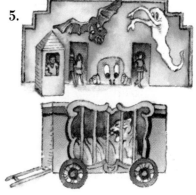

B. ¿Qué se necesita? A large circus wants to improve its performance and asks for recommendations. What do people say is needed?

MODELO   premios para los niños
          Se necesitan premios para los niños.

1. más vendedores
2. un payaso famoso
3. unos elefantes blancos
4. mejores trapecistas
5. música más alegre
6. más quioscos

C. **Tito el preguntón.** As a special birthday treat, Mr. del Águila decides to take his nephew Tito to Chapultepec Park in Mexico City. Tito has a wonderful time but almost drives his uncle crazy with all his questions. What does Tito ask?

MODELO   por dónde / entrar
¿Por dónde se entra, tío?

1. en qué / cruzar el lago
2. por qué / no poder nadar
3. dónde / encontrar las sillas voladoras
4. por dónde / salir del salón de espejos
5. qué / poder ver en el museo
6. dónde / encontrar el osito panda
7. cuándo / cerrar el zoológico
8. por qué / prohibir hacer preguntas

CONTEXTO
CULTURAL

Cuando uno necesita escaparse de la vida tan agitada de la ciudad, sólo hay que visitar el Parque Chapultepec. Es un enorme parque que se encuentra en el centro de la Ciudad de México y que tiene de todo: un parque de atracciones, teatros, lagos, restaurantes, el Museo de Antropología y un castillo. El nombre Chapultepec consta de (*consists of*) las palabras aztecas **chapulín** (*grasshopper*) y **tépetl** (*hill*). ¿Puedes encontrar el símbolo para el Parque Chapultepec que usa el metro (*subway*) de la Ciudad de México?

D. ¿Cómo fue la fiesta?   Julia asks Carla and Adán about the party they went to Friday night. What does she say?

> MODELO   bailar toda la noche   sacar fotos
> **¿Se bailó toda la noche?   ¿Se sacaron fotos?**

1. tocar buena música
2. jugar juegos divertidos
3. comer mucho
4. preparar empanadas
5. dar premios
6. hablar mucho de mí

E. Así es la vida.   Eva is informing some incoming exchange students about the daily routine of a student residence in Guayaquil, Ecuador.

> MODELO   despertarse / temprano
> **Aquí uno se despierta temprano.**

1. levantarse / inmediatamente
2. bañarse / rápidamente
3. vestirse / para el desayuno
4. concentrarse / en los estudios
5. divertirse / por la noche
6. acostarse / tarde casi siempre

F. La memoria de los niños.   Frequently, four-year-old Javier gets confused about things that others have explained to him. Listen to what he says, and write the missing words on paper. Then rewrite his comments so they make sense.

1. Dice mi papá que ⸻.
2. No quiero entrar en ⸻.
3. Dice mi hermana que ⸻.
4. ¿Es verdad, papá, que ⸻?
5. ¿Sabes una cosa, mami? En ⸻.

COMUNICACIÓN

A. Donde vivo yo.   Think about the city or town you live in, and tell what is needed to make it more attractive. You may use the list of words provided if you wish.

> EJEMPLO   **Se necesitan vendedores de comida en los parques.**

zoológico, lago, cines, piscinas, bosques, museo de arte, ¿...?

B. ¿Qué se puede hacer?   Write four sentences stating what you may and may not do at school, and share your answers with the class.

> EJEMPLO   **Se prohíben los zapatos en la clase de gimnasia.**
> **Se permite almorzar en un restaurante si se quiere.**

C. Entrevista. A local newspaper is doing a feature story on what you as students think about your school. Answer the reporter's questions.

1. En general, ¿se aprende mucho en tu escuela?
2. En tu opinión, ¿se da demasiada importancia a los deportes?
3. ¿Se organizan excursiones a lugares interesantes?
4. ¿Se puede escuchar música en la cafetería?
5. ¿Se permite ver televisión durante los ratos libres?
6. ¿Se puede llegar tarde a clase sin llevar un pase?
7. ¿Se prohíbe salir al restaurante para almorzar?
8. ¿Se necesitan reglas más estrictas o menos estrictas?

Repaso y extensión

You have learned a very useful construction in Spanish: the impersonal reflexive using **se**. What **se** constructions might be used to describe these public signs? Match each sign with its meaning.

a. Se habla inglés.
b. Se prohíbe seguir derecho.
c. Se cierra al mediodía.
d. Se presenta una película nueva.
e. No se permite cruzar la calle.
f. Se tira basura aquí.

EXPLORACIÓN 4

Function: *Expressing* most, least, best, *and* worst
Structure: *The superlative*

PRESENTACIÓN

You have already learned how to use the comparatives **más...que** and **menos...que** to express the idea that something is *better, nicer, less important*, and so on.

> El carro azul es más bonito que el carro gris.
> El carro gris es menos caro que el carro azul.

A. To express the ideas *most* and *least*, we use superlatives. In English, superlatives are usually formed by adding *-est* to the adjective (*biggest, happiest*) or by placing *most* or *least* before it (*most beautiful, least dangerous*).

Regular superlatives in Spanish are formed by using the appropriate definite article with **más** or **menos** before an adjective.

el, la, los, las + noun + **más, menos** + adjective

El carro dorado es **el** carro **más** caro.

The noun may be omitted without changing the meaning of the sentence. Sometimes *one* or *ones* is added in English.

El carro gris es **el menos** elegante.	*The gray car is **the least** elegant (one).*

B. Spanish uses **de** after the superlative where English often uses *in*.

Andrés y Marta son los menos tímidos **de** la clase.
*Andrés and Marta are the least timid **in** the class.*

C. **Bueno** and **malo** have irregular superlatives: **mejor / mejores** (*best*) and **peor / peores** (*worst*). They are used with a definite article and usually go before the noun. This noun, too, may be omitted.

Somos **los mejores** jugadores.   *We are **the best** players.*
Ese viaje fue **el peor** de mi vida.   *That trip was **the worst** (one) of my life.*

D. Here are some superlative statements you might make.

Es la mejor cantante de todas.	*She's the best singer of all.*
Es el político más sincero.	*He's the most sincere politician.*
Ese periodista es el menos falso.	*That newsman is the least deceitful.*
Su cuento es el más original.	*Their story is the most original.*
Mi chiste es el menos absurdo.	*My joke is the least absurd.*
Tengo el peor ritmo de todos.	*I have the worst rhythm of all.*

PREPARACIÓN

A. Jardín Botánico. Bárbara and Enrique are taking their cousin Amalia to the famous botanical gardens in the Dominican Republic. What do they tell her about the park?

MODELO   popular
          De verdad, es el parque más popular de Santo Domingo.

1. interesante   3. emocionante   5. grande
2. divertido   4. bonito   6. moderno

CONTEXTO CULTURAL

El Jardín Botánico Nacional Rafael M. Moscoso es un lugar muy popular entre los jóvenes de la República Dominicana. Queda en Santo Domingo, y la gente viene de todas partes para ver las diferentes atracciones y las plantas tropicales. Uno de los lugares más famosos es el jardín japonés donde todo es en miniatura. Muchos grupos estudiantiles visitan este parque para observar la naturaleza. ¿Fueron ustedes alguna vez a ese tipo de parque?

B. Concurso de geografía. At the Columbus Day Fair, students entered a geography contest about the Hispanic countries of Latin America. Using the labels and symbols on the map, tell how the winner answered the contest questions.

MODELO ¿Cuál es la isla más grande?
Cuba es la más grande.

1. ¿Cuál es el río más largo de Sudamérica?
2. ¿Cuál es la ciudad colonial más antigua?
3. ¿Cuál es la montaña más alta?
4. ¿Cuál es la universidad más antigua?
5. ¿Cuáles son las playas menos peligrosas?
6. ¿Cuáles son los países más separados del mar?
7. ¿Cuál es el lago navegable más alto?
8. ¿Cuáles son las capitales menos modernas?
9. ¿Cuál es el país de Centroamérica menos poblado (*populated*)?

C. Una crítica negativa. A critic is commenting on the two worst comedies of the year. Using **más** and **menos**, tell what he says as he describes how much he disliked the movies.

> MODELO   presentar / actores / cómico
> **Presentaron los actores menos cómicos de todo el año.**

1. ser / películas / popular
2. mostrar / historias / aburrido
3. hablar de / cosas / tonto
4. presentar / situaciones / original
5. usar / chistes / absurdo
6. ser / comedias / interesante

D. Bazar. At a school fair in Montevideo, Uruguay, prizes were awarded for the best entry in each category. What did each class win?

> MODELO   segundo año / tener / espectáculo
> **El segundo año tuvo el mejor espectáculo.**

1. cuarto año / preparar / comida
2. primer año / poner / quioscos
3. tercer año / hacer / disfraces
4. cuarto año / tocar / canciones
5. quinto año / tener / ritmo
6. primer año / escribir / cuentos
7. segundo año / sacar / fotos
8. quinto año / dar / baile

E. Los clientes. A tourist office received comments of all kinds this summer. Tell some of the good and bad comments people made, using forms of **peor** and **mejor**.

> MODELO   No me gustó el Hotel Cama Dura.   A mí me encantó el Café Rico.
> **Es el peor del país.**   **Es el mejor del país.**

1. A mí no me gustó nada el Teatro Malgusto.
2. A nosotros nos pareció muy simpática la gente de Miparaíso.
3. A la señora le parecieron fabulosas las tiendas Nosepaga.
4. A mis hijos no les interesaron nada los periodistas del Canal Nadalegre.
5. A nosotros nos encantaron los museos de Haydetodo.
6. A mí me fascinó el Lago Aguapura.

F. ¿Flor o crítica? Alicia is very quick to speak her mind and often compliments and criticizes others at the drop of a hat. Listen to each remark she makes, and indicate whether it is a compliment (**flor**) or a criticism (**crítica**).

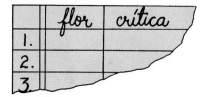

COMUNICACIÓN

A. ¿Viste televisión?   Imagine you saw someone who impressed you on TV last night and you told a friend about it. Reenact this conversation with a classmate, thinking of names on your own and substituting words from the list. Express your own view in the last line.

—¿Viste a **Bill Cosby** en la televisión anoche?
—Sí, claro que sí.
—Te digo que para mí **ese actor** es **el más cómico** del mundo.
—Sí, claro, es muy **cómico**. (*or:* Bueno, la verdad es que para mí es muy **absurdo**.)

1. ese actor (esa actriz) / cómico / absurdo
2. ese(a) político(a) / sincero / falso
3. ese(a) periodista / inteligente / tonto
4. ese(a) cantante / original / regular

B. En mi opinión.   Tell who or what, in your opinion, best fits the following descriptions.

EJEMPLO   la ciudad más divertida de los Estados Unidos
Nueva Orleans es la ciudad más divertida.

1. la ciudad más bonita de los Estados Unidos
2. las mejores playas del mundo
3. el mejor equipo de béisbol de los Estados Unidos
4. la mejor película del año
5. el peor programa de televisión
6. la peor comida
7. el disco más popular del año pasado
8. el político más sincero del mundo
9. el parque de atracciones más divertido
10. el país más fascinante del mundo hispano

LA MEJOR PELÍCULA DE LOS AÑOS 80

La revista *Película* seleccionó Amadeus como la mejor película de los años 80. Esta distinción se debe al excelente guión, basado en la obra teatral del mismo nombre y a la fantástica actuación, dirección y ambientación.

C. Adivina quién es. Make a list of names for each category below. Then, using superlatives, make three statements about one of the people listed without naming him or her. Your classmates will guess whom you are describing.

> EJEMPLO   **Es el mejor actor de la lista. Se ve en las películas más populares, tiene el pelo rubio y es el más guapo de todos. ¿Quién es?**
> **¿Es Robert Redford?**
> **¡Sí, es él!**

Cantantes	Actores / Actrices	Deportistas
Barbara Mandrell	Tom Cruise	Pedro Guerrero
¿ . . . ?	¿ . . . ?	¿ . . . ?

Repaso y extensión

You know several ways to set someone or something apart from a group. You can add **-ísimo** to an adjective to mean *very* or *extremely*. You can also use the superlative to talk about *the most* and *the least*.

Los edificios son altísimos.	Son los más altos.
La comida es baratísima.	Es la más barata.

How would you respond to a friend who made the following comments to you? Use the superlative to make a statement or ask a question as you might in a real conversation.

> EJEMPLO   Esta ropa es elegantísima. (tienda)
> **Sí, es la más elegante de toda la tienda, ¿verdad?**

1. Esos juegos son dificilísimos. (feria)
2. Este bosque es grandísimo. (estado)
3. La feria es divertidísima. (año)
4. El parque es buenísimo. (ciudad)
5. Aquellos aparatos son peligrosísimos. (parque)
6. El espectáculo es pesadísimo. (feria)

PERSPECTIVAS

LECTURA

Una profesión especial

La última vez que el Circo Cinco Estrellas fue a Cali, Colombia, el periódico *El Tiempo* tuvo la oportunidad de entrevistar a un hombre muy especial. Su nombre: Gerónimo Audaz; su profesión: domador de tigres y leones.

PERIODISTA	¿Cuándo decidió usted hacerse domador?
SR. AUDAZ	¡A los cinco años! Cuando mi papá me permitió entrar en la jaula con él. Me encantó ese mundo desde el primer momento.
PERIODISTA	A mucha gente el domador y sus animales le parecen el espectáculo más fascinante del circo. ¿Por qué?
SR. AUDAZ	Porque la gente cree que estoy en peligro cada minuto que paso en la jaula. A los espectadores les encanta esta tensión.
PERIODISTA	¿Quiere usted decir, entonces, que en realidad no está en peligro?
SR. AUDAZ	El peligro siempre está ahí. Un pequeño error y me muero*. Pero ser domador no es tan peligroso como ser policía, por ejemplo.
PERIODISTA	¿Qué se necesita para ser un buen domador?
SR. AUDAZ	Primero, mucha sangre fría. Y después, entender que los animales necesitan tanto amor como disciplina.
PERIODISTA	¿Todavía hay muchos circos pequeños en Sudamérica?
SR. AUDAZ	No, ahora ya no existen tantos como antes.
PERIODISTA	¿A usted no le interesa trabajar en un circo más grande?
SR. AUDAZ	No, prefiero los pequeños. Me fascinan los pueblos pequeños.
PERIODISTA	¿Qué es lo que más le gusta de los circos pequeños?
SR. AUDAZ	Que aquí se vive como en familia, ¿entiende? Aquí todos somos los mejores amigos.
PERIODISTA	¿Qué puede decirnos sobre la vida del circo?
SR. AUDAZ	Pues, que la vida del circo es muy alegre y uno no se aburre nunca.
PERIODISTA	Para terminar, ¿cuánto tiempo le queda como domador?
SR. AUDAZ	Mire, se puede ser domador hasta los sesenta años. Entonces, a mí me quedan más de veinte años.

* **Morirse** (*to die*) has a stem change from **o** to **ue**: **me muero, te mueres, se muere, nos morimos, se mueren**.

Expansión de vocabulario

aburrirse to get bored	**morirse** to die
cada each	**el pueblo** town
el domador tamer	**la sangre** blood
en realidad really	**la sangre fría** "nerves of steel"
lo que that which, what	**terminar** to finish, to end

Comprensión

1. ¿Dónde se hizo la entrevista?
2. ¿Cuándo decidió el señor Audaz hacerse domador?
3. ¿Qué dice de sus primeras experiencias con los animales?
4. ¿Qué se debe tener para ser un buen domador? ¿Qué más se necesita?
5. ¿Qué le puede pasar a un domador si hace un error?
6. ¿Le gustan más al señor Audaz los circos grandes o los pequeños? ¿Por qué?
7. ¿Cómo se vive en un circo pequeño?
8. ¿Hasta cuándo dice el señor Audaz que se puede ser domador?
9. ¿Cuánto tiempo le queda a él como domador?
10. ¿Qué piensas tú de la profesión del señor Audaz?

COMUNICACIÓN

A. ¿Por qué vas tú? Gerónimo the lion tamer believes that many people enjoy circus acts because they are suspenseful and exciting. Tell why you like or dislike going to the circus and other places. Try not to repeat what another student has said.

EJEMPLO **Me fascina el circo porque siempre hay tanto que ver.**

el circo	los parques de atracciones	el cine
las ferias	los conciertos de rock	la playa
los parques	el zoológico	¿...?

B. ¿Cómo fue la visita?   Describe your last visit to an amusement park, zoo, circus, or fair. Use these questions as a guide.

1. ¿Adónde fuiste?
2. ¿Cuándo fuiste? ¿Con quién?
3. ¿Qué hiciste y qué viste allí?
4. ¿Qué comiste?

5. ¿Compraste recuerdos?
6. ¿Gastaste mucho dinero?
7. ¿Te divertiste mucho?
8. ¿A qué hora volviste a casa?

C. Sugerencias.   Write a proposal with 5 to 10 suggestions for changes
W you would like at your school, and explain the reasons for your recommendations. Refer to the topics listed for ideas.

EJEMPLO   **Se necesitan clases menos grandes. No se aprende bien con tantos estudiantes en cada clase.**

comida	vacaciones	hora del almuerzo
exámenes	fiestas	actividades
profesores	estudiantes	reglas
clases	tiempo libre	tarea

PRONUNCIACIÓN

In Spanish words, vowel pairs containing an unaccented **i** or **u** form one syllable. However, when **a, e,** or **o** are paired together in a word, two distinct syllables are formed.

feria	Paula	ruido	seis	aire	miedo
museo	poema	Balboa	Bilbao	teatro	peor

Words containing vowel pairs follow the same rules for stress that you learned in *¿Y tú?*

1. Stress the next-to-last syllable in words ending in a vowel, **n,** or **s.** Otherwise, stress the last syllable.

feo	pasean	canoas	familia	juegan	jaulas
caer	Beatriz	Noel	ciudad	Manuel	audaz

2. Place accents on words that are exceptions to the rules.

reír   Raúl   león   energía   también   día

Now repeat these sentences.

1. Frecuentemente donde hay diversión también hay peligro.
2. El circo tiene sus leones y su trapecio.
3. En el parque de atracciones se encuentra la montaña rusa.
4. El zoológico tiene serpientes, escorpiones, leopardos y jaguares.
5. En un río, caerse de una canoa puede traer catástrofe.
6. En conclusión, al divertirse uno también tiene que cuidarse.

1NTEGRACIÓN

Find out how much you know as you do these activities. If you have trouble with any of them, study the topic and practice the activities again, or ask your teacher for help.

Vamos a escuchar

A. Oí por casualidad... While walking through a busy marketplace, you overhear people making plans for the weekend. Listen to bits of their conversations, and figure out where they intend to go. Write the most likely destination from each of the pairs on paper.

> **MODELO** Tienen dos ositos panda y además un elefante que tiene ochenta años.
> **un zoológico**   un museo

1. un bosque   una feria
2. un circo   un lago
3. un bosque   un parque de atracciones
4. una feria   un lago
5. un teatro   una feria
6. un circo   un zoológico
7. un parque   una plaza
8. un cine   una iglesia

B. El mejor cantante. Listen to Susana and Manuel talk about some male singers being considered for an award. Then match the singers with the phrases indicating whose favorite and least favorite each one is. Be sure to listen for words like **el mejor** and **el peor**.

1. Rafael
2. José Luis Perales
3. Rubén Blades
4. Juan Manuel Serrat

a. el que más le gusta a Susana
b. el que más le gusta a Manuel
c. el que menos le gusta a Susana
d. el que menos le gusta a Manuel

Vamos a leer

A. ¡No seas así!   When you are trying to convince others to change their attitudes, can you follow up with logical reasons? For each numbered sentence, decide whether *a* or *b* follows more logically.

1. ¡No seas miedoso!

   a. La montaña rusa cuesta tanto como la estrella.
   b. No es tan peligrosa como tú crees.

2. ¡No seas aguafiestas!

   a. No se tiene que regresar a casa todavía. ¡Es temprano!
   b. El examen va a ser muy difícil. ¡Vas a ver!

3. ¡No seas tonto!

   a. ¡No te pasa nada!
   b. ¿Qué tal? ¿Te sientes bien?

4. ¡No seas cobarde!

   a. Se prohíben los perros y gatos en el salón de espejos.

   b. A mí también me da miedo, pero ésa es la idea. Vamos, nos va a gustar.

5. ¡No seas comilón!

   a. ¿Se venden perros calientes por aquí?
   b. Comer demasiado no es muy sano, ¿sabes?

B. Las ferias de pueblo.   Los pequeños pueblos del mundo hispano no tienen grandes y modernas atracciones como los parques de Chapultepec, El Salitre y el Parque del Retiro. Pero la gente de pueblo sí tiene ferias anuales y se divierte muchísimo. Lee esta carta que escribió a su familia Julie García, una joven estadounidense que está en México.

Queridos papá y mamá,

Esta semana asistí a una feria que se celebró aquí en San Miguel y aprendí muchas cosas interesantes. Cada año tanto los pueblos pequeños como los más grandes celebran la fiesta del santo patrón o la santa patrona con una feria. Muchas cosas especiales pasan durante la feria, que generalmente dura una semana. Se empieza con una procesión religiosa. La estatua del santo patrón se baja del altar y se pasea por las calles. Aquí en México unos grupos de gente se visten como los antiguos indios y bailan danzas aztecas en honor del santo. La procesión termina en la iglesia, y en ese momento empieza la fiesta. Las atracciones incluyen los mismos juegos mecánicos que se ven en los Estados Unidos, como el carrusel, la estrella y las sillas voladoras. En la plaza central siempre se toca música y se ponen quioscos de todo tipo. También los pueblos pequeños tienen exposiciones tan fascinantes como en las grandes ciudades. Por ejemplo, se puede ver a la mujer araña, con un disfraz de tarántula y cabeza de niña. Se dice que la niña se convirtió en "tarántula" porque se portó mal con su mamá. A los niños en particular les encanta esta exposición. Le pueden hacer preguntas a la mujer araña, y ella les contesta con reglas para ser más obedientes y evitar un destino tan desafortunado. Me hizo pensar en la historia del pobre Pinocho.

Bueno, mamá y papá, un abrazo de su hija (que siempre es muy obediente),

Julie

Answer these questions based on **Las ferias de pueblo.**

1. ¿Qué pasó en San Miguel?
2. ¿Cuándo se hacen ferias en nombre de los santos patrones?
3. ¿Con qué se empieza la feria?
4. ¿Qué se hace con la estatua del santo patrón?
5. ¿Qué aparatos se encuentran en las ferias de pueblo?
6. ¿Dónde se toca música y se ponen quioscos?
7. ¿De qué exposición en particular habla Julie?
8. ¿Cómo describe Julie a la mujer araña?
9. ¿Por qué se encuentra la mujer araña en una situación tan lamentable?
10. ¿Es Julie obediente o desobediente?

Vamos a escribir

A. Yo la acompaño.   You agree to accompany your pen pal's mother to a crafts and antiques exhibit during her visit to the United States. After hours of crowds and aimless wandering, you begin to get impatient. Complete the dialogue using appropriate forms of each of the verbs. Use each verb only once.

salirse   encontrarse   aburrirse

tocar   molestar   encantar   quedar   parecer   importar

Tú	¿Ya vio todo, señora?
SRA. PÉREZ	Casi todo, sí. ¿Me permites unos minutos más? ¡Es que me __1__ las exposiciones de artesanía!
Tú	Sí, lo sé. ¿Pero no le __2__ el montón de gente?
SRA. PÉREZ	Ay, no. Me __3__ muy interesante observar a la gente. Uno no __4__ nunca cuando mira a la gente, ¿verdad?
Tú	Pues, la verdad es que yo sí me aburro un poco.
SRA. PÉREZ	¡Mira! ¡Qué suerte! Ahí está precisamente el artefacto de cerámica que tanto necesito para mi casa. Pero es carísimo. ¡Qué lástima!
Tú	No __5__, señora. Si le __6__ muy poco dinero, yo le doy y me paga después. No hay problema. ¿Ahora nos vamos?
SRA. PÉREZ	Sí, y mil gracias por el dinero. ¿Por dónde __7__ de la exposición? ¿Allá dónde __8__ aquellos carros feos?
Tú	¿Carros feos? A mí no me parecen feos. Son antiguos—y además estupendos. Espere un rato, señora, ¿sí?
SRA. PÉREZ	Está bien, pues. Ahora me __9__ a mí aburrirme, ¿verdad?

B. Los hermanos son así.   When they are young, brothers and sisters often spend time squabbling over little things. Look at the pictures, and write four sentences that Danielita and Tomasito might say, using comparisons with **tan** or **tanto**.

C. Frases personales. Write sentences using **se** as in the example.

> EJEMPLO   Name something that is understood at your house.
> **En mi casa se entiende que todos nos respetamos.**

Name something that
1. is forbidden at your school.
2. is said in your Spanish class.
3. one needs in order to live.
4. is allowed at your house.
5. is found close to you.
6. one never knows.

D. Lo máximo. What might you say in these situations? Use superlative phrases with **más, menos, mejor,** and **peor** to express yourself.

> EJEMPLO   Necesitas dormir, pero hay un ruido que te molesta.
> **Ése es el ruido más fuerte del mundo.**

1. Tienes un amigo(a) que siempre escucha tus problemas, te acompaña por todas partes y te hace reír cuando estás deprimido(a).
2. Ves una película por tercera vez. Te fascina porque tiene mucha acción y suspenso.
3. Tus clases este año son muy difíciles y además no te interesan nada. Necesitas quejarte.
4. Quieres muchísimo a tu papá. Te comprende muy bien y hace todo lo posible por ti. El Día del Padre quieres mostrarle cómo te sientes.

Vamos a hablar

Situaciones

Work with a partner or partners, and create short dialogues based on the following situations. Whenever appropriate, switch roles and practice a different part of the dialogue.

A. ¿Qué hacemos este fin de semana? The weather is beautiful. You are talking to your friends about what to do this weekend. Discuss your entertainment options, and decide where you will go.

B. ¡No te va a pasar nada! At the end of the circus, the ringmaster asks if anyone in the audience would like to earn money helping the lion tamer clean the cages and take care of the lions. Try to convince your reluctant friend to take the job.

C. ¡La comida sana es mejor! You are at the zoo with a friend. Your friend feels like snacking on junk food, while you are looking for a healthier meal. Discuss some possibilities and then order at one of the food stands.

VOCABULARIO

NOUNS RELATING TO AMUSEMENTS

el **algodón de azúcar** cotton candy
el **aparato** ride, apparatus
el **carrusel** merry-go-round
la **casa de fantasmas** haunted house
el **circo** circus
los **chicharrones** pork rinds
la **diversión** amusement
el **domador*** (**de leones**) (lion) tamer
la **empanada** turnover
el **espectáculo** show, performance
la **estrella** ferris wheel
la **exposición** exhibit
la **feria** fair
la **montaña rusa** roller coaster
las **palomitas** popcorn
el **parque de atracciones** amusement park
el **payaso*** clown
el **perro caliente** hot dog
el **quiosco** kiosk, stand
la **raspadilla** snow cone
el **salón de espejos** hall of mirrors
las **sillas voladoras** flying swings (*lit.,* flying chairs)
el **trapecista, la trapecista** trapeze artist

OTHER NOUNS

la **actividad** activity
el **aguafiestas, la aguafiestas** party pooper
el **cantante, la cantante** singer
el **cuento** story

la **culpa** fault
el **chiste** joke
la **disciplina** discipline
el **elefante** elephant
el **globo** balloon
la **jaula** cage
el **león** lion
el **mono** monkey
la **oportunidad** occasion, opportunity
el **peligro** danger
el **político*** politician
el **pueblo** town
el **ritmo** rhythm
la **sangre** blood

ADJECTIVES

absurdo absurd
cada each
cobarde cowardly
especial special
exótico exotic
falso deceitful
mareado dizzy
miedoso scaredy-cat
natural natural
original original
sincero sincere
tonto silly

VERBS AND VERB PHRASES

aburrirse to get bored
acompañar to go with, to accompany
caerse to fall
cerrar (e → ie) to close
dar(le) miedo (**a alguien**) to frighten (someone)

dar(le) pánico (**a alguien**) to terrify (someone)
entrevistar to interview
existir to exist
hacer un picnic to go on a picnic
importar to be important, to matter
ir de excursión to go on a hike, field trip
molestar to bother, to annoy
morir(se) (o → ue, u) to die
pasar to happen
probar suerte en to try one's luck at
prohibir to forbid, to prohibit
quedar to be left, to remain
reír to laugh
remar en el lago to go rowing on the lake
subirse a to get on, to ride (on)
terminar to finish, to end
tocarle a uno to be one's turn
vender to sell

EXPRESSIONS

claro (**que sí**) of course
claro que no of course not
en realidad really
lentamente slowly
lo que that which, what
sangre fría nerves of steel
tan...como as...as
tanto...como as much as
tantos(as)...como as many as

*NOTE: Although in many countries the feminine forms of professions are used, in the case of **el político**, the masculine is still preferred: **la** (**mujer**) **político**, but **la domadora** and **la payasa**.

Hispanos de aquí y allá

In this chapter, you will talk about Hispanic families outside and inside the United States. You will also learn about the following functions and structures.

Functions	Structures
• saying how long ago something happened	**hace** with the preterite tense
• talking about the past	**decir, traer,** and other verbs with an irregular preterite stem
• talking about things you have or own	the long-form possessives
• talking about ongoing actions in the past	the imperfect tense

1 NTRODUCCIÓN

EN CONTEXTO

El problema es papá

Yolanda es una chica colombiana que acaba de <u>mudarse</u> con su familia a Nueva York. Alex, un <u>compañero</u> norteamericano, le pregunta si quiere acompañarlo al cine.

YOLANDA	<u>Cómo no</u>, <u>me encantaría</u> salir contigo, pero hay un pequeño problema.	sure / I'd love to
ALEX	Ya sé, tu padre. ¡Otra vez tu padre!	
YOLANDA	<u>Así es</u>, Alex. Es que en mi país las cosas se hacen de otra manera.	that's right
ALEX	¡Pero ya no estás en tu país!	
YOLANDA	Sí, pero mi padre todavía insiste en seguir las <u>costumbres</u> de allá. <u>Según</u> él, una chica simplemente no debe salir sola con un chico.	customs / according to
ALEX	Entonces, ¿qué se puede hacer?	
YOLANDA	Bien fácil. Podemos llevar a mi hermano.	
ALEX	¿Tú y yo y además tu hermano... <u>juntos</u>? ¿No puedes <u>sugerir</u>* otra solución?	together / to suggest
YOLANDA	Sí, pero no sé si te va a gustar.	
ALEX	Mira, <u>estoy dispuesto</u> a aceptar <u>cualquier</u> cosa.	I'm willing / any
YOLANDA	En ese caso, ¡podemos invitar a papá!	

*Sugerir has an **e** to **ie** stem change in the present tense (**sugiero, sugieres, sugiere, sugerimos, sugerís, sugieren**) and an **e** to **i** stem change in the preterite (**sugerí, sugeriste, sugirió, sugerimos, sugeristeis, sugirieron**).

Comprensión

In the sentences below, answer **verdadero** or **falso** based on **El problema es papá**. If the sentence is false, reword it to make it true.

1. Yolanda acaba de llegar a Colombia.
2. Su amigo Alex quiere invitarla al cine.
3. Yolanda no puede salir con Alex.
4. El padre de Yolanda sigue las costumbres norteamericanas.
5. Yolanda cree que hay una solución a su problema con Alex.
6. Alex sugiere invitar al hermano de Yolanda.
7. Alex acepta cualquier solución para poder salir con Yolanda.

ASÍ SE DICE

Cuando quieres divertirte, ¿prefieres salir con los amigos o hacer una fiesta en casa? Aquí tienes algunas actividades que todos los buenos <u>anfitriones</u> deben saber hacer.

hosts and hostesses

hacer una fiesta

tener una reunión familiar

hacer planes

mandar las invitaciones

preparar los bocadillos

limpiar y arreglar la casa

colgar (o → ue) los adornos

saludar a los invitados

ofrecerles (c → zc) comida a los invitados

charlar y reírse (e → i, i)

despedirse de los invitados

A. ¿Qué haces primero?   Imagine you are preparing for a party. Listen to pairs of activities, and write down which of the two in each case is more likely to be done first.

> MODELO   ¿despedirse de los invitados u ofrecerles comida?
> **ofrecerles comida**

COMUNICACIÓN

A. Un plan lógico.   Look at the list of activities, and rank them in the order you prefer to do them when preparing to give a party at your house. Then work with a partner, and discuss your rankings.

EJEMPLO

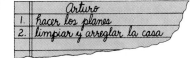 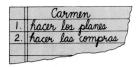

Arturo: **Primero hago los planes. ¿Y tú?**
Carmen: **Yo también. Segundo hago las compras. ¿Y tú?**

hacer la fiesta	preparar los bocadillos	colgar los adornos
hacer los planes	mandar las invitaciones	hacer las compras
lavar los platos	limpiar y arreglar la casa	bañarse y vestirse

B. Una encuesta.   You are taking this survey found in a popular teen magazine to see how skilled you are at throwing parties for your friends. Respond to each item with one of the lettered phrases on the left, and see how you rate as a host (**anfitrión**) or hostess (**anfitriona**).

a. Es necesario.
b. Es buena idea pero no es necesario.
c. No es necesario.

> Eres un(a) anfitrión(ona) fabuloso(a). (9–10)
> Eres buen(a) anfitrión(ona). (6–8)
> Tienes mucho que aprender. (3–5)
> No hagas nunca fiestas en tu casa. (0–2)

Cuando haces una fiesta formal para 10 o más invitados, debes…

1. mandar las invitaciones tres meses antes de la fiesta.
2. saludar a cada invitado y despedirte de cada uno individualmente.
3. servir una variedad de comida y bebidas.
4. invitar a los padres de cada invitado para no ofenderlos.
5. colgar adornos.
6. reírte de todos los chistes de tus invitados: los buenos y los malos.
7. charlar un rato con cada uno de los invitados.
8. invitar sólo a los amigos que no son comilones.
9. tener un piano o una guitarra y varios juegos como diversión.
10. usar platos buenos, no los de plástico.

Answers: 1. c, 2. a, 3. a, 4. c, 5. b, 6. c, 7. a, 8. c, 9. b, 10. a

EXPLORACIÓN 1

Function: *Saying how long ago something happened*
Structure: *hace with the preterite tense*

PRESENTACIÓN

A. Sometimes we want to tell when a particular action or event took place. In English, we indicate how long ago something happened by giving the amount of time plus *ago*. In Spanish, use the following formula to tell how long ago an event occurred.

> verb in preterite + **hace** + amount of time

Marta me llamó **hace dos días**.   *Marta called me **two days ago**.*
Él murió **hace tres semanas**.   *He died **three weeks ago**.*

B. The same idea may also be expressed by using this formula:

> **hace** + amount of time + **que** + verb in preterite

Hace media hora que salieron.   *They left **half an hour ago**.*
Hace cien años que se escribió.   *It was written **100 years ago**.*

C. To indicate in general terms that something happened a long or short time (while) ago, use **hace mucho** and **hace poco**.

Aprendí español **hace poco**.   *I learned Spanish **a short while ago**.*
Hace mucho que la conocí.   *I met her **a long time ago**.*

D. To ask how long ago an event took place, use this formula:

> **cuánto tiempo hace que** + verb in preterite

¿**Cuánto tiempo hace que** llegó?   *How long ago did he arrive?*
¿**Cuánto tiempo hace que** los vio?   *How long ago did you see them?*

PREPARACIÓN

A. Nuestros familiares. Diego and Carlos are telling how long ago they and their relatives came to live in the United States. What do they say?

MODELO yo / cuatro años
Yo llegué hace cuatro años.

tus hermanos / poco / ¿no?
Tus hermanos llegaron hace poco, ¿no?

1. mis padres y yo / cuatro años
2. mi tía Lina / once años
3. mi abuela / sesenta años
4. tú / ocho años / ¿verdad?
5. tu primo Juan / diez años / ¿no?
6. tus abuelos / dos años / ¿verdad?

B. El bebé. The Sosas went out and left their baby at home with his grandmother. When they returned at 11:00 P.M., they asked her how everything went. Listen to their questions, and based on the illustrations, tell how the grandmother answered.

MODELO ¿Cuánto tiempo hace que se despertó el bebé?
Hace una hora y media.

a.

b.

c.

d.

e.

f.

g.

CULTURAL

En los Estados Unidos la familia típica consta de (*consists of*) uno o dos padres y los hijos. El concepto hispano de la familia es más amplio (*broad*). A veces otros familiares, frecuentemente los abuelos, viven con la familia. Los hijos aprenden a respetar a los mayores. No temen (*fear*) la vejez (*old age*) porque ven que los abuelos todavía son activos y se sienten necesitados. Muchas veces los abuelos ayudan a cuidar a los niños. Por eso, la función de niñera (*babysitter*) no es muy común.

C. Un crimen. A detective is investigating a house fire in Jorge's neighborhood and asks him and some neighbors about the events leading up to the fire.

> MODELO   tú / llamar a la policía
> **¿Cuánto tiempo hace que llamaste a la policía?**

1. Uds. / escuchar el carro del primer hombre
2. el otro hombre / llegar a pie
3. tú / permitirles usar el teléfono
4. ellos / entrar en la casa
5. los dos / salir de la casa
6. Ud. / ver el fuego

D. ¡No te espero más! Lina has waited a long time for her friend Miguel to join her at the café. When he finally arrives, what does she say?

> MODELO   una hora y media / llegar al café
> **¡Hace una hora y media que llegué al café!**

1. una hora / empezar a buscarte por todo el restaurante
2. 45 minutos / sacar tu número de teléfono
3. 40 minutos / comenzar a llamarte
4. media hora / almorzar sola
5. cinco minutos / pagar la cuenta

E. ¡Tanto que hacer!   Raúl is disappointed that his first big party is not a great success. Later, his roommate Samuel asks him some questions in order to get at the source of the problem. What does Samuel ask, and how does Raúl answer?

> MODELO   mandar las invitaciones / tres días
> **¿Cuánto tiempo hace que mandaste las invitaciones?**
> **A ver, mandé las invitaciones hace tres días.**

1. preparar el menú / dos días
2. ir de compras / unas horas
3. limpiar la casa / un mes
4. hacer los bocadillos / dos semanas
5. lavar los platos / tres días
6. aprender un chiste nuevo / ocho años

COMUNICACIÓN

A. ¿Cuándo fue la última vez?   Answer a classmate's questions about when you last did the following activities. Then say something about the circumstances of the events.

> EJEMPLO   ¿... te acostaste tardísimo?
> **Roberto, ¿cuándo fue la última vez que te acostaste tardísimo?**
> **La última vez fue hace una semana. Fui a una fiesta y regresé a casa muy tarde.**

¿Cuándo fue la última vez que...

1. estuviste enfermo(a)?
2. te sentiste deprimido(a)?
3. asististe a una reunión familiar?
4. jugaste boliche?
5. hiciste un viaje?
6. saliste a comer?
7. dormiste en casa de un(a) compañero(a)?
8. tuviste un sueño raro?
9. fuiste a un parque de atracciones?
10. ¿...?

B. A conversar. Ask a classmate a question using the words below. Wait for an answer, then ask another question related to the first.

> EJEMPLO ¿Cuánto tiempo hace que visitaste un museo?
> Hace dos años (que visité un museo).
> ¿Te gustó?
> Sí me gustó, pero llegué a casa muy cansado después.

¿Cuánto tiempo hace que...?

celebrar
asistir (a)   ayudar en casa
visitar   tu cuarto
aprender (a)   a un familiar que no vive cerca
charlar (con)   un chiste nuevo
reírte (de)   una reunión familiar en casa
ir   un partido de béisbol
limpiar   estudiar español
ofrecer   tu cumpleaños
tener (que)   de vacaciones
empezar (a)   ¿...?
¿...?

C. Recuerdo que... Tell how long ago you saw or did something memorable in six places. Use the list as a guide.

> EJEMPLO Hace dos semanas que vi un robot en el circo.
> Pedí paella en un restaurante español hace tres días.

en la calle   en el cine
en la escuela   en la televisión
en el circo   en un sueño
en la casa   ¿...?

Repaso y extensión

You have already learned to use **pasado(a)** to mean *previous* or *last:* **Visité a mis abuelos la semana pasada.** Another way you now know to express similar meaning about the past is to use **hace** plus time to mean *ago:* **Visité a mis abuelos hace una semana.** Change the following sentences to express *ago.*

1. Fui a la fiesta de los quince años de mi prima el mes pasado.
2. Mis tíos llegaron de Bolivia la semana pasada.
3. Papá me permitió salir sola el año pasado.
4. Hoy es sábado; el miércoles pasado mis padres empezaron las clases de inglés.
5. Empecé a trabajar el mes pasado.

EXPLORACIÓN 2

Function: *Talking about the past*
Structure: *Preterite tense verbs with an irregular stem*

PRESENTACIÓN

A. You already know many irregular preterites in Spanish. There is another group of verbs that has an irregular stem ending in **j** plus the endings **-e, -iste, -o, -imos, -eron**.

traer

traje	trajimos
trajiste	trajisteis
trajo	trajeron

B. The following verbs are like **traer** in the preterite.

decir *to say, to tell*	traducir (al) *to translate (into)*
conducir *to drive*	introducir (en) *to introduce (into)*

Trajimos a toda la familia a la reunión.
We brought the entire family to the get-together.
¿Qué te dijeron cuando pediste el trabajo?
What did they tell you when you asked for the job?
Pablo condujo toda la noche.
Pablo drove all night.
Cuando llegó a este país, yo le traduje sus documentos.
When he arrived in this country, I translated his documents for him.
Los mexicanos introdujeron el rodeo en los Estados Unidos.
The Mexicans introduced the rodeo to the United States.

PREPARACIÓN

A. Inmigrantes. Rafael Pérez's family has recently immigrated to Florida from Cuba. What does he say that each person brought along?

> MODELO   papá / a toda la familia
> **Papá trajo a toda la familia.**

1. mi abuela / muchos recuerdos
2. Juan y Carlos / sus libros favoritos
3. mamá / esperanzas de una vida mejor
4. mi hermanito / su osito de peluche
5. Adela y yo / mucha música cubana
6. yo / fotos de todos los familiares

CONTEXTO CULTURAL

En Miami hay una gran comunidad hispana. Esta sección se llama La Pequeña Habana porque la mayoría de la gente es de Cuba. Esta parte de la ciudad, con sus 270.000 hispanohablantes (*Spanish speakers*), casi parece otro país. Oficialmente, el español es el segundo idioma de la ciudad, y se encuentran tiendas y mercados donde la gente habla más español que inglés. En las escuelas los estudiantes también usan los dos idiomas. Mucha gente visita ese lugar para poder disfrutar de (*to enjoy*) la cultura hispana.

B. Servicio de traducciones. The staff members of a translating firm are discussing their most recent accomplishments. What do they say?

> MODELO   Luis / un programa de televisión
> **Luis tradujo un programa de televisión.**

1. Rosa / una novela
2. ustedes / un libro de historia
3. Berta y yo / un documental
4. tú / unas poesías
5. Raúl y Adán / unas entrevistas
6. yo / un libro de cocina

C. Los distraídos. Susi's brilliant aunt is at the same time a bit absent-minded. During a recent family gathering, her mind trailed off as usual, and she had to ask Susi to repeat what various family members had just said. Tell what she asks Susi and how Susi answers.

> MODELO   Juan: Hoy traduje una canción inglesa al español.
>   Tía: **¿Qué dijo Juan, Susi?**
>   Susi: **Dijo que tradujo una canción inglesa al español.**

1. La abuela: Traje recuerdos maravillosos de Bogotá.
2. Susi y Juan: Introdujeron reglas más estrictas en el colegio hoy.
3. Juan: Susi hizo las compras esta mañana.
4. Juan y la abuela: Ya se terminó el postre.
5. Susi: Compré un disco nuevo.

D. El mejor chofer. Some friends are discussing a driver's test they took earlier in the day as they wait for the results. Tell what they say as you complete the conversation with preterite forms of **conducir**.

> ELBA   ¿Cómo __1__ tú esta mañana, Felipe?
>
> FELIPE   Pues, si tienes que saberlo, __2__ muy bien. Soy un experto. No soy miedoso como ustedes. Y tú y Marta __3__ muy lento, ¿verdad?
>
> ELBA   No, Felipe, pero nosotras sí __4__ con cuidado. Mira, Marta, ahí viene la profesora.
>
> LA PROFESORA   Bueno, estudiantes. En general, todos __5__ muy bien menos una persona que __6__ como un loco. Eh, Felipe, ¿puedo hablar contigo en privado después de la clase?

E. Noticias. A disc jockey for XEW La Tremenda, a Mexican radio station, is announcing news headlines. Use the preterite of the verbs listed to complete the announcements.

conducir   traer   traducirse   decir   introducir

1. Unos periodistas uruguayos ===== buenas noticias de su país.
2. Raúl Julia ===== que va a comenzar a filmar otra película.
3. Otras canciones de Julio Iglesias ===== a varios idiomas.
4. XEW La Tremenda ===== una nueva radionovela.
5. Un niño de cinco años ===== solo el carro de su papá.

CONTEXTO
CULTURAL

Los hispanos que viven en los Estados Unidos pueden ver muchos programas de televisión totalmente en español. Los canales hispanos presentan programas tanto para niños como para adultos. Estos canales presentan partidos de fútbol, telenovelas, películas y programas de variedades de países como México, Argentina y Venezuela. Otros programas traen noticias de los países hispanos, además de las noticias generales de este país. ¿Hay algún canal en español en tu comunidad? ¿Cuál es? ¿Lo ves para mejorar (*improve*) tu español?

COMUNICACIÓN

A. Choferes.   Tell who drove to the following places the last time someone went there. Use the suggestions below.

> EJEMPLO   **La última vez que fuimos al cine, mi amigo Juan condujo.**

a la fiesta	
al cine	yo
al supermercado	tú
a la feria	mi madre
al parque	mi padre
al centro	mis hermanos y yo
al campo	nosotros
a la escuela	mi profesor(a) de _____
al estadio	mi amigo(a) _____
al zoológico	¿...?
de vacaciones	

B. La última vez. Listen to some questions about what you and others said the last time you were in certain situations. Select answers from the choices you hear, and write them on paper.

EJEMPLO   La última vez que otra persona paseó en carro contigo, ¿dijo que condujiste bien o mal?

> *Dijo que conduje bien.*

Repaso y extensión

You have already practiced **i**-stem and **u**-stem preterites that take the irregular endings **-e, -iste, -o, -imos, -ieron**. As you have just learned, **j**-stem preterites use the same endings except for **-eron** in the third person plural.

Practice these preterite forms as you respond to the following present tense sentences. In each case, use **ya** and a preterite verb to tell that something has already been done. Use the examples as a guide only. Be creative!

EJEMPLO   Eva hace la tarea ahora. (yo)   Hoy tenemos examen. (nosotros)
Pero yo no. Yo ya la hice.   **¿Por qué? Ya tuvimos uno ayer.**

1. Mi madre hace un pastel para la reunión. (mi tía)
2. Marta y Julio todavía traducen las frases. (tú)
3. ¿Ustedes saben las malas noticias? (nosotros)
4. Hago mi disfraz para la fiesta. (ustedes)
5. Yola y Alberto vienen aquí mañana. (ellos)
6. ¿Me traes otro refresco? (yo)
7. Susana y Carlos ponen un disco nuevo. (Manuel)

EXPLORACIÓN 3

Function: *Talking about things you have or own*
Structure: *The long-form possessives*

PRESENTACIÓN

A. In *¿Y tú?* you learned about the possessive adjectives **mi, tu, su,** and **nuestro**. Another set of words, called long-form possessive adjectives, is used to emphasize or contrast ownership. Like other possessives, they agree with the object possessed, not with the person who possesses it. Here is a common way to use them:

definite article	+	noun	+	long-form possessive adjective
la		bicicleta		**tuya**

LONG-FORM POSSESSIVE ADJECTIVES

my	mío, mía, míos, mías
your (fam.)	tuyo, tuya, tuyos, tuyas
his, her *your* (formal) *their*	suyo, suya, suyos, suyas
our	nuestro, nuestra, nuestros, nuestras
your (fam. pl.)	vuestro, vuestra, vuestros, vuestras

Las clases **tuyas** son más fáciles que **las** clases **mías**.
Your classes are easier than my classes.

El equipo **nuestro** es mejor que **el** equipo **suyo**.
Our team is better than their team.

B. In English, we often use pronouns such as *mine* and *yours* to express ownership. In Spanish, we can use the long-form possessive adjectives as pronouns by simply dropping the noun.

Los zapatos **míos** son caros.	***My*** shoes are expensive.
Los míos son caros.	***Mine*** are expensive.
La casa **suya** es muy bonita.	***His*** house is very pretty.
La suya es muy bonita.	***His*** is very pretty.
El colegio **nuestro** es nuevo.	***Our*** school is new.
El nuestro es nuevo.	***Ours*** is new.

C. Since **suyo** and its forms can mean *his, hers, yours* (sing. or pl.), or *theirs,* a **de** phrase may be used instead to clarify the meaning.

Rosa tiene el libro **suyo**.   Rosa tiene el libro **de usted**.

PREPARACIÓN

A. **¡Qué casualidad!**   Both Marilín's and Sergio's families have moved to the United States from Spanish-speaking countries. When the two teenagers meet at a family gathering, they discover how much they have in common. What do they say?

MODELO   Marilín: Mi país es pequeño pero muy bonito.
              Sergio: **¡El mío también!**

1. Sergio: Mis peores clases son geometría y geografía.
2. Marilín: Mi padre es dentista.
3. Sergio: Mis cantantes favoritos son argentinos.
4. Marilín: Todos mis familiares son muy alegres.
5. Sergio: Mi novela favorita es *Cien años de soledad*.
6. Marilín: Mi abuelo es de España.
7. Sergio: Mis compañeros son locos pero muy buenos.

CULTURAL

Para los hispanos que inmigraron a los Estados Unidos, las reuniones familiares son una oportunidad de reafirmar sus raíces (*roots*) culturales. Por ejemplo, cuando se celebra un cumpleaños, no sólo vienen los amigos sino también (*but also*) los abuelos, los tíos y los primos. Los familiares en la fiesta hablan de cuánto tiempo hace que llegaron a este país, de sus antiguas costumbres y de lo diferente que es la vida aquí en los Estados Unidos. Sienten mucha alegría de estar juntos otra vez y cantan canciones de su patria (*homeland*).

B. Un buen trabajador.   Paco is always in high demand when it comes to part-time work and finds it difficult to say no. How does he respond to his various offers?

> MODELO   teatro / claro que sí
> **¿Quieres trabajar en mi teatro este verano?**
> **¿En el suyo? Claro que sí.**

1. agencia de viajes / claro que sí
2. banco / por supuesto
3. campamento de verano / cómo no
4. oficinas / claro que sí
5. quioscos / cómo no
6. restaurante / por supuesto

C. Todo lo mío es mejor. Ani thinks her things are better than her younger sister Chela's. What does she say about the following items?

MODELO

1.

2.

inteligente   tonto

nuevo   viejo

grande   pequeña

El novio mío es inteligente.
El tuyo es tonto.

3.

pocas

muchas

4.

bonitos

feos

D. Rosa y Simón. Read about Rosa's and Simón's preferences, and then listen to five sentences describing which objects belong to whom. Choose the appropriate response in each pair of statements that follow.

Rosa y Simón son hermanos, pero son muy diferentes. Simón es muy romántico y colecciona de todo. Rosa prefiere los pasatiempos activos, y por eso, le fascinan los deportes y le parece aburrida la música clásica. A Simón le encanta la casa antigua en que viven, pero a Rosa le gustan más las casas modernas.

MODELO   El libro *Ser novios es ser felices* es el suyo.
          Es de Simón. / Es de los dos.

1. **Es de Rosa.** / Es de Simón.
2. Son de él. / Son de ella.
3. Son de Rosa. / Son de Simón.
4. Es de Rosa. / Es de los dos.
5. Son de Rosa. / Son de Simón.

E. Pinturas murales. Some fourth-year students from the Colegio La Salle are comparing the mural their class painted with one painted by the fifth-year students. The fourth-year class feels that their own mural is much better. What do they say?

MODELO   el mural / ser / bonito
El mural nuestro es bonito, el suyo no.

1. el mural / ser / grande
2. los colores / ser / fuertes
3. las figuras / parecer / auténticas
4. los artistas / tener / talento
5. la idea / ser / original
6. el mural / tener / clase

F. ¡Los míos! Felipe and Lucy are discussing their families with some friends. What do they say?

MODELO   los tíos de Juan / demasiado / exigente
Los suyos son demasiado exigentes.

1. mi padre / muy / simpático
2. los padres de ustedes / bastante / serio
3. tus hermanas / muy / cómico
4. nuestros abuelos / bastante / divertido
5. los primos de Blanca / muy / raro
6. mis tíos / demasiado / tacaño
7. el padre de Luis / muy / viejo
8. tu hermano / demasiado / bueno

COMUNICACIÓN

A. Comparaciones. Tell something about your own family or an imaginary one by responding to these statements.

EJEMPLO   Mis abuelos viven cerca de aquí.
Los míos viven cerca también.

    Mi padre trabaja en una tienda grande.
El mío no; él trabaja en casa.

1. Mi hermano es muy divertido.
2. Mis padres me permiten salir hasta tarde.
3. Mi padre comprende bien a los jóvenes.
4. Mis tíos me visitan frecuentemente.
5. Mis primas pasan mucho tiempo en mi casa.
6. Mi mamá me hace arreglar mi cuarto cada semana.
7. Mis compañeros conocen a toda mi familia.
8. Mi abuela me permite hacer lo que quiero.
9. Mis padres no son muy exigentes.

B. ¿De qué hablo?   Look for an item that many students in your class
have with them. Without directly mentioning the article, drop hints
so that the other students can guess what item you are thinking of.

EJEMPLO   **El mío es verde, el tuyo es amarillo.**
¿Es un cuaderno?
¡Sí!

C. ¡Tantos familiares!   Look at Enrique's family tree. Then compare his
family to your own or to one you make up.

EJEMPLO   **El padre de Enrique tiene el pelo rubio. El mío tiene el**
pelo castaño.

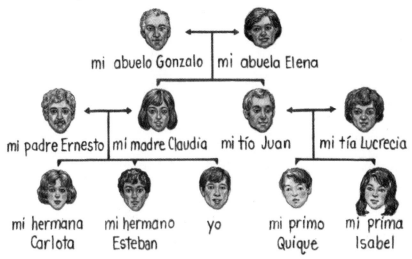

Repaso y extensión

You have learned several ways to show ownership or possession. First you
practiced using **de** plus a noun (**Es la tía de Ana**). Then you used the
possessive adjective before the noun (**Es su tía**). Now you have studied
long-form possessives, which can be used as adjectives or pronouns (**Es
la tía suya** or **Es la suya**).

Decide whether phrase *a*, *b*, or *c* most clearly answers the following
questions without repeating information already given.

a. el padre de Gloria   **b.** su padre   **c.** el suyo

1. Ese hombre es el padre de Gloria, ¿no? Sí, es ═══ .
2. ¿Quién es ese hombre? Es ═══ .
3. ¿Quién es el hombre que está con Gloria? Es ═══ .
4. ¿Es el padre de Gloria? Sí, es ═══ .
5. ¿Por qué está Gloria con ese hombre? Es ═══ .

EXPLORACIÓN 4

Function: *Talking about the past*
Structure: *The imperfect tense*

PRESENTACIÓN

You have already used the preterite tense to talk about the past. The preterite is used with specific actions that took place in the past and are considered completed.

Le escribí a mi tía Elena cuando llegué a San Francisco.

A. To talk about events that were already going on at a particular time in the past or that were repeated, use the imperfect (**el imperfecto**). In Spanish, you need to use the imperfect to say the following:

He **used to** *call me a lot.*
I **was studying** *during the program.*
You **would always tell** *jokes.*

B. To form the imperfect tense for all **-ar** verbs, including stem-changing verbs, drop the **-ar** from the infinitive and add these endings.

hablar

hablaba	hablábamos
hablabas	hablabais
hablaba	hablaban

pensar

pensaba	pensábamos
pensabas	pensabais
pensaba	pensaban

Mi mejor amigo trabajaba aquí.   *My best friend used to work here.*

¿En qué pensabas?   *What were you thinking about?*

C. To form the imperfect tense of most **-er** and **-ir** verbs, including stem-changing verbs, drop the **-er** or **-ir**, and add these endings.

escribir

escribía	escribíamos
escribías	escribíais
escribía	escribían

volver

volvía	volvíamos
volvías	volvíais
volvía	volvían

Vivíamos cerca de mi tía.　　*We used to live near my aunt.*
Yo no tenía dinero.　　　　　*I didn't have any money.*

D. The imperfect tense is also used to talk about simultaneous actions in the past. **Mientras** (*while*) is used to link these two actions.

Mis padres leían el periódico mientras yo tocaba el piano.
My parents were reading the paper while I was playing the piano.

PREPARACIÓN

A. Costumbres. Laura and her family have just moved to the United States from Costa Rica. Number a sheet of paper from 1 to 10, and listen as Laura describes some of her family's habits. After hearing each statement, write **costumbre del presente** for what occurs now and **costumbre del pasado** for what used to occur.

MODELO　Mis padres salen con menos frecuencia.

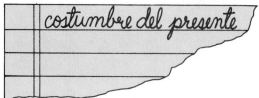

B. El egoísta. What does Yolanda say her brother Nacho was doing while she and other family members helped prepare the Saturday meal?

> MODELO   yo / limpiar / hablar con Martín
> **Mientras yo limpiaba, él hablaba con Martín.**

1. mi mamá / preparar las verduras / jugar con un juego electrónico
2. yo / cocinar la carne / tocar la guitarra
3. nosotros / sacar la basura / escuchar música
4. nosotros / trabajar tanto / descansar
5. abuela y yo / hacer unas compras / dormir en su cuarto
6. mis hermanas / poner la mesa / correr en el parque
7. yo / hacer la ensalada / leer historietas
8. papá / servir la comida / comer dulces

CONTEXTO CULTURAL

Tanto en España como en Hispanoamérica, el almuerzo familiar todavía se conserva como tradición importante. Durante la comida, se conversa y se discuten los problemas de la casa, del trabajo o de la escuela. En los Estados Unidos es más difícil para los miembros de la familia almorzar juntos. Esto se debe a (*is due to*) los distintos horarios (*different schedules*) de los miembros de la familia.

C. En aquella época. Verónica's grandfather is remembering what life was like when his family lived in rural Mexico. What does he say?

> MODELO   nosotros / no tener mucho dinero
> **No teníamos mucho dinero.**

1. yo / tener cinco hermanos
2. nosotros / vivir en un pueblo pequeño
3. mi hermano / jugar en un equipo de fútbol
4. mi madre / cocinar para toda la familia
5. mis padres / no tener carro
6. mi papá / trabajar muchísimo
7. nosotros / almorzar juntos todos los días
8. mis padres / hablar de vivir en los Estados Unidos
9. mis tíos / venir a casa los domingos
10. yo / divertirme muchísimo en aquellos días

CONTEXTO CULTURAL

California y el Suroeste, incluyendo gran parte de Texas, fueron parte de México hasta mediados (*the middle*) del siglo XIX. Por eso, hay tanta influencia mexicana en la vida de esa zona, donde la inmigración mexicana es constante todavía. Esta influencia se ve en la comida, la música, el arte, las costumbres, la arquitectura y el idioma. Mucha gente habla inglés y español, y el español es el segundo idioma de esa región.

D. Según me dicen. The Iglesias children are talking about the funny things they used to do when they were younger. What do they say?

MODELO   Miguel / comer con las manos
          Miguel comía con las manos.

1. Marta / usar los zapatos de papá
2. José / dormir con un osito de peluche
3. nosotros / jugar en la casa del perro
4. Marta y José / salir a jugar en la lluvia
5. yo / insistir en ir de compras con mamá
6. tú / acompañar y ayudar al jardinero
7. nosotros / vestir al perro con la ropa de mamá
8. tú / sólo querer comer dulces

E. Mala suerte. Jorge and Ana tried and tried to get in touch with each other one day when Ana was at the library. Listen to Jorge tell how each tried to contact the other, and write what you hear.

Mientras yo te...

COMUNICACIÓN

A. Entrevista personal. With a classmate, use the questions below to discuss the kinds of things you both did when you were younger. Then write your answers on a piece of paper.

EJEMPLO   ¿Qué hacías cuando llovía?
          Tú: **Yo jugaba con rompecabezas. ¿Y tú, Eva?**
          Eva: **Yo leía historietas.**
Tú escribes: **Yo jugaba con rompecabezas, pero Eva**
                leía historietas.

1. ¿Dónde vivías?
2. ¿Con quién jugabas?
3. ¿Preferías estar solo(a) o con muchos amigos?
4. ¿A qué escuela asistías?
5. ¿Vivías en un pueblo pequeño o en una ciudad grande?
6. ¿Qué hacías para divertirte?
7. ¿Qué programas de televisión te gustaban?
8. ¿Qué preferías comer? ¿Qué comida no te gustaba nada?
9. ¿Visitabas mucho a tus familiares?
10. ¿Dónde pasaba tu familia las vacaciones?

B. En esos días. Create questions you might use to interview a Spanish-speaking adult about what his or her life was like before coming to the United States. Use the topics provided.

> EJEMPLO   vivir en el campo o en la ciudad
> **¿Vivía usted en el campo o en la ciudad?**

1. tener televisión
2. estudiar inglés u otro idioma extranjero
3. tener carro
4. vivir en una casa grande
5. visitar a sus familiares
6. practicar algún deporte
7. salir con los amigos
8. viajar mucho
9. ver películas norteamericanas
10. tener una buena vida
11. ¿ . . . ?

C. Así era. Write a short paragraph about the things an adult family member used to do as a child or teenager.

> EJEMPLO
>
> Mi papá vivía en Argentina y jugaba mucho fútbol. Vivía cerca de un lago y un bosque, y . . .

Repaso y extensión

You have already noticed that there are many ways sentences can be translated from one language to another. For example, you learned that the present tense in Spanish can be expressed three ways in English (**estudio:** *I study, I do study, I am studying*). You also know that the imperfect has several translations as well (**estudiaba:** *I was studying, I used to study, I would study,* or sometimes simply *I studied*).

Imagine that in a letter from a Puerto Rican friend, you find out how her family used to spend weekends on the island. How would you translate her letter for your family?

1. Cada sábado mis padres, mis hermanos y yo visitábamos a los abuelos en Bayamón.
2. Salíamos de San Juan a las ocho de la mañana.
3. Mi padre siempre conducía.
4. Mis hermanos y yo jugábamos mucho juntos.
5. Mi abuela preparaba un almuerzo enorme.
6. Nos divertíamos mucho.

PERSPECTIVAS

LECTURA

La familia hispana: ayer y hoy

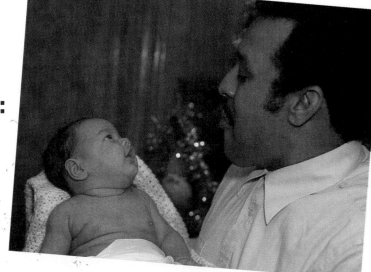

Para muchos norteamericanos, la familia consta del padre, la madre y los hijos que viven en la misma casa. Pero, para los hispanos, la familia también incluye* a todas las personas de la misma sangre. Es decir, la palabra *familia* se refiere a los padres, hijos, abuelos, nietos, tíos, sobrinos, etcétera.

Aunque la familia es todavía la institución más importante de los países hispanos, el mundo moderno trajo muchos cambios. Hoy, especialmente en las ciudades grandes, los jóvenes son más independientes. Antes, los adolescentes salían generalmente en grupo o con hermanos y tenían que regresar a casa temprano. Ahora, sus padres frecuentemente los dejan salir solos y hay más libertad. Antes, los estudiantes universitarios vivían con su familia o juntos en una residencia estudiantil. Hoy, hay más universitarios que viven en sus propios apartamentos, algo que no existía antes.

Finalmente, hasta hace poco, el padre fue el símbolo de la autoridad y la disciplina en las familias hispánicas tradicionales. Pero el movimiento feminista introdujo cambios en la familia hispana. Poco a poco la mujer y el hombre empiezan a compartir las mismas responsabilidades tanto en la casa como en el trabajo. Así, los dos tienen papeles importantes en la vida familiar.

*The verb **incluir** (*to include*) is irregular in the present tense (**incluyo, incluyes, incluye, incluimos, incluyen**).

Expansión de vocabulario

así (in) that way	**los nietos** grandchildren
aunque although	**la palabra** word
el cambio change	**el papel** role
compartir to share	**poco a poco** little by little
constar de to consist of	**propio** own
dejar to let, to allow	**referirse (e → ie, i) (a)** to refer (to)
incluir to include	**la residencia estudiantil** dorm
el joven young person	**el símbolo** symbol
la libertad freedom	**los sobrinos** niece(s) and nephew(s)
	tradicional traditional

Comprensión

Based on **La familia hispana: ayer y hoy,** complete the numbered sentences with the lettered phrases.

1. En general, la familia norteamericana se refiere a...
2. Muchas veces la familia hispana incluye también a...
3. La institución más importante en Hispanoamérica es...
4. Los jóvenes en el pasado siempre salían...
5. Hace algunos años muchos estudiantes universitarios vivían...
6. El símbolo tradicional de la autoridad familiar es...
7. La familia hispana cambió mucho con...

a. el movimiento feminista.
b. el padre.
c. en apartamentos.
d. padres e hijos.
e. en residencias estudiantiles.
f. en grupos o con un acompañante.
g. la familia.
h. las mismas responsabilidades.
i. los tíos, abuelos, sobrinos
   y nietos.
j. la autoridad.
k. con uno de sus abuelos.

COMUNICACIÓN

A. **¿Verdadero o falso?**   Respond to the statements below by discussing whether they do or do not apply to you or your family. Give an explanation for your reply.

> EJEMPLO   En mi familia se ríe mucho.
> **En la mía también. Mis padres son muy divertidos.**
>
> Tenemos muchas reuniones familiares en mi casa.
> **Nosotros tenemos pocas reuniones, porque mis familiares viven lejos.**

1. Mi padre es el símbolo de la autoridad.
2. El movimiento feminista no existe en mi casa.
3. Mi familia es muy tradicional.
4. Mis hermanos(as) tienen más libertad que yo.
5. Mis padres me consideran un(a) niño(a).
6. Mis amigos son más importantes para mí que mi familia.
7. Me gustan las mismas actividades que a mis padres.
8. Asisto a muchas reuniones familiares.
9. Mis padres me permiten salir solo(a).
10. Visitamos mucho a mis familiares.
11. Mis padres y yo charlamos frecuentemente.
12. Mis hermanos y yo somos muy independientes.

B. **Tú y tus padres.**   Write the answers to these questions in complete sentences.

1. ¿Estás contento(a) con la libertad que tus padres te dan?
2. ¿A qué hora tienes que regresar a casa durante la semana? ¿Y los fines de semana?
3. ¿Comparten tus padres las responsabilidades familiares?
4. ¿A veces sientes que tus padres viven en otro mundo?
5. ¿Qué música escuchas que a tus padres no les gusta?
6. ¿En tu familia casi siempre almuerzan juntos los fines de semana?
7. ¿Quién tiene el papel más autoritario en tu familia, tu papá o tu mamá?

C. **Años atrás.**   Use the topics from the questions in Activity B to interview a parent or another adult about the way things were in his or her family at your age. Record the answers and report them to the class.

> EJEMPLO   You ask if your father's family always used to eat lunch together on weekends. They answer yes.
>
> **En la familia de mi papá siempre almorzaban juntos los fines de semana.**

D. De niño a adulto. Tell the class what your parents allow you to do now that you are older. Add your own ideas to the suggestions below.

EJEMPLO **Antes, mi padre no me dejaba volver tarde. Ahora, me permite regresar a casa a las...**

salir con...   trabajar...
salir hasta la(s)... decidir...
regresar a la(s)...   ser responsable de...
comer...   conducir su carro solo(a)
comprar...   ¿...?

PRONUNCIACIÓN

In Spanish, the vowel **a** sounds much like the *a* in the English word *father,* but it is more open, more tense, and shorter.

raza   apartamento   cambio   saludar   mandar   libertad

The vowel **e** sounds similar to the *e* in the English word *pet.*

independencia   fiesta   ofrecer   despedir   entre   costumbre

The vowel **i** is similar to the *i* in the English word *magazine.*

limpiar   simplemente   institución   invitado   estudiantil

Now repeat this dialogue between two college students who are having a surprise party.

RAQUEL ¿Así que limpiabas el apartamento tú?
FELIPE Sí, yo lo arreglaba un poco mientras Pepe lo decoraba. ¿Qué te parece?
RAQUEL ¡Estupendo! ¿Ya llamaste a Rina y a Vicente?
FELIPE Claro que sí. Deben llegar en cualquier momento.
RAQUEL ¿Quién hizo los bocadillos? ¿Tú?
FELIPE Sí, yo, por supuesto.
RAQUEL ¡No lo creo! Mmm, son exquisitos. ¿Y los invitados de honor?
FELIPE Mira, Raquel, ¡ya llegan!

Integración

Find out how much you know as you do these activities. If you have trouble with any of them, study the topic and practice the activities again, or ask your teacher for help.

Vamos a escuchar

A. Artistas musicales. Julián and Carlos dream of becoming famous musicians some day. Listen to their conversation, and complete these sentences based on what you hear.

1. La música de Carlos no les ▇▇▇ a sus padres.
   a. gustó
   b. pareció moderna
   c. molestó
2. Sus padres no ▇▇▇ nada de las canciones de Julián.
   a. sabían
   b. dijeron
   c. oyeron
3. Julián comparó la música suya con la música de los ▇▇▇ .
   a. españoles
   b. años cincuenta
   c. Beatles
4. La mamá de Carlos no quiere oír más música ▇▇▇ .
   a. loca
   b. mía
   c. suya
5. Julián ▇▇▇ instrumentos para practicar con Carlos.
   a. trajo
   b. compró
   c. introdujo
6. A Julián no le ▇▇▇ mucho lo que dijo la mamá de Carlos.
   a. fascinó
   b. molestó
   c. pareció
7. Julián piensa que a los ▇▇▇ les va a encantar su música.
   a. Beatles
   b. jóvenes
   c. grandes

B. La vida es así.   Listen to Teresa Cotera talk about how she has changed. Then, on a sheet of paper numbered from 1 to 10, write **ahora** or **antes** to indicate whether these activities apply to her life *now* or *before*.

1. ir a la playa
2. leer poesía
3. esquiar en las montañas
4. tener un gato
5. querer salir con los amigos
6. invitar a sus amigos a casa
7. tener miedo de los perros
8. quejarse de las reglas de sus padres
9. visitar países extranjeros
10. admirar a los amigos de su hermana

Vamos a leer

Armando Maturana es un joven mexicano. Hizo un viaje a Texas hace poco y experimentó la fiesta de Thanksgiving (o "el Día de Acción de Gracias") y algunas costumbres mexicanoamericanas. Aquí tienes lo que escribió en su diario.

martes 24 de noviembre
Ayer llegué a Corpus Christi y pasado mañana es "Thanksgiving", una fiesta que no se celebra en México. Hoy, en una de mis clases, conocí a un muchacho mexicanoamericano, David García. Yo le dije que no conocía la fiesta de "Thanksgiving" y él me invitó a compartirla con su familia.

miércoles 25 de noviembre
Hoy fui a la casa de los García y hablé con varios miembros de la familia. En muchos aspectos, la familia García parece tan mexicana como la mía, aunque Texas se hizo parte de los Estados Unidos hace más de cien años. Fue muy interesante escuchar la forma en que los García combinaban el inglés y el español en una sola conversación. Aunque todos entendían español, los niños y algunos de los adolescentes hablaban sólo inglés. En cambio, los viejos hablaban puro español. Y los adultos frecuentemente hablaban inglés y español en una misma frase. Como mi inglés no es muy bueno, a veces no entendía, pero todos estaban dispuestos a traducir y poco a poco comprendía mejor.

jueves 26 de noviembre
Hoy fue "Thanksgiving". Es una fiesta muy bonita en la que la gente da gracias por la abundancia de comida que tiene. Todos los familiares estaban presentes, desde los abuelitos hasta los tíos y sobrinos. Me hizo pensar en las reuniones familiares que tenemos en México. Se preparó

una comida enorme, y la señora García tenía platos tanto norteamericanos como mexicanos: pavo, puré de papas, arroz mexicano, frijoles refritos, guacamole y tarta de manzana. La reunión fue muy alegre y terminó tarde, igual que las de nosotros. En fin, muchas costumbres de los mexicano-americanos son como las nuestras, y en la casa de los García me sentí unido a ellos y como en mi propia casa.

A. En comparación. Number a paper from 1 to 8. Write **parecido** when the sentences below describe something Armando considered to be *similar* to the Mexican way of life. Write **diferente** when they describe something *different*.

1. Se celebró el Día de Acción de Gracias.
2. Todos entendían español.
3. La fiesta fue muy alegre y terminó tarde.
4. La reunión incluía a todos los familiares.
5. Se prepararon frijoles refritos y guacamole.
6. Los niños hablaban más inglés que español.
7. Armando se sintió unido a la familia.
8. Se preparó pavo y una tarta de manzana.

Vamos a escribir

A. El pasado. How long ago did these events in your life take place?

> EJEMPLO   You went to a party.
> **Fui a una fiesta hace dos semanas.**

1. You received a present.
2. You met your best friend.
3. Your family moved to the town you are living in now.
4. You learned to ride a bicycle.
5. Your Spanish class had its last test.
6. You fixed your own dinner.
7. You and the students at your school had a vacation.

B. Un viaje al Lejano Oriente. Mrs. Gutiérrez received a telephone call from her husband, who was traveling in Japan. Using the verbs listed, write what things she and the family were doing while he was doing other activities in Japan.

levantarse	almorzar	dormir	tomar
jugar	salir (de)	entrar (a)	volver

1. Mientras yo ======, tú ======.
2. Mientras los niños ======, tú y tus clientes ======.
3. Mientras yo ======, tú ======.
4. Mientras los niños y yo ======, tú ======.

C. **Pepe y su carro.**   Pepe Pérez just got his driver's license and a "new" car. Here are some of the things he and Ramona Rojas hear and say on their first date together. Fill in the blanks according to the situations described. More than one word may go in a blank.

RAMONA	¿Cuánto tiempo __1__ que te regalaron el carro?
PEPE	__2__ una semana, más o menos.
RAMONA	Mira, ahí vienen José y Nico en su carro nuevo.
JOSÉ Y NICO	¡Oye, Pepe, el carro __3__ es mejor que __4__ tuyo!
PEPE	No los pude oír, Ramona. ¿Qué __5__?
RAMONA	Que el carro __6__ es mejor que __7__.
PEPE	¿Cuál prefieres tú? ¿El suyo o __8__?
RAMONA	__9__, por supuesto, Pepe.

[*Llegan a la casa.*]

PEPE	Bueno, ya llegamos. __10__ como experto hoy, ¿verdad?
RAMONA	Ay sí, Pepe, __11__ muy bien.

Vamos a hablar

Work with a partner and create short dialogues based on the following situations. Whenever appropriate, switch roles and practice a different part of your dialogue.

Situaciones

A. **La última película.**   You and a friend are talking about the last movie that you each saw. During your conversation, find out where your friend saw the movie, how long ago it was, what type of movie it was, and whether your friend liked it.

B. **La fiesta que hice.**   You and a friend discuss a party you just gave, and your friend offers some advice. Some things, such as the snacks and music, turned out great. However, other things, such as the weather and the number of guests, were a bit of a problem.

C. **Su niñez.**   You are talking to your best friend about the childhood experiences of his or her cousin, whom you have begun to date. Thinking it would be amusing to shock you, your friend tells you some strange stories.

VOCABULARIO

NOUNS

el adolescente, la adolescente
  adolescent, teenager
el adorno decoration
el anfitrión host
la anfitriona hostess
la autoridad authority
el bocadillo appetizer, snack
el cambio change
el compañero, la compañera
  friend, companion
la costumbre custom
la institución institution
la invitación invitation
el invitado, la invitada guest
el joven, la joven young person
la libertad freedom
el movimiento feminista
  women's movement
los nietos grandchildren
la palabra word
el papel role, part
la residencia estudiantil
  student dorm
la reunión get-together
el símbolo symbol
los sobrinos niece(s) and
  nephew(s)
la solución solution

ADJECTIVES

colombiano Colombian
cualquier any

familiar family
hispano Hispanic
juntos, juntas together
propio own
tradicional traditional

VERBS

aceptar to accept
colgar to hang (up)
compartir to share
constar de to consist of
charlar to chat
dejar to let, to allow
despedirse (de) (e → i, i) to say
  good-bye (to)
hacer planes to make plans
hacer una fiesta to have a party
incluir to include
introducir (c → zc) (en) to
  introduce (into)
limpiar to clean
mandar to send
mudarse (a, para) to move (to)
ofrecer (c → zc) to offer
referirse (e → ie, i) (a) to refer (to)
reírse (e → i, i) (de) to laugh (at)
saludar to greet
sugerir (e → ie, i) to suggest
traducir (c → zc) (al) to translate
  (into)

ADVERBS AND PREPOSITIONS

así (in) that way, thus
frecuentemente frequently,
  often
según according to

OTHER WORDS AND EXPRESSIONS

Así es. That's right.
aunque although
Cómo no. Sure.
¿Cuánto tiempo hace que...?
  How long ago...?
¿Cuánto tiempo hace que no...?
  How long has it been since...?
de otra manera in a different
  way
en ese caso in that case
estar dispuesto (a) to be willing
  (to)
hace mucho (poco) a long (short)
  time ago
me encantaría I'd love to
mientras while
poco a poco little by little
por by, through

NOTE: For the long-form possessive
adjectives, see **Exploración 3**.

GACETA

Nº 1

Relaciones

Comprender a Cupido

A. Entre líneas. Skim the first reading selection, **El lenguaje de los enamorados,** to get a general idea of what it is about. Choose the phrase below that best expresses what you could expect to learn from this article.

Reading tip: Focus on key words as you skim.

1. qué cosas decir cuando sales con alguien que habla español
2. los peligros de salir con alguien
3. cómo comunicarse de una manera más honesta y sincera
4. cómo entender lo que tu novio(a) o amigo(a) realmente te quiere decir con sus palabras

El lenguaje de los enamorados

¡Cuidado! Detrás de las palabras de las personas hay un mensaje oculto. ¡Sí! Cuando te dicen "Te llamaré", realmente quieren decir otra cosa. Pero, no te alarmes. Con un poco de sentido común y con la ayuda de este "Diccionario terminológico de frases del amor" podrás aprender a descifrar el idioma de los enamorados. Hazte un experto... ¡y triunfa en tus relaciones personales!

En la primera cita. Al final de la primera cita siempre alguno de los dos dice una de las tres siguientes frases clave.

- *Te llamaré.* El tono de voz utilizado y tu instinto te hacen comprender que quiere decir: "No pienso volver a verte nunca más en mi vida".
- *La verdad es que lo pasé muy bien contigo.* Traducción: "Si no aparece otra persona que me interese más que tú dentro de unos días, te vuelvo a invitar a salir".
- *¿Puedo verte mañana?* Quiere decir: "Me gustas mucho y quiero llegar a algo serio contigo".

Las maneras de decir "Te quiero". A muchas personas les cuesta un heroico esfuerzo decir "Te quiero". ¡Hay que arrancarles esta frase con pinzas! Pero a veces te lo insinúan con las siguientes frases. ¡Aprende a captar su sentido!

- *¿Sabes? Soy... muy tímido.* ¡Es evidente! Con esto quiso decirte: "Si me preguntas más a menudo si yo te quiero, te voy a decir que ¡sí!".
- *Te compré este disco de Janet Jackson porque pasé por la tienda, lo vi y me acordé que te gustaba.* Con este detalle pretendió decirte: "Te adoro".

- *Me encantaría tener más facilidad de palabras. Además, tú me pones nervioso.* ¡Si no te das cuenta, es porque no quieres! Se muere por ti. Con esa frase te insinuó: "Me gustaría tener más facilidad de palabra para poderte expresar todo lo que siento por ti".

Frasecitas-clave para hacerte entender que quiere... ¡dejarte!

- *Tú y yo nos llevaríamos mejor como amigos.* Traducción: "Ya no te amo. Vamos a ser buenos amigos".
- *Tú no tienes la culpa de los problemas entre nosotros... soy yo.* Quiere decir: "Amo a otra persona".
- *No tengo tiempo para salir más a menudo contigo porque tengo mucho que estudiar (o trabajar).* Traducción: "No quiero verte más".
- *Hay mucha confusión en mis sentimientos para ti. Necesito tiempo a solas para reflexionar.* Cuando esta frase va acompañada de problemas en la relación, la traducción es la siguiente: "Tú ya no me interesas".

Conclusión... Lógicamente, todas las "traducciones" que te hemos hecho no son absolutas, sino relativas. Para saber lo que quiere decir exactamente tu novio o novia, amigo o amiga, también tienes que observar bien su comportamiento y todas sus facetas para no hacerte un juicio equivocado. ¡Empieza a poner en práctica estos conocimientos con tu adorado tormento!

B. Revistas para enamorados.   Name a U.S. magazine that would carry articles like the one you just read. Choose one from the list below, or name a magazine you or your friends read.

Time   *Good Housekeeping*   *Rolling Stone*   *Seventeen*

C. El lenguaje del amor.   Imagine the statements you might say in Spanish if you were in these difficult situations.

→ Reading tip: Go back and read a selection in more detail when looking for the answers to specific questions.

What would you say to
1. someone with whom you just had a wonderful date and whom you definitely want to keep on seeing?
2. someone you like and think about all the time, even to the extent that you cannot resist buying gifts for him or her every time you go shopping?
3. someone you went on a date with but are not really interested in?
4. someone you have decided that you do not want to see anymore?

Perritos en competencia

A. Palabras clave. Skim the following article, **Exhibición de cachorros,** focusing on key words. Write a list of four key words that describe its content. Choose from the list given.

exhibición	traílla	competencia	jóvenes
razas	CKC	próximo	perros
gente	obediencia	cachorros	evento

Exhibición de cachorros

El próximo domingo 28 de junio, el Caribe Kennel Club (CKC) celebrará una exhibición informal ("match") sancionada por el AKC en el American Military Academy de Guaynabo a partir de las 9 a.m.

Habrá competencia en obediencia, incluyendo desde subnovicios—donde los perros trabajan con traílla—hasta lo más avanzado. Habrá competencia en conformación para todas las razas reconocidas por el AKC, empezando con cachorros de 3 a 6 meses. Un "match" es una buena oportunidad para practicar a los cachorros, ya que no se permite la competencia de campeones en este tipo de evento, ni se otorgan puntos para campeonato a los ganadores. Por lo tanto, la gente está más relajada y hay más ambiente de compañerismo que en una exhibición formal. El cachorro tiene más oportunidades de salir con premios. Además, habrá una competencia especial para jóvenes de 8 a 16 años ("Junior handling").

B. **¿Qué quiere decir?** Find the numbered words and expressions in the story, **Exhibición de cachorros.** Choose the best English equivalent for each one.

→ **Reading tip:** Use your guessing skills to determine the meaning of new words from context.

1. cachorros
   a. catchers
   b. coaches
   c. puppies
2. competencia en obediencia para perros
   a. a dog race
   b. an obedience contest for dogs
   c. a beauty contest
3. competencia en conformación
   a. a barking contest
   b. a competition in physical form
   c. a puppy fashion show

C. **¿Debo participar yo?** Tell the people who made the statements below whether they should participate in the competition described in **Exhibición de cachorros,** and give reasons why or why not.

1. Tengo un cachorro bonito de diez semanas de edad.
2. Tengo un pastor alemán de tres años de edad.
3. Quiero llevar a mi perro campeón a competir.
4. Creo que mi perro de seis meses tiene conformación perfecta.
5. Quiero ganar puntos para un campeonato futuro.

Amigos íntimos

A. Personalidad. Briefly read the lead-in paragraph to the article **Intimidad...¿mucha o poca?** Write on a piece of paper the number of the phrase below that best describes its purpose.

1. to help readers determine whether their friendships are compromising their basic beliefs and values
2. to show readers how to identify conflict in their friendships
3. to help readers find out about their attitudes regarding being close to others

→ **Reading tip:** Use your skimming skills to focus on key words and get a general picture. Key words often appear at the beginning of sentences or paragraphs.

Intimidad... ¿mucha o poca?

Todos tenemos necesidad de ser amados y de ser cuidados. Pero también deseamos independencia, la oportunidad de arriesgarnos. Estas apetencias pueden variar de una persona a otra, o en la misma persona durante distintas épocas. Por eso, antes de comprometerte seriamente con otra persona, es imprescindible analizar tu propia habilidad para mantener una estrecha relación personal. Este "test" te ayudará a conocer tu poder de mantener una amistad íntima.

1. ¿Te gustan las personas que expresan su manera de sentir?
2. Cuando un amigo te cuenta una desgracia, ¿te sientes incómodo y tratas de cambiar el tema?
3. Cuando vas al cine con otra persona y él o ella llora en las escenas dramáticas, ¿te sientes mal y evitas ir con esta persona al cine en lo sucesivo?
4. ¿Te resulta fácil actuar espontáneamente delante de otras personas?
5. ¿Eres del tipo de persona que no comparte sus secretos con sus amigos más íntimos?
6. ¿Crees que debe ser siempre el hombre el que invita a una mujer a salir?

B. Respuestas. Working with a partner, jot down the basic meaning in English of each question on the test **Intimidad...¿mucha o poca?** Then answer the following questions on paper. More than one answer may apply in each case.

1. Which of the following answers are possible responses for question 2?
   a. No, le digo que me interesa oír más.
   b. Depende de la cantidad de amigos.
   c. Sí, porque no me gusta escuchar desgracias.
2. Which of the following questions best restates question 3?
   a. ¿No regresas al cine con amigos o amigas que lloran durante la película?
   b. ¿Te molesta ir al cine con personas que se ríen durante las escenas dramáticas?
   c. ¿Cuando vas al cine, les pides a tus amigos no llorar durante la película?
3. What advice would you give to someone who answers **no** to question 4?
   a. Tú puedes ser un buen actor (una buena actriz). ¿Por qué no participas en el grupo de teatro de la escuela?
   b. Las personas que no son extrovertidas no son normales. Ve un sicólogo.
   c. Hay clases que enseñan a la gente tímida a ser más espontánea.
4. Would you consider having a date with a person who answered **sí** to question 6? Write in Spanish a reason for your response.

La vida rural

4

In this chapter, you will talk about country life and animals. You will also learn about the following functions and structures.

Functions	Structures
• talking about what things were like in the past	the imperfect of **ir, ver, ser, haber**
• describing people, places, and things	position of adjectives
• talking about how long something has been going on	**hace** with time expressions in the present
• narrating past events	the imperfect vs. the preterite

1NTRODUCCIÓN

EN CONTEXTO

De vacaciones en una <u>granja</u>

farm

Hace unos días que Maruja y Carlos llegaron de Buenos Aires a la granja de su tío Bernal. La granja queda a <u>unos</u> 100 kilómetros de San José, la capital de Costa Rica.

about

MARUJA	Ay, Carlos, me gustaría pasar toda mi vida en esta granja. ¡Qué <u>paz</u> y qué aire tan puro hay aquí! Por todas partes hay <u>árboles</u> y <u>flores</u>, ¿ves?
CARLOS	<u>Mejor dicho</u>, por todas partes hay <u>olores</u>. <u>A menudo huele</u>* tan mal aquí que me da dolores de cabeza. Además es demasiado tranquilo.
TÍO BERNAL	Eres como tu papá, a quien sólo le gusta la ciudad. Yo, <u>en cambio</u>, prefiero el campo. Voy a ver si <u>monto a caballo</u> esta tarde.
CARLOS	Tío, ¿no piensa usted mudarse nunca para San José?
TÍO BERNAL	¿Para qué? Allá hay demasiada gente y la vida es muy agitada. Yo me siento más <u>cómodo</u> aquí en el campo. <u>A propósito</u>, ¿quieren ayudarme mañana con las <u>vacas</u> y las <u>gallinas</u>?
MARUJA	¡Yo sí, tío! ¡Me encantan los animales!
TÍO BERNAL	Y tú, Carlos, ¿qué dices?
CARLOS	¿Yo? ¿Hacer un trabajo tan <u>sucio</u>? ¡<u>Ni</u> lo menciones! El <u>único</u> contacto que quiero con las vacas y las gallinas es a la hora de la comida...¡en mi plato!

peace
trees / flowers

better said / odors / often / it smells

on the other hand / go horseback riding

comfortable
by the way / cows
chickens

dirty / (do) not even
only

***Huele** comes from the verb **oler** (o → ue), whose present tense forms are **huelo, hueles, huele, olemos, oléis, huelen.**

⊞ Comprensión

Answer the following questions based on **De vacaciones en una granja**.

1. ¿De dónde son Maruja y Carlos? ¿De dónde es el tío Bernal?
2. ¿Cuándo llegaron Maruja y Carlos a la granja?
3. ¿Dónde queda la granja?
4. ¿Dónde le gustaría vivir a Maruja?
5. ¿Qué le parece el campo a Carlos?
6. ¿Piensa mudarse el tío Bernal a San José? ¿Por qué (no)?
7. ¿Dónde se siente cómodo el tío Bernal?
8. ¿Quiere Maruja ayudar con los animales?
9. ¿Qué dice Carlos de las vacas y las gallinas?

ASÍ SE DICE

Muchos <u>campesinos</u> viven en el pueblo, trabajan la tierra y <u>crían</u> animales.

country dwellers/raise

el caballo

la cabra

la vaca

el gallo

la oveja

el pato

la gallina

el cerdo

la rana

los pollitos

Tanto en los pueblos como en las ciudades hay tiendas y servicios como

la farmacia   la comisaría   el cuartel de bomberos   el mercado al aire libre

la frutería   la carnicería   la panadería

la pastelería   la librería   la peluquería

A. La rutina. Catarina lives in a small Central American city. Where does she go in these situations? Choose from the places listed.

MODELO   Necesita comprar pan.
          Va a la panadería.

1. Quiere irse lejos de la ciudad.
2. Necesita comprar un libro nuevo.
3. Tiene ganas de comer pasteles.
4. Quiere hacer una ensalada de frutas.
5. Necesita de todo para el almuerzo.
6. Necesita mandar una carta.
7. Tiene que comprar bistec.
8. Tiene ganas de arreglarse el pelo.
9. Necesita hablar con los bomberos.
10. Necesita comprar medicina.

a. librería
b. correo
c. farmacia
d. pastelería
e. campo
f. peluquería
g. frutería
h. mercado al aire libre
i. carnicería
j. cuartel de bomberos

B. En mi granja. Five-year-old Jorgito says he wants to be a farmer. Listen to the names of some animals, and help him decide which animals to raise on his farm. Choose logically, and respond **sí** or **no**.

MODELO   ¿Pájaros?
          no

C. Los animales de la granja. The peace and quiet of farm life is sometimes interrupted by animal sounds. Select the animal in each pair that makes the sound you hear.

MODELO   *cloc cloc cloc... cloc cloc cloc*
          la gallina / el caballo

1. el pollito / el cerdo
2. el perro / la vaca
3. la gallina / la cabra
4. la rana / la vaca
5. la vaca / el pato
6. la oveja / el cerdo
7. el pollito / el gato
8. el gallo / la gallina
9. el caballo / el pato
10. la oveja / la gallina
11. el caballo / la cabra

COMUNICACIÓN

A. ¿Qué prefieres?   Tell in a sentence or two whether you like country life, why or why not, and if you plan to live in the country someday.

> EJEMPLO   **Me gusta la vida rural porque me encantan los animales y la naturaleza. Un día voy a mudarme al campo y tener una granja.**

B. Animales favoritos.   Scan this list of animals. Tell about one you would like to have, and give your reasons. Then turn and ask a student of your choice to do the same. Use only vocabulary you know!

> EJEMPLO   **A mí me gustaría tener una rana. Así cuando estoy enojado con mi hermana, puedo poner la rana en su cama. ¿Y a ti, Luis, qué te gustaría tener?**

gato	vaca	rana	león	tigre
mono	pato	oveja	cerdo	gorila
perro	caballo	gallo	gallina	pollito

C. ¡Dime cuándo!   Prove that you know the meaning of each place-name below by answering a classmate's questions about when you go there.

> EJEMPLO   **¿Cuándo vas a la peluquería?**
> **Cuando tengo el pelo demasiado largo.**

la comisaría	la frutería	la librería
la farmacia	la carnicería	la peluquería
la panadería	la pastelería	el mercado al aire libre
el correo	el estadio	el cuartel de bomberos

EXPLORACIÓN 1

Function: *Talking about what things were like in the past*
Structure: *The imperfect tense of ir, ver, ser, haber*

PRESENTACIÓN

You have learned to use the imperfect tense of regular and stem-changing verbs to talk about actions in the past.

A. There are only three irregular verbs in the imperfect tense.

ir		ver		ser	
iba	íbamos	veía	veíamos	era	éramos
ibas	ibais	veías	veíais	eras	erais
iba	iban	veía	veían	era	eran

The imperfect of **hay** is **había**. Both of these forms are from the verb **haber**.* **Había** is used for both *there was* and *there were*.

B. The imperfect has several uses.

1. You have used the imperfect to describe something that was already going on and to mention two simultaneous actions in the past.

Ya estaban de vacaciones en mayo.	*They were already on vacation in May.*
Veía televisión mientras estudiaba.	*He was watching television while he was studying.*

2. You also know that the imperfect is used to describe habitual or repeated actions in the past.

No íbamos mucho al cine.	*We didn't go to the movies much.*
Cuando vivían en Cuba, tenían una granja.	*When they lived in Cuba, they had a farm.*

*The preterite form of **hay** is **hubo: Hubo una fiesta ayer** (*There was a party yesterday*).

3. The imperfect tense is also used to describe conditions during the past, such as how someone was feeling or what something was like.

Había mucha gente.	*There were a lot of people.*
Siempre hacía buen tiempo.	*The weather was always nice.*
Nunca se sentía bien.	*She never felt well.*

4. The imperfect of **ir** can be used with **a** plus an infinitive to tell what someone was going to do.

Iba a visitarnos en julio.	*He was going to visit us in July.*

5. The imperfect of **ser** is used to tell time in the past.

Era temprano todavía.	*It was still early.*
Eran las diez de la mañana.	*It was 10:00 A.M.*

6. The imperfect of **ser** is also used to describe the way people and things were in the past. Here are some adjectives you might use to talk about the way you were when you were little.

cariñoso	*affectionate*	peleador(a)	*bully*
consentido	*spoiled*	tímido	*shy, timid*
llorón, llorona	*crybaby*	travieso	*mischievous*
mandón, mandona	*bossy*	tremendo	*terrible, naughty*
obediente	*obedient*	vivo	*bright, alert*

PREPARACIÓN

A. ¿Qué había?   When Rosario moves to the city, many people are curious about the farm she used to live on. Look at the picture, and respond as Rosario would.

> MODELO   ¿Había caballos?   ¿Había patos en la granja?
> **Sí, había caballos.**   **No, no había patos.**

B. ¡Estoy ocupado, papá!   When Mr. Rulfo's stables needed cleaning, everyone in his family, including himself, had an excuse for not doing it. Later, he and his son Simón jokingly talked about the excuses everyone made. What did they say?

> MODELO   Sara dijo / frutería
> **Sara dijo que iba a la frutería.**

1. yo dije / peluquería
2. tú dijiste / librería
3. nosotros dijimos / farmacia también
4. mamá dijo / panadería
5. Inés y Adán dijeron / correo
6. Lucrecia dijo / biblioteca

C. ¡Qué lástima! The Ibáñez family is reminiscing about the American television programs they used to watch. What do they say?

> MODELO Ana / *Los duques de Hazard*
> **Ana siempre veía *Los duques de Hazard*.**

1. mamá / *Ocho son suficientes*
2. nosotros / *La isla de la fantasía*
3. yo / *El hombre biónico*
4. papá / *El lobo del aire*
5. Carlos y Adela / *La pequeña casa de la pradera*
6. tú / *Dinastía*

CONTEXTO CULTURAL

En cualquier país hay diferencias entre la vida urbana y la vida rural. Muchos jóvenes prefieren la ciudad porque allí encuentran más oportunidades. Hay más y mejores trabajos y buenas universidades. También pueden conocer gente de todas partes del mundo. Por otra parte, hay algunos jóvenes de la ciudad a quienes les encanta la vida del campo. Allí, descubren que la vida es menos agitada que en la ciudad, y muchos jóvenes piensan mudarse para siempre al campo.

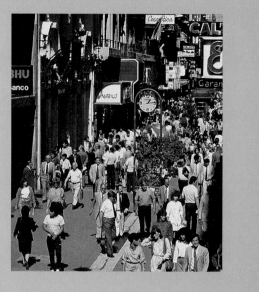

D. Cuando éramos pequeños. Miguel and Jorge Sosa are talking about what members of their family were like when they were children. What do they say?

MODELO   yo / muy mandón
Yo era muy mandón.

1. mamá / cariñoso y vivo
2. Pepe y yo / muy travieso
3. yo / llorón y consentido
4. papá / tímido y obediente
5. Luisa y Adela / muy peleador
6. tú / el más tremendo de todos

COMUNICACIÓN

A. Mi juventud. Answer these questions about your childhood, or use them to interview another student.

1. ¿Cómo eras cuando eras pequeño(a)?
2. ¿Dónde vivías?
3. Cuando tenías 8 años, ¿qué querías ser? ¿Y ahora?
4. ¿Ibas mucho al campo? ¿A la ciudad? ¿Cuándo?
5. ¿Qué animales te gustaban?
6. ¿Dónde veías mucho a tus amigos?
7. ¿Qué hacías para divertirte cuando eras niño(a)?

B. Antes y ahora. Look at these pictures of the Jiménez family. The first shot was taken 14 years ago, and the second was taken last week. Tell how the family members looked then compared to now.

C. El pasado. Choose one of these topics, and write a composition of at least 10 sentences.

1. Mi pueblo. Imagine you are a senior citizen who has lived for over 50 years in your town. The high school newspaper has asked you to write a feature story on how the town has changed.

EJEMPLO

> *Cuando yo tenía 15 años, en el pueblo había sólo un mercado. Ahora hay muchos...*

2. Mi niñez. People are usually remembered for certain personality traits they displayed when they were children. Write about the way others remember you and your family members as young children.

EJEMPLO

> *Cuando yo era pequeña, era muy llorona, pero mi mamá dice que Rafa era más llorón que yo.*

RIO ERRO

Repaso y extensión

You already know the regular forms of the imperfect, and now you have learned the irregular forms. Change the conjugated verbs in this paragraph to the imperfect so that the story takes place in the past.

Mis abuelos viven en el campo. Tienen una granja, y siempre me gusta visitarlos y ver los animales que hay allí. Cuando llego, hablo con ellos y después, muchas veces vamos al pueblo. Allí, casi siempre veo a un amigo mío que todavía vive en el pueblo. Frecuentemente hacemos compras en los mercados. Después regresamos a casa. Mi abuela siempre me prepara una comida deliciosa. Es divertido volver allí cada año.

EXPLORACIÓN 2

Function: *Describing people, places, and things*
Structure: *Position of limiting adjectives*

PRESENTACIÓN

A. Adjectives can be divided into two basic groups: descriptive adjectives and limiting adjectives.

Descriptive adjectives tell a particular distinguishing characteristic of a person, place, or thing. In Spanish, these adjectives follow the nouns they modify.

Fue una película **interesante**.	*It was an **interesting** film.*
Sara visitó un país **extranjero**.	*Sara visited a **foreign** country.*
Teníamos un carro **pequeño**.	*We used to have a **small** car.*

B. Limiting adjectives tell how much, how many, or which one(s). They precede nouns and include articles, possessives, numbers, and these words:

algún, algunos, alguna(s) *some*	este, estos, esta(s) *this, these*
aquel(los), aquella(s) *that, those* (*over there*)	mucho(s), mucha(s) *much, many*
	otro(s), otra(s) *other, another*
bastante(s) *quite a bit of, a few of*	poco(s), poca(s) *little, few*
	suficiente *enough*
cada *each*	tanto(s), tanta(s) *so much, so many*
demasiado(s), demasiada(s) *too much, too many*	último(s), última(s) *last*
ese (esos), esa(s) *that, those*	varios, varias *several*

Era **una** boda fabulosa.

Cinco campesinos trabajaban en **la** granja.

En esos días hacíamos **pocas** fiestas.

Cada domingo llegaba **otra** carta.

C. Some descriptive adjectives, such as **viejo, nuevo, pobre,** and **diferente,** have a special meaning when placed before the noun.

Me gusta mucho esta casa **vieja.**   *old house (built long ago)*
Quiero mostrarte mi **vieja** casa.   *old (former) house*

¿Te gusta nuestro carro **nuevo**?   *brand-new car*
Ayer compramos un **nuevo** carro.   *new (different) car*

Mi papá era un comerciante **pobre.**   *poor (penniless) shopkeeper*
El **pobre** comerciante tiene gripe.   *poor (unfortunate) shopkeeper*

Me gusta sacar fotos **diferentes.**   *different (unusual) pictures*
Tengo **diferentes** fotos de mi viaje.   *different (various) pictures*

D. **Grande** becomes **gran** before any singular noun, masculine or feminine. Its meaning also depends on its placement. After a noun it means *big* or *large,* and before a noun it means *great* or *wonderful.*

Es una fiesta **grande** (*large*).   ¡Eran jugadores **grandes** (*big*)!
Es una **gran** (*wonderful*) fiesta.   ¡Eran **grandes** (*great*) jugadores!

PREPARACIÓN

A. **¡Tanta acción!**   On a recent trip to southern Spain, the Silva family stopped to rest in a small town. What was going on when they arrived?

> **MODELO**   mucho / personas / estar frente a la iglesia
> **Muchas personas estaban frente a la iglesia.**

1. cinco / campesinos / trabajar en el campo
2. el / policía / salir de la comisaría
3. mucho / gente / charlar en la plaza
4. alguno / chicos / correr detrás de una vaca
5. varios / niños / jugar fútbol en la calle
6. uno / mujeres / ir de compras al mercado

CULTURAL

En muchos pueblos pequeños de Hispanoamérica vemos la influencia de la vida moderna. Hoy mucha gente tiene televisor y en algunas casas también se usan muchos aparatos (*appliances*) eléctricos en la vida diaria (*daily*). También en el campo se usa más maquinaria moderna que antes. Poco a poco las nuevas costumbres reemplazan a las viejas.

B. ¡Qué habladora! Marta always wants to add more details to what her boyfriend, Felipe, says. What does she add while he discusses the day they spent in the country with her family?

MODELO   Fuimos en mi carro. (viejo)
Mejor dicho, fuimos en su carro viejo.

1. Sacamos fotos de todo. (fabuloso)
2. Visitamos iglesias. (cada)
3. Hablamos con campesinos. (un)
4. Fuimos de compras a un mercado. (varios)
5. Vimos vacas. (tanto)
6. Compramos unos pasteles. (delicioso)
7. Nos gustó mucho el aire del campo. (puro)

C. Lo que dice Mariela. Read Mariela's remarks, and predict what she is more likely to say next, choosing sentence *a* or *b* in each case.

1. Luciano es un viejo amigo de mi hermana.
   a. Tiene 85 años y es muy simpático.
   b. Lo conoció hace diez años cuando estaban en la universidad.
2. El señor Montoya es un gran profesor.
   a. Es interesante, inteligente y sobre todo muy justo.
   b. Es altísimo, ¿verdad?
3. Ay, mi pobre tío.
   a. Dice que no le importa no tener dinero.
   b. No le gusta nada su trabajo.
4. Hoy mi tía Lola me mandó estos zapatos nuevos.
   a. Están un poco sucios porque eran de mi prima.
   b. Los acaba de comprar en la tienda Gran Moda.
5. Yo no quiero salir con diferentes chicos.
   a. Sólo quiero salir con Adrián.
   b. Yo quiero salir con chicos que son normales.

D. Diversas impresiones. Ceci and María are chatting at an outdoor café after school. Listen to what they say, and tell whether these pictures match their descriptions.

MODELO   Ceci: Hoy compré un vestido muy diferente.
            María: ¿Ah sí? ¿Y por qué tan diferente?
                      sí

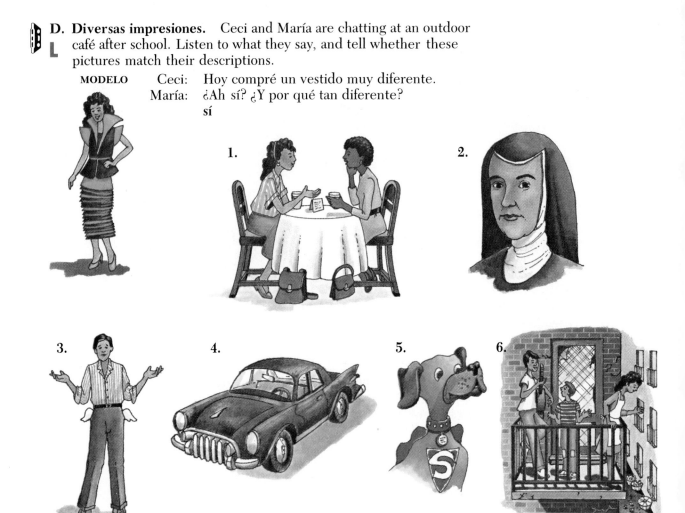

COMUNICACIÓN

A. ¿Cuántos hay? Look at the following items, and tell if your town or city has few, several, enough, or too many of them. Then see if your classmates' answers match yours.

EJEMPLO   teatros
            Nuestra ciudad tiene suficientes teatros.

1. escuelas
2. carnicerías
3. bibliotecas
4. panaderías
5. policías
6. parques naturales
7. mercados al aire libre
8. cines
9. granjas
10. iglesias
11. tiendas de ropa
12. restaurantes

B. Así son. Use the following suggestions to tell about people in your class, about your family, or about things you own. Be creative. Use the words below only for ideas.

EJEMPLO **Mi padre es una gran persona.**
A mi novio y a mí nos gusta hacer
cosas diferentes.

hermano(a)   hombre
padre   diferente   mujer
amigo(a)   grande   muchacho(a)
profesor(a)   nuevo   cocinero(a)
abuelo(a)   pobre   fotógrafo(a)
casa   viejo   estudiante
carro   ¿...?   persona
escuela   ¿...?
¿...?

SE VENDEN CERDOS

Se venden Cerdos Machos y Hembras de 30 a 40 kilos Yorshire y Landrace, de padres importados puros con pedigree.
Informes SR. BENITES
566-9177 ● 566-9178.

Repaso y extensión

In *¿Y tú?* you saw and used the adjectives **bueno, malo, alguno, ninguno, primero,** and **tercero.** With the exception of **bueno** and **malo,** these adjectives precede the noun. **Bueno** and **malo** may occur either before or after a noun, often without much difference in meaning.

As you have seen in expressions like **hace buen tiempo** and **algún día,** all of these adjectives drop the **-o** when they precede a masculine singular noun. With this in mind, complete these sentences. Be creative.

1. (bueno) Para mí, un ===== amigo...
2. (ninguno) ===== hombre debe...
3. (alguno) ===== clases son..., y otras son...
4. (grande) Para mí, una ===== mujer...
5. (primero) El ===== día de clases de este año, me sentía...
6. (malo) Cuando hace ===== tiempo,...
7. (tercero) La ===== vez que..., pierdo la paciencia.
8. (alguno) ===== día, quiero...
9. (malo) Los ===== amigos frecuentemente...
10. (grande) Mi mejor amigo(a) y yo somos ===== fanáticos(as) de...

EXPLORACIÓN 3

Function: *Talking about continuing actions*
Structure: *hace with time expressions in the present*

PRESENTACIÓN

A. You have learned to use **hace** plus the preterite to talk about actions that were completed in the past. You can also use **hace** plus a verb in the present tense to indicate that an action began in the past and continues in the present. Study the formula, then compare the sentences below.

> **hace** + quantity of time + **que** + present tense

Hace una hora que hice mi tarea. *I did my homework an hour ago.*

Hace una hora que hago mi tarea. *I've been doing my homework for an hour.*

B. To say how long it has been since you have done something, put **no** before the verb.

Hace un mes **que no** corro. *I haven't jogged for a month.*
It's been a month since I've jogged.

Hace años **que no** te vemos. *We haven't seen you for years.*
It's been years since we've seen you.

C. To ask how long something has been going on, use this formula:

> **cuánto tiempo hace que** + present tense

¿Cuánto tiempo hace que ustedes esperan el autobús? *How long have you been waiting for the bus?*

¿Cuánto tiempo hace que usted trabaja en la carnicería? *How long have you been working at the butcher shop?*

D. ¿Cuánto tiempo hace que no asistes a una de estas funciones?

una boda   un bautizo   un entierro   un desfile

PREPARACIÓN

A. Animales domésticos. Some classmates are talking about how long they have had their pets. What do they say?

> MODELO   seis años / Tomás / su perro Rex
> **Hace seis años que Tomás tiene su perro Rex.**

1. varios años / Chela / su mono Chita
2. tres años / Susana y yo / nuestra gata Fibi
3. nueve meses / yo / mi caballo Carnaval
4. dos semanas / tú / tu rana Príncipe
5. once meses / Elisa y Guille / su pato Donald
6. unos días / Camilo / su oveja Nieve

B. **¿Cuánto tiempo hace?**   Pepe and his friends are discussing how the bad weather has kept them from doing many activities. How long do they say it has been since they have done their favorite things?

> MODELO   dos semanas / ver una película / ¿Marcos?
> **Hace dos semanas que no veo una película. ¿Y tú, Marcos?**

1. un mes / ir a un baile / ¿José?
2. dos meses / comer en un restaurante / ¿Graciela?
3. tres semanas / correr por la mañana / ¿Maxi?
4. tres meses / ver un concierto al aire libre / ¿Manuel?
5. un mes / jugar fútbol / ¿Marta?
6. mucho / salir de este pueblo

C. **Un gaucho viejo.**   A reporter from *La Nación* interviewed Argentina's oldest resident, a gaucho. Tell what the reporter asked and what the gaucho told him.

> MODELO   vivir en el campo / más de 90 años
> **¿Cuánto tiempo hace que usted vive en el campo?**
> **Hace más de noventa años que vivo en el campo.**

1. trabajar como gaucho / más de 75 años
2. criar animales / unos 90 años
3. montar a caballo en la pampa / unos 85 años
4. ser abuelo / casi 56 años
5. vivir en la misma casa / más de 50 años
6. no regresar al pueblo / varios meses

CONTEXTO CULTURAL

En la pampa, el campo argentino, vive el gaucho. Cuida el ganado (*cattle*) como el *cowboy* americano, pero no regresa a casa cada noche. Pasa meses en la pampa antes de regresar a su pueblo. El gaucho típico lleva cuchillo (*knife*) y poncho y es famoso por las canciones de su rancho, su patria (*country*) y su vida. La literatura argentina le da gran importancia al gaucho.

D. ¡Qué trabajo! Martina and her brother overhear some vendors talking at the market. Listen to the vendors, and indicate whether each action discussed is still going on (**sigue todavía**) or has ended (**ya terminó**).

	Sigue todavía.	Ya terminó.
1.		
2.		

COMUNICACIÓN

A. Las clases. Find the classes you are taking in the following list, and tell how long you have been studying each.

    EJEMPLO   **Hace un año que estudio español.**

1. inglés
2. química
3. matemáticas
4. español
5. mecanografía
6. francés
7. física
8. historia
9. arte
10. música
11. educación física
12. geografía
13. biología
14. geometría
15. programación de computadoras

B. El tiempo es oro. Tell about something you especially like to do that you have not done for a long time. Then mention something you do not especially like to do that you have been doing for a long time.

    EJEMPLO   **Hace mucho que no leo una buena novela de detectives.**
                   Hace mucho que comparto mi cuarto con mi hermano.

C. Tu conciencia. Listen to what your conscience asks you, and answer the questions in complete sentences.

    EJEMPLO   ¿Cuánto tiempo hace que no limpias bien tu cuarto?
                   Hace seis meses que no limpio bien mi cuarto.

IMPRENTA Y LIBRERIA
SAN PABLO, S.R.L.

OFRECE :

- UTILES ESCOLARES
- ARTICULOS DE REGALOS
- PAPELERIA
- REVISTAS
- TARJETAS
- MATERIALES DE OFICINA
- LIBROS DE TEXTO
- OBRAS LITERARIAS EN GENERAL

- IMPRENTA: OFFSET Y TIPOGRAFIA
- SERIGRAFIA: CALCOMANIA, SELLOS DE ROPAS INDUSTRIALES, ETC.

371-5426

MAXIMO SANTO 21, VALENCIA

D. Entrevista. Interview another student, using the questions below to guide you. Then write a short paragraph about the information you gathered.

EJEMPLO   Tú: **Carlos, ¿cuánto tiempo hace que vives en esta ciudad?**

        Carlos: **A ver, hace unos seis años.**

        Tú: **¿Dónde vivías antes?**

        Carlos: **Viví dos años en Los Ángeles y ocho años en San Mateo.**

El pueblo (La ciudad)

1. ¿Cuánto tiempo hace que vives en este pueblo (esta ciudad)?
2. ¿Cuánto tiempo hace que vives en la misma residencia?
3. ¿Cuánto tiempo hace que no viajas a otro estado o país?

Tu escuela

1. ¿Cuánto tiempo hace que asistes a esta escuela?
2. ¿Cuántas horas hace que estás en la escuela hoy?
3. ¿Cuántas semanas hace que no tienen los estudiantes un día libre?

Buenos amigos

1. ¿Cuánto tiempo hace que conoces a tu mejor amigo(a)?
2. ¿Cuánto tiempo hace que son buenos(as) amigos(as)?
3. ¿Cuánto tiempo hace que no salen ustedes a divertirse?

Repaso y extensión

The statements below tell when something began. Use **hace** plus a quantity of time to tell how long the action has been going on.

EJEMPLO   Mi tío compró las ovejas en 1980. (tenerlas)
              Hace _____ años que las tiene.

1. Mis padres compraron la carnicería en 1982. (trabajar en ella)
2. Compramos nuestros caballos en 1979. (tenerlos)
3. Me hice miembro de un equipo de fútbol profesional en 1983. (jugar fútbol profesional)
4. Un profesor excelente llegó en 1975. (enseñar aquí)
5. Sus abuelos vinieron a los Estados Unidos en 1930. (vivir aquí)
6. Los vendedores empezaron a venir a este mercado en 1978. (venir a la plaza)

EXPLORACIÓN 4

Function: *Narrating past events*
Structure: *Contrasting the imperfect and the preterite*

PRESENTACIÓN

A. You have learned that Spanish uses two tenses to talk about the past: the preterite and the imperfect. Now that you can form these tenses, learn to choose the correct past tense when you speak or write.

PRETERITE	
Does it tell of something that happened and that was completed at a specific time?	Hoy **hubo** una fiesta en casa. Le **hablé** rápidamente y me **fui**. **Dormí** muy mal anoche.
Does it summarize the way someone felt about a particular event, instance, or person?	Me **gustó** mucho la película. **Fue** un día horrible. Todos **fueron** muy buenos conmigo.

IMPERFECT	
Does it tell something that happened repeatedly in the past?	**Íbamos** al mercado los domingos. Siempre le **decían** mentiras. **Veía** a Antonieta todos los días.
Does it set the scene with background information about time, conditions, feelings, or personality?	**Había** mucha gente en las calles. **Eran** las once menos diez. Nunca se **sentía** cómodo conmigo. Sus sobrinos **eran** muy cariñosos.

Certain time expressions usually cue the preterite or the imperfect.

PRETERITE	IMPERFECT
ayer, la semana pasada, una vez, el año pasado, el martes (pasado), a las (dos), esta mañana, hoy, anoche, de repente	todos los días, los (domingos), siempre, antes, a menudo, muchas veces, frecuentemente, generalmente

B. Sometimes both the preterite and the imperfect are used in the same sentence. In these cases, the imperfect tense describes the action that was already going on (the background action).

Trabajaban en el campo cuando **empezó** a llover.

They were working in the field when it began to rain.

Estaba en la farmacia cuando **oí** las noticias.

I was in the pharmacy when I heard the news.

PREPARACIÓN

A. Siempre lo mismo. Mr. Marín usually followed the same daily routine, but one day he did not. Tell what he says.

> MODELO   Siempre me levantaba con el sol.
> **Pero ese día no me levanté con el sol.**

1. Siempre cuidaba los animales.
2. Todos los días trabajaba en el campo.
3. Sin excepción hacía las compras en el centro.
4. Casi siempre compraba bistec en la carnicería.
5. Generalmente veía a mis amigos en la comisaría.
6. Casi todos los días iba al correo.
7. Siempre pasaba por la plaza.
8. Con pocas excepciones regresaba a la granja temprano.

B. Pero, ¿por qué? Bill is asking his friends why they did certain things on the day of the town fair in San Carlos, Chile. Listen to his questions, scan the list for likely reasons, and give his friends' answers.

> MODELO   ¿Por qué pasaron ustedes todo el día en la feria?
> (haber mucho que ver)
> **Porque había mucho que ver.**

a. tener que encontrar un policía
b. oler tan mal
c. no querer perder el desfile
d. estar enfermo
e. ser día de fiesta
f. sentirse alegre

C. Ayer. José Luis is talking about what he was doing when various things happened to him yesterday.

MODELO

ir a la escuela / empezar a llover
Yo iba a la escuela cuando empezó a llover.

1. esperar el autobús /
   Ana / llegar

2. leer el periódico /
   el mesero / traer la comida

3. comer /
   Emilio / llamar

4. ir a la escuela /
   yo / ver a Elisa

5. dormir /
   mis padres / regresar

D. El último día. Jennifer Martin tells her friend Marta Gamboa how she spent her last day in the Rioja Valley in Spain. Complete her narrative with preterite or imperfect forms of the verbs shown.

MODELO   Me ═══ a las seis y media. (levantar)
         Me levanté a las seis y media.

1. ═══ muy temprano. (ser)
2. Ya ═══ mucho sol. (hacer)
3. ═══ con Sergio y su familia. (desayunar)
4. ═══ las 7:30 cuando yo ═══ de la casa. (ser / salir)
5. ═══ a llorar cuando ═══ a Sergio por última vez.
   (empezar / ver)
6. ═══ a mis otros amigos y me ═══ de ellos. (visitar / despedir)
7. Mientras nosotros ═══, nos ═══ y ═══ mucho.
   (charlar / reír / llorar)
8. ═══ sueño cuando ═══ al hotel. (tener / regresar)
9. ═══ un día divertido pero triste también. (ser)
10. Me ═══ mucho España. ¡Y los españoles! (gustar)

España es un país que tiene una gran variedad de cosechas (*crops*). Se venden algunas de éstas en muchos países extranjeros. La costa del este, cerca de Valencia, es famosísima por sus naranjas. Cerca de Málaga, en el sur, se cultivan uvas para vino (*wine*) y jerez (*sherry*) que son de las mejores del mundo. En muchas partes del país se cultivan aceitunas (*olives*), el producto principal que exporta España.

E. El cuento de la abuela. Doña Sofía's grandchildren love to hear her tell stories about her life in Oklahoma as a child. Help her tell a story that begins like this: **Una mañana mi hermano Tito y yo nos levantamos con el sol y fuimos a darles de comer a los animales...**

MODELO todas las vacas / dormir / yo / entrar
Todas las vacas dormían cuando entré.

1. el gato / mirar las gallinas / comenzar a llover
2. las gallinas / hacer mucho ruido / Tito / llegar con la comida
3. los pollitos / correr por todas partes / empezar un viento muy fuerte
4. mi perro Sultán / llorar / nosotros / escuchar un ruido tremendo
5. el gallo / cantar urgentemente / nuestros padres / salir de la casa
6. mi caballo / dormir todavía / un campesino / gritar ¡Tornado!

F. Yo recuerdo... Listen to Ramón recount this memory and write the verbs you hear, categorizing each one as preterite (*p*) or imperfect (*i*).

Cuando yo ___1___ pequeño, no me ___2___ nada ir a la peluquería. Me ___3___ mucho miedo y cada vez que ___4___, yo ___5___. Una vez cuando mi papá y yo ___6___, él se ___7___ furioso conmigo. Cuando ___8___ a la casa, les ___9___ a mi papá y mamá que ___10___ mucho sueño y me ___11___ inmediatamente. Poco después, ___12___ un sueño horrible. ___13___ hora de ir a la escuela y el autobús me ___14___, pero ¡qué horror!—¡yo no ___15___ ningún pelo en la cabeza! ___16___ y ___17___, pero no ___18___ encontrarlo. ___19___ y ___20___, pero nadie me ___21___. Por fin me ___22___ mis padres y ___23___ saber por qué yo ___24___: Mi pelo, mi pelo, ¿dónde está mi pelo?

COMUNICACIÓN

A. Una investigación. Imagine you are a detective conducting an investigation in your partner's neighborhood and you want to know what your partner's family was doing at nine o'clock last night. Ask where they were, whom they were with, and what they were doing.

EJEMPLO
Tú: **¿Quién estaba en la casa?**
Él / Ella: **Mi padre y yo estábamos en casa.**
Tú: **¿Y los otros miembros de la familia?**
Él / Ella: **Mamá estaba en la universidad y no sé dónde estaba mi hermana...**

DE LA GRANJA A SU MESA.
PRODUCTOS COLOMBIANOS.

AVICULTURA SAN MIGUEL S.A.

Carretera del Valle, s/n
Bucaramanga

PEDIDOS AL MAYOR. TELF. 32 493
REGISTRO SANITARIO N° 726

B. Un día inolvidable. Choose an unforgettable incident from your past, and write about it. Use some of the suggestions listed.

EJEMPLO

> *Era un lunes de marzo. Hacía mucho frío. Cuando salimos a esquiar, ya no estaba nevando. Por eso, decidimos...*

el día	¿dónde?	primero
la hora	¿con quién?	además
el tiempo	¿qué pasó?	entonces
	¿cómo te sentías?	después
	¿...?	por último
		por eso
		¿...?

Repaso y extensión

As you know, certain expressions of time help you determine which verb tense to use. For example, **hoy** and **ahora** are often used to indicate the present, whereas words like **mañana, la semana que viene,** and **este fin de semana** refer to the future. Similarly, **ayer, la semana pasada,** and **en el año...** often indicate the preterite. **Siempre, todos los días,** and **a menudo,** when referring to past actions, indicate the imperfect tense.

Use these time words to tell about your summer.

1. El verano pasado...
2. Todos los días...
3. A menudo...
4. Una noche...
5. El último día...
6. El verano que viene...

LECTURA

Otra vez en Buenos Aires

Maruja y Carlos regresaron hace unas horas a Buenos Aires, después de pasar un mes en Costa Rica con su tío Bernal. Ahora hablan con sus padres sobre el viaje.

MAMÁ	Bueno, hijos, ¿qué les pareció el viaje?
MARUJA	¡Fabuloso! ¡Yo me divertí muchísimo! Aprendí a criar animales, a trabajar la tierra ¡y a montar a caballo!
PAPÁ	¿Y tú no dices nada, Carlos?
CARLOS	Es que no me siento muy bien...
MARUJA	Está triste porque quería quedarse en la granja.
MAMÁ	¿Tú? Pero yo pensaba que a ti la vida tranquila del campo no te interesaba.
CARLOS	Sí, me parecía aburrida. Pero en la granja encontramos tantas cosas nuevas y había tanto que hacer...
PAPÁ	¡No me digan que el tío Bernal los hizo trabajar!
MARUJA	No, ésa fue idea nuestra. Aunque al principio Carlitos se quejaba muchísimo.
CARLOS	¡No te burles! ¡Tú también te quejabas!
MAMÁ	Ya, ya. Vamos, cuéntennos qué hacían todos los días.
MARUJA	Trabajábamos muchísimo. Nos despertábamos cuando todavía era de noche y después del desayuno comenzábamos las tareas.
MARUJA	Y después yo cuidaba las ovejas, y Carlos las cabras.
CARLOS	Y les dábamos de comer a las gallinas y a los cerdos.
PAPÁ	¿Los cerdos? ¿Pero no te daba asco el olor de los cerdos, Carlos?
CARLOS	Eso era antes. A propósito, les tengo otra sorpresa. Ya no quiero ser abogado.
PAPÁ	¿Cómo?
CARLOS	Así es, papá. Ahora quiero estudiar para veterinario.

Expansión de vocabulario

al principio at first	**estudiar para** to study to be
burlarse (de) to make fun (of)	**las tareas** chores
contar to tell	**triste** sad
cuéntennos tell us	**Ya, ya. Vamos.** Now, now.
dar asco to disgust	Come on.
dar de comer to feed	

Comprensión

Based on **Otra vez en Buenos Aires,** respond to each statement with
verdadero or **falso.** If it is false, change it to make it true.

1. Hace 5 días que Maruja y Carlos regresaron a Buenos Aires.
2. Maruja y Carlos pasaron una semana en Costa Rica.
3. A Maruja el viaje le pareció muy divertido.
4. A Carlos la granja le parecía aburrida al principio.
5. Después le pareció más interesante.
6. El tío Bernal los hizo trabajar mucho.
7. En la granja Maruja y Carlos se levantaban tarde.
8. Al principio a Carlos le daba asco el olor de los cerdos.
9. La sorpresa de Carlos es que quiere ser abogado.

COMUNICACIÓN

A. **¿Cuántas veces?**   Tell how often in the past you have done the following things.

EJEMPLO   **Sólo una vez fui al campo.**
A veces iba al campo.

ni una sola vez	sólo una vez	a veces	a menudo

1. levantarse a las cinco de la mañana
2. caminar a la escuela
3. hacer las compras en un mercado al aire libre
4. montar a caballo
5. dar de comer a las gallinas
6. comprar carne en una carnicería
7. visitar una comisaría
8. criar vacas (ovejas, cerdos, . . .)
9. ir a la peluquería
10. pasar unos días en una granja
11. trabajar la tierra

B. **Actitudes.**   How much would you enjoy small-town life? Use this self-test to find out if you are suited for country living. Answer each item **sí** or **no**, then analyze your responses, based on the interpretation that follows.

1. Me gusta levantarme con el sol.
2. Me encantan las flores, los árboles y el aire puro.
3. Quiero trabajar con las manos.
4. La vida de la ciudad es demasiado peligrosa.
5. Me encantan los animales y me gusta cuidarlos.
6. Creo que el aire de la ciudad huele peor que el aire del campo.
7. Prefiero hacer las compras en las tiendas pequeñas, no en los supermercados.
8. Quiero vivir donde no hay mucha gente ni mucha actividad.
9. Para mí las oportunidades de trabajo son menos importantes que la tranquilidad.
10. Me gusta llevar ropa cómoda más que vestirme elegantemente todos los días.

Interpretación.   Cada respuesta afirmativa es un punto. Suma los puntos para ver si prefieres la vida del campo o la vida de la ciudad.

8–10	¡La vida del campo es para ti! Prefieres la vida al aire libre y te gustan los animales y la vida tranquila.
6–7	Te gusta la idea de vivir en un pueblo pequeño, pero no necesariamente la de trabajar con las manos ni con los animales.
3–5	Te gustan algunas cosas del campo, pero, en fin, prefieres vivir en cualquier ciudad.
0–2	No te interesa nada el campo. Prefieres la vida agitada y activa de la ciudad.

Peluquería y Salón Mavi
SERVICIO DE LUNES A SABADO
ESPECIALIDAD EN CORTES Y PEINADOS AL ULTIMO ESTILO BODAS, CUMPLEAÑOS
ESTILISTAS UNISEX
450-9191
MARBELLA 203
MACUTO

PANADERIA GODOY
SERVICIO ES NUESTRO LEMA
PANES Y PASTELES PARA TODAS OCASIONES
573-4160
REPARTO PEPITO GARCIA ESQ. CALLE 4, LA VELA

PANADERIA Y REPOSTERIA EL TOCUYO
EN PUERTO PLATA
HIGIENE Y CALIDAD
ESPECIALIDAD EN TODO TIPO DE PAN, GALLETAS Y DULCES
346-1809
SAN FELIPE 34
PUERTO PLATA

FARMACIA ALVES
"VISITENOS"
• MEDICINAS EN GENERAL
• REGALOS
• COSMETICOS
• ARTICULOS PARA LOS NIÑOS
745-9220
Av. San Miguel 222, Puebla

PRONUNCIACIÓN

In Spanish the letter **o** sounds similar to the *o* in the English word *no*, except that it is shorter in duration.

> gallo   oveja   pollito   campo   pato   pobre

The letter **u** is pronounced like the *oo* in the English word *pool*, but it also is shorter in duration.

> puro   culpa   peluquería   frutería   mudarse   único

Now listen to this paragraph, and repeat it phrase by phrase.

Los bomberos / del pueblo de Turbo / se despertaron / cuando escucharon / el sonido urgente / de la alarma. / Era oscuro todavía / y todos tenían sueño. / Había un incendio / en la Peluquería Nuria. / Después de unas horas / de largo trabajo, / extinguieron el fuego. Qué suerte / que no hubo daños / en las casas cercanas.

INTEGRACIÓN

Find out how much you know as you do these activities. If you have trouble with any of them, study the topic and practice the activities again, or ask your teacher for help.

Vamos a escuchar

A. Unos turistas. You are working at a hotel reception desk in Spain, and some of the foreign tourists do not speak Spanish very well. Listen to what they say, and indicate whether their remarks make sense or not, by responding **sí** or **no**.

> MODELO Necesito comprar ropa. ¿Dónde queda una comisaría?
> **no**

B. ¡Imagínate! When Jorge went to do some shopping for his mother in the village, he didn't do anything right. Listen to what his mother told her neighbor about what happened, then read this list and select the items that tell what he did wrong.

1. No se informó sobre las legalidades de la boda.
2. Fue a la biblioteca y no a la librería.
3. Olvidó la medicina para el abuelo.
4. Compró la carne en el supermercado y no en la carnicería.
5. Compró demasiado pan.
6. No compró todas las frutas que su mamá necesitaba.

Vamos a leer

A. La Cucarachita Mandinga.   Animal tales are an important part of Hispanic folk literature. Here is one that has been told many different ways over the years. Read it, then answer the questions that follow on page 144.

Había una vez una cucaracha que se llamaba Mandinga. Un día encontró una bella flor y dijo— ¡Qué bonita!, —y muy coqueta se puso la flor en el pelo. Entonces, por la calle vino un animal grande y negro que vio a la cucarachita tan bonita con su pequeña flor. Se enamoró de ella inmediatamente y le preguntó:

—Cucarachita Mandinga, ¿te quieres
   casar conmigo?
Y ella respondió:
   —¿Y tú cómo haces?
Y el animal enorme le dijo:
   —¡*Muuu, muuu*!
   —¡Uy no, toro feo, hablas muy
   fuerte y me das miedo!
Y el toro se fue tristemente.

Entonces vino un animal más
pequeño de color café. Cuando
vio a la cucarachita tan atractiva,
él también se enamoró de ella
y le preguntó:

   —Cucarachita Mandinga, ¿te quieres
   casar conmigo?
   —¿Y tú cómo haces?
   —¡*Guau, guau, guau*!
   —¡Uy no, porque haces un sonido muy feo y tú también me asustas! Y se fue el perro desilusionado. Lo mismo ocurrió con un gato que maulló, un gallo que cantó, un cerdo que gruñó y un pato que graznó. Mandinga se burló de todos porque le daban asco. Finalmente llegó un animalito gris con ojitos rojos. Por supuesto éste se enamoró de ella y le preguntó:
   —Cucarachita Mandinga, ¿te quieres casar conmigo?
   —¿Y tú cómo haces?
   —¡*Ic, ic, ic*!
Y respondió la cucaracha:
   —¡Ay, qué bonito! Tú no me das miedo, Ratón Pérez. Al contrario, me encantas. Contigo sí me caso. Inmediatamente organizaron la boda y todos los animalitos asistieron a la gran fiesta.

Días después, Mandinga le dijo al Ratón Pérez antes de ir al centro: —Cuídame la olla de los frijoles que se cocinan sobre el fuego, pero usa la cuchara grande, y no la pequeña, para revolverlos. Ahora bien, el Ratón Pérez, aunque muy encantador, tenía un gran defecto. Era muy comilón. No pudo resistir la tentación de comer los frijoles y decidió usar la cuchara pequeña para poder comerlos mejor.

Cuando Mandinga regresó, no oyó la pequeña voz del Ratón Pérez que imploraba —*Ic, ic, ic*, mientras nadaba en la sopa. Pero por fin Mandinga lo vio, salió de la casa horrorizada y gritó —Ven pato, ven toro, ven cerdo y perro. ¡El Ratón Pérez se cayó a la olla!

Los animales sacaron al pobre ratón de la olla. Cuando lo vieron todo sucio y desorientado, se burlaron de él y le cantaron esta vieja canción...

—¡Por comilón, por comilón, por comilón se cayó a la olla! Y la Cucarachita Mandinga entendió por primera vez que había defectos peores que el de tener la voz muy fuerte y muy fea.

1. ¿Qué animales querían casarse con la Cucarachita Mandinga?
2. ¿Por qué decidió casarse con el Ratón Pérez?
3. ¿Qué debía cuidar el Ratón Pérez cuando salió Mandinga?
4. ¿Por qué comió el Ratón Pérez los frijoles?
5. Según los animalitos, ¿por qué se cayó el pobre ratón a la olla?
6. ¿Qué aprendió la Cucarachita Mandinga de esta experiencia?

Vamos a escribir

A. El pasado. Use the suggested topics and phrases to write about memories from your past.

> EJEMPLO **Cuando yo era pequeña, siempre me perdía en el supermercado.**

Cuando yo era...
Una vez...
Cada vez que...
Cuando yo tenía...años...

1. ver televisión
2. perderse
3. un regalo
4. una visita
5. ir de vacaciones
6. un accidente

B. Un baile de disfraces. Here Susana Montes describes a recent costume party she attended. Fill in one of the two blanks in each sentence with the appropriate form of the adjective in parentheses.

1. (viejo) En el baile de disfraces estaban todos mis ===== amigos =====.
2. (grande) Vi al ===== compositor =====, ~~Johann~~ Sebastian Bach. de Skid Row
3. (diferente) En el curso de la noche, el señor Bach bailó con ~~diferentes~~ chicas ===== y todas eran muy bonitas.
4. (pobre) La ===== Hilda Torres ===== llegó sin disfraz. No sabía que era un baile de disfraces.
5. (nuevo) Ella me confesó que se sentía muy incómoda con el ===== vestido ===== que compró para la fiesta.
6. (grande) Yo tampoco me sentía muy cómoda en mi enorme disfraz. Yo era un ===== plátano =====.

C. Cómo pasa el tiempo. Tell how long it has been since you have done these things or how long you have been doing them, as the case may be.

1. asistir a una boda (desfile,...)
2. tener catarro (fiebre...)
3. comer un algodón de azúcar
4. charlar con gente inteligente
5. mirar tu reloj
6. quejarse de la escuela

Vamos a hablar

Work with a partner or partners and create short dialogues based on the following situations. Whenever appropriate, switch roles and practice another part of your dialogue.

Situaciones

A. **¡No quiero mudarme!**   You would like to stay in the city where you live, but your parents are attracted to the peacefulness of the country. Try to convince them that they should not move.

B. **¿Cómo eran?**   You and a friend compare what you were like when you were six or seven years old. Describe your physical as well as your personality traits, and tell about one thing you used to do that stands out in your memory.

C. **Siempre lo mismo.**   Your best friend says you always do the same old thing when you are together. As he or she complains about how long it has been since you have done really fun activities together, bring up some recent instances he or she has overlooked.

VOCABULARIO

NOUNS RELATING TO ANIMALS

el caballo   horse
la cabra   goat
el cerdo   pig
la gallina   hen
el gallo   rooster
la oveja   sheep
el pato   duck
el pollito   chick
la rana   frog
la vaca   cow

OTHER NOUNS

el árbol   tree
el bautizo   baptism
la boda   wedding
el bombero, la (mujer) bombero   fire fighter
el campesino, la campesina   peasant, country dweller
la capital   capital (city)
la comisaría   police station
el cuartel de bomberos   firehouse
el desfile   parade
el entierro   funeral
la farmacia   pharmacy
la flor   flower
la frutería   fruit store
la granja   farm

la librería   bookstore
el mercado al aire libre   open-air market
el olor   smell
la panadería   (bread) bakery
la pastelería   pastry shop
la paz   peace
la peluquería   barbershop, beauty parlor
la sorpresa   surprise
la tarea   chore, task

ADJECTIVES

cariñoso   affectionate
cómodo   comfortable
consentido   spoiled, pampered
diferente   different
llorón, llorona   crybaby
mandón, mandona   bossy
obediente   obedient
peleador(a)   bully
puro   pure
rural   rural
sucio   dirty
suficiente   enough
tímido   shy, timid
tranquilo   tranquil, peaceful
travieso   mischievous
tremendo   terrible, naughty
triste   sad
único   only
vivo   bright, alert

VERBS AND VERB PHRASES

burlarse de   to make fun of
contar (o → ue)   to tell (a story, joke)
criar   to raise (children, animals)
dar asco   to disgust
dar de comer   to feed
estudiar para   to study to be
montar a caballo   to ride a horse
oler bien (mal)   to smell good (bad)

OTHER WORDS AND EXPRESSIONS

a menudo   often
a propósito   by the way
al principio   at first
en cambio   instead, on the other hand
generalmente   generally
mejor dicho   you mean to say, better said
ni   not even
ni lo menciones   don't even mention it
por todas partes   everywhere
(a) unos   about, approximately
Ya, ya. Vamos.   Oh, come on now.

La vida urbana

In this chapter, you will talk about life in the city. You will also learn about the following functions and structures.

Functions	Structures
• talking about the past	verbs like **leer** with a spelling change in the preterite
• getting people to do things	commands with pronouns and **nosotros** commands
• showing affection and indicating size	the diminutive
• describing conditions and actions in the past	contrasting the imperfect and the preterite

¹NTRODUCCIÓN

EN CONTEXTO

🎞 ¡Qué lejos estoy!

Hasta hace poco Javier Suárez vivió en Parral, un pueblo en el <u>norte</u>
de México donde él <u>nació</u>. Llegó hace una semana a la Ciudad de
México. Ahí va a seguir un curso de arte en la Academia de San Carlos.
Es su primera visita a una ciudad grande. De allí les escribe a sus padres.

north
was born

A

Queridos padres,

 Desde que llegué me siento mareado. ¡Ésta es una ciudad tan
complicada! <u>Imagínense,</u> tiene más de 16 millones de habitantes y como
3 millones de <u>coches.</u> Toda esa gente, el ruido del tráfico y la contaminación
son suficientes para <u>volverlo loco a uno.</u> Aquí tampoco hay tiempo para
nada: el día <u>se va</u> en viajar de un <u>lado</u> para otro.

B

 <u>Extraño</u> mucho a la familia y la tranquilidad del pueblo. ¡Todo era
tan diferente allá! Todo quedaba tan cerca de la casa. ¿Recuerdan cómo
por las tardes salíamos a <u>pasear?</u> ¿Y cómo teníamos tiempo para
descansar y conversar? Aquí eso es casi imposible porque todo <u>se
mueve</u> demasiado rápido.

C

 <u>Sin embargo,</u> la Ciudad de México también tiene muchas <u>ventajas.</u>
Es muy bonita. De <u>noche</u> todas las <u>luces</u> de la enorme ciudad <u>se ven</u>
muy impresionantes. Además, hay cines, teatros, librerías fabulosas,
museos excelentes: en fin, una gran actividad cultural. ¡Ahora lo que
necesito es tiempo para <u>disfrutar</u> de todo esto!

 Bueno, es todo por ahora. <u>Háganme el favor</u> de saludar a toda la
familia y a los amigos. Su hijo que los quiere y extraña,

        Javier

since
Imagine
cars
to drive one crazy
goes by / side

I miss

to go for a walk or drive

moves

nevertheless / advantages
at (by) night / lights / look

to enjoy
Do me the favor

Comprensión

Javier had time to write only a note to his grandparents. How might he have summarized his thoughts? Base your answers on words and phrases from the letter to his parents.

_1_ abuelitos,

Aquí estoy en _2_ y es muy diferente de _3_. ¡La vida aquí es tan _4_! Hay tanta gente, _5_ y _6_. ¡A veces esta vida me vuelve _7_! Pero la ciudad tiene sus _8_ también. Me encantan los teatros, _9_ y las _10_. El único problema es que no tengo tiempo para _11_ de esta gran actividad cultural.

Extraño mucho _12_ del pueblo, y los _13_ a ustedes también. En el pueblo _14_ tiempo para todo. ¡Pero aquí todo _15_ tan rápido que me siento _16_! Bueno, tengo prisa por llegar a clase. Un abrazo de su nieto, Javier

ASÍ SE DICE

Toda ciudad grande ofrece muchas oportunidades y ventajas en

las actividades culturales   el comercio   la industria

Hay <u>obreros</u> y <u>oficinistas</u> que trabajan en

las fábricas   los grandes almacenes   los rascacielos

El sistema de transporte incluye

el metro   los autobuses   los taxis

Para conseguir <u>vivienda</u> la gente   housing

alquila un apartamento

construye su propia casa

La vida urbana también tiene sus <u>desventajas</u> como   disadvantages

la muchedumbre

el tráfico

la contaminación del aire

el desempleo

La <u>falta</u> de trabajos para todos trae problemas sociales como   lack

la pobreza

el crimen

los robos y los asaltos

A. Al terminar los estudios.   Graciela needs to decide where to look for
a job after she finishes her studies. Listen as she weighs some advantages and disadvantages of city and country life, and write **ventaja** or
desventaja under appropriate categories as shown.

MODELO   No hay tanto crimen en el campo.

	ciudad	campo
		ventaja

B. **¿Ciudad o campo?**   Tell what is being described in each of these phrases and whether it is typically found in the city or country.

> MODELO   un animal que hace *muuu muuu*
> **Es una vaca y se encuentra en el campo.**

1. un enorme grupo de personas
2. un lugar donde se encuentran animales y se trabaja la tierra
3. un animal que antes era un medio de transporte
4. una tienda grande de departamentos
5. un animal gordo que hace *oinc oinc*
6. un edificio altísimo
7. lo que producen las fábricas y los carros
8. un medio de transporte subterráneo
9. un animal pequeño que dice *pío pío*
10. una persona que trabaja en una fábrica

C. **Problemas urbanos.**   What social problems common to many large cities are described by these situations?

> MODELO   Mucha gente no tiene trabajo.
> **Hay un problema de desempleo.**

1. La ciudad necesita más autobuses.
2. Mucha gente no tiene dónde vivir.
3. El aire no es limpio.
4. Mucha gente no tiene qué comer.
5. Hay demasiados robos y asaltos.
6. No hay suficientes apartamentos y son muy caros.

D. **Otro sabelotodo.**   Alejandro thinks he knows it all. Read what he says, and prove that he does not know everything, by identifying the erroneous word or phrase in each of his remarks and correcting it.

> MODELO   Si te interesan las actividades culturales, puedes ir al teatro, visitar un museo o trabajar en una fábrica.
> **trabajar en una fábrica → asistir a un concierto**

1. El sistema de transporte incluye el metro, el tráfico y los autobuses.
2. Una vivienda es un lugar como un apartamento o una muchedumbre.
3. Los problemas sociales de las ciudades incluyen las actividades culturales y la pobreza.
4. El pueblo tiene ventajas como la tranquilidad y los rascacielos.
5. Unas ventajas de las ciudades son el desempleo y el comercio.
6. El desempleo puede traer contaminación del aire y robos.
7. En el campo se ven muchas granjas y mucha industria.
8. En general, los obreros y los presidentes no ganan muchísimo dinero.

COMUNICACIÓN

A. La ciudad ideal. Imagine an ideal city, and answer a classmate's questions about it. Then ask another student to describe his or her ideal city. Use the topics below as points of departure.

> EJEMPLO   **¿Cómo es el sistema de transporte?**
> **Es muy barato y muy rápido.**

el crimen	el tráfico	el sistema de transporte
la industria	la pobreza	las actividades culturales
la vivienda	las diversiones	el empleo o desempleo

B. ¿Cómo se dice? Imagine you are talking to a Spanish-speaking exchange student and you forget some of the words you need to use. Working with a partner, pick one of the words below, and ask how to say it, using other words you know. See if your friend can tell which word you mean.

> EJEMPLO   Tú: **¿Cómo se dice el lado bueno de algo?**
> Tu compañero(a): **¿Quieres decir una ventaja?**
>   Tú: **Sí.**

un rascacielos	el desempleo	el comercio	el tráfico
una fábrica	la pobreza	un oficinista	el crimen

C. La vida urbana. In your opinion, which of the following are advantages and which are disadvantages of city life? Write your answers on paper, using new vocabulary words when you can.

> EJEMPLO   la industria
> **Es una ventaja porque le da trabajo a la gente.**

1. la industria	4. la pobreza	7. los rascacielos
2. el comercio	5. el crimen	8. el sistema de transporte
3. la muchedumbre	6. el tráfico	9. los grandes almacenes

EXPLORACIÓN 1

Function: *Talking about the past*
Structure: *Verbs like* **leer** *with a spelling change in the preterite*

PRESENTACIÓN

A. You already know several verbs in Spanish that have changes in the preterite tense. One group of **-er** and **-ir** verbs has irregular endings in the third person singular and plural forms.

leer

leí	leímos
leíste	leísteis
leyó	leyeron

The letter **i** of the third person ending changes to **y** because it occurs between vowels.

B. The following verbs are like **leer**.

oír	*to hear*	construir	*to build*
creer	*to believe*	destruir	*to destroy*
caerse (de)	*to fall (off)*	incluir	*to include*

Tomás leyó que hay mucho tráfico en Bogotá.
Ustedes no creyeron que el crimen era un gran problema.
Cristina se cayó de la bicicleta.

PREPARACIÓN

A. La prensa. A school journalism club subscribed to several Hispanic newspapers and assigned each member to read and report on a different paper. What do the members say they read?

> MODELO   yo / *La Nación* de Buenos Aires
> **Yo leí *La Nación* de Buenos Aires.**

1. Josefa / *El Comercio* de Quito
2. tú / *El Imparcial* de Santo Domingo
3. Paco y Luis / *El Excelsior* de México
4. nosotros / *La Prensa* de Lima
5. Raúl / *El Diario* de Nueva York
6. yo / *El Tiempo* de Bogotá

B. Nuestro futuro. Marta's sociology class is discussing city planning and how the growth boom of the past year has affected their town. What does the class say was built or destroyed?

> MODELO   más fábricas   el parque natural
> **Se construyeron**   **Se destruyó el parque**
>   **más fábricas.**   **natural.**

1. nuestro primer rascacielos
2. unos edificios antiguos
3. viviendas más modernas
4. más hospitales
5. mucha vegetación natural
6. la tranquilidad del pueblo

C. ¿Una vida mejor? Some friends in rural Venezuela are thinking about moving to Caracas. What have they heard about the "good life" there?

> MODELO   yo (que van a construir otra fábrica)
> **Yo oí que van a construir otra fábrica.**

1. Felipe (que se necesitan más bomberos)
2. tú (que hay buenas universidades)
3. Gabriel (que no hay problemas de vivienda)
4. tú y yo (que hay muchas ventajas)
5. José y Paula (que hay más oportunidades en la industria)
6. ustedes (que tienen un mejor sistema de transporte)
7. el señor Rifa (que el metro es maravilloso)

Como toda ciudad latinoamericana, Caracas es una mezcla (*mixture*) de lo nuevo y lo antiguo. Por ejemplo, al lado de la Iglesia de San Francisco, construida (*built*) hace más de 400 años, se encuentra el moderno Centro Simón Bolívar. En las dos torres gemelas (*twin towers*) de 32 pisos se encuentran muchas oficinas del gobierno (*government*), una plaza enorme, grandes almacenes y todo tipo de tiendas.

D. **¡Qué tormenta!**   César got part of his information about last night's storm (**tormenta**) from the newspaper and part from hearsay. Read the newspaper clipping, then listen to what César tells his grandmother about the storm. Answer **Lo leyó** if he reports what he read and **Lo oyó** if he tells something he heard.

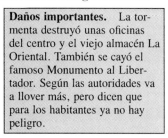

Daños importantes.   La tormenta destruyó unas oficinas del centro y el viejo almacén La Oriental. También se cayó el famoso Monumento al Libertador. Según las autoridades va a llover más, pero dicen que para los habitantes ya no hay peligro.

E. **Detectives.**   Some friends are comparing their impressions of a very intriguing detective movie. Tell what each person thought at various points in the movie, using a form of **creer** and a lettered phrase.

MODELO   Juana **creyó** que el payaso era **el criminal**.

1. Yo ===== que las hermanas no decían
2. Mis primos ===== que el motivo era
3. Ustedes ===== que el vendedor era
4. Todos nosotros ===== que la heroína se
5. Tú ===== que el policía no iba
6. Nadie ===== que el detective tenía

a. dinero.
b. iba a morir.
c. razón.
d. el criminal.
e. la verdad.
f. a llegar a tiempo.

F. Durante el temblor. People who live near geological faults have to contend with occasional shifts in the earth's surface. According to Miguel and his friends, who and what fell during this morning's tremor?

MODELO

algunos adornos
Algunos adornos se cayeron del piano.

yo

mi mamá

usted

algunos platos

nosotros

COMUNICACIÓN

A. ¿Qué cambios hay? Think about the changes that have taken place where you live. Name as many changes as you can, using the verbs below as necessary.

EJEMPLO **Hace unos meses que construyeron un estadio nuevo.**

construir(se)   reconstruir(se)   destruir(se)   caerse

B. Hay tanto que hacer. Think of a large city you would like to visit. What have you heard or read about it? Write at least six sentences about this city, using the suggestions below and ideas of your own.

EJEMPLO   **Oí que San Diego tiene buenos restaurantes.**
Leímos que hay mucho comercio internacional en Boston.

		almacenes	
		problemas	
		rascacielos	moderno
oír	mucho	apartamentos	impresionante
leer	poco	actividades	social
creer	bastante	comercio	internacional
		industria	cultural
		tráfico	
		¿...?	

Repaso y extensión

You already know several verbs that are in some way irregular in the preterite, and you have just learned others that have spelling changes in the third person. Rewrite this story in the preterite tense.

Mi amigo Juan viene[1] a visitarme. Trae[2] también a su hermanito Felipe. Juan y yo hacemos[3] la tarea y leemos[4] historietas, pero Felipe sólo construye[5] y destruye[6] miles de aviones de papel. Hace[7] un desastre en mi casa, y él me cree[8] un ogro cuando empiezo[9] a gritarle. Después de un rato, ellos me dicen[10] ¡Hasta luego! y vuelven[11] a su casa. Tengo[12] que arreglar la casa yo solo. ¿Qué les parece?

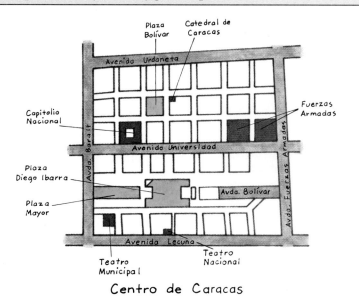

Centro de Caracas

Function: *Getting people to do things*
Structure: *Commands with pronouns and **nosotros** commands*

PRESENTACIÓN

You have used familiar and formal commands to get people to do things.

Vende el carro.	*Sell the car.*
Venga por aquí, señora Galdón.	*Come this way, Mrs. Galdón.*
Jueguen con Robertito.	*Play with Robertito.*

A. Commands are often used with pronouns—both reflexive and object pronouns.

1. In affirmative commands, the pronouns are attached to the end of the command form to make one word.

¡Cuídese del tráfico!	*Be careful of the traffic!*
Llámalo mañana.	*Call him tomorrow.*

Notice that an accent mark is placed over the syllable normally stressed before the pronoun is attached.

Divie<u>r</u>te + te → Diviértete.

2. In negative commands, pronouns precede the verb.

No se quejen del tráfico.	*Don't complain about the traffic.*
No me hables así.	*Don't talk to me like that.*

B. In English, another way of getting people to do things is to make a suggestion using *Let's....* You have already learned to make suggestions with **vamos a** plus an infinitive. The **nosotros** command may also be used. The **nosotros** command for most verbs is formed as follows:

infinitive	**yo** form minus **-o**	**-ar** verbs add **-emos** **-er, -ir** verbs add **-amos**	nosotros commands
mirar	mir∅	-emos	miremos
comer	com∅	-amos	comamos
vivir	viv∅	-amos	vivamos
traer	traig∅	-amos	traigamos

¡Salgamos de aquí!	*Let's get out of here!*
¡No trabajemos en esa fábrica!	*Let's not work in that factory!*

1. Stem-changing **-ar** and **-er** verbs do not have a stem change in the **nosotros** command.

Comencemos a la una.	*Let's start at one o'clock.*
Contemos otro cuento.	*Let's tell another story.*
No perdamos las llaves.	*Let's not lose the keys.*

2. Stem-changing **-ir** verbs change **o** to **u** or **e** to **i** in the **nosotros** command before adding the ending **-amos.**

dormir	Durmamos hasta tarde mañana.
servir	Sirvamos algo especial para la fiesta.
sugerir	Sugiramos algo diferente.

3. The affirmative **nosotros** command of a reflexive verb drops the final **-s** of the stem before adding the pronoun **nos**. The negative form does not make this change.

Levantémonos temprano.	*Let's get up early.*
¡Divirtámonos!	*Let's have a good time!*
No nos quejemos más.	*Let's not complain anymore.*

4. You know that **vamos** is used for the affirmative command of **ir** (*let's go*). The negative is **no vayamos** (*let's not go*). In the reflexive, **vámonos** (*let's leave*) and **no nos vayamos** (*let's not leave*) are used.

Vamos a la peluquería.	No vayamos de compras.
Vámonos de esta ciudad.	No nos vayamos todavía.

C. The following are some additional reflexive verbs that are often used.

acordarse (o → ue) de *to remember*	pararse *to stop, to stand up*
aprovecharse de *to take advantage of*	ponerse (+ *adj.*) *to become*
bajarse (de) *to get off, to get out of*	portarse (bien, mal) *to behave (well, badly)*
casarse (con) *to marry*	
cuidarse (de) *to be careful (of)*	preocuparse (de, por) *to worry (about)*
irse (de) *to leave, to go away (from)*	
meterse (en, a) *to enter, to get (into)*	sentarse (e → ie) *to sit down*
olvidarse de *to forget*	

PREPARACIÓN

A. ¡Fotos y más fotos!   A photographer is taking promotion shots for a movie soon to be released. What is the starring actor told to do?

> MODELO   ponerse / este abrigo
> **Póngase usted este abrigo.**

1. ponerse / el sombrero también
2. meterse / al carro
3. moverse / un poco a la izquierda
4. subirse / a la plataforma
5. bajarse / de la plataforma
6. peinarse / un poco
7. sentarse / en ese lado
8. quedarse / ahí

B. Unos consejos.   Elio Rafael has just started a new job at a department store. He is having a hard time adjusting to the routine, so he asks a friend for advice. What does his friend tell him not to do?

> MODELO   levantarse / tarde
> **No te levantes tarde.**

1. acostarse tarde tampoco
2. ponerse nervioso
3. dormirse en el trabajo
4. irse temprano a la casa
5. quejarse de los clientes
6. meterse en los problemas de otra gente

C. Turistas. Mr. and Mrs. Vargas have just arrived for a vacation in Lima, and they take a taxi to a hotel. What advice does the taxi driver give them?

MODELO   señores / quedarse en el Hotel Bolívar
                  Señores, quédense en el Hotel Bolívar.

                     señora / aprovecharse de los buenos precios
                  Señora, aprovéchese de los buenos precios.

1. señores / no quedarse todo el tiempo en el hotel
2. señores / no perderse las actividades culturales
3. señor / no preocuparse del tráfico
4. señora / no olvidarse del mapa metropolitano
5. señores / divertirse lo más posible
6. señora / acordarse de las tiendas turísticas
7. señores / pararse en los cafés
8. señores / sentirse como en su casa

CONTEXTO CULTURAL

En algunas ciudades de Hispanoamérica existe otro sistema de transporte además del metro, el autobús y el taxi. Se llama el pesero en México y el colectivo en Lima. Es un carro público que se comparte con otros pasajeros y que para donde uno quiere. Cuesta menos que el taxi y puede ser más cómodo que el autobús. Lleva a varias personas y es muy popular en las grandes ciudades.

D. ¡Son tremendos!   Pablito and Susi love to think of ways to aggravate their older cousin when he babysits. What do they plot to do?

> MODELO   dormirse tarde
> **¡Durmámonos tarde!**

1. decirnos secretos a cada rato
2. reírnos de cosas absurdas
3. servirnos dulces sin pedir permiso
4. vestirnos lentamente después de bañarnos
5. sentirnos enfermos antes de dormir
6. morirnos de sed cada cinco minutos

E. El último día.   Ángel and Fabio cannot agree on how to spend their last day of vacation in Madrid. Ángel is worn out from all the sight-seeing, but Fabio wants to make the very most of their last day. What do they say to each other?

> MODELO   Ángel: **Vamos a <u>dormir tarde</u>.**
> Fabio: **No, no vayamos a hacer eso. Mejor vamos a <u>levantarnos temprano</u>.**

Ángel:
1. desayunar en el hotel
2. organizar nuestras compras
3. dormir una larga siesta
4. sentarnos en la Plaza Mayor
5. tomar la cena aquí en el hotel
6. acostarnos temprano

Fabio:
salir a desayunar
comprar más recuerdos
dar un largo paseo
visitar el Parque del Retiro
comer en un restaurante típico
divertirnos toda la noche

F. En familia.   Sometimes we all need to be told things more than once. How do members of the Mendoza family rephrase their remarks the second time? Read the miniconversations, and listen to pairs of rephrased remarks. Write the letter of the best response.

> MODELO   La mamá le dice a Manuel: "No te subas al caballo de tu tío". Pero Manuel se sube al caballo. Por eso, ella le dice:
> **a. Bájate de ese caballo.**   **b.** Súbete a ese caballo.

1. El señor Mendoza le dice a su familia: "¡Aprovechémonos de la vida cultural!" Más tarde repite:
2. La señora Mendoza le dice a su hija Raquel: "¡Ten cuidado con los perros!" Cuando Raquel sale a la calle, la mamá vuelve a decirle:
3. Pamelita es tremenda. Un día su tía le dice varias veces: "¡No hagas eso!" Finalmente, tiene que decirle:
4. Pamelita se sienta en el piso. La abuela la ve y le dice: "¡Levántate! El piso está muy sucio". Poco después, le repite:
5. Manuel tiene un examen importante mañana. Por la noche su mamá le dice: "No te pongas nervioso, hijo". Por la mañana le dice:
6. Un día Gabriel Mendoza le dice a Daniela Sapiro: "¡Cásate conmigo!" Cuando Daniela no le responde, Gabriel sugiere cariñosamente:

COMUNICACIÓN

A. ¿Qué dices? What suggestions might you and others make in these situations?

> EJEMPLO Mañana debes llegar temprano al trabajo. ¿Qué te dice
> uno de los oficinistas que trabaja contigo?
> **No te olvides de llegar temprano mañana.**
> **Acuérdate de venir temprano mañana.**

1. Vas a un concierto con un amigo, pero no te gusta nada el cantante. ¿Qué le sugieres a tu amigo?
2. Un(a) amigo(a) tuyo(a) tiene muy mala memoria. ¿Qué le dices sobre el examen que ustedes van a tener mañana?
3. Vas al cine con un(a) amigo(a). Para ti, la película es excelente, pero ves muy pronto que tu amigo(a) duerme. ¿Qué exclamas?
4. Haces una fiesta en casa, pero no te gusta la ropa que tus padres llevan cuando llegan tus amigos. ¿Qué les dices a tus padres?
5. Tú y tus hermanos sacaron malas notas este mes. ¿Qué contesta tu papá cuando ustedes le piden permiso para ir a un baile?
6. Llegas a la casa muy sucio(a) después de jugar fútbol. ¿Qué te dice tu mamá cuando entras en la casa?

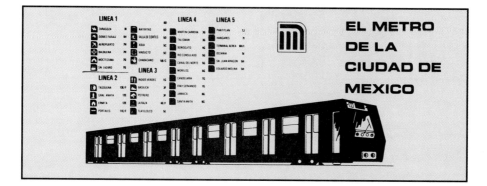

B. La persuasión. Write four suggestions for each of these situations.

Situación 1. You and your teammates do not want to practice soccer today because of the intense heat. As you conspire about ways to convince the coach to call off practice, what suggestions do you make?

> EJEMPLO **Digámosle la verdad.**

Situación 2. You have heard that one of your teachers has laryngitis and can barely talk. How do you convince the rest of the class to give the teacher a break by being extra cooperative for once?

> EJEMPLO **Contestemos todas sus preguntas.**

C. ¡A sus órdenes!   Look at the following pictures. What suggestions could you make if you were in these situations?

EJEMPLO

¡Párense allí!
¡Quédense donde están!
¡Mírenme!

Repaso y extensión

As you know, both **vamos a** plus an infinitive and the **nosotros** command are frequently used to mean *Let's....* Change the verbs in these sentences to the **nosotros** command.

1. Vamos a escribirle una carta ahora.
2. Vamos a casarnos.
3. Vamos a alquilar un carro en Barcelona.
4. Vamos a pedir permiso para salir.
5. Vamos a dar de comer a las gallinas.
6. Vamos a mudarnos del pueblo a la ciudad.
7. Vamos a comprarnos más zanahorias.
8. Vamos a subirnos al carrusel.

EXPLORACIÓN 3

Function: *Showing affection and indicating size*
Structure: *The diminutive*

PRESENTACIÓN

A. To show fondness for others, we often use a diminutive form of their first name. In English, this is often done by adding *-y* or *-ie* to the end of a name. In Spanish, diminutive endings such as **-ito** and **-ita** are used.

Siempre le decíamos Anita.   *We always called her Annie.*

B. Diminutive endings may be added to words other than names to show affection or to indicate smallness in size.

Me encanta hablar con los viejitos.   *I love to talk to old folks.*
El niño pidió otro cuentito.   *The child asked for*
                                         another little story.

C. Here are some guidelines for forming diminutives.

1. If the word ends in an **-o** or **-a**, the final letter is dropped before the ending **-ito** or **-ita**: **Roberto** to **Robertito**.

2. For most consonants, simply add **-ito** or **-ita**: **Ángel** to **Angelito**.

3. Nouns or adjectives ending in **-e, -n,** or **-r** usually add the letter **c** before the diminutive: **viaje** to **viajecito, joven** to **jovencito**. Two exceptions are **Juan** to **Juanito** and **caliente** (*hot*) to **calientito**.

4. Some of the spelling changes you learned when you studied the preterite tense of verbs that end in **-gar, -car, -zar** will also occur here. The letter **c** changes to **qu**, and **g** becomes **gu** when the diminutive ending is added: **Paco** to **Paquito, amigos** to **amiguitos**.

PREPARACIÓN

A. ¡Regalitos para todos!   Aunt Elvira is visiting her nieces and nephews in San Juan and has a small gift for everyone. What does she say?

> MODELO   Pedro / cosa
> **Pedrito, esta cosita es para ti.**

1. Juan / este libro
2. Ana / esta pulsera
3. Pablo / este coche
4. Víctor / este caballo
5. Daniela / este anillo
6. Paco / esta cámara
7. Eva / esta muñeca
8. Manuel / estos dulces
9. Ramón / este avión
10. Pilar / este juego

B. Minilandia.   When David returns to his home from the University of Mexico for the holiday season, he suddenly realizes how small everything seems in his hometown compared to the city. What does he say?

> MODELO   Parece que vivo en una casa pequeña.
> **Parece que vivo en una casita.**

1. ¿Estudiaba yo en esta escuela pequeña?
2. Parece que trabajaba en un mercado pequeño.
3. En mi pueblo sólo hay parques pequeños.
4. Parece que la gente de mi pueblo conduce carros pequeños.
5. Parece que tenemos un jardín pequeño.
6. Sólo hay piscinas pequeñas aquí.
7. Aquí trabajamos en unas granjas pequeñas.
8. Parece que nosotros sólo tenemos reuniones pequeñas.

CONTEXTO CULTURAL

La Ciudad de México tiene la universidad más grande de América Latina: la Universidad Nacional Autónoma de México. Consta de (*consists of*) un magnífico conjunto (*group*) de edificios con grandes murales. El más famoso de ellos es la biblioteca central. Cada una de sus cuatro fachadas (*façades*) de mosaicos representa aspectos importantes de la historia y la cultura mexicana de ayer y hoy.

C. El tiempo pasa. Alicia has not seen Ricardo's family for several years. Listen to what she asks about them over the telephone, and based on the drawings, answer for Ricardo. Follow the models.

MODELO

¿Todavía está gordo Duque?
Sí, todavía está gordito.

¿Todavía está delgado tu tío?
No, ahora está gordito.

1.

2.

3.

4.

5.

6.

COMUNICACIÓN

A. Comparaciones y contrastes. Look at the following drawings, and make as many comparisons as you can for each.

EJEMPLO **Ana es alta y vive en una casa grande.**
Anita es bajita y vive en una casita.

1.

2.

3.

4.

5.

B. El cariño.   What might you say to the people in the following situations when you want to be affectionate or emphatic?

EJEMPLO   How might you tell how easy that little test was for you?
Para mí ese examencito fue facilito.

How might you
1. let a relative know you need a little favor?
2. indicate how you feel about very small dogs?
3. indicate that a child you know looks "a little bit sick"?
4. try to get a relative to give you just five little dollars?
5. tell your four-year-old cousin to wash his little feet?
6. reveal how you feel about very short hair?
7. tell a shivering friend to drink the hot chocolate because it's "nice and hot"?

Repaso y extensión

Besides **-ito(a)**, the endings **-ín(a)** and **-illo(a)** are also used as diminutive suffixes. Some nouns with diminutive endings have a special meaning, though they are still related to the original word. Look at the illustrations of the words on the left. Study them, and then find the matching diminutive versions in each of the other columns.

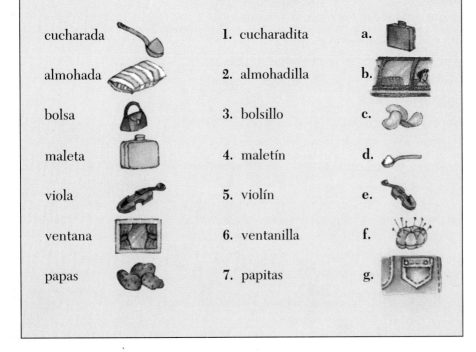

cucharada		1. cucharadita	a.
almohada		2. almohadilla	b.
bolsa		3. bolsillo	c.
maleta		4. maletín	d.
viola		5. violín	e.
ventana		6. ventanilla	f.
papas		7. papitas	g.

Function: *Describing conditions and actions in the past*
Structure: *Contrasting the imperfect and the preterite*

PRESENTACIÓN

As you know, the preterite tense is used with actions that started and were completed in the past. The imperfect, on the other hand, describes ongoing activities or conditions in the past, with no reference to when they began or ended. Here are some other uses of the imperfect.

A. The imperfect tense is used to talk about moods, opinions, emotional conditions, and states of mind that were expressed or felt in the past.

No lo **creía,** pero **era** verdad.   *I **didn't believe** it, but it **was** true.*
Queríamos ir, pero no **podíamos**.   *We **wanted** to go, but we **couldn't**.*
Luis **estaba** más cansado que yo.   *Luis **was** more tired than I was.*

B. The imperfect tense is also used to state conditions or situations that existed over a period of time in the past.

La gente **era** muy pobre.   *The people **were** very poor.*
Todos **se mudaban** a la ciudad.   *Everybody **was moving** to the city.*
Quedaban pocos trabajos.   *There **were** few jobs left.*

C. Remember that when the preterite and the imperfect are used in the same sentence, the imperfect tense describes the existing situation or the background. The preterite tells what happened at a specific point within that time.

Él **se iba** cuando **llegué**.   *He **was leaving** when **I arrived**.*
¡Ya **había** mucha contaminación,   *There **was** already a lot of pollu-*
y **construyeron** otra fábrica!   *tion, and **they built** another*
         factory!

PREPARACIÓN

A. ¡Qué partido tan horrible! Elisa was surprised to find that every friend she called last week was feeling low. What did she tell Miss Vega?

> MODELO   yo / sorprendida
> **Yo estaba sorprendida.**

1. Felipe / deprimido
2. Pepe y tú / tristes
3. yo / preocupada
4. nosotros / desilusionados
5. Sara y Marta / enfermas
6. usted / celosa

B. ¡Qué impresionante! Some architecture students are discussing what Santiago, Chile, was like in the 1950s. What do they say?

> MODELO   construirse / edificios nuevos
> **¡Cada día se construían edificios nuevos!**

1. abandonarse / muchos edificios
2. abrirse / fábricas modernas
3. conservarse / más edificios viejos
4. necesitarse / más viviendas
5. pedirse / otros apartamentos
6. construirse / rascacielos fabulosos

C. ¿Realidad o sueño? Mr. Torres is talking to a psychologist about his childhood and about some dreams he used to have. Write what he says. Next to each sentence, write **realidad** if he is describing something real and **sueño** if it is more likely he is referring to a dream.

> MODELO

Unos marcianos se reían de mí. (sueño)

D. Los pasos perdidos. Romeo's parents are reminiscing about their high school years. What do they say?

> MODELO   nuestra profesora favorita / llamarse Adela Díaz
> **Nuestra profesora favorita se llamaba Adela Díaz.**

1. ella / ser simpática
2. a mí / no gustar los deportes
3. nosotros / escribirnos notas
4. tú / cantar en una banda
5. tu banda / tocar muy mal
6. yo / dormirme en clase
7. todos / portarse mejor que yo
8. yo / caminar sola a la escuela
9. la profesora / dar mucha tarea
10. las clases / terminar tarde

E. ¡A viajar! Felipe's father used to take American students on tours of Spain. What does he remember about the cities he visited?

> MODELO   En Madrid la gente **era** simpática.

hacer   ser   volver   tener   construir   haber

1. Segovia ===== unos restaurantes fabulosos.
2. La gente de Sevilla ===== muy alegre.
3. En Torremolinos siempre ===== buen tiempo.
4. En Barcelona ===== mucho tráfico.
5. En Málaga se ===== muchas fábricas.
6. Las muchedumbres de Madrid me ===== loco.

CONTEXTO CULTURAL

Una de las características más importantes de la vida urbana es la mezcla de culturas que se ve por todas partes. Se encuentra la influencia internacional no sólo en el comercio y en las oportunidades culturales sino también en muchos aspectos de la vida diaria. Muchos cines presentan películas extranjeras, los restaurantes sirven toda clase de comida y se oyen varios idiomas por la calle.

F. Unos cambios. Inés is talking about the highlights of her life when she was younger. What does she remember?

> MODELO 10 / mi familia / mudarse
> **Tenía diez años cuando mi familia se mudó.**

1. 5 / yo / recibir una bicicleta
2. 8 / mis padres / comprar una casa
3. 7 / yo / viajar a Perú
4. 9 / nosotros / ir a Nueva York
5. 10 / mi mamá / empezar a trabajar
6. 11 / mi papá / comprarme un perrito

G. ¡Día de locura! While at an exhibition on futuristic city life, Jorge's family was so taken by the exhibits that they lost track of Pepito, the youngest family member. How does Jorge respond to questions about his younger brother's disappearance? Listen to the questions, match them to the pictures, and answer using the phrases given.

> MODELO ¿Qué hacías cuando Pepito dijo adónde iba?
> **Jugaba con las computadoras.**

jugar con las
computadoras

a.

leer sobre los rascacielos
del futuro

b.

comenzar a buscarlo
por todas partes

c.

conducir un carrito
volador

d.

hacerle preguntas a
un robot doméstico

e.

empezar a
llamarlo

COMUNICACIÓN

A. La primera vez.   Tell how old you were the first or the last time you did activities such as these.

> EJEMPLO   **La primera vez que monté a caballo tenía siete años.**
> **La última vez que hice un viaje en tren tenía quince años.**

montar a caballo
ir solo(a) al centro
ir a la playa
ir a un museo
hacer un viaje en tren
salir solo(a) con un amigo(a)
comprarse su propia ropa
conducir un coche
visitar un parque de atracciones
¿...?

B. ¿Por qué? ¡Porque sí!   People often try to rationalize what they have or have not done. Using some of the suggestions given and ideas of your own, write eight sentences explaining why you and your friends have or have not done some of these things.

> EJEMPLO   hacer la tarea
> **No hice la tarea porque no quería.**
> **Marta no hizo la tarea porque no tenía tiempo.**

	hacer la tarea		querer...
	arreglar mi (su) cuarto		estar cansado(a)
	ir a la biblioteca		estar enfermo(a)
(no)	volver temprano a casa	porque (no)	tener tiempo
	quedarse en casa		tener ganas de
	salir con mis (sus) amigos		hacer otra cosa
	¿...?		¿...?

C. Equivocaciones.   Tell about things you or others thought, heard, or said would happen but that turned out otherwise. Use the verbs below.

> EJEMPLO   **Oí que iba a nevar anoche, pero no nevó.**

oír   decir   leer   pensar   creer

Repaso y extensión

You already know how to form the preterite and imperfect tenses and when to use them. Rewrite this paragraph to place it in the past by changing the verbs to the preterite or the imperfect.

El señor Tafur vive[1] en un pueblito. Todos los días abre[2] su tienda a las nueve y la cierra[3] a las seis. Un día el señor Tafur no abre[4] la tienda. Decide[5] hacer un viajecito a la ciudad porque está[6] cansado de su vida rutinaria. Cuando sus amigos llegan[7] a la tienda, ven[8] que no hay[9] nadie. Unos días después vuelven[10] a la tienda del señor Tafur. Él está[11] allí. Los amigos dicen[12] que no entienden[13] la irregularidad del señor Tafur, y por eso le preguntan[14] si se siente[15] bien. Él les contesta[16] — ¡Claro que sí. ¡Me siento mejor que nunca!—En ese momento los amigos del señor Tafur también deciden[17] tomar unas vacaciones.

LECTURA

Un viaje inolvidable

Imagínate que hace un mes que tus amigos fueron a México. Ahora hablan de todo lo que hicieron y lo que les pasó en el viaje, y te preguntan si puedes adivinar cómo resolvieron sus problemas.

1. Primero fuimos a El Paso. Como queríamos llegar lo más rápido posible a la capital, hicimos las siguientes sugerencias. ¿Qué sugerencia crees que aceptamos?

   a. Quedémonos en el avión.
   b. Vámonos en avión.
   c. Mejor tomemos un barco.
   d. Vámonos en carro y sigamos las carreteras más rápidas.

2. Llegamos al aeropuerto, pero teníamos que ir al centro. ¿Qué crees que hicimos?

   a. Ya no teníamos mucho dinero y tomamos un taxi.
   b. Fuimos a pie porque el centro quedaba muy lejos.
   c. Estábamos muy cansados y nos quedamos en el aeropuerto.
   d. Fuimos en metro porque era más barato y más fácil.

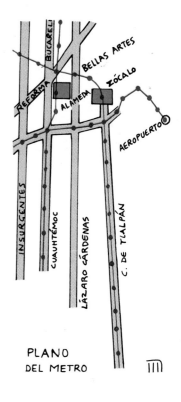

3. Luego llegamos al centro. Como queríamos quedarnos allí, les preguntamos a varias personas qué podíamos hacer. ¿Cuál crees que fue la mejor sugerencia?

   a. ¡Busquen un hotel!
   b. ¡Cómprense una casa!
   c. ¡Duerman en un parque!
   d. ¡Quédense aquí en el aeropuerto!

4. Nos quedamos en un hotel que estaba en la calle Independencia. Al día siguiente decidimos ir al Zócalo. Varias personas nos dijeron cómo llegar. ¿Cuál fue la mejor sugerencia?
    a. Sigan derecho por Independencia y Lázaro Cárdenas. Doblen a la derecha en Lázaro Cárdenas.
    b. Doblen a la izquierda en Lázaro Cárdenas y a la derecha en Hidalgo.
    c. En la calle Hidalgo doblen a la izquierda.
    d. Sigan por Independencia hasta la esquina de Bucareli.

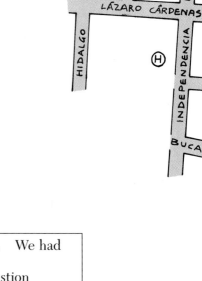

5. Una noche salimos a pasear por la ciudad. ¿Qué crees que hicimos?
    a. Teníamos mucho sueño y nos acostamos temprano.
    b. Nos quedamos en el hotel.
    c. Como nos divertíamos tanto, no regresamos hasta muy tarde.
    d. Era tarde y no hicimos nada.

Expansión de vocabulario

adivinar to guess	**Mejor tomemos...** We had better take...
la carretera highway	
la esquina corner	**la sugerencia** suggestion
inolvidable unforgettable	**el zócalo** plaza (*Mex.*)
lo más rápido posible as quickly as possible	

Comprensión

Based on **Un viaje inolvidable,** respond to the following statements with **verdadero** or **falso**. If the statements are false, reword them to make them true.

1. Fuimos en barco a la Ciudad de México.
2. Tomamos un taxi del aeropuerto al centro.
3. Nos quedamos en un hotel.
4. El hotel estaba en la calle Hidalgo.
5. El Zócalo quedaba cerca de la avenida 5 de Febrero.
6. Para ir al Zócalo entramos por Bucareli y seguimos hasta el final.

COMUNICACIÓN

A. Señales de tráfico. Imagine that your family has rented a car during your stay in Mexico. You see the following signs as you drive around the capital. What should you do at each?

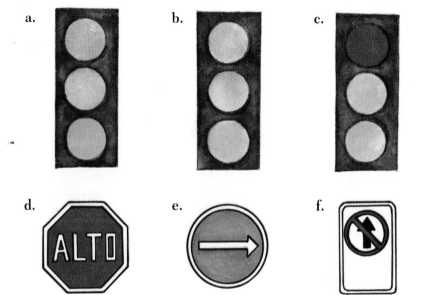

1. Doblen a la derecha en esa señal.
2. Párense en esa esquina.
3. No entren en esa calle.
4. Sigan derecho.
5. Párense y esperen la luz verde.
6. Sigan con precaución.

B. Un mapa escolar. Draw a map of your school, and label the important places, using words such as the ones listed. Imagine you are a new student, and ask how to get to various places from your Spanish class. A classmate should give you directions using commands.

> EJEMPLO ¿Cómo se va a la biblioteca?
> Dobla a la derecha y sigue hasta la segunda puerta a la izquierda.

la cafetería   la clase de...   la biblioteca
el gimnasio   el estadio   ¿...?

C. Guía oficial. How would you help a visitor get from one place to another in your town? Play the role of the visitor, and ask other students to act as your guide.

EJEMPLO **¿Cómo se va a la comisaría?**
Siga derecho hasta la calle Efraín y doble
a la derecha. Allí está la comisaría.

la farmacia, la biblioteca, la peluquería,
el supermercado, la librería, el banco,
el cuartel de bomberos, la pastelería, ¿ . . . ?

D. Cuéntanos. Write your own modern-day version of
The City Mouse and the Country Mouse in Spanish.
Use your imagination.

EJEMPLO **Un día fui a visitar a mi primo**
Ratón Raúl en el campo...

PRONUNCIACIÓN

The Spanish letter **j** sounds much like the English letter *h* in the word *hope*. However, the sound is more exaggerated. The Spanish letter **x** also has this sound in a few instances, especially in Mexican Spanish.

Juan   bajarse   ventaja   quejarse   granja   México

In Spanish, when the letter **g** is before an **e** or an **i,** it is pronounced like the Spanish letter **j.**

gente   sugerir   Jorgito   geología   gimnasia

Now repeat this dialogue between Gerardo and Xavier, who are discussing Xavier's new job in the city.

GERARDO ¿Qué te parece tu nueva gerente?
XAVIER Me parece bastante inteligente y generosa.
GERARDO ¿Y la jefa de oficinistas?
XAVIER No quiero quejarme, Gerardo, pero no es muy buena gente.
Quiere bajarnos el sueldo a todos. ¡Y cómo nos hace trabajar!
GERARDO Ya te dije que la vida urbana tenía sus desventajas, Xavier.
Mejor vuelve a la granja a trabajar conmigo.

INTEGRACIÓN

Find out how much you know as you do these activities. If you have trouble with any of them, study the topic and practice the activities again, or ask your teacher for help.

Vamos a escuchar

A. Problemas. Listen to a panel of young adults discuss problems, such as the ones below, that are caused by their city's sudden growth. See if you understand the gist of each person's complaint, then summarize each one as shown.

> MODELO   Cuando uno va al parque, no puede estar solo, y cuando uno quiere pagar sus compras en un almacén, ya hay diez personas que esperan para pagar también.
> **El problema es la muchedumbre.**

a. desempleo
b. pobreza
c. tráfico
d. sistema de transporte
e. falta de viviendas
f. contaminación del aire
g. falta de actividades culturales
h. crimen

B. Una época interesante. Mavi left city life behind and moved to the countryside some years ago. Here she tells a friend what motivated her to leave. Listen, and then on your own paper, write the answer to these true-or-false statements.

¿Cierto o falso?
1. Había muchas construcciones nuevas.
2. Conservaron todos los edificios antiguos.
3. A nadie le interesaba conservar las casas viejas.
4. Llegó mucha gente a vivir allí.
5. Construyeron edificios fabulosos.
6. A Mavi le gustaban las actividades culturales.
7. Mavi se mudó al campo porque cambió de trabajo.

Vamos a leer

A. Las grandes capitales prehispánicas.
Read this imaginary conversation, then
answer the questions that follow.

Atahualpa era un joven príncipe de Cuzco,
la capital del imperio inca, muchos años
antes de la llegada de los españoles a su
tierra. Atahualpa sabía algo de los imperios
maya y azteca y tenía gran interés en infor-
marse sobre ellos. Aquí tienes una conversación imaginaria entre él y su maestro.

MAESTRO	La gran Tenochtitlán, capital del imperio azteca, es inolvidable. Está en medio de un gran lago azul.
ATAHUALPA	¿Eso no hace difícil el comercio con otras regiones?
MAESTRO	No del todo. La capital está conectada con otras ciudades por un complicado sistema de canales y puentes. Los comerciantes aztecas transportan objetos desde las ciudades mayas y también desde nuestras fronteras.
ATAHUALPA	¿Ah sí? ¿Y cómo es la arquitectura azteca? ¿Tienen palacios tan grandiosos y refinados como los nuestros?
MAESTRO	Sí, los aztecas son grandes arquitectos y constructores. En sus palacios y casas también tienen agua entubada y baños de vapor. Su vida es tan cómoda como la nuestra.
ATAHUALPA	¿Y los mayas? ¿Qué necesito saber de ellos?
MAESTRO	Bueno, que sus capitales son Tikal, Chichén-Itzá y Uxmal, y que los mayas son grandes astrónomos y matemáticos. Acuérdate de que fueron ellos quienes inventaron el nuevo concepto matemático del "cero". También tienen un calendario muy exacto, calculado con Venus.
ATAHUALPA	¿Y sus fortalezas?
MAESTRO	Los otros imperios tienen grandes fortalezas aunque las fortalezas de nosotros, los incas, son las más grandes e impresionantes de todas.
ATAHUALPA	¡Qué suerte tengo de vivir en estos tiempos! No puedo imaginarme ni cómo existieron mis antepasados sin las comodidades que tenemos, ni qué progresos les quedan a mis descendientes para mejorar nuestra manera de vivir.

1. ¿Cuándo ocurrió la conversación
   entre Atahualpa y su maestro?
2. ¿Quién era Atahualpa?
3. ¿Dónde vivía?
4. ¿De qué hablaba
   con su maestro?

B. Complete this matching exercise, and see what you have learned from **Las grandes capitales prehispánicas.**

1. La capital de los aztecas estaba
2. Los aztecas transportaban mercancía
3. Los palacios de los aztecas e incas
4. Los mayas calculaban su calendario
5. Los incas tenían
6. Chichén-Itzá era

a. eran muy cómodos.
b. una capital maya.
c. en medio de un gran lago.
d. quedaban cerca.
e. las mejores fortalezas.
f. de muchas regiones.
g. en Cuzco.
h. los mejores matemáticos.
i. con el planeta Venus.

Vamos a escribir

A. Noticias. Imagine you are a newscaster doing a television spot about a recent tropical storm in Puerto Rico. Write a report of at least eight sentences. In it, tell what was destroyed and what various people heard and said. Use each of the verbs below, and begin like this:

> *El viento de la tormenta era de 100 kilómetros por hora. El daño fue tremendo...*

oír   creer   leer   destruir   construir   caerse   incluir

B. ¡Qué familia tenemos! Some Spanish speakers, like Ana Chávez, use a lot of diminutives when they talk. Write how Ana would phrase these remarks about her relatives, using diminutives whenever you can.

> MODELO   Mi prima Pilar es muy baja.
> **Mi primita Pilarcita es muy bajita.**

1. Ay, Fidel. Ya estás grande y ¡qué guapo eres!
2. Pepe, aquí te tengo la sopa, pero, cuidado, está caliente.
3. Ramón, hazme el favor de poner la leche del gato en su casa.
4. Mientras mi abuelo se pone más delgado, papá se pone más gordo.
5. Aunque mi hermano ya es mayor, se porta como un joven loco.
6. Eva habla mucho de sus amigas de la escuela y sólo tiene tres años.

C. La gran ciudad. Luis knew he would leave his town some day to study in the big city. Complete this paragraph with preterite or imperfect verb forms as needed.

Hasta la edad de dieciocho años Luis __1__ (vivir) en un pueblito de Venezuela. Luis __2__ (ser) un chico ansioso. Siempre __3__ (imaginarse) cosas negativas sobre la gran ciudad porque no __4__ (conocer) otra vida que la vida del pueblo. Pero como __5__ (querer) ser ingeniero, __6__ (saber) que __7__ (tener) que educarse en Caracas, la capital del país. Cuando __8__ (llegar) el día de su viaje a Caracas, toda la familia lo __9__ (llevar) a la estación de trenes que __10__ (estar) abandonada como siempre. Diez horas más tarde __11__ (llegar) a Caracas y diez meses después __12__ (volver) de vacaciones a su pueblo. Cuando su padre le __13__ (preguntar) sobre su vida en la ciudad, le __14__ (contar) que no le __15__ (gustar) nada escuchar el ruido del tráfico todos los días. Pero también le dijo que le __16__ (encantar) las actividades culturales y las otras diversiones. Se __17__ (alegrar) de ser estudiante en Caracas y de volver a casa para disfrutar de la tranquilidad de su pueblo.

D. De vacaciones. You and your friends are visiting Barcelona. On your first day there, you want to relax. What do you suggest to your friends?

> MODELO salir del hotel al mediodía
> **Salgamos del hotel al mediodía.**

1. quedarse en la cama hasta las diez
2. vestirse informalmente
3. ir a un restaurante de comida típica
4. pedir un almuerzo rico
5. dormir una larga siesta
6. no meterse en el tráfico
7. tomar un taxi al centro
8. divertirse en una discoteca

Vamos a hablar

Situaciones

A. Ventajas y desventajas. You and a friend plan a trip to the beach over spring break. One of you prefers a tourist resort, and the other a spot away from it all. Give reasons for your preferences, discussing the advantages and disadvantages of each. Try to agree on a place.

B. ¡Fuego! You are a police officer. A crowd of people is about to cross the street when a fire truck passes and stops across from them. Answer their questions about what has happened. Respond to their suggestions to each other about what to do, by ordering them to stop, stay where they are, and so on.

C. ¿Qué hacemos? You and a friend are vacationing in a big city, but you each have different ideas about how to spend your first day there. Disagree with your partner's suggestions, and make others you like better. Work out a compromise to decide what you will do at various times of the day.

VOCABULARIO

NOUNS
el almacén department store
el asalto assault, mugging
la carretera highway
el coche car
el comercio commerce
la contaminación del aire air pollution
el crimen crime
el desempleo unemployment
la desventaja disadvantage
la esquina corner
la fábrica factory
la falta lack
el favor favor
el habitante, la habitante inhabitant
la industria industry
el lado side
la luz (*pl.* **luces**) light
el metro subway
la muchedumbre crowd
el norte north
el obrero, la obrera (factory) worker, laborer
el oficinista, la oficinista (office) worker
la pobreza poverty
el rascacielos skyscraper
el robo robbery

el sistema system
la sugerencia suggestion
el taxi taxi
el tráfico traffic
la tranquilidad tranquility, peace, quiet
el transporte transportation
la ventaja advantage
la vivienda housing

ADJECTIVES
complicado complicated
cultural cultural
enorme enormous
impresionante impressive
inolvidable unforgettable
social social
urbano urban

VERBS
acordarse de (o → ue) to remember
adivinar to guess
alquilar to rent
aprovecharse de to take advantage of
bajarse to get off, to get out of
casarse con to marry
construir to build, to construct
cuidarse (de) to be careful (of)
destruir to destroy, to tear down

disfrutar de to enjoy
extrañar to miss
imaginarse to imagine
irse (de) to leave, to go away (from)
meterse (en, a) to enter, to get (into)
moverse (o → ue) to move
nacer to be born
olvidarse (de) to forget
pararse to stop, to stand up
ponerse (+ *adj.*) to become
portarse (bien, mal) to behave (well or badly)
preocuparse (de, por) to worry (about)
sentarse (e → ie) to sit down
verse to look (appear)

OTHER WORDS AND EXPRESSIONS
de noche at night, by night
desde que since
El día se va... The day goes by...
lo más rápido posible as quickly as possible
sin embargo nevertheless
volverlo loco a uno to drive someone crazy

Mi casa es su casa

In this chapter, you will talk about homes in Spanish-speaking countries and about your own home. You will also learn about the following functions and structures.

Functions	Structures
• telling others what you want them to do	indirect commands
• trying to influence others	present subjunctive after verbs of influence such as **querer**
• expressing doubt or uncertainty	present subjunctive after **dudar** and **no creer**
• talking about people and things already mentioned	double object pronouns

1 NTRODUCCIÓN

EN CONTEXTO

Hogar dulce hogar

home

Estas cuatro casas muestran diferentes <u>estilos</u> de vida en el mundo hispano. Escuchemos a cuatro jóvenes describir sus hogares.

styles

26 sec. A.

Un poquito de España en Lima
Yo me llamo Gonzalo. Ésta es mi casa; mi <u>bisabuelo</u> la construyó hace casi cien años. Es de estilo colonial y está en un <u>barrio</u> antiguo de la ciudad. Tiene unos balcones magníficos y <u>adentro</u> hay un patio donde tenemos una <u>fuente</u> con luces. ¡Qué bonita se ve la fuente cuando <u>prendemos</u> las luces por la noche! Ahí come toda la familia en el verano cuando hace mucho calor.

great-grandfather

neighborhood

inside
fountain

we turn on

El Madrid moderno
Me llamo Marisol y este edificio de <u>ladrillo</u> es donde vivo con mi familia. Nuestro apartamento está en el piso doce, pero <u>afortunadamente</u> hay <u>ascensor</u>. Es bonito pero demasiado pequeño para nosotros. Mis padres tienen su propio cuarto, pero yo tengo que compartir el mío con mi hermanita. Qué pesado, ¿no?

brick

fortunately / elevator

En la selva de Colombia

¿Qué les parece mi casa? ¿Verdad que no es muy típica? Está en un pueblito de pescadores. Es de madera y es muy pequeña, pero tiene muchas ventajas: el río es nuestra piscina y todo el espacio que necesitamos lo tenemos afuera. Ahí, también tenemos un jardín natural con muchísimos árboles y plantas. Ah, otra cosa: mi nombre es José.

fishing village

wood

outside

name

En un suburbio de San Juan

Yo me llamo Dina. Antes vivía en un apartamento, pero ahora vivo en una casa. Es de cemento y tiene dos pisos. En el de abajo hay cinco cuartos y arriba están los cuartos de dormir y un baño. También tiene un jardín lleno de flores y árboles. En mi calle no hay mucho tráfico; por eso podemos jugar y andar en bicicleta sin preocuparnos de los carros. Además, queda cerca de una playa. Somos muy afortunados.

downstairs
upstairs
bathroom
full of

Comprensión

Answer these questions about **Hogar dulce hogar**.

1. ¿Cuántos años tiene la casa de Gonzalo?
2. ¿Quién la construyó?
3. ¿Dónde está su casa? ¿Qué hay en el patio?
4. ¿Quién vive en un apartamento?
5. ¿Es de madera o ladrillo el edificio donde vive Marisol?
6. ¿Cómo es su apartamento?
7. ¿Qué usa Marisol para subir al piso doce?
8. ¿En qué tipo de pueblo vive José?
9. ¿Qué ventajas tiene su casa?
10. ¿Quién vive en una casa de dos pisos?
11. ¿Qué hay en el jardín?
12. ¿Qué dice Dina sobre su calle?

ASÍ SE DICE

Aquí tenemos el exterior de la casa de Dina. Tiene un garaje y también una terraza donde la gente se sienta a conversar.

LA VENTANA
EL GARAJE
EL TECHO
LA PARED
LA PUERTA
LA TERRAZA

Éste es el plano interior de su casa. Abajo están la cocina, el comedor, la sala y un baño pequeño.

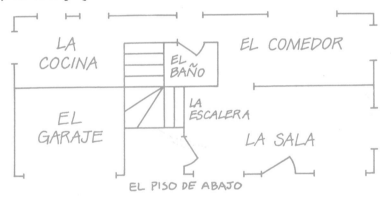

LA COCINA
EL BAÑO
EL COMEDOR
EL GARAJE
LA ESCALERA
LA SALA
EL PISO DE ABAJO

Arriba están los dormitorios y el otro baño.

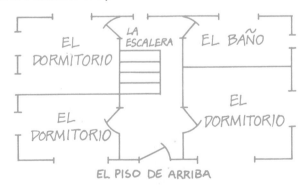

EL DORMITORIO
LA ESCALERA
EL BAÑO
EL DORMITORIO
EL DORMITORIO
EL PISO DE ARRIBA

En cada cuarto de la casa se necesitan <u>muebles</u>. En el comedor y la cocina pueden estar

furniture

las sillas
la mesa
los gabinetes
la estufa
el fregadero
el lavaplatos
el horno
el refrigerador

En la sala se encuentran normalmente

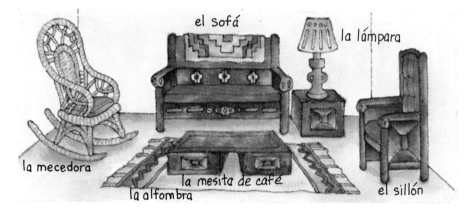

el sofá
la lámpara
la mecedora
la mesita de café
la alfombra
el sillón

En el dormitorio hay

el espejo
las cortinas
el librero
la cama
la almohada
el clóset
la cómoda
la silla
el escritorio
la manta
la mesita de noche

La vida de la casa exige muchas tareas como

sacudir los muebles

cortar la hierba

pasar la aspiradora

secar y planchar la ropa

sacar la basura

regar el jardín

poner la mesa

barrer el piso

A. Categorías. For each category listed, you will hear a set of words. Raise your hand when the word you hear fits the category named.

1. muebles
2. cuartos
3. cosas que se ven desde el exterior de la casa
4. aparatos y muebles que se encuentran en la cocina

B. ¿Dónde estás? Imagine you live in Dina's house on page 190. When you do the following activities, which room are you most likely in?

> MODELO Haces tu cama.
> **Estoy en mi dormitorio.**

1. Te sientas afuera y charlas con tus amigos.
2. Abres el refrigerador para sacar el helado.
3. Te lavas los dientes.
4. Pones la mesa para una cena formal.
5. Te sientas en el sofá con unos invitados.

C. El loquito. Luisito pretends he has a bizarre personality double named "El Loquito." Write what you hear Luisito say, and indicate whether Luisito or El Loquito is "in command."

> MODELO **Voy a dormir en la fuente. (El Loquito)**

D. ¡Qué desastre! Listen to what Mr. and Mrs. Belmonte say when they return from a trip and find a very neglected house. Then decide which orders they would most likely give their children.

> MODELO ¡No queda un plato limpio en toda la casa!
> **a. ¡Lava los platos!**   b. Prepárame un refresco.

COMUNICACIÓN

A. Mucho trabajo.   Tell how many times you did the following jobs last week. You may use definite expressions like **ni una sola vez, una vez,** or **dos veces** or general phrases like **varias veces** or **todos los días.**

> EJEMPLO   **La semana pasada lavé los platos dos veces.**

1. poner la mesa
2. hacer mi cama
3. sacar la basura
4. pasar la aspiradora
5. sacudir los muebles
6. lavar y secar la ropa
7. planchar
8. regar el jardín
9. limpiar el baño

B. ¡Qué buena vida tenía!   Did you do as many jobs around the house when you were a child as you do now? Write three sentences telling what you did as a child and three telling what you did not do.

> EJEMPLO   **Cuando yo era niño hacía mi cama.**
> **Cuando yo era niña no cocinaba.**

C. ¿A cuál corresponde?   You are helping a student with his first-year Spanish homework. When he does not understand these words, how do you define them for him without using English?

> EJEMPLO   (la mecedora) **¿Qué quiere decir *mecedora*?**
> **Es donde nos sentamos con un bebé que llora.**

1. el sillón
2. el horno
3. el librero
4. la mesa
5. la mesita de café
6. la mesita de noche
7. la cómoda
8. el lavaplatos
9. el escritorio
10. la estufa
11. el gabinete
12. ¿...?

D. Entrevista.   After high school, you receive a small inheritance from a relative and decide to rent your own place. You talk to a real estate agent first. Answer the questions she asks you.

1. ¿Le gustaría a usted alquilar una casa o un apartamento?
2. ¿Tiene que ser nueva la residencia?
3. ¿Prefiere usted una residencia de uno o dos pisos?
4. ¿Prefiere una residencia grande o pequeña?
5. ¿Cuántos dormitorios necesita usted?
6. ¿Le gustan más los muebles modernos o antiguos?
7. ¿Quiere vivir en la ciudad o en el campo?
8. En general, ¿pasa usted más tiempo adentro o afuera?

E. Tu dormitorio.   Write a paragraph about your room. Tell what kinds of furniture and items you have in it and what they are like. Also describe a few things you would love to have in your room.

> EJEMPLO   **En mi dormitorio tengo una cama, una cómoda y... Me**
> **encantaría tener un refrigerador en mi cuarto...**

Function: *Telling others what you want them to do*
Structure: *Indirect commands*

PRESENTACIÓN

You have already learned how to give direct commands in Spanish using the **tú, usted, ustedes,** and **nosotros** forms of the verb.

Pablo, ven abajo por favor.	*Pablo, come downstairs, please.*
Chela y David, ayuden a mamá.	*Chela and David, help Mom.*
Señora, use aquel ascensor.	*Use that elevator, ma'am.*
Mejor quedémonos aquí.	*We'd better stay here.*

A. Another way of getting someone to do something is to involve a third party and use an indirect command. In English, we can do this by using expressions like *Let him do it, Have Lisa do it,* or *See that Tom does it.*

Indirect commands in Spanish use **que** and a verb form identical to the **usted** or **ustedes** form of the commands you already know.

Yo no quiero hacer las camas.	*I don't want to make the beds.*
Que María y Pepe las **hagan.**	*Let María and Pepe make them.*
¿Sacar al perro?	*Take out the dog?*
Que Felipe lo **saque.**	*Have Felipe take him out.*

B. Reflexive and object pronouns in both affirmative and negative indirect commands precede the verb.

Que la escriba Marta.	*Have Marta write it.*
¡Que no se duerman ahora!	*Don't let them fall asleep now!*

PREPARACIÓN

A. **¡No lo queremos hacer!**   Since nobody in Marta's family likes to wash dishes, Marta's mother has decided to work out a daily schedule. When does she assign each family member dish duty?

MODELO   el lunes
Que Marta lave los platos el lunes.

l Marta	m Juan	m Ana y Juan	j papá	v Marta y papá	s Ana	d los abuelos

1. el martes	3. el jueves	5. el sábado
2. el miércoles	4. el viernes	6. el domingo

B. **Juanito, el perezoso.**   Juanito is so lazy! Whenever he is asked to help at home, he tries to get his twin sister, Juanita, to do it. Listen to what his older brother tells him to do, and write Juanito's response.

MODELO   Juanito, ¡arregla tu cuarto!

¡Que lo arregle Juanita!

C. **Consejos.**   When Rosario takes her younger cousins to an amusement park, what instructions does her uncle give her?

MODELO   no pelearse
¡Que no se peleen!

1. no subirse a aparatos peligrosos	4. no pararse en los quioscos
2. no meterse en problemas	5. no quejarse por tonterías
3. no caerse del carrusel	6. no portarse mal

D. **¡Así de rápido!**   Some students in San Diego, California, run a cleaning company called **Limpiatodo, S.A.** to earn money for the summer. What does the crew leader say as they set out to clean the Galicia residence in less than two hours?

MODELO   Francisco / lavar y secar la ropa
Que Francisco lave y seque la ropa.

1. Pilar y Eva / arreglar la terraza y cortar la hierba
2. Nelson / pasar la aspiradora y limpiar la cocina
3. Ana / sacar la basura y regar el jardín
4. Pablo e Inés / lavar las ventanas y planchar la ropa
5. María / barrer los pisos y sacudir los muebles
6. Lupe / hacer las camas y poner la mesa

Es muy común entre la clase media de América Latina y España tener empleados en la casa. Las familias más ricas pueden también tener chofer, jardinero y cocinera. Casi siempre hay una o dos personas que limpian la casa, hacen las compras, cocinan y lavan la ropa. Generalmente viven en la casa, y eso quiere decir que su trabajo puede ser de 14 o 15 horas al día. Como sus sueldos son muy bajos, los que pueden prefieren trabajar en oficinas o como obreros.

COMUNICACIÓN

A. ¡Qué enfermedad!   Imagine you are a parent with a sick child and a doctor tells you how to help speed up your child's recovery. The doctor is unconventional and sometimes gives strange advice. Act out the situation, using your own ideas as well as those listed.

> EJEMPLO tomar muchos líquidos   comer muchos dulces
> **Que tome muchos líquidos.** **Que coma muchos dulces.**
> **Muy bien, doctor.**   **¿Cómo? ¿Está usted loco?**

tomar su medicina	escuchar música rock	no asistir al colegio
meterse a la piscina	tomar sopa de pollo	no descansar
quedarse en la cama	dormir en el techo	no salir de casa
acostarse tarde	visitar a los bisabuelos	¿ . . . ?

B. Se necesita niñero(a).   Imagine that you are going to babysit for some children next door. What instructions do their parents give you before leaving?

> EJEMPLO   **Que se acuesten temprano.**

C. ¡Atención!   Imagine that your Spanish teacher is leaving a note to a substitute about what students in your class should or should not do. Write six sentences telling what she might say.

EJEMPLO

> Que Lucinda y Jorge lleguen a clase a tiempo.
> Que nadie se cambie de escritorio.

Repaso y extensión

As you know, **que** and **qué** have several meanings. **Que** can mean *that* or *who* (**el estéreo que quería**) or *Let...* or *Have...* (**Que Juan la traiga**). **Qué** with an accent can mean *What?* or *Which?* (**Qué buscabas?**) or *What!* or *How!* (**¡Qué pesado!**).

Give the English translation of this paragraph, which uses several meanings of **que** and **qué**.

¡Qué mañana! El autobús **que** íbamos a tomar al centro no vino. Esperamos y esperamos pero nunca llegó. "**¿Qué** hacemos?" le pregunté a mi hermanita, **que** empezaba a caminar. "Bueno", me contestó, "hace mucho tiempo **que** estamos aquí y no veo ningún autobús. Llamemos a papá. "No", le dije, "está ocupado y sé **que** no puede venir a buscarnos". "Entonces **que** venga mamá", dijo Alicia. "No, mejor tomemos un taxi", dije yo. "**¡Qué** buena idea!" dijo ella. El único problema era **que** entonces no nos iba a quedar suficiente dinero para las compras **que** queríamos hacer! **¡Qué** frustración!

EXPLORACIÓN 2

Function: *Trying to influence others*
Structure: *Present subjunctive after* **querer** *and verbs of influence*

PRESENTACIÓN

A. You know how to use direct and indirect commands to tell people what you want them to do. Another way of influencing what others do is to use an expression such as *I want you to....* In Spanish, this requires the use of the following formula.

> a form of the verb **querer** + **que** + verb in the subjunctive mood

Verbs in the subjunctive mood require a different set of endings. The endings you used to make indirect commands in **Exploración 1** are actually subjunctive forms. In fact, the **usted, ustedes,** and **nosotros** commands you have already learned are subjunctive forms.

Command: ¡**Escúchenme**!	*Listen to me!*
Indirect command: ¡Que me **escuchen**!	*Have them listen to me!*
Subjunctive: Quiero que me **escuchen**.	*I want them to listen to me.*

B. To form the present subjunctive, drop the final **-o** from the **yo** form of the verb and add this set of endings. The **-ar** verb endings are the same as the present tense **-er** and **-ir** endings, and vice versa.

	-ar verbs		**-er, -ir** verbs	
yo form minus o +	e	emos	a	amos
	es	éis	as	áis
	e	en	a	an

VERB	YO FORM MINUS -o	PRESENT SUBJUNCTIVE FORMS
mirar	mir̸o	mire, mires, mire, miremos, miréis, miren
vivir	viv̸o	viva, vivas, viva, vivamos, viváis, vivan
creer	cre̸o	crea, creas, crea, creamos, creáis, crean
oír	oig̸o	oiga, oigas, oiga, oigamos, oigáis, oigan

Note that in each of these sentences, one person is trying to get another either to do or not to do something.

No quiero que tú conduzcas.	*I don't want you to drive.*
Mamá, ¿quieres que yo ponga la mesa ahora?	*Mom, do you want me to set the table now?*
Mis padres no quieren que comamos en la sala.	*My parents don't want us to eat in the living room.*
¿Quiere que lo haga o no?	*Do you want me to do it or not?*

C. Other verbs of influence are also followed by the subjunctive. Some of these are **preferir (e → ie)**, **insistir (en)**, **aconsejar**, and **recomendar (e → ie)** (*to recommend*).

Insisto (en) que lo terminemos hoy.	*I insist that you finish it today.*
El señor Marín recomienda que ustedes lo llamen.	*Mr. Marín recommends that you call him.*
Te aconsejo que no te muevas.	*I advise you not to move.*

D. Here are some things others might ask you to do, as well as some they will ask you <u>not</u> to do.

decir groserías *to say bad words*	prestar (dinero) *to lend*
fumar *to smoke*	(*money*)
guardar tus cosas *to put away your things*	prestar atención *to pay attention*
pelear(se) *to fight (with someone)*	romper (con alguien) *to break (up with someone)*

PREPARACIÓN

A. Colores vivos.   Alicia wants to use lots of bright colors when she redecorates her room. What does she say she wants her room to have?

> MODELO   un librero anaranjado
> **Quiero que mi cuarto tenga un librero anaranjado.**

1. una alfombra verde
2. unas almohadas rosadas
3. una manta de color morado
4. dos lamparitas de color amarillo
5. un escritorio azul
6. dos mesitas de noche rojas

B. ¡Tiene varicela!   Víctor's younger brother Aldo has chicken pox. What does squeamish Víctor insist that Aldo not do?

> MODELO   entrar a mi cuarto
> **Insisto que no entres a mi cuarto.**

1. usar mis cosas
2. comer de mi plato
3. jugar en mi cuarto
4. dormir en mi cama
5. venir tan cerca de mí
6. tocarme durante un mes

C. Buenos padres.   Mr. and Mrs. Hernández try to give their children the best upbringing possible. What do they tell their children?

> MODELO   insistir en / no decir groserías
> **Insistimos en que no digan groserías.**

1. querer / no pelear
2. preferir / expresar sus opiniones libremente
3. insistir en / prestar atención cuando les hablamos
4. preferir / compartir sus problemas con nosotros
5. querer / pensar en una forma positiva
6. preferir / no fumar
7. insistir en / guardar sus propias cosas
8. querer / respetarnos

D. Ratón de biblioteca.   Elisa, the bookworm, becomes engrossed in a novel instead of cleaning her room as she was told. When her brother Luis and sister Dina walk by her room, they hear their mother scolding her. Luis puts his ear to the door and tells Dina what their mother says. What does he report?

> MODELO   La madre: Quiero que arregles tu cuarto ahora.
> Luis: **Quiere que arregle su cuarto ahora.**

E. ¡Vamos a mudarnos!   When the Delgados decide to move to San Juan, they ask some friends why they have made certain recommendations about housing. What do they ask?

> MODELO   el señor Rivera / esperar hasta enero
> **¿Por qué nos recomienda el señor Rivera que esperemos hasta enero?**

1. ustedes / alquilar un apartamento con ascensor
2. tú / conseguir una casa de estilo colonial
3. Andrés y Sonia / pedir una casa de ladrillo
4. la señora Rivera / no traer muchos muebles
5. usted / buscar un barrio tranquilo

Por lo general, en América Latina y en España, los edificios antiguos no se destruyen, sino que (*rather*) se conservan y renuevan. En el viejo San Juan, por ejemplo, muchos edificios se convierten en teatros, museos, restaurantes y... ¡casas! Sí, es verdad: una fortaleza (*fort*) del siglo XVI es hoy día la casa del gobernador de la isla de Puerto Rico.

F. Citas. Teresa and some friends of hers wrote to an advice column for pointers about dating matters. What does Teresa say **la Dra. Buenacita** advises each of them to do?

> MODELO   a mí / olvidar a los chicos por ahora
> **A mí me aconseja que olvide a los chicos por ahora.**

1. a Silvia / romper con Ernesto
2. a todas nosotras / salir con diferentes chicos
3. a mí / no pelearse tanto con Sergio
4. a ustedes / no ponerse tan celosos
5. a ti / no casarse todavía
6. a todos los jóvenes / leer su nuevo libro

COMUNICACIÓN

A. Primer apartamento. Use these categories to describe the kind of apartment you would prefer to have after graduation.

> EJEMPLO   **Prefiero que tenga dos dormitorios.**

1. el plano   2. los cuartos   3. los muebles   4. el barrio

B. ¡Qué caos! Look what your brother and his friend did to your room. What do you insist that they do to remedy the situation?

> EJEMPLO **¡Insisto en que limpien las paredes!**

C. ¡Año nuevo, vida nueva! Imagine you are beginning a new year. What do you recommend that your friends and family do differently?

> EJEMPLO **No recomiendo que mis padres se preocupen tanto.**
> **Le aconsejo a Julia que no le preste dinero a su novio.**

quiero	mi mejor amigo(a)	llamarme a menudo
prefiero	mi profesor(a)	salir conmigo
aconsejo	mis padres	invitarme a una fiesta
recomiendo	mis hermanos	prestarme dinero
insisto en	otros estudiantes	pelear(se)
	¿...?	decir groserías
		quejarse
		¿...?

Repaso y extensión

As you have just learned, the subjunctive is used after verbs like **querer** when the subject of the second verb is different from that of the first. If there is no change of subject, do as you have all along, and simply use the infinitive for the second verb. Change these sentences so that only the first subject is mentioned.

> MODELO Yo no quiero que Elena regrese pronto.
> **Yo no quiero regresar pronto tampoco.**

1. No quiero que Mauricio pase la aspiradora.
2. Ellos no insisten en que empieces la tarea.
3. No quiero que ustedes fumen.
4. La señora Amalia no insiste en que todos coman más postre.
5. No queremos que los niños rompan el espejo.
6. ¿No quieres que lleguemos tarde?

EXPLORACIÓN 3

Function: *Expressing doubt or uncertainty*
Structure: *Present subjunctive after* **dudar** *and* **no creer**

PRESENTACIÓN

You have already learned the forms of the present subjunctive and how to use them after verbs of influence like **querer**.

The present subjunctive is also used to express doubt or uncertainty. As before, the two parts of the sentence must be joined by **que** in order to use the subjunctive for the second verb.

A. **Dudar** (*to doubt*) is followed by the subjunctive because uncertainty is expressed.

Dudo que tenga suficiente dinero.
I doubt that I have enough money.

B. Negative expressions such as **No creo que** and **No estoy seguro que** are followed by the subjunctive. On the other hand, affirmative expressions such as **Creo que** and **Estoy seguro que** are followed by the indicative.

No creo que tus padres te **exijan** demasiado.	*I don't believe your parents demand too much of you.*
Creo que mis padres me **exigen** demasiado.	*I believe my parents demand too much of me.*
Estoy seguro que tienes razón.	*I'm sure you are right.*

PREPARACIÓN

A. ¡Qué desastre!   To see what his own football team is up against, Coach Goya watches a scrimmage between two nearby schools. What is he relieved to tell his team when he returns?

MODELO   practicar mucho
No creo que practiquen mucho.

1. poder correr rápido
2. tener talento
3. jugar bien
4. cambiar mucho
5. entender el deporte
6. ganar ni un partido

B. Mucha armonía.   Harmony certainly does reign between Mr. and Mrs. Riva. How does each of them agree with what the other says?

MODELO   No creo que yo **conduzca** tan mal. (conducir / muy bien)
Yo tampoco. Creo que conduces muy bien.

1. No creo que nosotros ===== muchos dulces. (comer / pocos dulces)
2. No creo que Rosario ===== una mentira. (decirnos / la verdad)
3. No creo que nuestros hijos ===== mal. (portarse / bastante bien)
4. No creo que tú y yo ===== mucho. (pelearse / muy poco)
5. No creo que los Sánchez ===== en San Diego. (vivir / en San Mateo)
6. No creo que yo ===== tan viejo. (verse / como un joven de 20 años)

CONTEXTO CULTURAL

En España hay hoteles de todo tipo para los turistas. Las ciudades grandes tienen hoteles que son rascacielos. Pero en otros sitios existen los paradores: antiguos castillos, palacios y monasterios convertidos en hoteles elegantes. El gobierno español fija (*sets*) los precios y mantiene una alta calidad. Los paradores reciben este nombre porque antes la gente "se paraba" en esos lugares a pasar la noche o a descansar antes de continuar el viaje.

C. **El Parador Nacional San Francisco.**   While on vacation in Spain, the Torres family spends a night in the Parador Nacional San Francisco in Granada. How does Mr. Torres answer his children's questions?

MODELO   ¿Quedan los cuartos cerca de una terraza? (estoy seguro)
Sí, estoy seguro que quedan cerca de una terraza.

¿Conoce mamá la ciudad? (dudo)
No, dudo que mamá conozca la ciudad.

1. ¿Sirve el restaurante comida típica? (estoy seguro)
2. ¿Cuesta mucho pasar la noche aquí? (dudo)
3. ¿De veras tiene el edificio 450 años? (estoy seguro)
4. ¿Vienen turistas de muchos países a quedarse aquí? (estoy seguro)
5. ¿Se quedaba aquí gente famosa en el pasado? (estoy seguro)
6. ¿Se encuentran hoteles como éste en los Estados Unidos? (dudo)
7. ¿Podemos comprar una casa así algún día? (dudo)

D. **¡Qué actitud!**   When her sister María starts to like Manuel, Lina, who is a pessimist, constantly casts doubt on the future of the relationship. Write her responses to each of María's hopeful remarks.

MODELO   Lina y María ven a Manuel y Casandra que hablan seriamente.
   MARÍA   Creo que rompe con Casandra.
   LINA   **Yo no. Yo dudo que rompa con Casandra.**

1. Manuel levanta los ojos y mira a María.
   MARÍA   Creo que me mira.
   LINA   ═══
2. El día siguiente alguien llama por teléfono.
   MARÍA   Creo que me llaman a mí.
   LINA   ═══
3. Es Manuel y quiere hablar con María.
   MARÍA   Creo que me quiere invitar a salir.
   LINA   ═══
4. Manuel llega a casa de María y trae un paquete.
   MARÍA   Creo que me trae un regalo.
   LINA   ═══
5. María regresa a la casa después de salir con Manuel.
   MARÍA   ¡Creo que me vuelve a llamar!
   LINA   ═══
6. El lunes María recibe una carta romántica de Manuel.
   MARÍA   Ay, hermana, creo que puedes ser más optimista ahora.
   LINA   ═══

E. La casa ideal. Two architects are hired to build a house for the Peña family. After one of the architects interviews the family, she reports her findings to her partner. Listen to the first architect's remarks, and indicate what the second architect says about the family's needs. Use **Creo que...** or **Dudo que...** in each response.

> MODELO   Escuchas: No les gustan las actividades al aire libre.
>   Lees: ·pedir un jardín con piscina
>   Respondes: **Dudo que pidan un jardín con piscina.**

1. necesitar un garaje
2. pedir un solo baño
3. gustar una casa de dos pisos
4. preferir un clóset en cada dormitorio
5. insistir en un jardín grande
6. preferir compartir dormitorios
7. querer un comedor grande
8. gustar una casa con muchas ventanas

COMUNICACIÓN

A. ¡Cómo viven! Imagine what beings on another planet might be like. Use the expressions given, or think of your own.

> EJEMPLO   **Creo que allá también todos conducen coches.**
>   **¡No creo que la gente de allá tenga sólo dos pies!**

llevar ropa
hablar un solo idioma
vivir en casas
dormir mucho
conducir coches
tener... dedos

tener dientes de ladrillo
tener contaminación
escuchar música rock
tener el pelo...
tomar nitrógeno líquido
¿...?

B. ¿Qué crees? Express your opinions on these topics, using **(no) creo que...**, **(no) estoy seguro que,** or **dudo que...** in your answers.

1. En general, ¿trabajan los estudiantes más que los profesores?
2. ¿Causa la televisión más violencia en los jóvenes?
3. ¿Siempre debe tener razón el cliente en una tienda?
4. ¿Deben todos los estudiantes aprender un idioma extranjero?
5. ¿Controlan las computadoras nuestra vida?
6. ¿Quieren casi todos los jóvenes vestirse con el mismo estilo?
7. ¿Comen los norteamericanos demasiadas hamburguesas?
8. ¿Deben los jóvenes de 16 años estar en casa antes de medianoche?
9. ¿Se pone la vida más fácil después de la escuela secundaria?

C. ¿Cómo te ven los demás?

Many people probably have opinions about you and the things you do. Tell the class what you think these people may think about you.

EJEMPLO   **Mi bisabuela cree que yo escucho la radio demasiado.**
Mi mejor amigo duda que yo pueda levantar más peso que él.

amigos, (bis)abuelos, hermanos, familiares, profesores, padres, ¿...?

D. Entre ustedes.

Tell a classmate what doubts you have about him or her, and find out if you are right or wrong.

EJEMPLO   jugar
Toni, dudo que tú juegues mucho boliche.
Tienes razón. No me gusta nada jugar boliche.

1. conocer
2. jugar
3. contar
4. vivir
5. tener
6. estudiar
7. comer
8. barrer
9. pelear
10. romper
11. salir
12. ¿...?

Repaso y extensión

You know how to use the subjunctive after verbs of influence and uncertainty following **que**. As you know, however, **que** in the middle of a sentence does not always cue the subjunctive. Complete this dialogue with verbs either in the present subjunctive or in the present indicative, based on whether the expression follows a verb of influence or uncertainty.

MARIO   Escucha el chiste que yo (acabar) __1__ de oír.

DORIS   No, no quiero que me (contar) __2__ otro de tus chistes tontos.

MARIO   Sé que no te (gustar) __3__ mis chistes, pero éste es muy bueno.

DORIS   Está bien, pero insisto que me lo (contar) __4__ rápido.

MARIO   Bueno, aquí lo tienes. "¿Qué le pasa a la rana que se (caer) __5__ al agua?... Nada". ¿Y? ¿Entiendes?

DORIS   Sí, y también entiendo que tú no (saber) __6__ ni un chiste bueno.

MARIO   Mira, ahí viene Pablo. A él siempre le gustan los chistes que yo le (contar) __7__. ¡Ven aquí, Pablo! Tengo un chiste que te (querer) __8__ contar.

DORIS   ¡No, Pablo, mejor sigue tu camino! ¡Dudo que el chiste te (hacer) __9__ reír y no te recomiendo que (perder) __10__ el tiempo!

EXPLORACIÓN 4

Function: *Talking about people and things already mentioned*
Structure: *Double object pronouns*

PRESENTACIÓN

A. You already know how to use direct and indirect object pronouns. In English and in Spanish, we often use both in one sentence: *Lend it to me*. In Spanish, the indirect object pronoun always comes before the direct object pronoun.

Direct Object Pronouns		Indirect Object Pronouns	
me	nos	me	nos
te	os	te	os
lo, la	los, las	le	les

Mis padres **me lo** dieron.   *My parents gave **it to me**.*
¿Quién **nos las** limpia?   *Who'll clean **them for us**?*
Mamá va a traér**melo**.   *Mom is going to bring **it to me**.*

B. The pronoun **lo** may also be used to refer to a previously expressed idea.

¿Quién te dijo **que la película   *Who told you **the movie wasn't
no fue buena**?   good**?*
Bárbara me **lo** dijo.   *Bárbara told me.*

C. When the indirect object pronoun **le** or **les** precedes the direct object pronoun **lo, la, los,** or **las**, the **le** or **les** becomes **se**. The pronouns **me, te,** and **nos** do not change.

$$\text{le, les} \rightarrow \text{se} + \text{lo, la, los, las}$$

Se lo dije a Roberto.   *I said it to Roberto.*
Se la mandaron a los Martínez.   *They sent it to the Martínez family.*

Because **se** can be ambiguous, you may need to add a prepositional phrase for clarification.

No **se lo** digas **a ella**.	*Don't tell it **to her**.*
Elena, arrégla**selo a ellos**.	*Elena, fix it **for them**.*
Nosotros **se lo** regalamos **a usted**.	*We're giving it **to you** as a gift.*

D. When a reflexive and another object pronoun are used in the same sentence, the reflexive pronoun always comes first.

Me gusta este abrigo.	*I like this coat.*
¿Por qué no **me lo** pongo?	*Why don't I put it on?*
Necesito lavarme las manos.	*I need to wash my hands.*
Me las voy a lavar ahora.	*I'm going to wash them now.*

E. Whether the pronouns precede or follow a verb, they must appear in this order: reflexive–indirect–direct.

1. Pronouns precede conjugated verbs, including indirect commands and all negative commands.

Juan **me lo** dijo.	*Juan told it to me.*
Que Juan **se la** venda.	*Have Juan sell it to him.*
No **me los** pidas.	*Don't ask me for them.*

2. Pronouns are always attached to affirmative commands and may also attach to the end of infinitives.

Quieren vendér**nosla**.	*They want to sell it to us.*
Tráe**melas**.	*Bring them to me.*

PREPARACIÓN

A. Platos del día. A restaurant manager wants to make sure the head waiter pays special attention to some very influential clients. What does the manager ask, and how does the waiter answer?

> MODELO   la bebida
> **¿Ya les serviste la bebida?**
> **Sí, ya se la serví.**

1. el jamón con melón	**4.** la ensalada	**7.** el café
2. los camarones	**5.** las verduras	**8.** las frutas con queso
3. la sopa	**6.** la carne	**9.** el flan

B. Graduación. When Esteban and his brother Fermín leave home and go their separate ways, they divide up the belongings in the room they share. How does their conversation go?

> MODELO la alfombra (sí)   el escritorio (no)
> **¿Quieres la alfombra?**   **¿Quieres el escritorio?**
> **Sí, dámela.**   **No, llévatelo tú.**

1. las cortinas (no)   3. el espejo (sí)   5. las lámparas (no)
2. la mesita (sí)   4. los carteles (no) 6. la cómoda (sí)

C. ¡Lo quieren todo! Mónica and Jaime always want their parents to buy them everything they see. How do their parents answer?

> MODELO ¿Nos compran estos juegos electrónicos?
> **Sí, se los compramos algún día, pero hoy no.**

1. ¿Nos compran este estéreo?   5. ¿Me compran estas cortinas?
2. ¿Nos compran esta computadora?   6. ¿Nos compran estos muebles?
3. ¿Me compran estos zapatos?   7. ¿Me compran esta cámara?
4. ¿Nos compran estas lámparas?   8. ¿Nos compran este sofá?

D. Dar y recibir. Until his last birthday, Eduardo's great-grandmother was very generous with him, even though he was not thoughtful in return. Write what each of them most likely did in relation to the other.

> MODELO ¿Quién le dio dinero a quién para ir al teatro?
> **Ella se lo dio a él.**

1. ¿Quién le sirvió a quién su comida favorita?
2. ¿Quién no le dio las gracias a quién?
3. ¿Quién le pidió dinero a quién para ir de compras?
4. ¿Quién le regaló a quién sus libros favoritos?
5. ¿Quién nunca le pagó a quién su dinero?
6. ¿Quién no le ofreció más regalos a quién?

En los países hispanos, sólo los amigos y familiares van a la casa de uno. Cuando alguien tiene que hablar de negocios o de su trabajo con otra persona, casi nunca lo hace en casa. Las personas se citan (*make an appointment*) en un lugar más público, como un restaurante o un café, para conversar y trabajar.

E. ¡Qué indeciso! When Joaquín breaks his leg, he cannot decide what will make him feel better. No matter what he asks members of his family to do, he changes his mind. What does he say?

MODELO   Ábreme la ventana.
            No, mejor no me la abras.

1. Préndeme la luz.
2. Léeme las historietas.
3. Ciérrame la puerta.
4. Ponme este disco.
5. Tráeme helado.
6. Arréglame la manta.
7. Pásame ese libro.
8. Préndeme el televisor.

F. Higiene. Poor Paco! His parents still treat him like a child, asking him if he has done everything he is supposed to before going to bed. What are his answers?

MODELO

¿Te lavaste la cara?
No, no me la lavé todavía.

¿Te secaste el pelo?
Sí, me lo sequé.

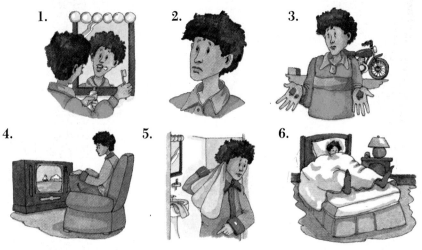

G. ¡Qué buen precio! Juana, Yolanda, and Edita went shopping at El Palacio de Hierro, a department store in Mexico City. When they came home, they showed their purchases to Juana's mother. How did the girls answer her questions?

MODELO   ¿Quién se compró esta blusa tan cara? (Yolanda)
Yolanda se la compró.

1. ¿Quién se compró esta chaqueta tan bonita? (Edita)
2. ¿Te la probaste, Edita? (sí)
3. ¿Quién se compró estos zapatos tan grandes? (Yolanda)
4. ¿Te los pusiste antes de comprarlos, Yolanda? (no)
5. ¿Se compraron estos pantalones tan caros Yolanda y tú? (sí)
6. ¿Quién se compró este suéter tan bonito? (Edita)
7. ¿Dónde te lo compraste, Edita? (en El Palacio de Hierro)
8. ¿Quién me compró este traje de baño tan pequeño? (Juana)
9. No lo puedo usar yo. ¿Quién se lo quiere llevar? (yo)
10. Ahora, alguien me dijo que quería comer. ¿Quién me lo dijo? (todas)

COMUNICACIÓN

A. Costumbres.   When do you do or not do the following things?

> EJEMPLO lavarte las manos
> **Me las lavo antes de comer.**
> no pedirles dinero a tus padres
> **No se lo pido cuando están enojados conmigo.**

1. lavarte las manos
2. secarle y plancharle la ropa a tu familia
3. hacerles a tus padres preguntas complicadas
4. arreglarle el garaje a tu padre
5. darles dinero a tus hermanos o amigos
6. no quitarte los zapatos
7. limpiarle el horno a tu mamá
8. mostrarles tus exámenes a tus padres

B. ¿Quién te los hizo?   Imagine you were sick in bed for one week and your whole family took care of you. Who did what favors for you? Use the suggestions given, or come up with your own ideas.

> EJEMPLO traerte el periódico
> **¿Quién te trajo el periódico?**
> **Mi papá me lo trajo.**

1. traerte el periódico
2. traerte las comidas
3. prepararte el desayuno
4. arreglarte el cuarto
5. lavarte la cara
6. contestarte el teléfono
7. buscarte la tarea
8. hacerte la cama
9. ponerte los discos
10. prenderte el televisor
11. darte la medicina
12. ¿...?

C. Ruegos. Every day, friends and family members tell each other to do various things. What would you say in the following situations? Choose verbs from the list for your answers, or think of your own.

EJEMPLO   Tu hermana usa unos pantalones que quieres ponerte tú.
Dámelos, por favor. (Quítatelos.)

preguntar, quitar, preparar, repetir, contar, comprar, poner, probar, dar, pedir, regalar, llevar, cambiar, prestar, tomar, mostrar, ¿...?

1. No te gustan los zapatos que lleva tu hermano.
2. Quieres jugar con el juego que acaba de recibir un amigo tuyo.
3. Tu hermana sugiere que le regales tu viejo tren eléctrico a un niño que vive cerca.
4. Quieres que tu papá se ponga el sombrero que le compraste.
5. Tu hermana tiene tu guante de béisbol, y tú lo quieres.
6. Tú y tus hermanos quieren que sus padres les compren el nuevo estéreo que ven en un catálogo.
7. Todos tus amigos hablan del chiste fantástico que acaba de contar el profesor de español. Tú quieres escucharlo también.
8. Una amiga tuya no sabe qué hacer cuando tu perro quiere comer la comida de ella. Tu amiga te pide consejos.
9. No tienes dinero para ir a un concierto de rock con tu hermana, pero tu hermana tiene mucho dinero.

Repaso y extensión

The word **se** has many uses in Spanish. You know that as a reflexive pronoun **se** means *himself, yourself,* or *themselves:* **Se levantan por la mañana.** In impersonal statements **se** can mean *you, they, people,* or *one:* **Se dice que esa casa es magnífica.** Now you know that **se** replaces the indirect object pronouns **le** and **les** before direct object pronouns beginning with **l** (**la, las,** and **los**). In this case, **se** means *to* or *for him, her, you* (singular and plural), or *them.* Read this paragraph, and identify the various uses of **se** (reflexive, impersonal, indirect object).

Dos arquitectos que se[1] llaman Andrés y Arturo piensan construirle una nueva casa a su amigo Chico. Se[2] imaginan una casita de dos pisos con una terraza donde Chico pueda sentarse[3] al sol y una piscina porque le gusta mucho bañarse[4]. No se[5] necesita construirle garaje porque no tiene carro. ¿Y los muebles? Se[6] los pueden comprar más tarde. ¿Y cuándo piensan darle esta casita? Pues, van a dársela[7] mañana. Es su cumpleaños, y los perros también necesitan regalos, ¿verdad?

LECTURA

¡En esa casa hay fantasmas!

Cuando la familia Solís se mudó a la casa abandonada, nadie se imaginó lo que iba a pasar. Es verdad que antes de comprarla, sus nuevos vecinos les dijeron que en esa casa había fantasmas. Les contaron que hace veinte años el hombre viejo que vivía en la casa desapareció misteriosamente. Según se dice, el hombre era rico y tenía una fortuna en diamantes. Nunca se averiguó qué le pasó al hombre ni a los diamantes. Después de su desaparición quedó la casa cerrada hasta ahora que se instalaron los Solís.

Todo comenzó la primera noche cuando ya estaban en la cama. Oían muchos ruiditos raros por las paredes huecas y de repente se oyó un golpe tremendo en la sala. Todos se despertaron y Julio y Luisa corrieron al dormitorio de sus padres.

—¿Qué fue eso? ¡No aguantamos más ruidos raros! —dijeron.

Sus padres los miraron sin saber qué responder. Por fin, el señor Solís dijo:

—Probablemente no es nada malo, pero voy abajo a la sala a investigar.

—No quiero que bajes solo —dijo su esposa.

—¿Por qué no llamamos a la policía? —dijo Luisa.

—Dudo mucho que la policía venga sólo porque oímos un ruido —respondió el señor Solís.

Entonces oyeron que algo o alguien bajaba por la escalera al sótano.

—Espero que ahora sí llames a la policía —dijo la señora Solís. Él llamó, y veinte minutos después llegaron el inspector y otro policía.

—¿Cuál es el problema? —preguntó el inspector.

—Creemos que hay alguien en el sótano —contestó la señora Solís.

—Pues a ver lo que pasa en su sótano —dijo el inspector.

Después de prender la luz, bajó lentamente por la escalera. Los demás lo esperaban nerviosos en la sala. Después de unos minutos oyeron la voz del inspector:

—¡Vengan aquí rápido!

Todos bajaron.

—Había aquí un animal que salió corriendo —dijo el inspector—. Creo que era un mapache y parece que dejó este hueco.

Luego el inspector metió la mano en el hueco y sacó algo que brillaba, algo que parecía un diamante.

—Entonces la historia de los diamantes era cierta —dijo Luisa.

—¿Qué historia? —preguntó el inspector—. Vamos, cuéntenmela.

Pero nadie pudo contársela: se quedaron ahí en silencio, con la boca abierta, mirando el diamante…

Expansión de vocabulario

abierto open	**el golpe** bang, blow
aguantar to be able to stand *or* bear	**la historia** story
	hueco (adj.) hollow
averiguar to find out	**el hueco** hole
brillar to shine	**instalarse** to move in
cerrado closed	**el mapache** raccoon
cierto true	**mirando** looking at
los demás the others	**rico** rich
la desaparición disappearance	**salir corriendo** to run out
el diamante diamond	**el sótano** basement
la esposa wife	**el vecino** neighbor

Comprensión

Answer these questions about ¡**En esa casa hay fantasmas!**

1. ¿Qué les contaron los vecinos a los Solís cuando se mudaron a su nueva casa?
2. ¿De quién era la casa hace veinte años?
3. ¿Qué pasó con ese hombre?
4. ¿Qué tenía el hombre según la historia?
5. ¿Qué hicieron Julio y Luisa cuando oyeron el golpe?
6. ¿Adónde fue el inspector cuando llegó?
7. ¿Cómo se sentía la familia mientras el inspector estaba en el sótano?
8. ¿Qué es lo que encontró el inspector?
9. ¿Alguien le contó la historia de los diamantes al inspector? ¿Por qué (no)?

COMUNICACIÓN

A. ¡Eres autor(a)! Imagine you are the author of ¡**En esa casa hay fantasmas!** Write an ending to the story that ties up the loose ends.

B. ¡Nunca hay suficiente tiempo! Make a list of everything you do to help out at home, and indicate how many minutes you spend at each task every week. Compare your list with your classmates' lists. Who does the most and least work? What chores do you all do? What kinds of chores do none of you have to do?

> EJEMPLO **Paso la aspiradora en mi dormitorio. (15 minutos)**

C. Fantasmas escondidos. This might seem like a normal house at first, but you will quickly notice some rather shy and unusual inhabitants! Find all 10 of them, and tell the class where they are.

> EJEMPLO **En la sala hay un fantasma detrás del sofá.**

PRONUNCIACIÓN

At the beginning of a word and after the letters **l** and **n**, the letter **d** sounds much like the English *d* in the word *day*. The tip of the tongue should be slightly flatter, however.

> desempleo   diamante   dulce   ¿Dónde?   Valdés

When the **d** is between two vowels or after consonants other than **l** and **n**, it is pronounced much like the *th* in the English word *these*.

> mercado   desde   todo   ese deporte   ¡Qué divertido!

Now listen, and pronounce these sentences.

Doña Dorado todavía tenía sueño cuando Edita le dio el desayuno. Decidió no comer nada. Se bañó y después descansó en su dormitorio desde la mañana hasta la tarde. ¡Qué dama más consentida!

INTEGRACIÓN

Find out how much you know as you do these activities. If you have trouble with any of them, study the topic and practice the activities again, or ask your teacher for help.

Vamos a escuchar

A. Mudanza. When the Rubios move into their new house, Mrs. Rubio tells the movers where to put everything. Copy this floor plan on paper, listen to Mrs. Rubio's instructions, and place the items where the movers would. Record the names of the items where appropriate.

> MODELO   SRA. RUBIO   Prefiero que me pongan las bicicletas en el garaje contra la pared de la izquierda. Allí no molestan a nadie por el momento.

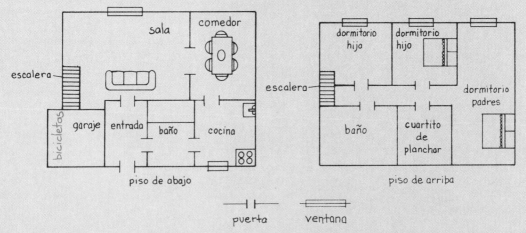

B. ¡Qué vida! Listen to Mrs. Montes describe her family, then tell whether or not you believe that the following phrases apply to her. Use **Dudo que** or **Creo que** to begin each answer.

> MODELO   vivir en un apartamento pequeño
> **Dudo que viva en un apartamento pequeño.**

1. necesitar más dinero
2. tener muchos amigos
3. conocer varios países
4. querer cambiar su estilo de vivir
5. querer buscar otro trabajo
6. preocuparse por los demás

Vamos a leer

techo de tejas

rejas

piso de baldosa

muro de cemento

A. ¡Qué diferentes estas casas!   After studying English for a month in Boise, Idaho, Rafael Torres writes this letter to his father. Read it and tell whether the items listed after the letter are more typical of homes in the United States, (**casas norteamericanas**), homes in Latin America (**casas hispanas**), or neither (**ninguna de las dos**).

Querido papá,

   ¡Tenías razón! ¡Tú me lo dijiste! Las casas norteamericanas son muy diferentes de las nuestras. Aquí hacen las paredes de madera por dentro y nosotros las hacemos de cemento. Dudo que las casas de aquí duren tantos años como las nuestras o que aguanten los temblores de nuestros países. ¡Y las paredes interiores son huecas! Es difícil concentrarse cuando uno quiere estudiar o estar solo porque se oye todo de un cuarto a otro. Pero me imagino que uno se acostumbra a cualquier cosa, ¿no? La típica casa norteamericana es de un piso con alfombra de pared a pared, lo que es raro cuando uno está acostumbrado como yo a pisos de baldosa o madera.

   Afuera, los jardines son más abiertos y grandes, y mucha gente tiene piscina. No están rodeados de altos muros de cemento que protegen las propiedades contra los robos. Y sólo raras veces se ven rejas sobre las ventanas y puertas. Dicen mis amigos de Boise que las rejas convierten las casas en prisiones. ¡En fin, los norteamericanos parecen menos pre-ocupados por los ladrones que nosotros!

   Papá, extraño dos cosas inmensamente: nuestros techos de tejas tan bonitos y las terrazas extensas y decorativas que construimos en el jardín. Y cuando regrese a Lima voy a extrañar una cosa en particular que tienen las casas de aquí: el "family room", como le dicen. En este cuarto se encuentra el televisor y uno no tiene que preocuparse de que todo esté limpio y en su lugar. ¿No te parece una buena idea? Bueno, papá, me despido. Contéstame esta carta pronto. ¡Salúdamelos a todos!

Un fuerte abrazo de tu hijo,
Rafael

1. jardines con altos muros
2. paredes sólidas
3. techos de tejas
4. alfombras de pared a pared
5. casas sin comedor
6. "salas familiares"
7. pisos de baldosa
8. paredes huecas
9. rejas
10. terrazas grandes
11. jardines con piscina
12. pisos de metal

Vamos a escribir

A. ¡Socorro! Imagine it is your first semester in a college dorm. You thought your life there would be a breeze, but you are tired of doing all the cleaning yourself and decide to go on strike. Write what you tell your friends who are shocked at the sorry state of your place.

EJEMPLO   ¿Y el piso de la cocina? ¿Qué pasó?
No sé y no me importa. Que lo barra Eugenio(a).

1. ¡Los muebles están tan sucios que casi no se ve la madera!
2. ¿Y tus camisas? ¡Parece que las usas como piyama!
3. Si no les pones agua a las plantas, se mueren.
4. Me da asco sentarme en esta alfombra. ¡Está llena de tierra!
5. Uy, huele a basura. ¡Qué olor tan fuerte!
6. ¿Por qué dejan ustedes ropa sucia por todas partes?

B. ¿Qué opinas? Are you a person of strong opinions and great influence? Answer these questions, and let your points of view be known.

1. ¿Insistes en que no fumen los demás en tu presencia?
2. ¿Crees que los amigos siempre se deben respetar?
3. ¿Dudas que tus familiares te conozcan de verdad?
4. ¿Prefieres que tus amigos no digan groserías?
5. ¿Qué clase de casa le recomiendas a tu familia que compre un día?
6. ¿Qué quieres que tus amigos y tú hagan este fin de semana?
7. ¿Qué les aconsejas a los novios que hagan si se pelean mucho?
8. ¿Dudas que tus padres te presten dinero este fin de semana?
9. ¿Qué prefieres que tu familia te compre para el dormitorio?
10. ¿Qué insistes en que no hagan tus profesores?

C. Que lo haga todo Luis.   Rosa was put in charge of the household until her parents returned from work today. Somehow she delegated all the work to poor Luis. Tell what she said, using two object pronouns in each answer. Use verbs such as the ones listed.

prestar   buscar   dar   pagar   comprar   cuidar   traer

EJEMPLO   LUIS   Ya se despertó la bebé. Tienes que cuidarla.
ROSA   Ay, Luis, tengo que estudiar. **Cuídamela tú**, ¿sí?

1. LUIS   Rosa, llegó el correo.
   ROSA   ══════, por favor.
2. LUIS   Llora la bebita. ¿No le diste la leche?
   ROSA   No. Ay, Luis, ══════, por favor.
3. LUIS   Está aquí el muchacho con el periódico. Quiere el dinero.
   ROSA   Luis, ══════, por favor. Estoy ocupada.
4. LUIS   La mamá de Margarita necesita un poco de azúcar.
   ROSA   Luis, estoy muy cansada. ══════, por favor.
5. LUIS   ¿Ya le compraste a mamá las verduras para la cena?
   ROSA   Ay, me olvidé de hacerlo. ══════, por favor.

Vamos a hablar

Work with a partner, and create short dialogues based on the following situations. Whenever appropriate, switch roles and practice another part of your dialogue.

Situaciones

A. ¡Que lo hagas tú!   Your parents have put you in charge while they are away. You cannot believe the mess your brother and sister are making, but when you try to get them to clean up, they are quick to suggest someone else to do it.

B. ¿Robots domésticos?   After reading an article about what households will be like in the year 2525, you tell a friend about it. Your friend does not believe anything you say.

C. Un corazón de oro.   You and a friend discuss the ideal spouse and the house you would like to live in one day. One of you wants the best house possible and a spouse who earns good money, while the other wants only a modest abode and a spouse with a heart of gold.

VOCABULARIO

NOUNS RELATING TO THE HOME

la alfombra rug
la almohada pillow
el ascensor elevator
el baño bathroom
el barrio neighborhood
la cama bed
el cemento cement
el clóset closet
la cocina kitchen
el comedor dining room
la cómoda chest of drawers
la cortina curtain
el dormitorio bedroom
la escalera stairs
el escritorio desk
el espejo mirror
la estufa stove
el fregadero (kitchen) sink
la fuente fountain
el gabinete cupboard, cabinet
el garaje garage
el hogar home
el horno oven
el ladrillo brick
la lámpara lamp
el lavaplatos dishwasher
el librero bookshelf
la madera wood
la manta blanket
la mecedora rocking chair
la mesa table
la mesita de café coffee table
la mesita de noche night table
el mueble piece of furniture
la pared wall
el patio patio, yard

el plano floor plan
la planta plant
la puerta door
el refrigerador refrigerator
la sala living room
la silla chair
el sillón armchair
el sofá sofa
el sótano basement
el techo roof
la terraza terrace
el vecino, la vecina neighbor
la ventana window

OTHER NOUNS

los bisabuelos great-grandparents
el diamante diamond
la esposa wife
el esposo husband
el estilo style
el golpe bump, blow
la historia story
el hueco hole
el nombre name

VERBS AND VERB PHRASES

aguantar to be able to stand, to bear
averiguar to find out
barrer el piso to sweep the floor
brillar to shine
cortar la hierba to cut the grass
decir groserías to say bad words
dudar to doubt
fumar to smoke

guardar las cosas to put away one's things
pasar la aspiradora to vacuum
pelear(se) to fight
planchar to iron
poner la mesa to set the table
prender to turn on, to light
prestar to lend
prestar atención to pay attention
recomendar (e →ie) to recommend
regar (e →ie) el jardín to water the garden (yard)
romper (con alguien) to break (up with someone)
sacar la basura to take out the garbage
sacudir los muebles to dust the furniture
salir corriendo to run away
secar to dry

ADJECTIVES

afortunado fortunate
exterior exterior
hueco hollow
interior interior
rico rich

ADVERBS

abajo down, downstairs
adentro inside
afuera outside
arriba up, upstairs

OTHER EXPRESSIONS

los demás the others, the rest of them
lleno de full of

GACETA

Nº 2

ESPECTÁCULOS Y
DEPORTES

Recordando información

A. La idea general. In one sentence, tell what you expect this reading to be about. Use titles, illustrations, and headlines to your advantage.

Se llama Jorge Birkner. Tiene 22 años y es seis veces campeón nacional de esquí.

El dueño de la nieve

Allá por los seis años de vida, el argentino Jorge "Georgie" Birkner tomó contacto con los esquíes por primera vez. Una relación que sería determinante para su futuro.

—¿Cómo fueron los inicios de tu carrera?

—Tomaba cursos en el Club Andino de Bariloche, y en los años '72 y '73 empecé a ganar algunas carreras. Eso aumentó enormemente mis ganas de competir y entrenarme. Con el correr de los años formé parte de distintos equipos, hasta que en 1978 pasé a formar parte de la selección nacional. A partir de ahí y hasta 1981 permanecí en el equipo nacional de esquí.

—¿En qué años fuiste campeón nacional?

—Desde 1981 hasta 1986, consecutivamente.

—¿Cómo se entiende que hayas dejado el equipo nacional justo cuando te consagrabas campeón?

—Sucede que en 1981 se disuelve el equipo por falta de dinero. Claro que hasta entonces era financiado por nosotros mismos. A partir de allí se determina que antes de cada carrera se crearía una selección nacional. Desde entonces he participado en todas las selecciones nacionales, tanto en el país como en campeonatos mundiales, olimpíadas y más.

—*Mucho se habla con respecto a las velocidades que se desarrollan actualmente en las especialidades de slalom, gigante, supergigante y descenso. ¿En qué orden andan esas velocidades?*

—Mira, en slalom se anda a un promedio de 25 a 30 kilómetros por hora; en gigante de 60 a 70; en supergigante de 80 a 90 y en descenso se oscila entre los 110 y los 115 kilómetros por hora. Todo depende de la pista, la inclinación y esas cosas.

—*El aspecto comercial del esquí va muy bien, pero el aspecto deportivo sufre. ¿Se debe esto a la irregularidad de las nevadas?*

—No, el problema radica en la mentalidad de los que dirigen esta actividad. No hay una selección viajando por el mundo constantemente. No hay un entrenamiento serio y profesional. Entonces la posibilidad de obtener buenos resultados es mínima. Si esto se confrontara de una forma más amplia y moderna, la gente de otros países se enteraría a través del deporte—del esquí específicamente—que existe la posibilidad de esquiar en la Argentina en el período en que no se puede hacer ni en Europa ni en los Estados Unidos.

B. En contexto. Find the following Spanish words and expressions in the article **El dueño de la nieve,** and select their English meaning from the choices given.

→ **Reading tip:** Use the context of the article, along with your background knowledge about skiing and sports, to guess the meaning of unknown words.

1. campeonatos mundiales
   a. world champions
   b. worldly athletes
   c. world championships

2. entrenamiento
   a. tryout
   b. rehearsal
   c. training

3. ganar algunas carreras
   a. to choose some careers
   b. to win some races
   c. to win an argument

4. pista
   a. track
   b. airstrip
   c. prize

5. selección nacional
   a. national election
   b. choice of the nation
   c. national all-star team

6. el dueño de la nieve
   a. falling of the snow
   b. melting of the snow
   c. master of the snow

C. Supongamos... Read the following statements, and use **verdadero** or **falso** to indicate whether they are true or false. Rewrite the false statements to make them true.

1. Jorge Birkner tomó cursos de esquí en Vail, Colorado.
2. Hasta 1981 los esquiadores argentinos financiaron su propio equipo nacional de esquí.
3. En 1981 Jorge no participó en la selección nacional porque el equipo se disolvió.
4. Birkner fue campeón nacional en 1981 y en 1986 solamente.
5. En el slalom se desarrolla más velocidad que en descenso.
6. No hay un entrenamiento serio y profesional para la selección nacional de esquí de Argentina.

D. ¿Quién es este joven esquiador? Read the following questions about **El dueño de la nieve**. Then read the selection carefully, and answer all the questions you can from memory before going back to the text. Finally, go back and scan for the answers you missed.

1. ¿Cuándo aprendió a esquiar Jorge?
2. ¿Cuándo ganó Jorge sus primeras carreras?
3. ¿A qué velocidad va uno en el slalom? ¿Y en el gigante?
4. ¿Qué problemas tenía el equipo en 1981?
5. ¿Qué pueden hacer los argentinos en el verano que no se puede hacer ni en los Estados Unidos ni en Europa?

Recepción real

Some Spanish and Latin American magazines monitor the social activities of "the rich, the royal, and the famous." Can you think of any such magazines in the United States? Here is an article on a "society" event in Spain.

A. Fotos que valen mil palabras. Read the title and look at the pictures in the article **El rey se sorprendió con el atuendo de Alaska**. Then select the correct answer to the following questions. Scan the article for information about Alaska if you are not sure of the answer.

1. What does the word *Alaska* refer to?
   a. the state of Alaska
   b. the woman in the colorful outfit
   c. the King of Spain
2. To what does the word **atuendo** in **el atuendo de Alaska** refer?
   a. lack of manners
   b. unique nature
   c. colorful outfit
3. What photograph is best described by the article's title?
   a. the Queen of Spain and her daughter
   b. Alaska
   c. Alaska greeting the king

A la derecha, su majestad la reina de España, doña Sofía, con la infanta Cristina

---

El rey se sorprendió con el atuendo de Alaska.

Más de 300 representantes del mundo del espectáculo, el arte y la política acudieron a la recepción anual ofrecida por los reyes de España, don Juan Carlos y doña Sofía, en los salones del Palacio Real. En esta ocasión, los reyes estuvieron acompañados por la infanta Cristina.

La festividad de San Juan ha sido tradicionalmente la fecha seleccionada por la Casa Real para celebrar la recepción anual a artistas y políticos. Sin embargo, las obligaciones de los monarcas impidieron que, este año, se celebrara la recepción ese día. El acto fue finalmente convocado para la última semana de octubre. El Palacio de Oriente fue el lugar elegido.

La antesala de Gasparini, flanqueada por cuatro retratos de Goya, fue el lugar seleccionado para la recepción real. Los reyes, acompañados por la infanta Cristina, recibieron a políticos y artistas en esta sala para pasar, más tarde, al comedor del palacio donde conversaron por espacio de dos horas con sus invitados.

En la recepción el negro se consolidó un año más como color de moda, sobre todo en los trajes de coctel. Prácticamente todas las asistentes llevaban alguna prenda de este color, incluso las anfitrionas. La reina doña Sofía acudió vestida con una falda de Valentino bordada en lentejuelas en blanco y negro.

Contraviniendo todas las expectativas, Alaska, la hasta ahora "mujer de negro" de las fiestas madrileñas, acudió vestida de azul. La llamativa "toilette" de Alaska provocó una exclamación de asombro por parte del rey en el momento en que aquélla le tendió la mano para saludarlo.

B. La nobleza y la alta sociedad. In classic society-column style, the author of **El rey se sorprendió con el atuendo de Alaska** provides us with dates, a description of the setting, the list of guests in attendance, their clothing—all in elegant language. Make three columns on a piece of paper with the following headings: **Lugar y decoración, Moda, Personas**. List each of the items below under the appropriate heading.

→ **Reading tip:** Use context to help you figure out new words.

la infanta Cristina	lentejuelas	negro
anfitrionas	prenda	trajes de coctel
Palacio de Oriente	artistas	políticos
llamativa "toilette"	falda de Valentino	retratos de Goya
antesala de Gasparini	Alaska	doña Sofía

Alaska, a su llegada al palacio

El rey da la bienvenida a Alaska.

C. ¡Extraordinario! Certain phrases signal the unexpected in a text. Two such phrases in the preceding article are **contraviniendo todas las expectativas** and **sin embargo**. What two unusual events do these phrases signal? Summarize each answer in your own words in English, writing them on a piece of paper.

Bestias de Carga

A. El Nuevo Mundo. Skim the article **Excursión con los camélidos del Nuevo Mundo**. Then write brief answers to the following questions on a piece of paper.

1. What animal does **los camélidos del Nuevo Mundo** refer to?
2. What two parts of the New World is the author comparing?
3. What are some of the uses that have been made of these animals?
4. What three periods of history does the article discuss?

Aunque las llamas han sido parte esencial de la vida tradicional de los Andes, su uso en esa región va decayendo. En contraste, estos camélidos han tenido muy buena acogida, recientemente, en el oeste de los Estados Unidos, donde su popularidad como animales de carga va en aumento.

Excursión con los camélidos del Nuevo Mundo

Según los indicios arqueológicos, las llamas fueron domesticadas por los pueblos preincaicos hacia el año 4000 a. de C. La llama era de suma importancia para estas culturas, igual que lo fue posteriormente para el imperio inca. Para los pueblos andinos, la llama era bestia de carga, víctima para los sacrificios religiosos y fuente de carne, lana y cuero.

Entre los incas, la cantidad de llamas era el índice principal de la riqueza del estado, la iglesia y el individuo. Después de la conquista de los españoles, las llamas tampoco perdieron su importancia. Durante la época colonial solamente, para transportar los metales de las minas remotas, se usaron 350.000 llamas.

Aunque en América Latina el uso de las llamas como bestias de carga está desapareciendo, en las montañas del oeste de los Estados Unidos está haciéndose más corriente. Los norteamericanos se están dando cuenta de que la llama es la compañera ideal de los senderos. Las llamas transportan víveres y provisiones por los caminos más empinados. Así los excursionistas, libres de carga, disfrutan más de su paseo. En la actualidad, hay media docena de llameros profesionales que organizan viajes con llamas por todo el oeste de los Estados Unidos, desde excursiones con guía y comidas preparadas de antemano que incluyen vino frío y langosta, hasta excursiones más sencillas, sin guía, para las cuales sólo alquilan las llamas.

Debido a esto, criar llamas se ha vuelto un gran negocio en los Estados Unidos. Por ser mansas, baratas de mantener y adaptables a cualquier tipo de clima y forraje, las llamas resultan buenas bestias de carga, superiores al caballo. La cría de hembras en particular es una excelente inversión, pues las hembras jóvenes se venden a precios que van de $6.000 a $10.000 dólares cada una.

Reprinted from *Américas*, bimonthly magazine published by the General Secretariat of the Organization of American States in English and Spanish.

B. Escribiendo sobre las llamas.   Go back to the article and read only the title and introductory paragraph carefully. Of the statements below, which do you think presents the author's main purpose in writing this article?

1. to inform readers about how beasts of burden were used by Spanish conquistadores
2. to describe to readers how to turn the raising of llamas into a profit-making venture
3. to entertain readers with a story about the animal that has become the new and ideal camping companion
4. to compare the role of llamas in the United States and in the Andes

C. Llaman la llama llama, que llama es como se llama.*   The article contains three subtopics. Select them from the list below, briefly jotting down information from the article that supports your three choices.

1. traditional Incan life
2. the conquest of the Incan empire
3. the facts about the llama in Incan and colonial life
4. the role of the llama in the United States
5. the physical characteristics of the llama
6. beasts of burden as an endangered species

→

Reading tip: Jot down key words and three-to-four - word phrases from the reading when looking for subtopics.

*This is a traditional tongue twister. See if you can figure out what it means.

Erdna Burke, *Dark Blue Roofscape*, 1986. Earthenware. H. Collection. Betty Asher. Photos Courtesy Garth Clark Gallery.

El Greco, *The Burial of Count Orgaz* (detail).
Church of Santo Tomé, Madrid.

Vivir es un arte

In this chapter, you will talk about art. You will also learn about the following functions and structures.

Functions

- showing emotions or making requests

- referring to general qualities

- letting others know what you think

- expressing motive and purpose

Structures

irregular verbs in the subjunctive

the neuter article **lo** with an adjective

stem-changing verbs in the subjunctive

por and **para**

1NTRODUCCIÓN

EN CONTEXTO

Hay arte y ¡ay! arte

Pablo Picasso, *Painter and Model*, 1928, Oil on canvas, 51–⅛ 64¼″.
The Sidney and Harriet Janis Collection. Gift to the Museum of Modern
Art, New York.

La clase de arte de Luis, María y David está en un museo de arte moderno.
Ahora <u>tratan de</u> analizar el <u>cuadro</u> *Pintor y modelo* de Pablo Picasso. El
profesor les dice que averigüen por qué la <u>pintura</u> se llama así.

		they're trying to/ painting
		painting
DAVID	¡Qué <u>hermoso</u> el cuadro! ¿Qué es?	beautiful
MARÍA	No sé, para mí es un rompecabezas.	
LUIS	Yo creo que lo hizo un loco. ¡Nunca lo vamos a entender!	
MARÍA	Mira, el profesor quiere que escribamos algo, <u>así que</u> observémoslo <u>con cuidado</u>.	so carefully
LUIS	Yo no le veo ni pies ni cabeza, sólo líneas y colores que no dicen nada. Nunca vamos a encontrar una <u>respuesta</u> a la pregunta del profesor. ¿Para qué <u>matamos el tiempo</u> así? Vamos a pedirle <u>consejos</u>.	answer are we killing time advice
DAVID	Espera un momento…yo creo que en el centro hay una cara y que <u>al fondo</u> hay una ventana.	in the background
MARÍA	¡Sí, es verdad! Y a la izquierda hay una mujer. Luis, ¿la ves?	
LUIS	¡Qué <u>broma</u>! Eso no puede ser una mujer. Parece más una lámpara.	What a joke!
DAVID	¡Qué tonto eres! Yo <u>estoy de acuerdo</u> con María…entonces la cara <u>sobre</u> el <u>caballete</u> es de la mujer.	agree on / easel
MARÍA	Claro. Y la figura <u>delante del</u> caballete debe ser el <u>pintor</u>. Ahora entiendo por qué el cuadro se llama *Pintor y modelo*.	in front of / painter

⚅ Comprensión

Lee las frases sobre **Hay arte y ¡ay! arte** y decide si son verdaderas o falsas. Si son falsas, hazlas verdaderas.

1. Luis cree que un genio hizo el cuadro.
2. El profesor quiere que hagan una pintura.
3. El cuadro no le dice nada a Luis.
4. Al fondo se puede ver el pintor.
5. María dice que la figura a la izquierda de la pintura es una mujer.
6. Luis cree que la figura es una lámpara.
7. Por fin, María cree entender el nombre de la pintura.

ASÍ SE DICE

¿Te interesan las <u>bellas artes</u> como participante o <u>espectador</u>? ¿Te gusta <u>pintar</u>? Pues, cada pintor usa

fine arts / spectator
to paint

las pinturas   los pinceles   las paletas

¿Te interesa dibujar o <u>colorear</u>? Para hacer esto los artistas usan

to color

los creyones

los lápices al carbón

Se pueden pintar <u>obras</u> como

artworks

los murales

los paisajes

los retratos

los autorretratos

¿Te impresionan también estas artes?

A los escultores les fascinan
la escultura y las estatuas.

A los arquitectos les
interesa la arquitectura.

A los músicos y a los cantantes
les encanta la música y la ópera.

A los bailarines
les fascina el baile.

A los actores les gusta actuar
en los dramas y las comedias.

A los escritores les
interesa la literatura.

¿Te fascina la fotografía? Cada fotógrafo necesita

películas a colores y
en blanco y negro

varias lentes
para la cámara

A. El burlón.   La clase de arte del profesor Martínez es muy divertida.
A veces él les dice cosas absurdas a sus estudiantes sólo para ver si
prestan atención. ¿Qué les dice en serio hoy y qué les dice en broma?

> MODELO   Para dibujar se necesitan lápices al carbón.
> **Lo dice en serio.**
> Los músicos necesitan varios murales.
> **Lo dice en broma.**

Gilbert Luján, *Our Family Car,* 1950 Chevy, 1987, collection of Mardi Luján

B. Definiciones.   A José y a Flor María les gustan los juegos de palabras.
José crea una definición y Flor María adivina la palabra que corresponde. ¿Qué dice Flor María?

1. La necesitamos para la construcción de edificios y casas.
2. Este artista necesita pinceles, pinturas y paleta.
3. Esta clase de pintura es muy grande y se encuentra en una pared.
4. La poesía es un ejemplo de esta forma de arte.
5. Para hacer esto se necesitan lápices al carbón o creyones.
6. Esta clase de cuadro siempre muestra una persona que no es el
   pintor.

COMUNICACIÓN

A. ¡Adivina! Hazle estas preguntas a un compañero(a) de clase, pero primero adivina sus respuestas y escríbelas en un papelito. Suma (*add up*) tus respuestas correctas y luego le toca a tu compañero(a) adivinar tus respuestas y hacerte a ti las preguntas. ¡A ver quién adivina mejor!

1. ¿Prefieres ver dramas o comedias cuando vas al cine?
2. ¿Te gustaría más ser actor (actriz) o fotógrafo(a)?
3. ¿Te interesan más las artes o las ciencias?
4. En general, ¿te gusta más dibujar o pintar?
5. En tu opinión, ¿pintas mejores retratos o paisajes?
6. ¿Te interesa más el arte moderno o el arte clásico?
7. ¿En tu casa hay más retratos, paisajes o carteles en las paredes?
8. ¿Es tu artista favorito un pintor, escultor, cantante, bailarín, actor o escritor?

B. Mecenas de las artes. ¿Cuántas veces hiciste estas actividades el año pasado y con quién?

nunca	una vez	pocas veces	varias veces	muchas veces

EJEMPLO   ir al cine
Fui al cine muchas veces con mis amigos.

1. escribir algo para el anuario de tu escuela
2. escribir algo para el periódico estudiantil
3. colorear con creyones
4. actuar en un drama
5. escribir poesías
6. ir a un concierto
7. ir al cine
8. ir a un museo
9. leer una novela
10. sacar fotos
11. bailar
12. pintar

C. Preferencias personales. ¿Cuáles de estas artes te interesan como participante? ¿Cuáles como espectador(a)? ¿Cuál prefieres?

EJEMPLO   **Me interesa el teatro como participante porque quiero ser actor algún día.**

el teatro, la pintura, la escultura, el cine, la literatura, la fotografía, el baile, la música, la arquitectura

D. ¡La gran fama! Haz una lista de los artistas más famosos que conoces. ¿Por qué son famosos? Usa estas sugerencias o piensa en otras originales. Compara tu lista con las de otros estudiantes.

EJEMPLO   **Whitney Houston es una cantante popular porque tiene buena voz.**

actores, bailarines, músicos, escritores, arquitectos, pintores, ¿...?

EXPLORACIÓN 1

Function: *Showing emotion or making requests*
Structure: *Irregular verbs in the subjunctive*

PRESENTACIÓN

You have already learned that the subjunctive is used after verbs of influence or uncertainty in clauses beginning with **que**.

A. The subjunctive is also used after verbs and verb phrases that express emotion, such as the following.

alegrarse (de) *to be glad*	estar encantado (de) *to be delighted*
sentir (e → ie, i) *to be sorry*	
esperar *to hope*	enojar *to make angry*
tener miedo (de) *to be afraid*	estar desilusionado (de) *to be disappointed*
estar contento (de) *to be happy*	

Me alegro que te guste el cuadro.   *I'm glad you like the painting.*
Sentimos que Carlos no pueda ir.   *We're sorry that Carlos can't go.*

B. Verbs used to tell or order someone to do something also require the subjunctive. Some of these verbs are **pedir, decir,** and **mandar** (*to order*).

¡Te digo que vuelvas temprano   *I'm telling you to come home*
   a casa!   *early!*
Me mandan que esté aquí a   *They order me to be here*
   las cinco.   *at five.*

C. Notice that the verb **decir** when followed by **que** uses the indicative to state a fact and the subjunctive to tell someone to do something.

Todos dicen que es muy cómica.   *Everyone says she's very funny.*
Me dicen que rompa con él.   *They tell me to break up with him.*

D. In Spanish, six frequently used verbs are irregular in the subjunctive. Although the endings are the same as those of regular verbs, the stems of these verbs are irregular. **Haya** is the subjunctive form of **hay** and is the only form of **haber** you need to learn for now.

ir	vaya	vayas	vaya	vayamos	vayáis	vayan
ser	sea	seas	sea	seamos	seáis	sean
estar	esté	estés	esté	estemos	estéis	estén
saber	sepa	sepas	sepa	sepamos	sepáis	sepan
dar	dé	des	dé	demos	deis	den
haber			haya			

¿Esperas que vayamos al museo de arte?
¡Siento que este cuadro sea tan caro!
Está contento que haya una escuela de bellas artes aquí.
Estamos encantados que ustedes sepan cantar tan bien.
Ella siempre me pide que le dé clases de escultura.
¡No me digas que yo esté contenta cuando no lo estoy!

PREPARACIÓN

A. ¿Mandatos o no?   Escucha lo que los padres de Susana le dicen durante el día. Escribe las oraciones (*sentences*) y márcalas **sí** cuando son mandatos (*commands*) o **no** cuando son simplemente declaraciones.

MODELO

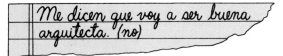

Me dicen que voy a ser buena arquitecta. (no)

B. Descubrimientos artísticos.   El conservador (*curator*) de un museo de arte en Barcelona discute varias cosas para su próxima exposición que le alegran y otras que le molestan. ¿Qué dice?

MODELO   tantos cuadros hermosos
Me alegro que haya tantos cuadros hermosos.
demasiados autorretratos
Me molesta que haya demasiados autorretratos.

1. varios murales
2. demasiados dibujos
3. tan pocos retratos
4. tantas esculturas hermosas
5. demasiados paisajes similares
6. tantos estilos artísticos

C. Superartistas. Mientras trabajan en la clase de arte, algunos estudiantes charlan. ¿Qué dicen que varias personas saben y no saben?

MODELO   Yo tengo miedo de que ustedes **sepan** más que yo.

1. Espero que un día todos ===== mi nombre.
2. Siento mucho que nadie ===== más sobre la vida de Frida Kahlo.
3. A la profesora le enoja que nosotros no ===== dibujar mejor.
4. Me alegro que tú ===== tanto sobre el arte moderno.
5. ¿Por qué dudas que yo ===== lo que hago?
6. Estoy encantada que la nueva profesora ===== tanto sobre los murales.

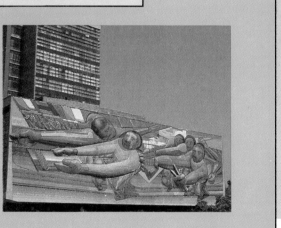

CONTEXTO CULTURAL

Los murales son una expresión artística muy popular entre los latinoamericanos. Este tipo de pintura se desarrolló en el tiempo de los mayas y aztecas, quienes pintaron murales de gran belleza (*beauty*). Hoy esta expresión artística todavía presenta una fuerte influencia indígena (*Indian*). Los artistas representan situaciones históricas, religiosas y sociales que interesan a la comunidad.

D. Reglas. Esteban estudia en un instituto de arte prestigioso. Se queja de las reglas tan estrictas. ¿Qué le dice a su novia?

1. Les mandan a los estudiantes que ===== (estar) en el instituto a las 7:15 de la mañana.
2. Los administradores nos piden que ===== (darles) muchos datos personales.
3. Un profesor insiste que yo ===== (darle) una explicación cada vez que no voy a estar presente.
4. Mandan que los estudiantes ===== (darles) una buena impresión a los demás.
5. Nos piden siempre que ===== (estar) a tiempo.
6. A veces dudo que yo ===== (estar) en un instituto de arte. Parece más bien una prisión.

E. Reacciones.   Lola es una chica simpática y expresiva. ¿Cómo le hacen sentir las siguientes noticias?

> MODELO   Jorge es presidente de la clase. (me alegro)
> **Me alegro que Jorge sea presidente de la clase.**

1. Juana está en el hospital. (siento)
2. Los López van a Madrid este verano. (estoy encantada)
3. Julio y Marisela son muy afortunados. (me alegro)
4. Enrique no sabe bailar. (siento)
5. Tú no vas al cine con nosotros. (siento)
6. Usted va a casarse. (estoy contenta)

F. La solución es fácil.   Silvia siempre le da consejos muy simplistas a su amiga Rosalinda. Escucha a Rosalinda y contesta por Silvia.

> MODELO   Mi jefe no me da vacaciones.
> **Dile que te dé vacaciones, pues.**
>
> Mis familiares son muy tacaños.
> **Diles que no sean tacaños, pues.**

CONTEXTO
CULTURAL

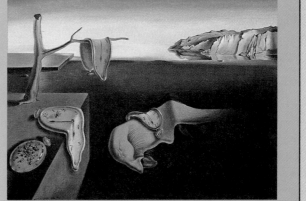

La pintura española no es sólo Picasso. España tiene una larga tradición de pintores excelentes. Entre los más famosos están El Greco (siglo XVI), Velázquez (siglo XVII), Goya (fines del siglo XVIII y comienzos del siglo XIX) y Dalí (siglo XX). Las obras de estos maestros se encuentran en los museos más importantes del mundo, desde Nueva York, pasando por Londres, hasta Leningrado.

Salvador Dali, *The Persistence of Memory*, 1931, Oil on canvas 9½ × 13". Collection, The Museum of Modern Art, New York. Given anonymously.

COMUNICACIÓN

A. Mi novio(a) ideal.   ¿Qué características buscas en el novio o la novia ideal? ¿Cómo esperas que sea? Usa algunas de estas sugerencias o piensa en otras.

EJEMPLO   **Prefiero que sea inteligente.**
Espero que no sea celoso.

ser: divertido, bajo, inteligente, simpático, ¿...?
saber: español, tocar la guitarra, jugar ajedrez, ¿...?
tener: buen carácter, el pelo negro, los ojos azules, ¿...?

Point out that **tener buen/mal carácter** means *to have a good/bad disposition* rather than *good/bad character*.

B. La fiesta del año.   Imagínate que tú y tus compañeros de clase tienen que decorar la cafetería de tu escuela para el baile más importante del año. ¿Cómo quieren que sea? Usa estas sugerencias o piensa en otras.

EJEMPLO   **Espero que los músicos estén en buena forma.**
Insistimos en que haya suficiente comida.

				ser	invitado
				estar	divertido
	preferir			ir	buena música
	querer			dar	en buena forma
(no)	esperar	que	(no)	haber	comida
	pedir			tener	muchos estudiantes
	mandar			venir	globos
	decir			¿...?	discos
					¿...?

C. Anuario escolar.   Imagínate que es el fin del año escolar y todos tus amigos acaban de recibir sus anuarios. ¿Qué recuerdos piensas escribirles en sus libros?

EJEMPLO   **Ramón, espero que estés contento en el futuro.**
Marta, siento que no vayas a México este año.

divertirse en el verano
cambiar
encontrar pronto la persona
   de tus sueños
graduarse con buenas notas
regresar el próximo año

ser tu último año aquí
mudarse
olvidarse de mí
hacer todo lo que quieres en la vida
vernos
¿...?

Si ellos tienen lo que exige el éxito
todo lo que tienen
el éxito les costará

Fama

Repaso y extensión

You have already learned that the subjunctive is used to show influence, emotion, and doubt and to make requests. You may have noticed that indirect object pronouns often precede verbs that tell or order others to do something (like **mandar, decir, pedir, aconsejar,** and **recomendar**). This indirect object identifies the subject of the second verb.

Change the sentences below so that they use an indirect object pronoun with the commanding verb in parentheses.

> MODELO   Queremos que Tito venga con nosotros. (aconsejar)
> **Le aconsejamos a Tito que venga con nosotros.**

1. Sus padres se alegran que Ana limpie su cuarto. (mandar)
2. Quieren que el artista dibuje otro retrato. (pedir)
3. ¡Estoy encantada que estudies la lección! (aconsejar)
4. ¿Esperas que volvamos temprano? (decir)
5. ¿Prefieres que yo esté aquí temprano mañana? (recomendar)

EXPLORACIÓN 2

Function: *Referring to general qualities*
Structure: *The neuter article* **lo** *with an adjective*

PRESENTACIÓN

You have learned to describe nouns by using adjectives and to talk about the nouns' specific qualities or characteristics:

Necesito más pintura **verde.**   Esta canción es **hermosa.**

When **lo** precedes an adjective, it refers to a general characteristic or quality of the noun, and means *the...thing* or *the...part.* The adjective must be in the masculine singular form, but the verb will always agree with the noun that follows.

Lo interesante de estos dibujos son las líneas.
The interesting part *of these drawings is the lines.*

Lo curioso es que ella nunca me dijo nada.
The curious thing *is that she never told me anything.*

PREPARACIÓN

A. Puntos de vista. Emilio y José son buenos amigos aunque muchas veces no están de acuerdo. Escucha pares (*pairs*) de opiniones que ellos expresan por separado (*separately*) e indica cuándo están de acuerdo y cuándo no.

MODELO   EMILIO   Lo fácil de esta clase es la tarea.
              JOSÉ   Lo fácil de esta clase son los exámenes.

No están de acuerdo.

B. Serenatas. Un periodista de la revista *Blanco y negro* en Madrid entrevista a una tuna, un grupo de músicos estudiantiles de España, sobre sus experiencias. ¿Cómo contestan los músicos sus preguntas?

> MODELO ¿Qué es lo bueno de ser tuno? (cantar)
> **Lo bueno es cantar.**

1. ¿Qué es lo malo de ser tuno? (pasar toda la noche en la calle)
2. ¿Qué es lo raro de ser tuno? (llevar ropa antigua)
3. ¿Qué es lo emocionante de ser tuno? (recibir una flor de una mujer)
4. ¿Qué es lo divertido de ser tuno? (estar con los amigos)

CONTEXTO

CULTURAL

Estos jóvenes no van a un baile de disfraces: son miembros de una tuna. Se visten al estilo del siglo XVII y por la noche, especialmente durante las fiestas, cantan mientras caminan por las calles. Les dan serenatas (*serenades*) a las muchachas, y si a ellas les gustan, ellas les tiran (*throw*) una flor. Si no les gustan, no hacen nada. Cuando los miembros de una tuna entran en un restaurante, la gente les pide que toquen sus canciones favoritas.

C. Opiniones. La clase del señor Rubio acaba de volver del Parque Güell en Barcelona. Según las opiniones de diferentes personas, di cómo reaccionaron.

> MODELO Marcos dijo que las escaleras fueron interesantes.
> **Para Marcos lo interesante fueron las escaleras.**

1. El señor Rubio dijo que las casitas fueron curiosas.
2. Eduardo y Nicolás pensaron que la arquitectura fue impresionante.
3. Tú comentaste que las figuras de los animales fueron cómicas.
4. Para mí el plano del parque fue raro.
5. Todos nosotros creímos que las esculturas fueron muy originales.

Entre las atracciones más interesantes del Parque Güell hay una
escultura que parece un monstruo prehistórico y un sitio que
parece una tumba (*tomb*) antigua. Además de construir este
parque, el arquitecto catalán Antonio Gaudí empezó la construcción de la iglesia de La Sagrada
Familia. No se terminó a causa
de su muerte en 1926. Esta iglesia es una maravilla de la arquitectura española y un símbolo
religioso del espíritu catalán.

COMUNICACIÓN

A. ¿Estás de acuerdo?   Cuando tus amigos o amigas te hacen comentarios
(*comments*) como éstos, ¿qué respondes?

> EJEMPLO   Lo mejor de esta clase es hablar español.
> **Sí, y lo peor es que uno tiene que concentrarse mucho.**
> **Para mí lo mejor es poder escuchar música durante la**
> **clase.**

1. Lo bueno de mi hermano es que siempre tiene algo que decir.
2. Lo importante de asistir a la escuela es sacar buenas notas.
3. Lo mejor de la televisión son las telenovelas.
4. Lo fabuloso de los cumpleaños son los regalos.
5. Lo absurdo de tanto estudiar es que se recuerda muy poco.
6. Lo malo de los profesores es que nos exigen demasiado.
7. Lo impresionante de tu novio(a) es que sabe bailar tan bien.

B. Impresiones cinematográficas.   Menciona una película que has visto
(*you have seen*) y cuéntale a la clase una cosa de la película que te
sorprendió o te impresionó.

> EJEMPLO   **Lo triste de *La Bamba* fue el final.**
> **Lo mejor de *Amadeus* fue la actuación.**

C. **Profesiones.** ¿Qué quieres ser en el futuro? Dile a la clase cuál es tu profesión ideal y cuáles son las ventajas y desventajas de este trabajo.

> EJEMPLO   **Quiero ser veterinario. Lo mejor es trabajar con los animales. Lo fatigoso son las horas.**

D. **Críticos de arte.** Examina esta foto. Usando (*using*) estas listas de palabras, ¿qué puedes decirle a la clase?

lo magnífico, lo interesante, lo absurdo, lo bueno, lo malo, lo diferente, lo aburrido, lo increíble, ¿...?
los colores, la composición, el uso de la luz, las caras, ¿...?

Pablo Picasso, *Guernica*, Museo del Prado, Madrid

Repaso y extensión

You already know that adjectives modify nouns (**el carro rojo**) or stand for nouns when definite articles precede them (**el rojo**). You have just learned that a masculine singular adjective may follow **lo** to mean *the...thing* or *the...part.*

Complete these sentences with one of these articles: **el, la, los, las, lo.**

1. ═══ bueno es que el niño parece ser artístico y ═══ malo es que acaba de pintar las paredes de su cuarto.
2. El arquitecto joven tiene un estilo moderno y ═══ viejo tiene un estilo más tradicional.
3. ═══ impresionante de las pirámides es la arquitectura.
4. Me gustan las canciones viejas más que ═══ nuevas.
5. ═══ grandes a veces se portan peor que ═══ pequeños.
6. La escultura barata me interesa más que ═══ cara.

EXPLORACIÓN 3

Function: *Letting others know what you think*
Structure: *Stem-changing verbs in the subjunctive*

PRESENTACIÓN

You have already learned the regular and irregular forms of the present subjunctive. You will now learn the subjunctive forms of stem-changing verbs.

A. Stem-changing **-ar** and **-er** verbs have the same stems in the subjunctive as in the present indicative. Note that the **nosotros** (and **vosotros**) form does not have a stem change in either mood.

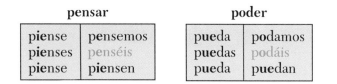

pensar	
piense	pensemos
pienses	penséis
piense	piensen

poder	
pueda	podamos
puedas	podáis
pueda	puedan

Papá quiere que María **vuelva** temprano.
El artista duda que **entendamos** sus cuadros.

B. The **-ir** verbs that change **e** to **ie** and **o** to **ue** in the present indicative change **e** to **i** and **o** to **u** in the **nosotros** (and **vosotros**) form of the subjunctive.

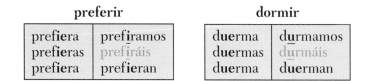

preferir	
prefiera	prefiramos
prefieras	prefiráis
prefiera	prefieran

dormir	
duerma	durmamos
duermas	durmáis
duerma	duerman

Los músicos esperan que **nos divirtamos** en el concierto.
¡No quiero que Jaime **se duerma** durante la ópera!

C. The **-ir** verbs that change **e** to **i** in the present indicative also change **e** to **i** in the present subjunctive, including the **nosotros** (and **vosotros**) form.

repetir

repita	repitamos
repitas	repitáis
repita	repitan

No nos recomiendan que **pidamos** pinceles nuevos.
Insistimos en que no nos **sirvan** papas al horno en la escuela.

PREPARACIÓN

A. Las carreras.   El doctor Amaral quiere que sus hijos sean médicos como él, pero sus hijos piensan seguir el ejemplo de su tío que es escultor. ¿Qué les dice el padre?

> MODELO   prefiero / no seguir una vida artística
> **Prefiero que no sigan una vida artística.**

1. no creo / encontrar trabajo
2. dudo / poder ganar suficiente dinero
3. les aconsejo / pensar en otra profesión
4. no quiero / repetir el error de su tío
5. les recomiendo / pedirle consejos a su tío
6. espero / no volver a hablar de ser artistas

CONTEXTO CULTURAL

Sin duda, el flamenco es el baile español más conocido fuera de España. Pero este baile, que se originó en Andalucía, sólo es uno entre muchos. Hay otros bailes regionales importantes: en Cataluña se baila la sardana, en Aragón la jota, en Galicia la muñeira. Todos estos bailes tuvieron una gran influencia en las danzas populares de América Latina.

B. ¡Acción! Varios actores en la película *Tarzán, el domador* le preguntan a Marcelo lo que el director quiere que hagan. ¿Qué preguntas hacen estas personas y qué les contesta Marcelo?

MODELO   querer / seguirlo hasta el río
¿Qué quiere el director que hagamos ahora?
Quiere que lo sigamos hasta el río.

1. aconsejar / vestirse ahora para la próxima escena
2. pedir / conseguir una jaula más grande para el león
3. querer / servirles agua a los monos
4. recomendar / repetir las líneas otra vez
5. insistir / sentarse al lado del león
6. decir / pedirle otra lente al fotógrafo

C. Bailar es duro. Mientras prepara a sus estudiantes para una función de ballet, la bailarina Srta. Chávez les recomienda varias cosas. ¿Qué les dice?

sentarse   vestirse   repetir   perder   seguir   conseguir

1. Les pido que ===== con ropa deportiva.
2. Lili, te aconsejo que ===== mejor el ritmo.
3. Les mando que ===== la posición correcta de los pies.
4. Pídanme que ===== lo que hago si es necesario.
5. No permito que nadie ===== a descansar.
6. Insisto que nosotros no ===== el ritmo.

D. El mandón. Cristina y su hermanita Gloria se quejan de su hermano mayor. ¡Creen que es un dictador! ¿Qué les dicen las chicas a sus padres?

MODELO empezar la tarea antes de comer
¡Nos dice que empecemos la tarea antes de comer!

1. jugar en el sótano
2. cerrar la puerta
3. no moverse de ahí
4. acostarse a las siete
5. vestirse en dos minutos
6. servirle la cena en su cuarto
7. dormir en el piso
8. seguir su ejemplo

E. El primer día de clases. Es el primer día de clases. Escucha las reglas que el profesor les da a los estudiantes. Al salir de su primera clase, ¿de qué se quejan los estudiantes?

EJEMPLO No se duerman en clase.
Insiste que no nos durmamos en clase.

COMUNICACIÓN

A. Recomendaciones. Imagínate que durante una pesadilla (*nightmare*) todos tus profesores te dan consejos. ¿Qué te dicen? Escribe cinco oraciones usando los verbos de las listas.

EJEMPLO insistir
Mi profesor de historia insiste que me acuerde de todo.

insistir		repetir
pedir		sentarse
mandar	que yo (nosotros) (no)	conseguir
decir		almorzar
preferir		dormirse
¿ . . . ?		¿ . . . ?

B. Recetas originales. Imagínate que eres el (la) Dr(a). Sabelotodo. ¿Qué les dices a los pacientes que se quejan de lo siguiente?

EJEMPLO Tengo gripe.
Le recomiendo que se acueste.

Tengo fiebre y tos.
Estoy demasiado delgado(a).
Estoy demasiado gordo(a).
Tengo dolor de cabeza.
Me duelen los pies (ojos).
Estoy muy triste.
Hablo demasiado.
¿ . . . ?

cerrar la boca
pensar en algo alegre
dormirse más temprano
sentarse
no pedir dulces
no mover la cabeza
empezar a comer más
¿ . . . ?

C. Encuesta estudiantil. Haz un estudio de lo que los padres quieren que sus hijos hagan. Usa estas preguntas para entrevistar a otros estudiantes y dile a la clase los resultados (*results*).

1. ¿Te recomiendan que te acuestes temprano?
2. ¿Están contentos de que almuerces con ellos los domingos?
3. ¿Quieren que vuelvas temprano por la noche?
4. ¿Te aconsejan que pienses en tu futuro?
5. ¿Se alegran de que juegues con tus hermanitos?
6. ¿Te piden que consigas un trabajo durante el verano?
7. ¿Esperan que entiendas todo lo que te dicen?
8. ¿Te mandan que te despiertes temprano los sábados?

D. ¿Poder o no poder? Usa estas sugerencias o piensa en otras para describir lo que pasa en cada uno de estos dibujos.

insistir, recomendar, esperar, querer, aconsejar, preferir, dudar, no creer, alegrarse de, sentir, estar encantado, estar contento, pedir, decir, mandar, tener miedo de, enojar

EJEMPLO **Espero que el bebé se duerma pronto. Siento que llore.**

dormir, llorar

1. colgar, arreglar, guardar

2. despertar, levantarse, vestirse

3. cambiarse de ropa, peinarse

4. pintar, terminar, ser

5. perder el autobús, siempre llegar tarde

Repaso y extensión

You already know that in the present indicative spelling changes do not occur in the **nosotros** form of stem-changing verbs: **dormir** (**o → ue**) → **dormimos**. In the subjunctive of these verbs, however, a spelling change does occur in the stem of the **nosotros** form: **preferir** (**e → ie**) → **prefiramos**. Practice both the indicative and the subjunctive forms, using **nosotros** as the subject.

1. Cada año nosotros les ══════ ropa nueva a nuestros padres. ¡Este año esperan que no les ══════ más! (pedir)
2. Nuestros padres insisten en que mi hermano y yo ══════ más porque estos días no ══════ mucho. (dormir)
3. Nosotros siempre ══════ mucho en la clase de arte. Espero que hoy ══════ también. (divertirse)
4. Nuestros clientes quieren que nosotros ══════ frutas frescas, pero en invierno no las ══════. (servir)

 XPLORACIÓN 4

Function: *Expressing motive and purpose*
Structure: *por and para*

PRESENTACIÓN

A. Both **por** and **para** often mean *for* in English, but they are not inter-changeable. Notice the different uses of **por** and **para**.

por

Reason or motive	No fuimos por la lluvia.
Duration of time	Van por dos semanas.
In exchange for	Lo compré por diez pesos.
In place of	¿Puedes trabajar por mí hoy?
Means, by way of	Nunca viajan por tren.
Through, along, across	Caminaban por la calle.
Per, by	¿Cuánto te pagan por hora?
For the sake of	Sólo lo hizo por su familia.

para

Goal, purpose	Estudia para médico.
Destination: place	Salimos para Toledo el lunes.
Destination: for someone	Este cuadro es para ti.
Deadline: in time, by	Hazlo para mañana.
In order to (+ *infinitive*)	Fuimos para ver la comedia.

B. You already know several expressions with **por**.

por ejemplo	por la noche	por supuesto
por fin	por eso	por primera vez
¿por qué?	por cierto	por todas partes

PREPARACIÓN

A. ¡Qué caro!   Cuando Rebeca se fue a los Estados Unidos para estudiar en una academia de arte, sus padres encontraron muy caros los materiales que tuvo que comprar. ¿Cómo fue su conversación con Rebeca?

> MODELO $65 / unos pinceles / pintura
> **¿Pagaste <u>sesenta y cinco dólares</u> por <u>unos pinceles</u>?**
> **Sí, pero <u>los</u> necesito para mi clase de <u>pintura</u>.**

1. $120 / siete novelas / literatura
2. $35 / unos lápices al carbón / dibujo
3. $88 / pintura / cerámica
4. $55 / cintas / música clásica
5. $275 / ropa / clase de baile

CONTEXTO CULTURAL

¡Increíble pero cierto! Hay un acueducto romano en el centro de Segovia, en España. Se construyó en el primer siglo para traer agua de las montañas. Tiene 170 arcos y para construirlo no se utilizó cemento de ninguna clase. Es tan alto que los carros pueden pasar por debajo de los arcos. Hoy, en el siglo XX, todavía se usa este acueducto para llevar agua.

B. Las vacaciones.   Andrea y varios amigos hablan de las vacaciones que van a tomar pronto. ¿Qué dicen? Haz las sustituciones y usa **para** y **por** correctamente.

> MODELO   Segovia / un mes
> **Pronto salgo ══ Segovia.**
> **Ah, ¿sí? ¿══ cuánto tiempo vas a estar ahí?**
> **══ un mes. ¿Y tú?**

1. Valencia / seis semanas
2. Madrid / tres semanas
3. Berlín / dos meses
4. Roma / un mes más o menos
5. Londres / sólo dos semanas
6. París / una semana

C. Un día ordinario. Julio le cuenta a su tía lo que pasó hoy en el colegio. Completa cada comentario con dos frases de las listas usando **por** en una frase y **para** en la otra.

MODELO   El profesor Mora nos dio mucha tarea **para el lunes**.
El profesor Mora nos dio mucha tarea **por primera vez**.

1. Acabo de decidir que voy a estudiar...
2. Ramón compró un anillo...
3. Nadie estaba en la clase de física cuando entró la profesora...
4. Osvaldo se peleó con Jorge...
5. Gloria tuvo que ir a la enfermería...

Por
un dolor de muelas
10.000 pesos
la puerta
unas tres horas esta noche
una disputa tonta

Para
Raquel
tomar medicina
dar el examen
mostrar que él no era cobarde
arquitecto

CONTEXTO CULTURAL

Un libro español famosísimo y leído (*read*) en casi todos los idiomas es *Don Quijote de la Mancha* por Miguel de Cervantes. ¿Por qué todavía tiene interés para nuestra época esta novela, escrita (*written*) entre 1605 y 1615? Por su protagonista, don Quijote, un viejo idealista en una sociedad injusta, decadente y sin ideales. De esta novela se hizo una famosa comedia musical: *El hombre de la Mancha*.

D. ¡Demasiadas palabras! El señor Méndez es un profesor de gramática obsesionado (*obsessed*). Siempre trata de acortar (*shorten*) las frases que oye. ¿En qué piensa cuando escucha lo siguiente?

MODELO   El tren <u>que va en dirección de</u> París ya salió.
El tren para París ya salió.

Me pagan cinco balboas <u>cada vez que trabajo una</u> hora.
Me pagan cinco balboas por hora.

1. Papá, regresé tarde a casa <u>porque había mucha</u> nieve.
2. Tienen que hacer la tarea <u>antes de llegar a clase</u> el lunes.
3. Mañana salimos <u>con intención de ir a</u> México.
4. Lo voy a hacer <u>porque así lo desea</u> mi mamá.
5. Este regalo es <u>el que te compré</u> a ti.
6. Ana me pide a veces que trabaje <u>en lugar de</u> ella.

E. ¡Qué genial! Miguel nunca deja (*ceases*) de sorprender a su familia con lo que dice. ¿Qué preguntas de sorpresa le hace su familia por sus comentarios locos? Escucha a Miguel, selecciona la pregunta correcta de la lista y complétala con **por** o **para**.

MODELO   Hoy estuve debajo del agua por 5 minutos sin respirar.
¿Por cuánto tiempo?

a. ¿Cuánto ═══ hora?   d. ¿Dinero ═══ qué?
b. ¿Salir ═══ dónde?   e. ¿═══ cuándo?
c. ¿Estudiar ═══ qué?   f. ¿Es ═══ qué?

F. Las vacaciones. Lee este párrafo sobre las vacaciones de una estudiante universitaria y completa las oraciones con **por** o **para**.

Estudio __1__ arquitecta en la Universidad de California. Hoy salgo __2__ San Francisco __3__ pasar las vacaciones con mi familia. Voy __4__ avión. Voy a estar allí __5__ dos días. Mi amiga Teresa va a trabajar __6__ mí en el restaurante donde trabajo. No me pagan mucho—sólo tres cincuenta __7__ hora—pero me gusta el trabajo. Cuando regreso de San Francisco, voy a trabajar __8__ Teresa porque quiere ir a San Diego __9__ visitar a su familia.

COMUNICACIÓN

A. De compras. Imagínate que tu cumpleaños fue la semana pasada. Tus abuelos te dieron cien dólares. Haz una lista de cómo gastaste el dinero y dile a la clase qué compraste.

EJEMPLO   **Compré un suéter por veinte dólares y encontré una cámara por ochenta.**

B. Consejos.   Imagínate que todos tus amigos siempre te piden consejos.
¿Qué les recomiendas a ellos que hagan en estas situaciones?

>EJEMPLO   para aprender más
>**Para aprender más, deben estudiar todos los días.**

1. para ir al centro
2. para divertirse
3. para tener buena salud
4. para sacar buenas notas
5. para bajar de peso
6. para hacer un viaje
7. para conseguir un buen trabajo
8. ¿...?

Diego Velázquez,
Las Meninas (detail), Museo del Prado, Madrid

C. Explicaciones.   Imagínate que pasaste
un rato en estos lugares. ¿Para qué fuiste?

>EJEMPLO   **Fui al parque de atracciones para
>subirme al carrusel y a la estrella.**

el centro
la librería
el estadio
la exposición de arte
el parque de atracciones
la playa
el circo
el museo
¿...?

D. Entrevista.   Contesta estas preguntas o úsalas para entrevistar a
otro(a) estudiante.

1. ¿A qué hora sales para el colegio?
2. ¿Llegas a la escuela por autobús o por carro?
3. Cuando vas al colegio, ¿pasas por el centro?
4. ¿Tienes la clase de español por la mañana o por
   la tarde?
5. ¿Compraste algo para algún profesor este año?
   ¿Qué compraste?
6. ¿Para qué quieres estudiar después de
   la escuela secundaria?
7. ¿Qué haces para descansar después de las clases?

E. Arte ejemplar.

E. Arte ejemplar. Analiza estos dibujos. ¿Qué ves en cada uno? Usa **por** o **para** para describirlos.

EJEMPLO **El hombre entra por la ventana.**
El perro sale por el garaje.

1.

2.

3.

4.

Repaso y extensión

You have learned to use **por** to show reasons for doing something, to tell how long something lasted, to explain exchanges, and to identify means of transportation. You also know that **por** is used in certain expressions, such as **por ejemplo** and **por eso**.

This want ad contains several expressions using **por,** some that you are familiar with and others that may be new to you. Can you guess the different meanings of **por** used in the expressions below?

Se necesitan jóvenes de por lo menos quince años para ventas por
teléfono de la popular revista ¡POR FIN! Trabajar por la tarde de tres
a cinco. Sueldo: $3.50 por hora más comisión del 15 por ciento por
subscripciones. Por favor, llamar por la mañana al 53 48 75.

LECTURA

La personalidad en el dibujo

Mucha gente, especialmente los sicólogos, cree que los dibujos revelan varios aspectos de la personalidad de quien los hace. Qué idea más interesante, ¿verdad?* Aquí tienes el dibujo de Paulina. ¿Qué crees que dice este dibujo sobre ella? Para ver si tienes razón, mira la interpretación. Pero antes de mirarla, haz tu propio dibujo para averiguar algo sobre tu personalidad. ¿Quieres hacerlo? Bueno, entonces dibuja estas cosas: una casa, un árbol, un sol, un camino, tus padres y «tú». ¡Buena suerte!

*To describe a noun emphatically, Spanish often uses **Qué** + noun + **tan** / **más** + adjective: **¡Qué pintura más rara!** (*What a strange painting!*)

Interpretación

¿Qué muestran tus dibujos? ¿Qué aspectos de tu personalidad revelan?
Usa esta interpretación para conocerte mejor.

La casa
Si la casa está en el centro del dibujo, significa que el hogar es lo más
importante para ti.
Si la casa está a uno de los lados, quiere decir que el hogar no es tan
importante como las otras cosas.

Las ventanas
Si hay ventanas, significa que tienes una vida abierta al mundo.
Si no hay ventanas, significa que vives en un mundo cerrado y que no te
sientes muy cómodo fuera de casa.

La chimenea
Si hay una chimenea, significa que existe mucho calor dentro del hogar.
Si no hay chimenea, significa que el ambiente en tu casa es más reservado.

El árbol
Si el árbol es pequeño y está lejos de la casa, significa que no sabes en
qué dirección va tu vida.
Si el árbol es grande y está cerca de la casa, quiere decir que tienes una
vida productiva y feliz.

El sol
Si el sol es pequeño, significa que no eres una persona muy optimista.
Si el sol es grande, significa que eres optimista y que tienes una vida con
mucho amor y luz.

El camino
Si el camino llega hasta la casa, quiere decir que hay unión entre tu vida
fuera de la casa y tu vida dentro de ella.
Si el camino está separado de la casa, significa que la vida fuera del hogar
es más importante para ti.

Tú y tus padres
Si tú estás al lado de tus padres, significa que las relaciones familiares son
muy importantes para ti.
Si tú estás separado(a) de tus padres, quiere decir que eres una persona
muy independiente.

¿Estás de acuerdo con este análisis? ¿Por qué (no)? ¿Crees que se puede
aprender mucho sobre la personalidad de alguien por sus dibujos?

Expansión de vocabulario

abierto	open	**feliz**	happy
el ambiente	atmosphere	**fuera de**	outside (of)
el análisis	analysis	**la interpretación**	interpretation
el aspecto	aspect	**la personalidad**	personality
el calor	warmth	**reservado**	reserved
cerrado	closed	**revelar**	to reveal
conocerse	(to get) to know oneself	**separado**	separated
la chimenea	chimney	**el sicólogo**	psychologist
el dibujo	drawing	**significar**	to mean

Comprensión

Según la interpretación que acabas de leer, explica lo que significan las siguientes cosas.

1. La casa no está en el centro del dibujo.
2. Hay muchas ventanas.
3. El árbol es pequeño y no está cerca de la casa.
4. El sol es muy grande.
5. El camino no llega hasta la casa.
6. La persona que hizo el dibujo está lejos de sus padres.

COMUNICACIÓN

A. Autorretratos. Dibuja un autorretrato. ¡Muéstraselo a tu profesor(a) pero a nadie más! Al ver (*upon seeing*) los autorretratos de otros estudiantes, adivina de quiénes son y di cómo llegaste a tu conclusión.

B. ¿Quién soy yo?   Imagínate que eres un artista famoso (actor, pintor, músico, etcétera). La clase tiene que hacerte preguntas para adivinar quién eres. Tú solamente contestas **sí** o **no**.

EJEMPLO
¿Usas pincel?	no
¿Usas lápiz?	sí
¿Eres escritor?	sí
¿De historia?	no
¿De cuentos de horror?	sí
¿Eres Stephen King?	¡sí!

PRONUNCIACIÓN

In Spanish the **l** is pronounced much like the **l** in the English word *lemon*. The tip of the tongue should be firmly pressed against the gum ridge behind the front teeth.

lente   paleta   esculter   mural   película

The **ll** is pronounced much like the **y** in the English word *yes* but with more force.

caballete   llave   mantequilla   silla   Sevilla

Listen, and repeat these sentences.

Dice el muralista a su alumno— Llama al almacén en la calle Sevilla, pues me faltan pinceles, un caballete y una paleta. También necesito pintura amarilla y azul para mi próximo mural sobre la lucha libre.

Diego Rivera, *Dream of a Sunday Afternoon in the Alameda*, 1947–48, Fresco, Hotel del Prado, Mexico City

Find out how much you know as you do these activities. If you have trouble with any of them, study the topic and practice the activities again, or ask your teacher for help.

Vamos a escuchar

A. Estudiantes de arte.   Javier acaba de ser aceptado (*accepted*) en la Academia de Arte San Carlos. Llama a Ani, otra nueva estudiante, y le hace muchas preguntas. Escucha lo que pregunta Javier y completa las respuestas de Ani.

1. Claro, me alegro mucho de que…
2. A ver, sí, me mandan que…
3. Sí, es más, ahora insiste que…
4. Sí, según entiendo, los profesores nos piden que…
5. No, yo no creo tampoco que nos…

B. Un cuento triste.   Escucha un cuento sobre el artista Horacio Azteca y completa estas oraciones de una forma lógica.

1. Lo bueno es que…
2. Lo horrible es que…
3. Lo impresionante es que…
4. Lo lamentable es que…

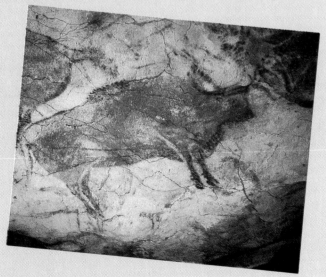

Vamos a leer

A. Medida de seguridad. Éste es un artículo que apareció en el periódico *Las Noticias*. Léelo con cuidado y después contesta las preguntas.

Nuevo sistema de alarma para el Museo de Arte Moderno

El Museo de Arte Moderno anunció hoy que va a cambiar el sistema de alarmas del edificio. El mes pasado hubo dos robos importantes y en las dos ocasiones la alarma no funcionó. El director del museo, el arquitecto López-Arias, anunció que va a mandar que quiten de la exhibición varios de los cuadros más famosos como medida de precaución. Entre éstos hay varios autorretratos por José Luis Cuevas, dibujos al carbón y otros retratos valiosos por pintores contemporáneos. El arquitecto López-Arias piensa mandar estas obras de gira a varios estados de la república, junto con las estatuas y esculturas donadas hace poco por la familia del presidente municipal.

Algunos expertos en arte dijeron que esperan que con este viaje se conozca mejor el arte contemporáneo local. Por su parte, el director siente que el museo tenga que estar cerrado por más de tres semanas para que el nuevo sistema de alarmas pueda ser instalado. Sin embargo, espera que después de este tiempo el público vuelva a asistir a las exhibiciones y conferencias con regularidad. El museo de arte de la ciudad volverá a abrir sus puertas el próximo 16 de mayo. Está usted cordialmente invitado a visitarlo entonces.

---

1. El museo va a cambiar su alarma por una nueva porque la antigua
   a. no sonó.
   b. desapareció durante un robo.
   c. se cayó.
2. Hubo dos robos importantes
   a. hace un mes.
   b. la semana pasada.
   c. hace unos días.
3. El director del museo manda quitar varios cuadros porque
   a. no le gustan los autorretratos.
   b. tiene miedo de que los roben.
   c. quiere venderlos.
4. El pintor de los autorretratos que van a quitar fue
   a. José Luis Cuevas.
   b. un arquitecto famoso.
   c. un paisajista contemporáneo.
5. En la colección que va a salir de gira a los estados hay
   a. expertos en arte.
   b. estatuas, esculturas, dibujos y pinturas.
   c. murales, retratos y paisajes.

6. Los expertos de arte esperan que
   a. el público no pueda ver las exhibiciones.
   b. las obras no vuelvan al museo.
   c. la gente conozca mejor el arte contemporáneo.

7. El director quiere que cuando el museo abra otra vez
   a. la gente asista a las exhibiciones.
   b. las pinturas salgan otra vez de gira.
   c. la gente traiga a sus invitados a visitarlo.

Vamos a escribir

A. La competencia. Los miembros del grupo Primera Luz se preparan para una gran competencia musical. Lee lo que piensan durante el ensayo (*rehearsal*) antes del concurso y completa las oraciones con lo que dicen en voz alta (*aloud*). Usa los verbos de la lista.

acordarse	estar	poder	repetir
saber	vestirse	perder	haber

1. REGINA PIENSA: *¿Y si me olvido de las canciones?*
    ELLA DICE: Ay, tengo miedo de que no ===== de las palabras.

2. HÉCTOR PIENSA: *¡Somos fabulosos! ¡Sé que podemos ganar!*
    ÉL DICE: Dudo que =====.

3. MARCOS PIENSA: *Me gustaría practicar esta canción una vez más.*
    ÉL DICE: ¿Puedo pedirles que ===== esta canción?

4. ANDREA PIENSA: *Siempre canto mejor cuando hay muchos espectadores.*
    ELLA DICE: Espero que el estadio ===== llenísimo.

5. DANIEL PIENSA: *Algunos grupos usan ropa rara, pero nosotros no.*
    ÉL DICE: Me alegro que nosotros ===== bien.

6. TERESA PIENSA: *En el pasado siempre había premios maravillosos.*
    ELLA DICE: Siento que este año no ===== mejores premios.

7. HERNÁN PIENSA: *Mi novia tiene que trabajar mañana. ¡Qué lástima!*
    ÉL DICE: Estoy desilusionado que ella no ===== verme cantar.

8. REGINA PIENSA: *Por fin aprendí las palabras de las canciones.*
    ELLA DICE: Estoy contenta que ahora yo ===== todas las palabras.

B. De viaje. Karen está de vacaciones en Europa. Después de salir de España, quiere mandar esta carta a una amiga que conoció allá, pero su amiga no habla ni una palabra de inglés. Ayuda a Karen a traducir esta carta al español y usa **por** o **para** correctamente en las frases subrayadas (*underlined*).

Dear Marcela,

    We arrived in France yesterday <u>morning</u>. I love to travel <u>by train</u>! I talked to the person next to me <u>for three hours</u>. He <u>is studying to be</u> a lawyer too. Last night Susan and I walked <u>through</u> the streets of Paris. I saw the Eiffel Tower <u>for the first time</u>! <u>Finally</u> we stopped in a small café <u>to eat</u>. Later we went back to the hotel <u>to rest</u>. Susan wasn't tired, so she wrote letters <u>for two hours</u>. Then, when I woke up, we made plans <u>for today</u>.

    Well, that's all <u>for now</u>. Soon we have to leave <u>for the countryside</u>. Say hello to your family <u>for me</u>.

Your friend,
Karen

Vamos a hablar

Work with a partner, and create short dialogues based on the following situations. Whenever appropriate, switch roles and practice another part of your dialogue.

Situaciones

A. La clase de acuarela. Discuss with a friend the materials you need for your painting class. Your friend, who has bought most of the materials already, tells you how much he or she paid for them.

B. ¿Los conoces? Do any of these names sound familiar to you? Discuss with a classmate what you know about Pablo Casals, Plácido Domingo, Pablo Picasso, Andrés Segovia, Julio Iglesias, Diego Rivera, the group Menudo, or other interesting artistic figures.

VOCABULARIO

NOUNS RELATED TO THE ARTS
el arquitecto, la arquitecta arquitect
la arquitectura arquitecture
el artista, la artista artist
el autorretrato self-portrait
el bailarín, la bailarina dancer
las bellas artes fine arts
el caballete easel
el color color
la comedia comedy
el creyón artist's crayon or pencil
el cuadro painting, picture
el dibujo drawing
el drama drama
el escritor, la escritora writer
el escultor, la escultora sculptor
la escultura sculpture
la estatua statue
la fotografía photography
la interpretación interpretation
el lápiz al carbón charcoal crayon
la lente camera lens
la línea line
la literatura literature
el mural mural
el músico, la música musician
la obra work (*art, literary*)
la ópera opera
el paisaje landscape

la paleta palette
la película a colores color film (*for camera*)
el pincel artist's paintbrush
el pintor, la pintora painter
la pintura paint, painting
el retrato portrait

OTHER NOUNS
el ambiente atmosphere, environment
el análisis analysis
el aspecto aspect
la broma joke
el calor warmth, heat
los consejos advice
la chimenea chimney
el espectador, la espectadora spectator
el participante, la participante participant
la personalidad personality
la respuesta answer
el sicólogo, la sicóloga psychologist

ADJECTIVES
cerrado closed
feliz happy
hermoso beautiful
reservado reserved
separado separated

PREPOSITIONS
delante de in front of
fuera de outside (of)
sobre on, over

VERBS
actuar to act, to perform
alegrarse (de) to be glad
colorear to color
conocerse (c → zc) (to get) to know oneself
enojar to make angry
esperar to hope
estar de acuerdo (con) to agree (with)
mandar to order
matar to kill
pintar to paint
revelar to reveal
sentir (e → i, i) to be sorry
significar to mean
tratar de to try to

OTHER WORDS AND EXPRESSIONS
al fondo in the background
así que so
con cuidado carefully
Yo no le veo ni pies ni cabeza. I can't make heads or tails of it.

Diego Rivera, *Tejedora.*

La cultura india

In this chapter, you will talk about Native American culture in Latin America. You will also learn about the following functions and structures.

Functions	Structures
● talking about things you have done	the present perfect tense
● describing how something was or was done	past participles as adjectives
● giving opinions or making judgments	the subjunctive after personal and impersonal expressions
● talking about things you do	other uses of the infinitive

1NTRODUCCIÓN

EN CONTEXTO

La gran Tenochtitlán

Ricardo Vidal, un joven mexicano,
y Gabriel Tovar, un joven venezolano
de la misma <u>edad</u>, hablan de una
<u>leyenda</u> mexicana mientras admiran el
carro que Gabriel acaba de comprar.

age
legend

GABRIEL	¡Qué bonito es el <u>escudo</u> nacional de México, Ricardo! ¿Qué simboliza? ¿Sabes?
RICARDO	Claro que sí, y si me dejas conducir tu nuevo carro sport, te cuento la leyenda.
GABRIEL	Está bien, pero sólo una <u>vuelta a la manzana</u>, ¿eh?
RICARDO	<u>¡Trato hecho!</u> Pues bien, nuestra gran capital de México hace muchos años se llamaba Tenochtitlán.
GABRIEL	¡Eso ya lo sé, olvídate de la vuelta en el carro!
RICARDO	Lo que no sabes es que el escudo muestra el origen de la fundación de la gran Tenochtitlán.
GABRIEL	¿De veras? ¿Entonces el escudo es azteca?
RICARDO	Más o menos. Según <u>mandato</u> de sus dioses, los antiguos aztecas tenían que encontrar un <u>águila</u> parada en un <u>nopal</u> y que se comía una serpiente. En ese mismo lugar debían fundar su ciudad.
GABRIEL	¡Uy, qué difícil! <u>Seguramente</u> <u>tardaron mucho en</u> encontrarla.
RICARDO	¡Imagínate! <u>Se pusieron a caminar</u> de norte a sur y caminaron por muchos, muchos años. ¿Y sabes dónde la encontraron?
GABRIEL	¿Cómo lo voy a saber? ¡Por eso te voy a dejar conducir mi carro!
RICARDO	<u>En medio del</u> lago de Texcoco, en una islita.
GABRIEL	¡Uy, más difícil todavía! ¡Pobrecita gente!

coat of arms

spin around the block
It's a deal!

order
eagle / prickly pear
    cactus

surely / they took a long time to
they set out walking

in the middle of

RICARDO	Pero siguieron los mandatos de su guía Tenoch y de sus dioses, y ahí mismo empezaron a construir su ciudad. Y por eso ahora México tiene ese escudo.
GABRIEL	¿Y cómo sé yo que todo eso es cierto?
RICARDO	No seas tonto y dame las llaves. Fue el trato que hicimos.
GABRIEL	Yo creo que primero le voy a preguntar a mi profesor de historia a ver si todo eso es cierto. ¡Adióooos...!

Comprensión

Completa las oraciones con palabras o frases apropiadas según **La gran Tenochtitlán**.

1. Gabriel y Ricardo son ═══ .
2. Gabriel admira ═══ , y Ricardo admira ═══ .
3. Ricardo le cuenta a Gabriel la leyenda de ═══ .
4. La Ciudad de México antes tenía el nombre de ═══ .
5. El escudo simboliza ═══ .
6. ═══ fundaron Tenochtitlán.
7. ═══ les dijeron a los aztecas dónde establecer su capital.
8. El águila tenía que estar ═══ y con ═══ en la boca.
9. Encontraron el águila en ═══ .
10. Antes de darle las llaves a Ricardo, Gabriel decide ═══ .

ASÍ SE DICE

En la mayoría de los mitos de cada civilización, la naturaleza y las leyendas juegan un papel tan importante como los hechos.

Hay mitos relacionados con

majority / myths
facts

related to

la creación del mundo y de los seres humanos

el sol, la luna, las estrellas y los planetas

Frecuentemente los mitos explican el origen y la causa de
muchos fenómenos naturales como

la lluvia

un incendio

un huracán

un terremoto

una inundación

la erupción de un volcán

Los <u>indígenas</u> fueron buenos ingenieros y arquitectos y construyeron
templos y pirámides a sus dioses. También <u>desarrollaron</u> las ciencias,
como las matemáticas,

native inhabitants
developed

la medicina

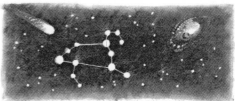

la astronomía

Al mismo tiempo fueron magníficos <u>artesanos</u>; <u>tejieron</u> e hicieron

artisans / wove

piezas de cerámica

tejidos

canastas

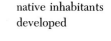

objetos y joyas de
oro y de plata

Por supuesto, la agricultura era parte muy importante de sus vidas. Además de la papa y el tomate, cultivaron otros productos como

el maíz

la yuca

el cacao

el aguacate

la calabaza

el boniato

A. **Un concurso.** Juan y Viqui ven un concurso en la televisión. En este programa los concursantes (*contestants*) escuchan palabras y tratan de adivinar cómo están relacionadas. ¿Quieres jugar? Escucha varios pares (*pairs*) de palabras y selecciona las respuestas de esta lista.

> MODELO   la lluvia, las inundaciones
> **fenómenos naturales que están relacionados con el agua**

   a. metales que usaron los indios para hacer joyas
   b. ciencias que desarrollaron los indios
   c. fenómenos que se estudian en la astronomía
   d. productos que cultivaron los indios
   e. edificios que les construyeron los indios a sus dioses
   f. temas que son populares en la mayoría de los mitos
   g. fenómenos naturales que están relacionados con el calor
   h. objetos que tejieron los antiguos artesanos de Latinoamérica
   i. historias que son muy antiguas

B. **El ganador.** Luego, Juan y Viqui ven que el mejor concursante tiene que adivinar palabras en la categoría de "la naturaleza". ¿Cuáles de estas palabras representan las definiciones que escuchan los concursantes?

> MODELO   un metal precioso
> **¿El oro?**
> **¡Correcto!**

la calabaza	el cacao
la lluvia	la astronomía
el huracán	el terremoto
la inundación	el sol

C. **¿Qué hicieron ustedes?** Completa estas oraciones según el ejemplo. Cada estudiante tiene que añadir (*add*) una palabra apropiada cuando le toca hablar. Sólo la quinta persona puede cambiar la categoría y empezar con otra oración de la lista.

> MODELO   Tú: **Fui al museo y vi piezas de cerámica.**
> Otro estudiante: **Y yo vi unas joyas de plata.**

   1. Fui al museo y vi...
   2. Yo tenía hambre, así que fui al mercado y compré...
   3. Mientras estudiábamos los mitos, hablábamos de...
   4. Fui al mercado de artesanías y ahí encontré...

COMUNICACIÓN

A. Vida vegetariana. ¿Con qué frecuencia comes estos productos? ¿Para qué se usan? Contesta estas dos preguntas y después pregúntale a otro estudiante con qué frecuencia come otra de las comidas de la lista.

EJEMPLO   **Muchas veces como yuca. Se usa en las sopas y también para hacer pan de yuca. Y tú, Jaime, ¿con qué frecuencia comes maíz?**

nunca	sólo una vez por...	rara vez	a veces	muchas veces por...	todos los días

tomate, yuca, calabaza, papa, cacao, boniato, maíz, aguacate, ¿...?

B. Vivir en peligro.   Unas zonas geográficas son más peligrosas que otras. Di dónde no te gustaría vivir y por qué. Usa las sugerencias o piensa en otras.

EJEMPLO   **No me gustaría vivir en California porque hay terremotos.**

huracanes, lluvias, terremotos, inundaciones, erupciones de volcanes, incendios, ¿...?

EXPLORACIÓN 1

Function: *Talking about things you have done*
Structure: *The present perfect tense*

PRESENTACIÓN

You have already learned that verbs in both the preterite and the imperfect describe actions in the past. Another way to talk about past events is to use the present perfect tense. It describes past actions that are viewed in relation to present time.

A. Both Spanish and English use two words to tell what you *have done*. English uses the present tense of *have* plus a past participle. Spanish uses the present tense of **haber** plus a past participle. To form the past participle, just drop the infinitive ending and add **-ado** to **-ar** verbs and **-ido** to **-er** and **-ir** verbs.

haber

he	hemos
has	habéis
ha	han

past participle

-ar verbs	contar	cont-	contado
-er verbs	tejer	tej-	tejido
-ir verbs	construir	constru-	construido

Todavía no ha llegado.   *She hasn't arrived yet.*
Ya hemos ido a verla.   *We've already gone to see it.*
Nunca he sido cobarde.   *I've never been a coward.*

Notice that the past participle of **ir** is **ido**. Past participles of **-er** and **-ir** verbs that contain "strong" vowels (**a, e, o**) have a written accent mark on the ending: <u>oído, traído, creído, leído</u>. Verbs such as construido, destruido, and incluido do not have an accent mark on the ending because the "weak" vowel **u** combines with **ido** to form one syllable.

B. In English some past participles, such as *gone, seen,* and *been,* are irregular. This is also the case in Spanish. The following are some Spanish verbs with irregular past participles.

poner	**puesto** *put*	hacer	**hecho** *done, made*
morir	**muerto** *died*	abrir	**abierto** *open, opened*
volver	**vuelto** *returned*	cubrir	**cubierto** *covered*
ver	**visto** *seen*	descubrir	**descubierto** *discovered*
escribir	**escrito** *written*	romper	**roto** *broken*
decir	**dicho** *said*		

No hemos hecho la tarea.   *We haven't done our homework.*
Ya he visto las ruinas.   *I've already seen the ruins.*

C. Reflexive and object pronouns precede the form of the verb **haber**.

No **se** han despertado todavía.   *They haven't awakened yet.*
Le ha dicho la verdad al profesor.   *He has told the teacher the truth.*

EL INTERCAMBIO CULTURAL ES UNA BUENA IDEA, PERO CREO QUE HEMOS EXAGERADO UN POCO LA COSA.

PREPARACIÓN

A. En estas tierras.   Miguel y algunos compañeros buscan información sobre las comidas y las artesanías de las Américas. Encuentran mucho sobre las comidas, pero muy poco sobre las artesanías. ¿Qué dicen?

MODELO   Julia / el chocolate
Julia ha encontrado mucho sobre el chocolate.
Tomás / los tejidos
Tomás ha encontrado poco sobre los tejidos.

1. Raúl y Pablo / el aguacate
2. Paco y yo / el cacao
3. yo / la cerámica
4. Tomás / la calabaza
5. Pilar / las joyas de oro y plata
6. tú también / la artesanía

B. Más vale tarde que nunca. Linda cuida a sus hermanitos mientras sus padres están de viaje. Una mañana que no suena el despertador (*alarm clock*), los padres llaman para averiguar cómo va todo. ¿Qué preguntas hacen los padres y qué les responde Linda?

> MODELO   ir al colegio / los niños
> **¿Ya se han ido al colegio los niños?**
> **No, todavía no se han ido.**

1. desayunar / ustedes
2. peinarse / Teresita
3. vestirse / Miguelito y Teresita
4. bañarse / ustedes
5. despertar a los niños / tú
6. levantarse / tú

C. Artesanías populares. Un director de exposiciones les pregunta a los artesanos qué han hecho y qué no han hecho para la próxima exposición de artesanías. ¿Qué dice él? ¿Y qué le contestan los artesanos?

> MODELO   Bernal / recibir los anillos de plata (sí)
> **¿Ha recibido Bernal los anillos de plata?**
> **Sí, los ha recibido.**

1. los vendedores / conseguir los tejidos (no, todavía no)
2. Mariana / pedir las joyas antiguas (sí)
3. y tú, Isabel / pintar todas las piezas de cerámica (sí)
4. nosotros / arreglar suficientemente la sala de exposición (sí)
5. María y Luisa / traer las figuras de madera (no, todavía no)
6. yo / recibir las reproducciones de las joyas (no, todavía no)

D. Mi madre, la curiosa. Marta y su amiga Sara han viajado a México. El tercer día de su viaje, Marta llama a su madre y su madre le hace varias preguntas. Mira los dibujos y responde por Marta.

> MODELO   ¿Ya han visitado el parque en Uruapan?
> **No, no lo hemos visitado todavía.**
> ¿Ya han hecho unas compras?
> **Sí, hemos hecho unas compras.**

Cosas para hacer
escribirle a mamá
ir a Uruapan
visitar pirámides

E. Viaje a México. Aquí tienes parte de la carta que Marta le escribió a su mamá desde México. Léela y usa el pretérito perfecto (*present perfect tense*) para completar las oraciones.

Nosotras __1__ (ver) las pirámides aztecas de Teotihuacán y el grupo turístico __2__ (volver) dos veces a ver las ruinas del centro. Yo __3__ (descubrir) que la vida de aquí es fenomenal—y más barata—y ya me __4__ (decir) Sara que algún día va a mudarse a México. Con todos los viajecitos que Sara y yo __5__ (hacer) con el grupo turístico, no __6__ (escribir) muchas cartas. ¡Parece que nadie __7__ (tener) tiempo para eso! Pero sabes, mamá, que yo __8__ (pensar) mucho en ti en estos días, ¿verdad?

Otra cosa: __9__ (poner) las piezas de cerámica que me pediste en un lugar seguro y todavía no se __10__ (romper) ninguna.

CONTEXTO CULTURAL

Los aztecas no se sorprendieron cuando llegó Hernán Cortés a Tenochtitlán, la capital y el centro religioso y educativo del imperio. Lo esperaban hacía muchos años porque, según una leyenda antigua, el dios Quetzalcóatl iba a volver en forma humana. Cuando el líder Moctezuma vio a Cortés, creyó que él era el dios Quetzalcóatl. Por eso los indios trataron (*treated*) a los españoles como amigos, sin saber al principio que los españoles querían conquistarlos.

F. Ese Juani. Juani es un niño muy creativo. Algunos dicen que es un verdadero genio. Pero esta vez su mamá no sabe qué pensar cuando un vecino le dice lo que ha hecho Juani. ¿Qué preguntas hace la mamá?

> MODELO   Juani acaba de *hacer* una obra de arte en la calle.
> **¿Qué ha hecho?**

1. *Construyó* una estatua con ladrillo, madera, tierra y agua.
2. *Trajo* muchos adornos de las casas de los vecinos para decorarla.
3. *Cubrió* la estatua con aguacates, tomates y cientos de flores.
4. Claro, al mismo tiempo, *destruyó* los jardines de varios vecinos.
5. La orquídea favorita de la señora Pérez *murió*. Está furiosa.
6. *Oí* decir que ella va a llamar a la policía, señora.
7. Pero no se preocupe. En mi clase de sicología *leí* que de niño los genios siempre son tremendos.

COMUNICACIÓN

A. Predicciones. Con otro estudiante, háganse uno a otro las siguientes preguntas. Antes de empezar, la persona que hace las preguntas va a predecir (*predict*) las respuestas del otro estudiante (**sí** o **no**) y escribirlas en un papelito. La persona que predice mejor gana.

> EJEMPLO   ¿Has ganado un premio alguna vez?
> **Sí, he ganado un premio. Fue un televisor.**

1. ¿Has viajado a otros países?
2. ¿Has visto una película extranjera alguna vez?
3. ¿Has vivido en otra ciudad alguna vez?
4. ¿Has escuchado discos en español en tu casa alguna vez?
5. ¿Has participado en un deporte peligroso alguna vez?
6. ¿Has conocido a alguna estrella de cine?

B. Hay días en que... Dile a la clase cómo te sientes hoy. Usa estas sugerencias o piensa en otras.

> EJEMPLO   **Tengo hambre porque no he comido hoy.**
> **No estoy cansada porque he dormido nueve horas.**

1. tener sed (hambre)	4. estar contento(a)	7. estar cansado(a)
2. estar preocupado(a)	5. tener frío (calor)	8. sentirse bien (mal)
3. estar triste	6. estar deprimido(a)	9. ¿...?

C. ¡No seas bocón!   Imagínate que tienes un hermanito chismoso
(*tattling*). Siempre les dice a tus padres lo que tú has hecho o no
has hecho. ¿Qué les dice? Usa estas sugerencias o piensa en otras
originales.

> EJEMPLO   **Mamá, Miguel no ha hecho la cama.**
> **Papá, Anita ha gastado mi dinero.**

salir sin chaqueta   decir una mentira
darle de comer al perro   burlarse de mí
no escribir su composición ¿...?

D. Utopía al día.   Imagínate que tuviste la oportunidad de
fundar una nueva civilización. ¿Qué has hecho hasta ahora?
Usa estos verbos y otros para escribir un párrafo sobre esta
civilización.

> EJEMPLO   *He eliminado todos los problemas sociales...*

hacer   destruir   introducir
poner   construir   prohibir
conservar   evitar   comenzar
coleccionar incluir   ¿...?

Repaso y extensión

In previous chapters you learned how to express actions in the past by
using the preterite. In this chapter, you learned how to talk about the
past with the present perfect. Make statements about Óscar and Sofía,
using the preterite.

> EJEMPLO   Óscar y Sofía han estudiado las costumbres indias.
> Las **estudiaron** el año pasado.

1. Han oído que sus mercados son fascinantes.
   Lo ===== de sus amigos.
2. Han hecho una expedición a Pisac.
   La ===== durante las vacaciones.
3. ¡Todos han querido venderles algo!
   Dos hombres ===== venderles una cabra recién nacida.
4. Por fin, Sofía ha comprado un tejido y dos piezas de cerámica.
   Pues, claro que Óscar no ===== la cabra.
5. Han vuelto a casa contentísimos.
   El año pasado ===== contentos también.
6. Según ellos, éste ha sido su mejor viaje.
   ===== mejor que el del año pasado.

EXPLORACIÓN 2

Function: *Describing how something was or was done*
Structure: *Past participles as adjectives*

PRESENTACIÓN

A. In Spanish, past participles are often used as adjectives. Like other adjectives, they must agree with the nouns they describe.

El viaje a Machu Picchu fue **divertido**.　　**La película** fue **aburrida**.

You are already familiar with many adjectives formed from past participles. Others you may wish to use are listed in the box.

unir	**unido** *united*	abrir	**abierto** *open, opened*
hacer	**hecho** *made, done*	avanzar	**avanzado** *advanced*
fundar	**fundado** *founded*	confundir	**confundido** *confused*
dormir	**dormido** *asleep*	desarrollar	**desarrollado** *developed*
morir	**muerto** *dead*	relacionar	**relacionado** *related*

B. Past participles used after **estar** describe a condition or state.

Estamos cansados de estudiar.　　*We **are tired** of studying.*
El museo no **está abierto**.　　*The museum **is not open**.*

C. When **ser** is used with a past participle, an action is described. This is known as the passive voice.

Tenochtitlán **fue destruida** en el siglo XVI.　　*Tenochtitlán **was destroyed** in the sixteenth century.*
Los habitantes **fueron unidos** por la crisis.　　*The inhabitants **were united** by the crisis.*

D. A past participle can also be used directly as an adjective.

¡La semana **pasada** leí un mito fascinante!
Los mayas tuvieron una civilización muy **avanzada**.

PREPARACIÓN

A. En busca de oro. Unos arqueólogos fueron a la laguna de Guatavita en Colombia para buscar el tesoro perdido de El Dorado (*The Golden One*). Allí encontraron varias cosas. Al volver (*upon returning*), ¿qué les pregunta un conservador (*curator*) de museo?

> MODELO estos objetos de oro
> **¿Cuándo fueron descubiertos estos objetos de oro?**

1. estas pulseras
2. este objeto de oro
3. estos anillos
4. esta máscara
5. estas joyas
6. esta estatua de plata

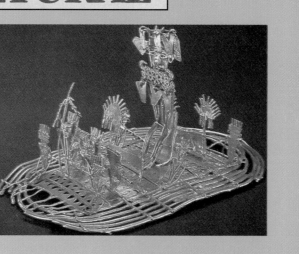

La leyenda colombiana de El Dorado explica una antigua ceremonia india para iniciar a un nuevo rey. Primero, cubrían al nuevo rey con polvo (*dust*) de oro. Luego, él y cuatro compañeros remaban al centro de la laguna de Guatavita y tiraban (*threw*) joyas y objetos de oro al agua como ofrenda (*offering*) a su dios. Luego, había una gran fiesta.

B. Pasos perdidos. Un reportero acaba de entrevistar a unos arqueólogos mexicanos en Chichén-Itzá, centro de la antigua civilización maya. ¿Qué le han dicho?

> MODELO encontrar / una civilización / perdido en la selva
> **Hemos encontrado una civilización perdida en la selva.**

1. descubrir / una arquitectura / avanzado
2. estudiar / unos dibujos / relacionado con sus dioses
3. explorar / unos templos / abandonado
4. ver / unas figuras / dibujado en las paredes
5. desarrollar / unas ideas / complicado

CONTEXTO CULTURAL

En Chichén-Itzá se encuentran algunos de los mejores ejemplos de la preocupación maya por la arquitectura y las ciencias. La pirámide que se llama «El Castillo» está dividida en dieciocho partes, que representan los dieciocho meses del año maya. Las cuatro divisiones de las 365 escaleras significan los cuatro puntos cardinales de la brújula (*compass*). También, sus cincuenta y dos fachadas (*facades*) simbolizan el número de años en el siglo tolteca.

C. ¡Qué catástrofe! Manuela escucha un reportaje sobre un terremoto en México. Escucha tú los puntos principales del reportaje y luego di lo que le cuenta Manuela a su mamá sobre el terremoto.

MODELO Manuela escucha: Muchos animales perdieron la vida.
Manuela dice: **Hay muchos animales muertos.**

a. Hay muchos habitantes unidos.
b. Hay muchos edificios destruidos.
c. Hay muchos negocios cerrados.
d. Hay muchos cables de teléfono rotos.
e. Hay muchas familias separadas.
f. Hay muchos vehículos abandonados.

D. Mandatos innecesarios. José no entiende por qué muchas veces sus familiares le dicen que haga lo que ya está hecho. ¿Qué les responde José cuando le dicen lo siguiente?

MODELO Mata ese insecto, que me da pánico.
¿Pero no ves que ya está muerto?

1. Cierra esa puerta, que tu hermana ha puesto la música muy fuerte.
2. Abre las ventanas, que hace un calor tremendo.
3. Arregla tu cuarto, que pronto vienen los invitados.
4. Pon la mesa, que llega tu mamá del trabajo.
5. Termina tu tarea, que pronto vamos a salir.

COMUNICACIÓN

A. Reflejos. Haz estas preguntas a siete compañeros diferentes. Escribe las respuestas y también el nombre de los siete compañeros. Cuando el profesor dice el nombre de uno de tus candidatos, cuéntale a la clase lo que has averiguado de él o ella.

> EJEMPLO   ¿Qué haces cuando estás cansada?
> **Cuando estoy cansada, duermo la siesta. (Elena)**

1. ¿Qué haces cuando estás confundido(a)?
2. ¿Qué haces cuando estás aburrido(a)?
3. ¿Qué haces cuando estás perdido(a) en una ciudad?
4. ¿Qué haces cuando no estás preparado(a) para la clase? ¿Para un examen?
5. ¿Qué haces cuando estás deprimido(a)?
6. ¿Cómo actúas cuando estás encantado(a)?
7. ¿Cómo actúas cuando estás enojado(a)?

B. Sabelotodo. Aquí tienes una lista de cosas relacionadas con los indios y los españoles. ¿En cuántos ejemplos puedes pensar en cada caso?

> EJEMPLO   algo construido por los indios
> **Machu Picchu es una ciudad construida por los incas.**

1. un cambio hecho por los españoles en el Nuevo Mundo
2. un producto cultivado por los indios
3. un tipo de artesanía hecho por los indios
4. una leyenda contada por los indios
5. algo usado como transporte por los indios o por los españoles
6. una ciencia conocida por los mayas
7. una ciudad norteamericana fundada por los españoles
8. algo nuevo encontrado por los españoles en el Nuevo Mundo
9. algo traído por los españoles al Nuevo Mundo
10. algo construido por los aztecas

C. Descripciones. Mira los dibujos y dile a la clase todo lo que puedas sobre ellos.

EJEMPLO **La mesa está puesta.**
La comida está preparada.
La gente no está sentada.

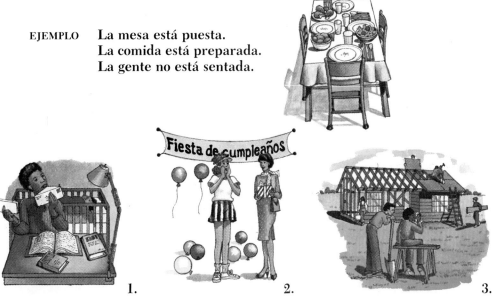

1.   2.   3.

Repaso y extensión

Sayings and proverbs are widely used in Spanish-speaking countries, and many of them contain past participle constructions. Read these common sayings, and match them to similar or equivalent English expressions.

MODELO   Lo bailado, bailado.
               What's done is done.

1. Carta echada no puede ser retirada.
2. Del dicho al hecho hay un gran trecho.
3. Con niño consentido, sermón perdido.
4. Lo bien aprendido no se echa en olvido.
5. A lo hecho, pecho.
6. En boca cerrada, no entran moscas.
7. A caballo regalado no se le mira el diente.
8. Lo gozado vale menos que lo imaginado.

a. A lesson well learned is not soon forgotten.
b. Don't look a gift horse in the mouth.
c. The grass is always greener on the other side of the fence.
d. No use crying over spilled milk.
e. Spare the rod, and spoil the child.
f. A card laid is a card played.
g. There is many a slip twixt the cup and the lip.
h. Silence is golden.

EXPLORACIÓN 3

Function: *Giving opinions or making judgments*
Structure: *Subjunctive after personal and impersonal expressions*

PRESENTACIÓN

A. You know that the subjunctive is used after verbs of emotion, doubt, preference, influence, and ordering. It is also used after expressions that show opinions or judgments. Once again, **que** must precede the second verb. Use this formula plus words like the ones listed.

> **Es** + adjective + **que** + verb in the subjunctive

importante	(im)posible	mejor	(in)útil *useful (useless)*
necesario	lógico	difícil	preciso *necessary*
bueno	(im)probable	malo	aconsejable *advisable*
raro	peor	increíble	dudoso *doubtful*

Es posible que yo visite las pirámides mañana.
It's possible that I'll visit the pyramids tomorrow.

No es necesario que pagues tanto por este poncho.
It's not necessary for you to pay so much for this poncho.

B. You have already learned to express opinions and judgments with verbs like **gustar, encantar, interesar, fascinar,** and **importar.** These verbs also cue the subjunctive when they are followed by **que** and a second verb.

Nos encanta que los vendedores
  tengan tantas artesanías.
No me importa que Alicia no
  vaya con nosotros.

*We're delighted that the vendors
  have so many handcrafts.
I don't care if Alicia doesn't
  go with us.*

PREPARACIÓN

A. Zona de desastres.   Yolanda investiga el pronóstico del tiempo de varios lugares en Latinoamérica. ¿Qué averigua?

> MODELO   haber un huracán en Panamá mañana (posible)
> **Es posible que haya un huracán en Panamá mañana.**

1. hacer sol en Lima (dudoso)
2. llover en Santiago (probable)
3. nevar en San Juan (imposible)
4. haber una erupción de otro volcán en El Salvador (increíble)
5. ocurrir un terremoto en Guatemala (posible)

B. Las ruinas son historia.   Carmen piensa ser arqueóloga y le interesa la cultura maya. ¿Qué le dice su profesor?

> MODELO   es aconsejable / estudiar / su artesanía
> **Es aconsejable que estudies su artesanía.**

1. es bueno / investigar / su civilización
2. es mejor / aprender / sus costumbres
3. es importante / entender / su cultura
4. es necesario / leer / sus leyendas
5. es útil / saber / sus idiomas
6. es aconsejable / estudiar / su religión

CONTEXTO CULTURAL

Al pasar por las selvas de México y Centroamérica, se ven las ruinas del Imperio Maya. Aunque no conocían ni el cemento ni la rueda (*wheel*), los mayas fueron grandes ingenieros y arquitectos. Pero queda un misterio: ¿Por qué abandonaron sus ciudades, y cómo desaparecieron éstas? Es posible que un día encontremos las respuestas en las ruinas de su civilización.

C. Abuelita. José va al concierto de un grupo de rock famoso, pero primero su abuelita le hace preguntas sobre esta clase de concierto. ¿Qué dice José?

MODELO   ¿Va mucha gente? (probable)
Sí, es probable que vaya mucha gente.

1. ¿Los músicos llevan trajes y corbatas? (dudoso)
2. ¿Cuesta mucho entrar? (probable)
3. ¿Hay mucho ruido en esta clase de concierto? (probable)
4. ¿Regresas temprano? (dudoso)
5. ¿Bailan ustedes en el concierto? (probable)
6. ¿Hay muchos niñitos en el concierto? (dudoso)
7. ¿Van tus padres también? (dudoso)

D. Solos en casa. Los señores Gómez van a Bogotá y dejan a sus dos hijos Jaime y Joaquín en casa con la abuela. Les dan algunos consejos a sus hijos antes de salir. ¿Qué les dicen?

MODELO   Es mejor que no **salgan** por la noche.

estudiar   divertirse   ver   abrir   ir   hacer

1. Es mejor que no ===== la puerta después de las diez de la noche.
2. Es necesario que ===== antes de ver televisión.
3. Es preferible que no ===== televisión toda la noche.
4. Es aconsejable que no ===== al concierto el sábado.
5. Es preciso que no ===== fiestas en la casa.
6. Pero es importante que ===== mucho.

E. Padres e hijos. Por una parte (*on the one hand*) el señor Montesinos quiere que su hijo no sea conformista. Pero, por otra parte (*on the other hand*), quiere que su hijo sea exactamente como él. ¿Qué le dice el padre al hijo?

PAPÁ   Es importante que __1__ (seguir) mi ejemplo.

HIJO   Pero siempre me aconsejas que __2__ (tomar) mis propias decisiones, ¿no?

PAPÁ   Puede ser, pero es necesario que __3__ (entender) los problemas desde mi punto de vista.

HIJO   Pero siempre me dices que __4__ (tener) mis propias opiniones, ¿no?

PAPÁ   En otros casos sí, pero en este caso es aconsejable que __5__ (cambiar) de opinión.

HIJO   ¿No me recomiendas siempre que __6__ (ser) individualista?

PAPÁ   Sí, pero esta vez es mejor que __7__ (hacer) lo que yo te digo.

HIJO   ¿Ya no te gusta que __8__ (desarrollar) mi propia personalidad?

PAPÁ   ¡Qué va! ¡Sólo me importa que __9__ (ser) como yo!

COMUNICACIÓN

A. Entre lo real y lo ideal. ¿Qué características buscas en las personas? ¿Qué deben saber? Usa estas sugerencias o piensa en otras.

EJEMPLO **Es necesario que los médicos sean inteligentes.**

	es preciso	los médicos	ser
	es necesario	los profesores	saber
	es importante	los seres humanos	tener
(no)	es bueno que	los jugadores de fútbol	cultivar
	es malo	los campesinos	ayudar
	me importa	los artesanos	trabajar
	me gusta	los amigos	hacer
		¿...?	¿...?

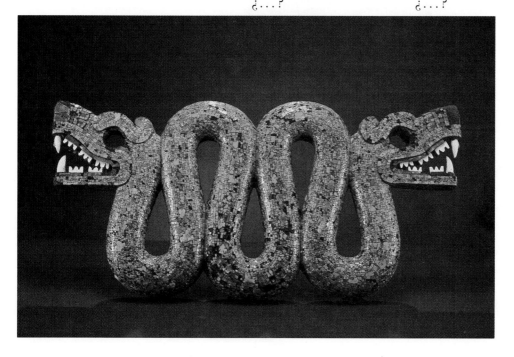

B. Comparaciones. Escucha y escribe los comentarios que algunos estudiantes hacen sobre su escuela. Luego, escribe si lo que dicen aplica (*applies*) a tu escuela también. Explica tus razones.

EJEMPLO

> Es aconsejable que nuestros atletas saquen buenas notas.
> ------------------------------
> Aquí también es aconsejable que saquen buenas notas. Si no, no pueden jugar en los partidos.

C. Un mundo ideal.   Imagínate que hoy tienes la oportunidad de cambiar el mundo en que vivimos. ¿Qué desastres naturales vas a eliminar? ¿Cómo piensas mejorar (*improve*) nuestra manera de vivir? Usa los dibujos como sugerencias.

> EJEMPLO   **Es importante que no haya discriminación.**
> **Es lógico que la gente sea alegre.**

Es importante, mejor, necesario, preciso, lógico, aconsejable, improbable, imposible, ¿. . . ?

1.
2.
3.
4.
5.
6.
7.
8.

Repaso y extensión

As you have just learned, impersonal expressions implying doubt, emotion, or judgment take the present subjunctive when they are followed by **que**. However, impersonal expressions implying certainty are followed by **que** plus the present indicative. Some of these expressions are **es verdad, es seguro, es cierto, es evidente** (*it is evident*), **es obvio** (*it is obvious*), and **no hay duda** (*there is no doubt*). Complete this conversation with verbs in the present subjunctive or present indicative as needed.

Son las seis de la mañana. Marcos y Gloria piensan pasear en velero esta tarde, pero el pronóstico del tiempo es muy malo.

MARCOS   Es probable que <u>haya</u> (haber) una tormenta tropical esta tarde. Por eso, es necesario que __1__ (nosotros, salir) para el lago ahora.

GLORIA   Es mejor que __2__ (nosotros, ir) más tarde. Es obvio que nuestros amigos no __3__ (ir) a querer acompañarnos a estas horas. Y estoy segura que no __4__ (ir) a llover. Como ya sabes, es raro que el pronóstico del tiempo __5__ (ser) correcto.

MARCOS   Bueno, es posible que __6__ (tú, tener) razón, pero también es lógico que __7__ (nosotros, considerar) la posibilidad de una tormenta tropical, ¿no crees?

GLORIA   En fin, es inútil que __8__ (nosotros, seguir) con esta discusión. Es evidente que yo no __9__ (ir) a cambiar de opinión ni tú tampoco. Es mejor que __10__ (nosotros, pasear) en velero otro día.

EXPLORACIÓN 4

Function: *Talking about things you do*
Structure: *Other uses of the infinitive*

PRESENTACIÓN

You know that infinitives are used after conjugated verbs when you talk about what you want, prefer, or know how to do. Here are some examples, all of which should be familiar to you.

Vamos a **tejer** unas canastas.
Me gustaría **quedarme** en el museo una hora más.
Los aztecas insistieron en **fundar** su capital en un lago.
Espero que puedas **ir** conmigo al mercado de artesanías.

A. An infinitive can also be used as the subject of a sentence. In this case, the infinitive usually corresponds to the *-ing* form in English.

Mirar el cielo es fascinante.   *Looking at the sky is fascinating.*
Ver es creer.   *Seeing is believing.*

B. Infinitives can also follow prepositions and again usually correspond to an *-ing* form of the verb in English. Some frequently used prepositions include **al** (*upon*), **antes de, de, después de, en vez de** (*instead of*), **para,** and **sin**.

Después de ver las ruinas, fuimos al mercado.
After seeing the ruins, we went to the market.

Prefieren quedarse en casa en vez de viajar.
They prefer staying at home instead of traveling.

Al llegar, los españoles encontraron grandes civilizaciones.
Upon arriving, the Spaniards found great civilizations.

PREPARACIÓN

A. No dejes para mañana... Rebeca está aburridísima con su vida porque no tiene ningún pasatiempo interesante. ¿Qué le recomiendan sus amigos?

MODELO magnífico
¡Sacar fotos es un pasatiempo magnífico!

1. antiguo

2. difícil pero agradable

3. divertido

4. sano

5. fantástico

6. bonito

CONTEXTO CULTURAL

Los incas, que vivían en Perú, Ecuador, Bolivia y Chile, eran grandes ingenieros, artesanos, militares, astrónomos, médicos y arquitectos. Machu Picchu es una extraordinaria fortaleza (*fortress*) inca situada a unos 2.480 metros (8.000 pies) de altura. Se conoce como la ciudad perdida porque no fue descubierta por los arqueólogos hasta el año 1911, cuando Hiram Bingham la vio desde un avión. Para llegar a la ciudad, hay que subir los Andes.

B. **¡Como tú quieras!**   Cuando Lorenzo y Cata visitan Machu Picchu, Cata le sugiere varias actividades, pero Lorenzo tiene otras preferencias. Escucha las sugerencias de Cata y responde por Lorenzo.

> MODELO   ¡Vamos a subir la montaña! (mirar las esculturas)
> **No, en vez de subir la montaña, prefiero mirar las esculturas.**

1. subir las escaleras
2. pasear por los edificios
3. leer las inscripciones
4. quedarme aquí
5. conversar con el guía

C. **Sin éxito.**   Cuando Ponce de León buscaba la Fuente de la Juventud (*Youth*), él pudo haber escrito lo siguiente en su diario. Completa cada oración con el verbo apropiado de cada pareja (*pair*) numerada.

Después de __1__ la leyenda de la fuente, __2__ para el Nuevo Mundo, pero no __3__ apropiadamente. El viaje fue largo y difícil, y al __4__ a la isla de Puerto Rico, algunos de mis hombres __5__ enfermos. Para __6__ la isla, necesitaba hombres fuertes, pero en vez de __7__, muchos se quejaron. __8__ con pocos hombres para __9__ la fuente, pero __10__ después de pocos días sin __11__ nada. La próxima vez, antes de __12__ una expedición tengo que prepararme mejor.

1. oír, oímos
2. salir, salimos
3. prepararnos, nos preparamos
4. llegar, llegamos
5. estar, estaban
6. explorar, explora
7. ayudarme, me ayudan
8. Salir, Salí
9. buscar, busqué
10. volver, volvimos
11. encontrar, encontramos
12. hacer, haga

CONTEXTO

CULTURAL

La leyenda de la Fuente de la Juventud es una de las más famosas del Nuevo Mundo. Según la leyenda, la fuente estaba en un lugar remoto y la persona que bebía de sus aguas sería (*would be*) joven para siempre. Ponce de León oyó esta leyenda y exploró la isla de Puerto Rico y lo que hoy es Florida en busca de la fuente. Desafortunadamente, murió sin encontrarla.

COMUNICACIÓN

A. Por la mañana. Cuéntale a la clase o a otro(a) estudiante lo que hiciste esta mañana **antes de** y **después de** estas actividades. ¡Si no hiciste lo mencionado, cuéntale lo que hiciste **en vez de** eso!

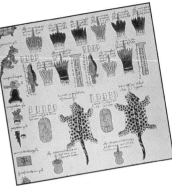

> EJEMPLO despertarse
> **Antes de despertarme, tuve un sueño horrible.**
> **Después de despertarme, me levanté, por supuesto.**
> **En vez de despertarme, dormí y perdí el autobús.**

1. bañarse
2. vestirse
3. darle de comer al gato
4. hacer la cama
5. desayunar
6. lavarse los dientes
7. tomar el autobús
8. quejarse de la escuela

B. El lente con que se mira. Aquí tienes actividades en varias categorías. Piensa en más actividades para cada categoría y dile a la clase qué piensas de cada una.

> EJEMPLO **Correr es bueno para la salud.**
> **Comer bien también es bueno para la salud.**

Aburrido	**Divertido**	**Peligroso**
lavar los platos	bailar	meterse en la selva

Bueno para la salud	**Malo para la salud**
correr	comer demasiado

C. Nada cuesta aconsejar. ¿Quieres darles consejos discretos a tus amigos para una vida mejor? ¿Qué les dices? Usa estas sugerencias o piensa en otras originales.

> EJEMPLO **Dar es mejor que recibir.**
> **Ganar mucho dinero es menos importante que vivir tranquilo.**

Vivir bien
Divertirse
Viajar
Caminar
Salir con los amigos   es (más)
Alquilar un apartamento   es (menos)
Ganar mucho dinero   es (tan)
Ir al cine
Construir
Pensar en ti mismo(a) primero
¿...?

divertido
fácil
difícil
emocionante   que...
interesante   que...
peor   como...
mejor
¿...?

D. Aventuras en el Nuevo Mundo. Imagínate que eres un explorador que hizo una expedición a México en el siglo XVI. Describe lo que tú y tus compañeros hicieron y vieron en el Nuevo Mundo.

> EJEMPLO   What did you do upon arriving at a temple?
> **Al llegar a un templo, descubrimos objetos de oro y plata.**

What did you do

1. before leaving Spain?
2. upon seeing land?
3. after arriving?
4. upon meeting a Native American on the coast?
5. after hearing some Native Americans scream?
6. in order to enter the pyramids?
7. without being afraid?
8. instead of returning to Spain?

Repaso y extensión

You already know that conjugated verbs may be followed by an infinitive. However, the infinitive must be introduced by a preposition (**a, de, en**) after certain verbs. Here is a list of verbs and prepositions that they require before an infinitive.

aprender a, ayudar a, comenzar a, empezar a, enseñar a, invitar a, ir a, acabar de, insistir en, pensar en, acordarse de, aprovecharse de, prepararse para, volver a, cuidarse de, terminar de, tratar de

Use these verbs to write sentences based on something you
1. learned how to do when you were very young.
2. have just done.
3. will never do again.
4. invited a friend to do last summer.
5. insist on wearing, although your parents don't like it.
6. have taught a friend or relative to do.
7. try not to do or say in a teacher's presence.
8. think about doing when you are bored in a class.
9. never remember to do.
10. ¿...?

LECTURA

Las líneas de Nazca

Este mono, hecho por los antiguos peruanos hace más de mil años, es sólo una de las treinta figuras que se encuentran en el desierto de Nazca, en el sur de Perú. Entre estas misteriosas figuras, además de varios animales, hay complicados dibujos geométricos, flores, animales y un hombre parecido a un búho. Estos dibujos son tan grandes que sólo pueden verse completos desde el aire. La mayoría mide entre 100 y 400 pies de largo—¡y hay uno de 900 pies! Muchos arqueólogos, antropólogos y astrónomos han estudiado estas figuras, que fueron descubiertas en 1926, pero hasta ahora nadie ha podido decir exactamente por qué y para qué fueron hechas. María Reiche, una científica alemana de más de 80 años de edad, ha pasado la mitad de su vida tratando de resolver este misterio.

Se han presentado muchas teorías sobre el origen de las líneas de Nazca. Una teoría popular dice que las figuras eran una forma de comunicación entre los indios y los seres de otros planetas. Para muchos el hombre-búho es muy parecido a un ser del espacio. Según María Reiche, las líneas tienen que ver con el espacio, pero sólo porque forman parte de un calendario astronómico. Ella piensa que los indios las hicieron para trazar el movimiento del sol, la luna y las estrellas, para predecir lluvias o terremotos y para determinar cuándo empezar a trabajar la tierra.

A la pregunta de cuál es el significado de los animales, la doctora Reiche dice que ella misma ha visto la imagen de una araña en la constelación de Orión. También ha visto la figura de un mono en una constelación. Consecuentemente, ella piensa que muchas de las figuras en el desierto representan lo que los indios vieron en los cielos.

Según una hipótesis de la doctora Reiche, los indios usaron estacas, cuerdas y avanzadas fórmulas de geometría para construir las enormes figuras. Sin embargo, como todo buen científico sabe: presentar hipótesis es fácil; lo difícil es llegar a la verdad. Y para hacer eso, la doctora dice que tenemos que meternos en la mente de la gente que las hizo y trabajar como ellos trabajaron.

Adapted "Copyright © 1983 by The New York Times Company by permission."

Expansión de vocabulario

la araña spider	**la mitad** half
el búho owl	**ser parecido a** to be similar to
la cuerda rope	**peruano** Peruvian
de largo in length	**resolver** to solve, to resolve
el desierto desert	**tener que ver con** to have
la estaca stake	to do with
la imagen image	**tratando** trying
medir (e → i, i) to measure	**trazar** to trace
la mente mind	

Comprensión

Lee estas frases sobre **Las líneas de Nazca** y decide si son verdaderas o falsas. Si son falsas, hazlas verdaderas.

1. Las líneas de Nazca se encuentran en la selva venezolana.
2. Las figuras más grandes miden 30 pies.
3. Los dibujos sólo se pueden ver completos desde el aire.
4. María Reiche es una médica peruana.
5. Según la doctora Reiche, los indios usaron estas líneas para trazar el movimiento de los planetas.
6. Según la doctora, los indios dibujaron lo que vieron en el cielo.
7. María Reiche cree que los indios sabían mucho de la geometría.
8. La señora Reiche ha descubierto la solución del misterio.

COMUNICACIÓN

A. Teorizar es fácil. Ya que (*now that*) has leído la entrevista con la doctora Reiche sobre el misterio de "las líneas de Nazca", termina estas oraciones y presenta algunas ideas tuyas.

EJEMPLO   **Es posible que las figuras sean sólo unas obras de arte.**

1. Es (im)posible que…	ser tan grandes las figuras
2. Es dudoso que…	no poder verse desde la tierra
3. (No) es lógico que…	encontrar una explicación
4. Es (in)útil que…	investigar las líneas de Nazca
5. Es increíble que…	estar relacionadas con seres del espacio
6. Es (im)probable que…	tener que ver con la religión
7. ¿…?	¿…?

B. Un paso al más allá. Escribe un poco sobre otros misterios que los científicos todavía no han podido explicar.

EJEMPLO   **Muchos arqueólogos dicen que las pirámides mayas son muy parecidas a las de Egipto. ¿Cómo es posible? Pues, algunos dicen que los egipcios llegaron a América en barcos.**

seres de otros planetas, fenómenos naturales, fantasmas, tesoros, mitos, leyendas, descubrimientos raros, ¿…?

C. ¿Realidad o fantasía? Tú y tus compañeros de clase van a crear su propio mito o leyenda sobre algún ser humano, animal o pueblo. Se puede basar en algo real o imaginario. Usa solamente el vocabulario que has aprendido.

PRONUNCIACIÓN

When one word ends in a vowel and the next word begins with the same vowel or vowel sound, the two words "run together." The two vowels are pronounced as one but have a slightly longer sound.

la arquitectura   mi idea   este escultor   buena amiga   mi hijo

When two identical consonants come together at word boundaries, they are pronounced as one.

el lago   los sábados   estas salas   el libro   estos sicólogos

Now pronounce these sentences.

Mi hija, Alegría, estudia astronomía. Mi hijo, Osvaldo, no sabe nada de esta ciencia. En noviembre él va a asistir a la Academia de Escultores en Nicaragua.

INTEGRACIÓN

Find out how much you know as you do these activities. If you have trouble with any of them, study the topic and practice the activities again, or ask your teacher for help.

Vamos a escuchar

A. Su gran oportunidad.   La Agencia "Buen viaje" anuncia un viaje especial en la radio. Escucha el anuncio y luego completa las oraciones con la frase o las frases apropiadas.

1. El anuncio de esta agencia de viajes ofrece

    a. conocer playas espectaculares.
    b. visitar ciudades coloniales.
    c. poder comprar bellas artesanías.

2. Según el anuncio, ésta es su oportunidad si

    a. quiere aprender las leyendas de los indios.
    b. le interesa la artesanía indígena.
    c. le gustaría viajar a Guatemala.

3. Para las personas interesadas, la agencia

    a. les ha preparado una gran aventura.
    b. les va a regalar tejidos hechos a mano.
    c. ofrece un viaje barato.

4. Lo interesante de Guatemala son sus

    a. ruinas.
    b. construcciones coloniales.
    c. tejidos y cerámica.

5. Según la agencia en Guatemala se pueden comprar

    a. comidas indígenas.
    b. tejidos hechos a mano.
    c. casas hermosas.

B. De viaje. Al oír el anuncio sobre el viaje a Guatemala, Doris y Manuel deciden ir de vacaciones a Guatemala. Mientras se preparan para ir, discuten varios asuntos (*matters*) sobre el viaje. Escucha su diálogo e indica qué es lo que dicen sobre unas palabras clave (*key words*).

¿Qué es lo que dicen sobre

1. las maletas y las mochilas?
   a. Doris decide llevar una mochila en vez de una maleta.
   b. Doris y Manuel discuten las ventajas y desventajas de ellas.
2. los pasaportes?
   a. Manuel no puede encontrar su pasaporte.
   b. Doris ya sabe dónde guardar su pasaporte.
3. la compañía aérea?
   a. Manuel no ha llamado para averiguar cuándo sale el avión.
   b. No se acuerdan del nombre de la compañía aérea.
4. los boletos?
   a. Ninguno de los dos los ha comprado.
   b. Manuel los ha perdido y tienen prisa por encontrarlos.
5. las reservaciones?
   a. Doris no está de acuerdo con el hotel que seleccionó Manuel.
   b. No las han hecho todavía.

Vamos a leer

A. Los indios de hoy en día. Lee esta lectura sobre Edith Bartolo y la cultura india de América Latina. Luego contesta las preguntas.

Más de 400 años después de la conquista del Nuevo Mundo las culturas indias de América Latina sobreviven y se manifiestan con gran vitalidad. Las manos que antes construían pirámides, palacios y templos hoy en día crean exquisitas obras de arte que adornan museos y residencias en Latinoamérica y en el mundo entero. También se han preservado los idiomas indígenas. ¿Sabías que en Perú el quechua—el idioma de los incas—es el segundo idioma oficial? Y en Yucatán y Guatemala el maya es el idioma preferido de la población local. Estos ejemplos muestran claramente que las culturas indias no han muerto. Y aunque muchos indígenas viven todavía en condiciones de pobreza, muchos de ellos se han incorporado al mundo moderno y ahora comparten sus beneficios.

Tomemos como ejemplo el caso de Edith Bartolo y sus hermanos. Edith nació y vivió sus primeros años en las montañas de Oaxaca en el sur de México. Usó sus primeros zapatos y aprendió español a los cinco años de edad. Antes hablaba solamente zapoteca, el idioma de sus padres. Edith asistió a la escuela de un pueblo cercano y más tarde sus padres la mandaron, en compañía de sus dos hermanos, a la universidad en la

Ciudad de México. Edith estudió para contadora pública y se graduó con honores. Un hermano es dentista y el más joven es veterinario. Los tres hablan zapoteca, español e inglés. En las grandes y elegantes fiestas de la capital mexicana, Edith se viste con los hermosos vestidos zapotecas, largos y floreados, y se adorna con los largos collares de monedas de oro que son tradicionales en su tierra. Así exhibe orgullosamente su cultura.

Estos tres jóvenes mexicanos, zapotecas de raza pura, mantienen vivas las culturas indias y sirven de enlace entre el pasado y el presente. También, los tres contribuyen al progreso de su país como respetados profesionales.

1. ¿Dónde se pueden ver las obras de arte indígena hoy en día?
2. ¿Quién es Edith Bartolo?
3. ¿Cuándo aprendió a hablar español?
4. ¿Dónde queda Oaxaca?
5. ¿Qué profesiones estudiaron los jóvenes Bartolo?
6. ¿Qué idiomas indígenas se hablan hoy en día y dónde?
7. ¿Cómo exhibe la señorita Bartolo su cultura?

Vamos a escribir

A. ¿Cómo eres? Completa estas frases de una forma original y revela un poco de tu personalidad.

EJEMPLO   **Necesito dinero para <u>comprarle un regalo a mi mejor amigo</u>.**

1. Necesito dinero para ═══.
2. En este momento tengo ganas de ═══.
3. ═══ con los amigos es divertidísimo.
4. En vez de ═══, me gustaría ═══.
5. ═══ es la actividad más aburrida del mundo.
6. Tomo clases de español para ═══.
7. Después de ═══, voy a ═══.
8. Lo peor que le puede pasar a uno es ═══ sin ═══.
9. Al ═══ escuela, lo primero que hago es ═══.
10. Me gustaría ═══ antes de ═══.

B. Consejero. Tu mejor amigo(a) tiene problemas con su padre. ¿Qué les aconsejas para solucionar sus problemas a los dos? Usa expresiones impersonales.

> EJEMPLO   about watching television
> **Para evitar problemas con tu padre, es necesario que no veas tanta televisión y que estudies más.**
> **Señor, es aconsejable que le permita a su hijo(a) descansar un rato cada día.**

Es necesario, preciso, importante, mejor, malo, aconsejable, ¿...?

What advice would you give
1. about smoking?
2. about listening to music so loud?
3. about the way your friend speaks when he or she is angry?
4. about talking on the telephone?
5. about coming home late at night?
6. about...?

C. ¿Mentiras? A Lolín le gusta mucho presumir (*to boast*) de todo, aun (*even*) de cosas que no son ciertas. Hoy quiere impresionar a su amiga Silvia. Completa lo que dice Lolín con el pretérito perfecto del verbo indicado.

> EJEMPLO   Silvia   ¿Qué me vas a contar hoy, Lolín?
> Lolín   Todavía no te **he contado** de mi viaje a México, ¿verdad?

SILVIA   Me gusta mucho viajar. ¿Y a ti?
LOLÍN   Por supuesto. Yo __1__ por el mundo entero.
SILVIA   ¿De veras? Yo no conozco México, pero me gustaría mucho ir.
LOLÍN   Mi familia __2__ muchas veces.
SILVIA   ¿Y qué hacen los turistas en México?
LOLÍN   Pues, nosotros __3__ de todo.
SILVIA   ¿Subieron las pirámides de Teotihuacán?
LOLÍN   Cómo no. Nosotros las __4__ varias veces.
SILVIA   ¿Qué otras maravillas descubrieron en México?
LOLÍN   __5__ que en cada esquina de ese país hay maravillas.
SILVIA   ¿Y estuvieron en un terremoto en México?
LOLÍN   Sí, pero nunca __6__ en uno grande, gracias a Dios.
SILVIA   ¿Ya vieron otros fenómenos naturales de este tipo?
LOLÍN   Bueno, yo no, pero mi papá __7__ huracanes y la erupción de un volcán.
SILVIA   ¡Qué barbaridad! ¿Y no tuvo miedo?
LOLÍN   ¿Tú crees? Mi papá nunca __8__ miedo en su vida.
SILVIA   Dime, Lolín, ¿por qué no escribes un libro sobre tus viajes?
LOLÍN   ¿No lo sabes?, ya __9__ una novela fantástica.

D. Entre hermanos. Tienes un problema y vas a hablar con tu hermana para pedirle un favor, aunque generalmente ella no quiere ayudarte. ¿Qué le dices para que ella cambie de opinión?

How do you

1. tell her that you have come to ask her a favor?
2. explain that you have broken one of your mom's ceramic pieces?
3. tell her how important it is for her to lend you money in order to buy a new one?
4. complain because she's never done you a favor?
5. ask if she remembers the time she left the door open and your family was robbed?
6. tell her you recommend that she give you the money?
7. threaten that if she doesn't lend it to you, it's possible you will tell your parents about the door?

Vamos a hablar

Situaciones

Work with a partner and create short dialogues based on the following situations. Whenever appropriate, switch roles and practice another part of your dialogue.

A. ¿Qué hacemos? You and a friend just heard that an earthquake, hurricane, volcanic eruption, or flood may occur in your area. Your friend is very nervous about the possibilities, but you are calm and give advice about what to do.

B. ¿Cómo es este país? You tell a foreign student you know about the good and bad aspects of your country and about the places to visit or to avoid. Then respond to what the student says he or she likes and does not like about this country.

C. Otro favor, por favor. Your brother or sister has broken your uncle's watch and asks you for money to fix it. You have lots of words of wisdom about why it is important to tell your uncle the truth, but your brother or sister disagrees and reminds you of the time he or she did you a special favor.

VOCABULARIO

NOUNS

la agricultura agriculture
el aguacate avocado
el águila (f) eagle
la araña spider
el arqueólogo, la arqueóloga archeologist
el artesano, la artesana artisan, craftsperson
la astronomía astronomy
el boniato sweet potato
el búho owl
el cacao cocoa
la calabaza pumpkin
el calendario calendar
la canasta basket
la civilización civilization
la creación creation
el desierto desert
la edad age
la erupción de volcán volcanic eruption
el escudo coat-of-arms
el fenómeno phenomenon
el guía, la guía guide
el hecho fact
el huracán hurricane
la imagen image
el incendio fire
el indígena, la indígena native inhabitant
la inundación flood
la joya piece of jewelry
la leyenda legend
la luna moon

el mandato order
la mayoría majority
la medicina medicine
la mitad half
el mito myth
el objeto object
el origen origin
el oro gold
la pieza de cerámica ceramic piece, ceramic pot
la pirámide pyramid
el planeta planet
la plata silver
el producto product
el ser humano human being
el tejido fabric, weaving
el templo temple
el terremoto earthquake
la yuca cassava, manioc

ADJECTIVES

aconsejable advisable
azteca Aztec
dormido asleep
dudoso doubtful
increíble incredible
indio Indian
inútil useless
lógico logical
necesario necessary
peruano Peruvian
posible possible
preciso necessary
probable probable

raro rare
útil useful
venezolano Venezuelan

VERBS

avanzar to advance
confundir to confuse
cubrir to cover
desarrollar to develop
descubrir to discover
fundar to found
medir (e → i, i) to measure
resolver (o → ue) to resolve
simbolizar to symbolize, to represent
tardar (en) to take a long time (to)
tejer to weave, to knit
trazar to trace, to chart

OTHER WORDS AND EXPRESSIONS

(dar) una vuelta a la manzana (to take) a spin around the block
de largo in length
en medio de in the middle of
en vez de instead of
relacionado con related to
seguramente surely, probably
ser parecido a to be similar to
tener que ver con to have to do with
¡Trato hecho! It's a deal!

No hay vida sin fiesta

In this chapter, you will talk about festive celebrations in Hispanic countries. You will also learn about the following functions and structures.

Functions	Structures
• describing actions in progress	the present progressive
• talking about what was happening in the past	the past progressive
• talking about what is unknown or nonexistent	the subjunctive in adjective clauses
• showing contrast or contradiction	**pero, sino,** and **sino que**

1 NTRODUCCIÓN

EN CONTEXTO

Fiestas hispánicas

En el mundo hispánico se celebran fiestas folklóricas, cívicas y religiosas. Lo característico de todas ellas es el amor que tiene el hispano por el espectáculo. Cada celebración, <u>aun</u> las religiosas, es una ocasión para <u>reunirse</u> con los amigos y familiares y para divertirse. Aquí tienes los <u>comentarios</u> de tres jóvenes hispanos sobre sus fiestas favoritas.

> even
> to get together
> remarks

Las fiestas de Loíza Aldea
De todas las fiestas puertorriqueñas, éstas son mis favoritas. <u>Duran</u> una semana y se celebran no sólo en el pueblo de Loíza, <u>sino</u> también en sus playas. Es una fiesta religiosa, pero parece un carnaval: se baila la "bomba" por las calles y los hombres se visten de mujeres. Algunos se disfrazan con <u>máscaras</u> enormes de muchos colores y salen por las calles a <u>asustar</u> a los niños. Sin embargo, a los niños les gusta y se divierten mucho.

> they last
> but
>
> masks / to scare

El Día de la Independencia
Mi día favorito es el dieciocho de septiembre, fecha en que los <u>chilenos</u> celebramos nuestras fiestas cívicas. Es en la primavera. En los parques y las plazas la gente come, <u>bebe</u> y baila la "cueca", nuestro baile nacional. Los niños ven desfiles y <u>tiran</u> <u>serpentinas</u>, y los grandes escuchan bandas musicales y <u>discursos</u>. Más que nada se baila y se come, <u>a diferencia de</u> otros países en donde lo más importante son los <u>fuegos artificiales</u>.

> Chileans
>
> drink
> throw / streamers
> speeches / unlike
> fireworks

La Semana Santa en Sevilla
Me encantan las procesiones de la Semana Santa en Sevilla. Es un espectáculo religioso muy emocionante. Se <u>conmemora</u> la <u>Pasión de Cristo</u> y, por eso, en las procesiones los hombres se visten de romanos antiguos o de <u>penitentes</u> con <u>capuchas</u>. También hay procesiones con <u>velas</u> y <u>carrozas</u> que muestran <u>escenas</u> de los momentos antes de la <u>muerte</u> de Cristo. Después de la Semana Santa viene la Feria de Abril. Entonces la gente se pone los vestidos tradicionales, hay desfiles de carrozas con flores y los hombres montan a caballo acompañados por <u>bellas</u> mujeres.

> commemorate / suffering of Christ
> penitents / hoods / candles / floats scenes / death
>
> beautiful

Comprensión

Clasifica estas descripciones en tres categorías: (**a**) las fiestas de Loíza Aldea;
(**b**) el Día de la Independencia en Chile; (**c**) la Semana Santa en Sevilla.

1. Se celebra el dieciocho de septiembre.
2. Se conmemoran los sufrimientos y la muerte de Jesucristo.
3. Se celebra la Feria de Abril después de esta fiesta.
4. Se baila la "cueca".
5. Se baila la "bomba".
6. La gente se pone máscaras que dan miedo.
7. Los hombres se disfrazan de romanos antiguos.
8. Los hombres se disfrazan de mujeres y de figuras enormes.

ASÍ SE DICE

Como ya sabes, en los países hispanos hay fiestas cívicas, religiosas y
folklóricas.

Las fiestas cívicas conmemoran eventos importantes del <u>gobierno</u> y siempre
son <u>días feriados</u>. Entre las que ocurren en los países latinoamericanos
están

government
legal holidays

el Día de la
Independencia

el Día del Trabajo
(el 1° de mayo)

el Día de la Raza
(el 12 de octubre)

el Día de las
Elecciones

Las fiestas religiosas están basadas en la <u>fe católica</u>. Incluyen

Catholic faith

la Nochebuena
y la Navidad

el Día de los Reyes
Magos (el 6 de enero)

el
Carnaval

la Semana Santa

el Día de los Difuntos
(el 2 de noviembre)

las fiestas de
los santos patrones

También hay fiestas familiares y folklóricas como

los cumpleaños
y los santos

el Año Viejo
y el Año Nuevo

el Día de los Inocentes
(el 28 de diciembre)

el Día de
los Enamorados

A. Fiestas y fechas. Paquita espera ansiosamente la llegada (*arrival*) de sus fiestas favoritas. Por eso, hace preguntas constantemente sobre las fechas en que ocurren. Escucha sus preguntas y contéstalas.

MODELO   ¿Cuándo es la Navidad?
el 25 de diciembre

B. Según los estudiantes. Lee algunas de las oraciones que escribieron unos estudiantes sobre las fiestas típicas de su país. Luego, contesta las preguntas con el nombre de la fiesta descrita (*described*) en cada caso.

MODELO   Es el día que más les gusta a los novios.
¿Es el Día de las Elecciones o **el Día de los Enamorados**?

1. Se le hacen muchas bromas a la gente.
2. Todos recuerdan a los familiares que se han muerto.
3. En esta fecha tres señores traen regalos a los niños.
4. Es el día en que los europeos descubrieron el Nuevo Mundo.
5. Los negocios se cierran porque todos votan por un nuevo gobierno.
6. La gente se pone disfraces y baila en las calles.
7. Es la fiesta para los que trabajan.
8. En esta fecha se celebra el primer día del año.

COMUNICACIÓN

A. ¡Fiestas, qué fiestas!   Contesta estas preguntas o úsalas para entrevistar a otro(a) estudiante.

1. La última vez que viste un desfile, ¿era una celebración cívica, folklórica o religiosa?
2. ¿Fue un día feriado? ¿Qué se celebró?
3. ¿Alguien te acompañó? ¿Quién?
4. ¿Por dónde pasó el desfile o dónde fue la fiesta?
5. ¿Qué hacían los participantes?
7. ¿Qué cosas viste?
8. ¿Llevaban los participantes disfraces, máscaras o uniformes?
9. ¿Había bellas carrozas? ¿Cómo estaban decoradas?
10. ¿Qué hiciste después del desfile?

B. La noche es joven.   Piensa en la última fiesta a que fuiste. ¿Qué se celebraba? Descríbela para la clase. Usa estas sugerencias o piensa en otras.

> EJEMPLO   **El cuatro de julio fui a Filadelfia para la celebración del Día de la Independencia. Vi un desfile y muchos fuegos artificiales.**

fiestas religiosas, fiestas cívicas, fiestas folklóricas, ferias, bodas, bautizos, ¿...?

C. ¡Pregúntame!   ¿Puedes adivinar el día de fiesta en que piensa un compañero(a) de clase? Hazle preguntas que se pueden contestar con **sí** o **no** e identifica las fiestas que tienen en mente (*in mind*) tus compañeros de clase.

> EJEMPLO   **¿Es una fiesta folklórica?**
> **no**
> **¿Cívica?**
> **sí**
> **...**

D. ¿Lo ves?   Cuando te toca hablar a ti, describe algo que ves en uno de los dibujos de la sección **Así se dice**. Al escuchar tu descripción, los otros estudiantes van a escribir el nombre de la fiesta apropiada.

> EJEMPLO   **Veo mucha gente que lleva máscaras.**
> *el Carnaval*

EXPLORACIÓN 1

Function: *Describing actions in progress*
Structure: *The present progressive*

PRESENTACIÓN

A. Spanish and English both have an additional present tense called the present progressive. Unlike in English, the Spanish present progressive may not be used to refer to future actions. It refers only to those that are in progress.

Ahora **estoy hablando** español, pero también hablo francés.
***I'm speaking** Spanish now, but I also speak French.*

Este año **estoy tomando** clases, pero el próximo año voy a trabajar.
*This year **I'm taking** classes, but next year I'm going to work.*

B. The present progressive is formed with the present tense of **estar** plus a present participle. Regular present participles add **-ando** or **-iendo** to the stem of the verb.

infinitive	minus -ar, -er, -ir	plus -ando or -iendo	present participle
celebrar	celebr	+ ando	celebrando
beber	beb	+ iendo	bebiendo
escribir	escrib	+ iendo	escribiendo

Mi padre **está trabajando** en casa hoy.
*My father **is working** at home today.*
¿Qué **están haciendo** ustedes?
*What **are you doing**?*

C. Some verbs have irregular present participles.

1. As in the preterite, **i** changes to **y** when it occurs between vowels: **leyendo, trayendo, oyendo, construyendo, destruyendo, incluyendo, cayendo**.

¿Qué estás **leyendo**?
*What are you **reading**?*
Están **construyendo** su propia casa.
*They're **building** their own house.*

2. As in the preterite, some **-ir** verbs change **e** to **i** and **o** to **u** in the stem.

servir	**sirviendo**	conseguir	**consiguiendo**	seguir	**siguiendo**
repetir	**repitiendo**	preferir	**prefiriendo**	vestir	**vistiendo**
decir	**diciendo**	divertir	**divirtiendo**	dormir	**durmiendo**
pedir	**pidiendo**	sentir	**sintiendo**	morir	**muriendo**

¿Todavía está **durmiendo**?   *Is he still **sleeping**?*
Están **pidiendo** que toque   *They're **asking** the band to play.*
  la banda.

D. Pronouns can either precede the forms of **estar** or be attached to the present participle. When they are attached, an accent mark is added to the original syllable of stress.

  Se están **divirtiendo** mucho en el carnaval.
  Están **divirtiéndose** mucho en el carnaval.

E. To ask about the instruments band members are playing at a carnival you are attending, you might use the present progressive tense.

  ¿Quién está tocando…?

la trompeta   el saxofón   la flauta   el acordeón

la pandereta   los tambores   la marimba

ESTÁ ESPERANDO EL DESFILE.

PREPARACIÓN

A. Reconstruir el pasado. Ayer Ana perdió dinero y ahora está tratando de reconstruir el día. Su amiga Rosa la ayuda, haciendo el papel de sicóloga y recordándole horas clave (*key*). ¿Qué responde Ana ?

> MODELO   Son las nueve de la mañana. (escuchar a la profesora)
> **Estoy escuchando a la profesora.**

1. Son las doce. (comer en la cafetería)
2. Son las cuatro. (caminar a casa)
3. Son las seis y media. (servirles la cena a mis hermanos)
4. Son las siete menos cuarto. (salir para comprar gasolina)
5. Son las nueve. (sacar la bolsa para pagar la gasolina)
6. Son las nueve y cinco. (correr por la lluvia hacia el carro)

B. La banda "Pachanga". Unos amigos están escuchando el primer disco que hizo una banda rocanrolera (*rock 'n' roll band*) de su escuela. María no puede creer que sus compañeros de clase tienen tanto talento. ¿Qué responde María a los comentarios de los demás?

> MODELO   UN AMIGO   ¡Escucha esos tambores!
> MARÍA   **David los está tocando. ¡No lo puedo creer!**

1. ¡Escucha esa trompeta!
2. ¿Y ese saxofón tan resonante?
3. ¡Escucha esas panderetas!
4. ¡Escucha la melodía de la flauta!
5. Y esa marimba, ¡qué fantástica!
6. ¡Qué buena guitarra!

Para conmemorar cuando José y María pidieron posada (*lodging*) durante su viaje a Belén (*Bethlehem*), los mexicanos empiezan a celebrar "las posadas" nueve días antes de la Navidad. Se hacen reuniones y los invitados se dividen en dos grupos. Un grupo va de puerta en puerta "con José y María", pidiendo posada, cantando diferentes versos. El otro grupo, detrás de las puertas cerradas, contesta con otros versos cantados, pero nadie les permite entrar hasta llegar a la última puerta donde "los dueños de la posada" reconocen a José y a María. Al abrir la puerta se hace una gran fiesta y se rompe una piñata.

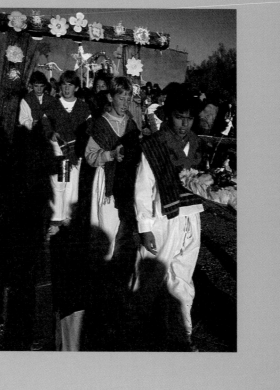

C. Noche de paz. Es Nochebuena y en la casa de los Vargas hay una celebración. Cuando el último invitado llega, la señora le explica lo que todos ya están haciendo. ¿Qué le dice?

MODELO   algunos invitados / bailar
Algunos invitados están bailando.

1. los niños / romper la piñata
2. el tío Carlos / sacar fotos
3. yo / hacer una paella
4. papá / poner los discos
5. los abuelos / salir para la iglesia
6. nosotros / decorar el árbol

CONTEXTO CULTURAL

Hay muchas maneras de celebrar el Año Viejo, pero una de las celebraciones más importantes ocurre en la Puerta del Sol en Madrid. Es parecida al gran espectáculo de Times Square en Nueva York. Sin embargo, los españoles siguen sus propias tradiciones. A medianoche, con cada campanada (*stroke*) del reloj, se come una uva. Si uno puede comer las doce uvas a tiempo, significa que va a tener buena suerte durante el próximo año.

D. ¡Feliz Año! Es Año Viejo y son las doce cuando Samuel llama desde la Ciudad de México a su prima María. Ella vive en Phoenix, Arizona, donde sólo son las once. Escucha las preguntas que Samuel le hace a María y contesta por María.

> MODELO   Aquí todos están haciendo resoluciones para el Año Nuevo. ¿Y allá?
> **No, aquí todavía no estamos haciendo resoluciones.**

E. Muchachos patriotas. Teresa está organizando las actividades para el Día de la Independencia de Colombia. ¿Qué les pregunta ella a los amigos que la ayudan?

> MODELO   Eva / conseguir la bandera
> **Eva está consiguiendo la bandera, ¿verdad?**

1. tú / servir de guía
2. Cecilia / conseguir serpentinas
3. tú / pedir más fuegos artificiales
4. todos / decir que necesitamos más uniformes
5. nosotros / seguir nuestras propias ideas
6. ustedes / divertirse con el trabajo

F. Anita, la traviesa.   Mateo y sus amigos están haciendo los preparativos para la feria anual del pueblo. Anita, la hermanita de Mateo, está aburrida y quiere "ayudar", pero no encuentra a quién ayudar hasta el final. ¿Qué responden todos a las preguntas de Anita?

> MODELO   Mateo / construir la piñata
> **Y tú, Mateo, ¿qué estás haciendo?**
> **Estoy construyendo la piñata.**

1. Cristina / leer el discurso que voy a decir
2. Federico / traer las velas para la procesión
3. Jesús / oír la música que va a tocar la banda
4. Esteban / construir la última carroza
5. Pepito / destruir todo lo que tratan de hacer los demás

COMUNICACIÓN

A. ¡Siempre es la misma canción!   Tus abuelos vienen a visitarte y quieren saber lo que estás haciendo en tus clases. ¿Qué les dices?

> EJEMPLO   **En la clase de arte estamos aprendiendo a dibujar.**

arte   estudiar
música   aprender
español   leer
educación física   hacer
historia   escribir
ciencias   preparar
geografía   terminar
¿...?   jugar
                   ¿...?

B. ¿Qué estás haciendo?   Dile a un compañero(a) que haga algo y pregúntale qué está haciendo. Después de contestarte, le toca a tu compañero(a) darle un mandato a otro estudiante.

> EJEMPLO   Tú: **Felipe, cuenta de uno a diez.**
> Felipe: **Uno, dos, tres...**
> Tú: **¿Qué estás haciendo?**
> Felipe: **Estoy contando.**

leer algunas palabras de un libro   dormirse
cantar una canción bella   caminar hacia la puerta
tocar la cabeza cinco veces   ¿...?

C. ¿Saben ustedes que...? Imagínate que eres reportero(a) del periódico de tu escuela y que escribes una columna de noticias. Escribe
seis oraciones sobre lo que está pasando en tu escuela.

EJEMPLO

> El equipo de béisbol está ganando todos sus partidos.
> La clase de arte está preparándose para una exposición
> este mes.

D. ¿Qué pasa en la plaza? Describe lo que está ocurriendo en esta
plaza durante este día feriado. Después de describir el dibujo, imagínate a ti en el dibujo. ¿Dónde estás? ¿Qué estás haciendo?

EJEMPLO **Algunos estudiantes están cantando.**

Repaso y extensión

You have just learned that the present progressive in English and in
Spanish refers to actions now in progress, both in a literal sense (**Estás
leyendo en este momento**) and in a more general sense (**Este año estamos
aprendiendo mucho**). However, remember that, unlike in English, the
present progressive in Spanish cannot be used with future actions.

Practice this difference in referring to future actions by expressing these
English sentences in Spanish. Use **ir a** plus the infinitive instead of the
present progressive.

¿Qué le comenta José a Sara pocos días antes de Año Viejo?

MODELO What are you doing for New Year's Eve?
        ¿Qué vas a hacer para Año Viejo?

1. Are you having a party?
2. Are you inviting a lot of people?
3. Are your cousins coming too?
4. I'm leaving for New York this Saturday.
5. I'm celebrating New Year's at Times Square.

Function: *Talking about what was happening in the past*
Structure: *The past progressive*

PRESENTACIÓN

Just as the present progressive tense describes actions in progress during the present, the past progressive tense describes those that were going on over a period of time in the past.

A. The past progressive is formed by using the imperfect tense of **estar** plus the present participle. Here again, pronouns can precede the verb or be attached directly to the present participle.

Pedí música salsa, pero la banda no **estaba tocándola**.
I requested salsa music, but the band wasn't playing it.

Mientras Marcos estaba buscando el libro, yo **lo estaba leyendo**.
While Marcos was looking for the book, I was reading it.

B. The past progressive participle can also be used with the verb **seguir,** meaning *to keep* (*on*).

Los invitados seguían celebrando, aun después de la boda.
The guests kept (on) celebrating, even after the wedding.

C. You already know that the imperfect tense describes one action that was in progress when another action interrupted it. The past progressive construction can be used in the same way, especially conversationally.

Cuando llegué, estaban comiendo.   *When I arrived, they were eating.*

SÓLO ESTABA ENTRANDO EN EL PRADO Y TODO EL MUNDO QUERÍA SABER SI ME GUSTABA PICASSO.

PREPARACIÓN

A. Una clase de arte. Es el viernes antes de las vacaciones navideñas y estos estudiantes no están prestando atención. Después de la clase, su profesora se queja con otro profesor de su comportamiento (*behavior*). Escucha lo que dice e indica a quién se refiere la profesora.

MODELO   Cuando entré a la clase,
                estaba mirando el paisaje
                por la ventana.
                Inés

CONTEXTO CULTURAL

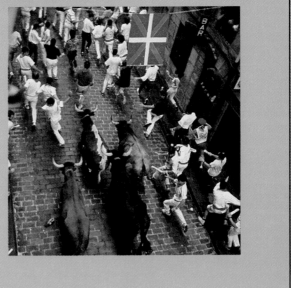

Una de las fiestas folklóricas más emocionantes y más peligrosas del mundo es la de San Fermín en Pamplona, España. Se celebra cada julio y dura una semana. Es un espectáculo casi de locos; cada mañana a las ocho en punto seis toros corren por las calles, y delante de ellos va la gente tratando de escapar a sus cuernos (*horns*) y de llegar sanos y salvos (*safe and sound*) a la plaza de toros. Por la tarde la celebración continúa con una gran corrida de toros.

B. ¡Olé, toro!   El verano pasado, Paco y su hermano tuvieron la oportunidad de asistir a las fiestas de San Fermín en Pamplona. Ahora les cuentan a sus amigos lo que vieron. ¿Qué les dicen?

> MODELO   muchos hombres / correr por las calles
> **Muchos hombres estaban corriendo por las calles.**

1. seis toros / seguir la muchedumbre
2. nosotros / observar todo desde los balcones
3. yo / gritar de miedo
4. un periodista / sacar fotos
5. los toros / asustar a los niños
6. algunos espectadores / esperar en la plaza de toros

C. ¿Me evitas?   La señora Rivas cree que su vecina quiere evitarla porque su vecina no contestó el teléfono en todo el día. Más tarde, la vecina le explica por qué, pero la señora Rivas duda que sea verdad. ¿Qué dicen?

> MODELO   ¿Y qué estabas haciendo a las siete y media? (bañar
>   al perro)
> **Pues, estaba bañando al perro.**
> **¿De veras estabas bañándolo?**

1. ¿Y qué estabas haciendo a las ocho? (practicar el acordeón)
2. ¿Y qué estabas haciendo a las diez? (pasar la aspiradora)
3. ¿Y qué estabas haciendo a la una? (dormir la siesta)
4. ¿Y qué estabas haciendo a las tres? (escuchar cintas)
5. ¿Y qué estabas haciendo a las cuatro? (colgar la ropa afuera)
6. ¿Y qué estabas haciendo a las seis? (cortar la hierba)

D. Ramona, la mandona.   Ramona estaba de mal humor ayer porque nadie seguía sus consejos en todo el día. Lee lo que ella dijo a varias personas hoy y di lo que ellos seguían haciendo.

> MODELO   a su mejor amiga: No te burles de los demás.
> **Su mejor amiga seguía burlándose de los demás.**

1. a su hermanita: No cantes con la boca llena de comida.
2. a sus padres: No hablen siempre de negocios.
3. al bebé: No llores.
4. a su profesor: No nos haga trabajar más.
5. a su vecino: No fume, señor.
6. a un chico en la cafetería: No tires la comida.
7. a su mamá: No insistas que yo no sea mandona.

COMUNICACIÓN

A. La hora de la verdad. Imagínate que alguien cometió un crimen en tu barrio. Un policía les está haciendo preguntas a todos los vecinos. Explícale lo que estabas haciendo a las horas siguientes.

> EJEMPLO **A las seis de la mañana estaba durmiendo.**

6:00 A.M., 9:30 A.M., 12:30 P.M., 1:30 P.M., 3:00 P.M., 11:30 P.M.

B. La última vez. ¿Dónde estaban y qué estaban haciendo estas personas la última vez que ocurrió lo siguiente?

> EJEMPLO   tu mamá la última vez que la abrazaste
> **La última vez que abracé a mi mamá, ella estaba leyendo en la sala.**

1. tu papá la última vez que querías usar el carro
2. tu novio(a) la última vez que tenías que estudiar para un examen
3. tu jefe la última vez que querías pedir más dinero
4. tu mejor amigo la última vez que te hizo reír
5. tu mejor amiga la última vez que alguien se burló de ella
6. tu profesor(a) la última vez que lo (la) viste fuera de la clase
7. el director de la escuela la última vez que hablaste con él (ella)

C. La fantasía hecha vida. Imagínate que anoche tuviste un sueño rarísimo. En cada escena de tu sueño estabas en un cuento de hadas (*fairy tale*) diferente. Selecciona tres cuentos de la lista y describe lo que estabas haciendo o lo que estaba pasando en cada escena de tu sueño.

> EJEMPLO   *Yo estaba caminando por un bosque peligroso. Al cruzar un río, vi a una niña rubia que estaba entrando a una casa abandonada.*

Los tres cerditos
Caperucita roja
La bella durmiente
Hánsel y Grétel
Cenicienta
Pinocho
Aladino y la lámpara maravillosa
Ricitos de oro y los tres ositos
Blancanieves
Peter Pan
El patito feo
¿...?

D. Al entrar y salir. Describe lo que estaba pasando en estos dibujos cuando alguien entró al cuarto o salió de él. Imagínate que tú estás presente en algunos de los dibujos.

> EJEMPLO **Yo estaba decorando el árbol cuando Felicia entró a la sala.**

Repaso y extensión

You now know how to use the present and past progressive tenses using **estar** plus a participle. These tenses are used much as they are in English. However, the verbs **ir, tener,** and **venir** are rarely used with **estar** in the progressive tenses. Use a regular present or imperfect tense with these verbs as you compose some Spanish sentences.

> EJEMPLO Tell about something you *were going* to do yesterday. (**ir**)
>
> **Ayer yo <u>iba</u> a practicar el saxofón, pero no tuve tiempo.**

Tell about
1. somewhere you *are going* today. (**ir**)
2. a class you *are having* problems with this year. (**tener**)
3. someone who *is coming* to your house this weekend. (**venir**)
4. something you *were going* to tell a friend, but didn't have time to. (**ir**)
5. something that happened while you *were having* a get-together at your house. (**tener**)
6. something that happened while a friend *was coming* to see you. (**venir**)

EXPLORACIÓN 3

Function: *Talking about what is unknown or nonexistent*
Structure: *The subjunctive in adjective clauses*

PRESENTACIÓN

In Spanish, in addition to using adjectives to describe people and things, we can also use a clause introduced by **que**.

Tengo una piñata bonita.   Tengo una piñata **que es bonita**.
Conozco a un actor.   Conozco a un hombre **que es actor**.

A. Notice that the indicative is often used after **que** when the clause refers to a definite person, place, or thing.

¿Conoces al chico que **toca** la pandereta?   *Do you know the boy who plays the tamborine?*
Pablo tiene un amigo que **puede** decir el discurso.   *Pablo has a friend who can give the speech.*

B. When something indefinite, hypothetical, or unknown is described, the subjunctive is used after **que**. This use applies to situations in which people or things are being sought but have not yet been found or identified.

¿Conoces a alguien que **toque** la trompeta?   *Do you know anyone who plays the trumpet?*
Alicia busca a alguien que **pueda** decir el discurso.   *Alicia is looking for someone who can give the speech.*

C. The subjunctive is also used after **que** when the person or thing referred to is nonexistent in the speaker's mind. Negative words such as **nada, nadie, ninguno,** and **ninguna** are used preceding these clauses.

¡No hay nada que **podamos** hacer ahora!   *There's nothing we can do now!*
¡No hay nadie que **tenga** mejor disfraz!   *There's nobody who has a better costume!*
No conozco a ningún médico que **escriba** claramente.   *I don't know any doctor who can write clearly.*

PREPARACIÓN

A. Príncipes y princesas azules.   Después de la boda de Felicia y Tristán, sus amigos hablan del esposo o de la esposa que les gustaría tener algún día. ¿Qué dicen?

> MODELO   María / hombre / querer tener muchos hijos
> **María busca un hombre que quiera tener muchos hijos.**

1. Teresa / hombre / tener un corazón grande
2. Francisco / mujer / trabajar fuera de la casa
3. yo / hombre / saber cocinar
4. nosotras / hombres / comprender nuestros problemas
5. Juan y Esteban / mujeres / hablar su idioma
6. tú / mujer / ser paciente

B. ¡Música, maestro!   Algunos estudiantes quieren participar en un festival musical intercolegial. Hablan con varios profesores para conseguir los instrumentos y músicos que necesitan, pero parece que les va a ser difícil encontrarlos. ¿Qué dicen?

> MODELO   señora Torres / alquilar guitarras
> **Señora Torres, ¿conoce a alguien que alquile guitarras?**
> **No, no conozco a nadie que las alquile.**

1. señora Gómez / alquilar acordeones
2. señorita Adela / tener flautas
3. señor Pérez / vender saxofones
4. señora Lorca / tocar los tambores
5. señorita Gil / saber tocar la marimba
6. señor Martínez / poder traer panderetas

BAILE DE COMPARSAS
SÁBADO 19 DE FEBRERO:
FERNANDITO VILLALONA
PREMIOS PARA LAS MEJORES COMPARSAS

C. El Carnaval en Colón.   José y sus amigos del barrio están preparándose para celebrar el Carnaval en Colón, Panamá. En una carta al comité que organiza la celebración, José explica lo que están haciendo para prepararse. Completa la carta de José.

Lucía necesita ponerse en contacto con alguien que (saber) __1__ hacer vestidos nacionales. Ana y Marta están buscando dos personas que (poder) __2__ marchar en el desfile. Estamos buscando más gente que (participar) __3__ en la competencia de carrozas y todavía tenemos que encontrar varias personas que (subirse) __4__ a las carrozas. También necesitamos una banda que (tocar) __5__ música folklórica. Finalmente, tenemos que encontrar una señorita que (querer) __6__ ser reina del carnaval.

El Carnaval de Panamá es una de las fiestas más bellas de toda Latinoamérica. Se celebra de sábado a martes antes de la Cuaresma (*Lent*). En esos días la gente casi no duerme; se divierte bailando y cantando. Una de las cosas más pintorescas es el desfile de "polleras", el vestido nacional de las panameñas. El Carnaval también se celebra en muchos otros países. Dos de las celebraciones más conocidas tienen lugar en Nueva Orleáns y en Río de Janeiro.

D. ¡Qué presumido!   Raúl tiene una lista muy larga de cosas que quiere para la Navidad. Pero Salvador no necesita nada—¡él ya lo tiene todo! Escucha los deseos de Raúl y escribe las respuestas de Salvador.

MODELO   Quiero un perro grande que sea de raza pura.

Yo ya tengo un perro grande que es de raza pura.

E. Historia de dos culturas.   Fernando acaba de llegar a los Estados Unidos y ahora está conversando con sus nuevos amigos.   Ellos le cuentan cómo son las fiestas en los Estados Unidos. ¿Qué les responde Fernando? Usa **nadie** o **ninguno**.

MODELO   Aquí hay muchas personas que no bailan en las fiestas.
   En mi país no hay nadie que no baile en las fiestas.
   Aquí hay algunas carrozas que no llevan flores.
   En mi país no hay ninguna que no lleve flores.

1. Aquí hay muchas personas que no celebran la Semana Santa.
2. Aquí hay muchos que no se disfrazan en los festivales.
3. Aquí hay algunas ferias que no tienen músicos.
4. Aquí hay muchas ciudades que no celebran fiestas religiosas.
5. Aquí hay algunas personas que no se divierten en las fiestas.
6. Aquí hay muchas personas que no cantan en las fiestas.

F. **¿Lo conoce o no?**   Carolina está haciendo los preparativos para la celebración del Día de la Independencia. Escucha y escribe lo que dice. Luego, decide si Carolina conoce a las personas que menciona o no. Escribe **lo(s) conoce** o **no lo(s) conoce,** según el caso.

MODELO

> Busco un señor que pinte bien. (No lo conoce.)

CONTEXTO CULTURAL

Las Fallas en Valencia son una fiesta folklórica que se celebra todos los años y que dura una semana. Coincide con el principio de la primavera y es la fiesta más popular de toda la ciudad. Hay de todo—desfiles, carrozas, bandas, bailes y fuegos artificiales. También hay fallas—"estatuas" enormes hechas de papel y madera—que están decoradas con miles de flores. Todas las fallas se queman (*are burned*) la última noche de la fiesta en una gran fogata que se puede ver por toda la ciudad.

COMUNICACIÓN

A. **¿Quién me ayuda?**   Tú y tus amigos quieren organizar una feria de idiomas extranjeros de tu escuela. Ahora están buscando varias personas que los ayuden con el trabajo. ¿A quién(es) necesitan?

EJEMPLO   adornos
Buscamos unos chicos altos que cuelguen los adornos.

piñatas, bandas, globos, disfraces, músicos, máscaras, fotos, serpentinas, discos, adornos, ¿...?

B. Bola de cristal.   Piensa en tu propio futuro (en unos quince años, por ejemplo) y termina estas frases.

EJEMPLO   Quiero vivir en una ciudad que **esté cerca de la playa.**

1. Quiero practicar una profesión que...
2. Espero conocer a alguien que...
3. Espero tener amigos que...
4. Prefiero vivir en un lugar que...
5. Quiero tener un carro que...
6. Deseo vivir en un mundo que...
7. Quiero tener hijos que...
8. Espero tener un(a) esposo(a) que...
9. No quiero ver a nadie que...
10. No quiero hacer nada que...

Repaso y extensión

You have already learned that the present subjunctive can be used to describe people, places, or things that you doubt really exist. When asking questions about someone or something that may not exist, a Spanish speaker also uses the subjunctive. However, if the speaker has no doubt about the existence of what is being described, the present indicative is used.

Imagínate que buscas un disfraz para el Carnaval. Haz estas preguntas según las indicaciones.

EJEMPLO   Is there a store near here that sells masks?
(You think there must be.)
¿Hay una tienda que vende máscaras cerca de aquí?

Is there a store near here that sells masks?
(You doubt there is.)
¿Hay una tienda que venda máscaras cerca de aquí?

1. Is there something that is more comical? (You don't know if there is.)
2. Do you sell costumes that I can wear without a mask? (You think he must.)
3. Is there a costume that costs less? (You don't know if there is.)
4. Do you know someone who has this costume? (You don't know if anyone does.)
5. Is there a store nearby that has fireworks? (You think there must be.)

EXPLORACIÓN 4

Function: *Showing contrast or contradiction*
Structure: *Pero, sino, and sino que*

PRESENTACIÓN

In order to make contrasting statements in English, we use expressions such as *but*, *on the contrary*, and *but rather*. In Spanish, we use **pero, sino,** and **sino que**.

A. You have already learned to use **pero** to connect two contrasting ideas in a sentence.

Es inteligente, pero a veces es antipático.	*He is intelligent, but sometimes he's unpleasant.*
Me gustaría ir, pero no puedo.	*I'd like to go, but I can't.*

B. **Sino** is used after a verb in the negative to set up a contrast with a previous word or phrase in the sentence. It means *but (rather)*, *on the contrary*, or *instead* and is used when there is no conjugated verb in what follows.

No es un desfile religioso sino militar.	*It's not a religious parade, but rather a military one.*

C. **Sino que** is used instead of **sino** when what follows contains a conjugated verb. Notice that there are several English equivalents for this expression.

No venden disfraces sino que los alquilan.	*They don't sell costumes, but rather rent them.* *They rent costumes rather than sell them.*
No fueron al desfile sino que lo vieron en la televisión.	*They didn't go to the parade; they watched it on TV instead.* *They watched the parade on TV instead of going to it.*

PREPARACIÓN

A. Nunca faltan peros. Rosa nota que las características de ciertas (*certain*) personas contrastan con sus acciones. ¿Qué ejemplos da?

> MODELO Juan es pobre,... (dar muchos regalos)
> **Juan es pobre, pero da muchos regalos.**

1. Mi profesora es exigente,...
2. Andrés y David son muy inteligentes,...
3. Berta e Inés son atléticas,...
4. Tú eres bajo,...
5. Ramón es antisocial,...
6. La familia de Eva es rica,...

a. vivir sin lujos
b. ser un excelente jugador de baloncesto
c. sacar malas notas
d. no hacer gimnasia
e. ser justa con los estudiantes
f. conocer mucha gente

B. Estás equivocada. Juana quiere que Yolanda salga con su amigo Javier, pero Yolanda no tiene muy buena opinión de Javier. ¿Qué responde Juana a los comentarios de Yolanda?

> MODELO YOLANDA Me parece muy loco. (divertido)
> JUANA **No, Yolanda, no es loco sino muy divertido.**

1. Me dicen que es tacaño. (responsable)
2. A veces me parece cruel. (franco)
3. He oído decir que es tonto. (cómico)
4. Me parece un poco delgado. (alto)
5. ¿No es un poco consentido? (afortunado)

C. Nace una estrella. Unos profesores invitan a Juan a cantar durante el baile de su colegio. Acepta tímidamente, pero pronto él parece tan exigente como los grandes artistas. ¿Qué dice Juan?

> MODELO Yo no soy tímido <u>sino</u> introvertido.
> No quiero cantar <u>pero</u> si ustedes insisten, acepto la invitación.

1. No voy a cantar "La cucaracha" ═══ "La bamba".
2. No quiero empezar a las ocho ═══ a las nueve.
3. Normalmente canto canciones modernas ═══ esta noche voy a cantar "Cielito lindo".
4. No quiero una banda de jazz ═══ una banda de rock.
5. Mi voz no es juvenil ═══ alta.
6. No quiero que nadie se aburra ═══ voy a cantar por cuatro horas.

BAILE INFANTIL

DOMINGO 27 DE FEBRERO:

VÍCTOR BATISTA ● DISCO-LUCES

D. Entre la vida y la muerte. Diego pasa el Día de los Difuntos en casa de sus abuelos en México. Más tarde, describe esta gran celebración en una carta a su primo que vive en Miami. ¿Cómo compara este día con la fiesta de Halloween de los Estados Unidos?

> MODELO no hacer fiestas en casa/visitar los cementerios
> **No hacen fiestas en casa sino que visitan los cementerios.**

1. no ponerse disfraces / escribir versos satíricos en los periódicos
2. no decorar la casa / hacer altares bellos de velas y flores
3. no celebrar el 31 de octubre / conmemorar el 2 de noviembre
4. no ser principalmente para los niños / incluir a toda la familia
5. no pedir dulces / preparar una comida enorme
6. no ser una fiesta folklórica / estar relacionado con la religión

CONTEXTO CULTURAL

El dos de noviembre, el Día de los Difuntos, es una fecha muy importante en el calendario mexicano. En este día de fiesta, los mexicanos conmemoran a sus familiares muertos, yendo (*going*) al cementerio para visitar las tumbas. Pero no es un día triste sino una ocasión alegre.

En las panaderías y pastelerías se venden panes, pasteles y dulces en forma de esqueletos (*skeletons*) y calaveras (*skulls*).

E. Una personalidad doble. Adán está hablando con la madre de su amigo Eduardo. Lo que la mamá dice de Eduardo no se parece nada al Eduardo que conoce Adán. Escucha los comentarios de la madre y completa los pensamientos (*thoughts*) de Adán. Usa **sino** y **sino que**.

MODELO   La mamá dice: Eduardo sólo come comida sana.
                   Adán piensa: *Pues, cuando está conmigo no come* __*comida sana sino que*__ *pide muchos dulces.*

1. *¿Eduardo? ¡Él no es* ===== *es el chico más loco de toda la escuela!*
2. *¡Eduardo no va* ===== *a los partidos de fútbol!*
3. *¡Mentira! ¡No sale* ===== *visita a su novia!*
4. *Me parece que no escucha* ===== *música rock.*
5. *Pobre Eduardo, no tiene* ===== *su único amigo soy yo.*
6. *No, Eduardo no es* ===== *muy falso. Por eso no tiene amigos.*

COMUNICACIÓN

A. A cada uno lo suyo. Imagínate que estás conversando con un nuevo amigo y descubres que ustedes no tienen nada en común. ¿Qué respondes al escuchar estos comentarios de tu amigo?

EJEMPLO   Los sábados por la noche siempre me acuesto temprano.
                ¿Ah sí? Yo no me acuesto temprano sino __tarde__.

1. Siempre me siento deprimido durante la Navidad.
   ¿Ah sí? Yo no me siento deprimido sino =====.
2. Mi fiesta favorita es el Día de la Independencia.
   Pues, mi fiesta favorita no es el Día de la Independencia sino =====.
3. Me encanta mi clase de química.
   ¿De veras? A mí no me encanta sino que =====.
4. Los viernes por la noche siempre hago la tarea.
   ¿Ah sí? Yo nunca hago la tarea sino que =====.
5. Lo que más me gusta hacer es estar con mis amigos.
   A mí también me gusta estar con mis amigos, pero a veces =====.
6. Lo que me molesta de esta escuela son las horas.
   Pues, a mí no me molestan las horas sino =====.

B. Contrastes.
Lee estos comentarios que se hacen a veces entre familiares y responde según los dibujos.

Repaso y extensión

You have just learned that **pero, sino,** and **sino que** can all mean *but*, and you know that each is used differently. Based on the information in the **Contextos culturales** in this chapter, match the columns to make complete, accurate sentences. Use **pero, sino,** or **sino que** to join the sentence fragments.

MODELO   **El Día de los Difuntos no se celebra el dos de octubre sino el dos de noviembre.**

1. En el Año Viejo los españoles no comen diez uvas
2. En Panamá una "pollera" no es el plato típico
3. No se conservan las fallas
4. La fiesta de San Fermín es divertida
5. En las Posadas la gente no pide comida

a. se destruyen.
b. doce.
c. un lugar para dormir.
d. peligrosa.
e. el vestido nacional.

PERSPECTIVAS

LECTURA

La fiesta en Latinoamérica

Aunque es verdad que la vida en América Latina está cambiando más y más y que la gente está adoptando nuevas costumbres, las fiestas siguen siendo una parte importante de su cultura. Por eso el calendario de esos países está lleno de fiestas. Su manera de celebrarlas dice mucho y no sólo sobre el carácter del latinoamericano sino también sobre su sicología.

Por ejemplo, al hablar de la fiesta mexicana en *El laberinto de la soledad*, el poeta Octavio Paz dice que "El... mexicano ama las fiestas y las reuniones públicas". Hay pocos lugares en el mundo donde se puede "vivir un espectáculo parecido al de las grandes fiestas religiosas de México, con sus colores violentos..., sus danzas, sus ceremonias..."

Se puede decir que el latinoamericano busca en sus fiestas algo que, además de ser una diversión, lo haga sentirse parte de una tradición. Al mismo tiempo, quiere una experiencia que le permita salir de sí mismo y de su condición. Esto ocurre particularmente con las clases más pobres. "Nuestra pobreza", explica Paz, "puede medirse por el número y la suntuosidad de las fiestas populares. Los países ricos tienen pocas: no hay tiempo, ni humor. Y no son necesarias, las gentes tienen otras cosas que hacer y cuando se divierten lo hacen en grupos pequeños".

Lo que Paz está diciendo es que los latinoamericanos son un pueblo ritual. La gente se reúne con cualquier pretexto, no sólo en sus casas para celebrar las fiestas familiares, sino en los sitios públicos, para participar en procesiones y desfiles, ferias y carnavales. "Las fiestas", dice Octavio Paz, "son nuestro único lujo, ellas sustituyen al teatro, a las vacaciones y al weekend de los sajones".

Expansión de vocabulario

amar to love	**el sajón, la sajona** Anglo-Saxon
el humor mood	**sí mismo** himself, herself
el lujo luxury	**el sitio** place
el pretexto pretext, excuse	**la suntuosidad** splendor
	sustituir to substitute

Comprensión

Escribe el número de cada oración de esta lista que corresponde a lo que dice la lectura sobre las fiestas latinoamericanas.

Las fiestas latinoamericanas
1. son numerosas y populares.
2. se hacen en grupos pequeños.
3. son un aspecto importante de la vida.
4. permiten que uno se olvide de sí mismo.
5. no se hacen para divertirse.
6. son más frecuentes entre los pobres que los ricos.
7. son una tradición olvidada.
8. son mejores que las vacaciones de los sajones.
9. son un lujo.
10. se hacen sin gran pretexto.

COMUNICACIÓN

A. Una cuestión de gusto. Dile a la clase a qué fiesta hispana te gustaría asistir y por qué. ¿A cuál no te gustaría asistir? ¿Por qué no? Usa estas sugerencias o piensa en otras.

> EJEMPLO **Me gustaría asistir a las fiestas de Loíza Aldea para ver los disfraces y las máscaras. No me gustaría asistir a la fiesta de San Fermín porque me dan miedo los toros.**

las fiestas de Loíza Aldea
el Carnaval en Panamá
el Día de la Independencia
la Fiesta de San Fermín
la Semana Santa

la Navidad
el Día de los Difuntos
el Año Viejo
las Fallas
¿...?

B. ¿Las mejores fiestas? ¡En casa! Ahora dile a la clase cuál es tu fiesta norteamericana favorita y explícale por qué. ¿Cuáles no te gustan? ¿Por qué? Usa estas sugerencias o piensa en otras.

> EJEMPLO **Me encanta el Día de Acción de Gracias porque la familia se reúne en casa de mis abuelos. No tengo la oportunidad de visitar a mis abuelos durante el año porque viven muy lejos.**

Halloween
Hanukkah
el Día de San Patricio
el Día de la Independencia
el Día de Acción de Gracias

la Navidad
Rosh Hashana
la Semana Santa
el Día de los Enamorados
el Día de los Inocentes

C. ¿Somos diferentes? Compara algunas fiestas hispanas con las norteamericanas. ¿En qué se parecen? ¿En qué son diferentes? ¿Qué fiestas se celebran en los países hispanos que no celebramos en los Estados Unidos (y viceversa)?

> EJEMPLO *Los países hispanos celebran el Día del Trabajo como nosotros, pero lo celebran el primero de mayo. Hay desfiles con bandas, discursos y muchos fuegos artificiales.*

D. ¿Una tradición nueva?   Imagínate que tienes la oportunidad de crear (*create*) un festival nuevo. Ahora descríbelo para la clase. Piensa en los adornos, la comida, las bebidas, la ropa y las actividades. Usa estas sugerencias o piensa en otras.

> EJEMPLO   **Hoy celebramos el Día de los Estudiantes. Nos disfrazamos de profesores y los profesores se visten de estudiantes.**

el Día de los Estudiantes
el Día de los Animales
el Día de los Hijos
el Día de los Deportes
el Día del Héroe
el Día del Artista
el Día de la Música
¿...?

PRONUNCIACIÓN

A. When the letter **x** occurs between two vowels in a Spanish word, it is normally pronounced /gs/. Make sure not to pronounce this sound like the English /gz/.

existir   examen   exigente   exótico   próximo

B. In a few cases, especially in words of Mexican origin, the **x** might also be pronounced as the Spanish **j**.

México   Texas   Xavier   Ximena   Oaxaca

C. When an **x** occurs before a consonant in a word, it is often pronounced /s/, the sound of the Spanish **s**.

extraordinario   experiencia   experto   extranjero   explicar

D. Now repeat this television announcement phrase by phrase.

Muy pronto Xavier Ximénez, / el boxeador mexicano, / viaja al extranjero / para reunirse en Texas / con su rival Maxi "Mano Explosiva" Moreno. / Los expertos explican / que a ambos boxeadores / les han hecho exámenes médicos / y que se encuentran en excelentes condiciones físicas. / No se pierdan esta extraordinaria pelea de box. / Véala el próximo sábado / exclusivamente / en Extravisión, su canal extradivertido.

¹NTEGRACIÓN

Find out how much you know as you do these activities. If you have trouble with any of them, study the topic and practice the activities again, or ask your teacher for help.

Vamos a escuchar

A. Idealismo. Para su clase de composición, Adrián y Emilio tienen que escribir algo sobre "la chica ideal". Escucha su discusión, mira los retratos y debajo de los nombres Adrián y Emilio, escribe el nombre de la chica que satisface cada ideal que los chicos mencionan. Al final, cuenta las veces que cada nombre aparece (*appears*) y decide cuál es la chica ideal para Adrián y cuál para Emilio.

MODELO   ADRIÁN   Emilio, a mi chica ideal le encantan los deportes, sobre todo el béisbol.

EMILIO   Pues, mi chica ideal no practica deportes, sino que es refinada y baila ballet.

ADRIÁN	EMILIO
Susana	Cecilia

Susana

Claudia

Gabriela

Cecilia

B. En la radio. En una estación de radio de San Antonio, Texas, se acaba de oír un reportaje. Escúchalo y luego completa estas oraciones.

1. Está hablando un
   a. reportero. **b.** músico. **c.** escritor.
2. Él está describiendo una procesión para una fiesta
   a. religiosa. **b.** cívica. **c.** folklórica.
3. Primero llega un grupo de personas
   a. a pie. **b.** en una carroza. **c.** montadas a caballo.
4. Antes de los directores de la cámara de comercio, pasan
   a. unos músicos. **b.** unas reinas. **c.** unos antiguos romanos.
5. En los coches rojos hay diez
   a. estatuas. **b.** directores. **c.** piñatas mexicanas.

Vamos a leer

A. Las fiestas en Panamá. Desde Panamá, donde estudia español, Josie le escribe a su hermana en Chicago. Lee su carta y luego decide si las oraciones siguientes son ciertas o falsas.

Ciudad de Panamá, 3 de agosto

Querida hermana,

A los latinos les encantan las fiestas. Por cualquier motivo se reúnen y hacen el gran fiestón. Yo debo tener alma latina porque a mí también me encantan. Déjame explicar. Las fiestas aquí son un poco diferentes de las nuestras. Primero, nadie llega nunca a tiempo. ¡Ni los anfitriones! Es de mal gusto. Lo usual es llegar por lo menos una hora tarde. Sin embargo, una vez que llegas a la fiesta es difícil salir. Y aunque les digas al llegar "vengo sólo por un ratito..." no te dejan ir. Todos empiezan a decirte "¿Cómo es posible?", "No, no, no te vayas...", "Es muy temprano, vamos a bailar la última..." Y cuando por fin te vas a tu casa, ya ha empezado a salir el sol. Otra cosa notable es que a las fiestas van desde los bebés hasta los abuelitos, pasando por tíos, sobrinos y cualquier cantidad de amigos. Además, generalmente se permite llevar amigos que no fueron invitados directamente. ¡Todo el mundo es bienvenido! Las fiestas empiezan lentamente, pero después de una, dos o tres horas de conversar, alguien mueve los muebles contra las paredes y empieza el baile. ¿Y quiénes son los primeros en bailar? ¡Pues los abuelitos! Luego, todos bailan: niños, adolescentes, adultos y viejos. ¡Fenomenal!

Las fiestas latinas son muy alegres. Siempre hay muchos chistes y mucha comida. Cuando ya es tarde, los niños se duermen en algún sillón y las mamás los llevan a los dormitorios. Luego, a las tres de la mañana más o menos, alguien saca el café y las guitarras, y todos empiezan a cantar hasta que por fin, un poco antes de la salida del sol, la gente se empieza a ir poco a poco. Como ves, me divierto como loca y, claro, hablo mejor español de fiesta en fiesta. Bueno, ya me voy porque hoy tengo dos fiestas. Voy a dormir un rato para aguantar.

Saludos a todos. Un beso de tu hermana,

Josie

1. Las fiestas en Panamá no se hacen con mucha frecuencia.
2. Josie piensa que las fiestas latinas y norteamericanas son muy parecidas.
3. Los abuelitos asisten a las fiestas pero no bailan.
4. Es normal que los invitados y los anfitriones lleguen tarde.
5. Los adultos y los adolescentes hacen sus fiestas separadamente.
6. Las fiestas parecen no acabar nunca.
7. Los invitados que tienen niños regresan a casa temprano.
8. Josie es sajona pero tiene alma latina.
9. Josie se divierte en las fiestas, pero no está aprendiendo español.
10. Cuando ya es muy tarde, se toca la guitarra y se canta.

Vamos a escribir

A. **¡Que los cumplas feliz!**   Mira el dibujo de la fiesta de cumpleaños de Juanito Cuevas. Describe en cinco oraciones lo que está pasando en este momento. Luego, escribe cinco oraciones sobre lo que estaba pasando en los momentos antes de esta escena.

EJEMPLO   **Ahora los niños están mirando a Juanito.**
Antes todos estaban comiendo pollo asado.

B. **Preocupaciones.** Imagínate que esta noche vas a la fiesta de cumpleaños de tu mejor amigo(a). ¿Qué comentas antes de ir? Completa las oraciones.

1. No voy a hacer mi tarea esta noche sino ══════ .
2. Todavía no he comprado un regalo sino que ══════ .
3. No tengo mucho dinero, pero ══════ .
4. A lo mejor no voy a llegar temprano a la fiesta sino ══════ .
5. Espero que no sólo escuchemos discos sino que ══════ .
6. Quiero quedarme en la fiesta hasta tarde, pero ══════ .

C. **Sueños y aspiraciones.** Sigues soñando con la forma de mejorar (*improve*) tu vida actual (*present*). ¿Qué es lo que quieres y no quieres?

EJEMPLO   Quiero construir una computadora que **me haga la tarea**.

1. Quiero inventar un carro que ══════ .
2. No quiero ser amigo(a) de nadie que ══════ .
3. Quiero asistir a una escuela que ══════ .
4. Quiero ser miembro de un equipo deportivo que ══════ .
5. No quiero estudiar nada que ══════ .
6. Quiero encontrar un lugar en este mundo donde ══════ .

Vamos a hablar

Situaciones

A. **La noche de brujas.** Imagine you are explaining the holiday of Halloween to a Spanish-speaking exchange student who has never experienced this tradition. Use only known vocabulary to answer your inquisitive friend's questions about what happens on this day and why.

B. **En mi país.** Imagine you are living in a Spanish-speaking country and are explaining one of the Spanish holidays to an exchange student from the United States. Glance through the **Introducción** section and the **Contextos culturales** of this chapter, and answer the questions this exchange student asks you.

C. **Una banda mexicana.** You want the members of your rock band to learn some Mexican music. When they ask why, you tell them that you want to play Mexican songs during the Mexican Independence Day celebration your class is holding. The band members accept, and you all discuss what instruments you will need and who will play each one.

VOCABULARIO

NOUNS FOR HOLIDAYS
el Año Nuevo   New Year's Day
el Año Viejo   New Year's Eve
el Día de la Independencia
   Independence Day
el Día de las Elecciones   Election
   Day
el Día de los Difuntos   All Souls'
   Day (November 2)
el Día de los Enamorados
   Valentine's Day
el Día de los Inocentes   Fool's
   Day (December 28)
el Día de la Raza   Columbus Day
el Día de los Reyes Magos
   Epiphany (January 6)
el Día del Trabajo   Labor Day
   (May 1)
la Navidad   Christmas Day
la Nochebuena   Christmas Eve
la Semana Santa   Holy Week,
   Easter week

NOUNS RELATING TO HOLIDAYS
el carnaval   carnival, Mardi Gras
la carroza   float
la celebración   celebration
el día feriado   (legal) holiday
el discurso   speech
los fuegos artificiales   fireworks
la máscara   mask
la ocasión   occasion
la procesión   procession
el santo   saint's day

el santo patrón (*pl.* **patrones**)
   patron saint
la serpentina   streamer
la tradición   tradition
la vela   candle

NOUNS FOR MUSICAL INSTRUMENTS
el acordeón   accordion
la flauta   flute
la marimba   marimba (a kind of
   xylophone)
la pandereta   tamborine
el saxofón   saxophone
el tambor   drum
la trompeta   trumpet

OTHER NOUNS
la banda   band
el carácter   character
el comentario   comment, remark
el chileno, la chilena   Chilean
la escena   scene
la fe   faith
el gobierno   government
el humor   mood, humor
el lujo   luxury
la manera   way, manner
el momento   moment
la muerte   death
la parte   part
el poeta   poet
el pretexto   pretext, excuse
el sajón, la sajona   Anglo-Saxon
la sicología   psychology
el sitio   place

ADJECTIVES AND ADVERBS
aun   even
bello   beautiful
católico   Catholic
cívico   civic
enamorado   in love
folklórico   folkloric
latinoamericano   Latin American
nacional   national
puertorriqueño   Puerto Rican
religioso   religious

VERBS
amar   to love
asustar   to frighten, to scare
beber   to drink
celebrar   to celebrate
conmemorar   to commemorate
disfrazarse (de)   to disguise
   oneself (as)
durar   to last
ocurrir   to occur, to happen
participar   to participate
presentar   to present
reunirse   to get together
sustituir   to substitute
tirar   to throw

CONJUNCTIONS
sino   but (rather), instead
sino que   (but) rather, instead

EXPRESSIONS
sí mismo   himself, herself

GACETA

Nº 3

Arte y artesanías

El arte de bordar

Arte indígena.   Los indios zapotecas en el estado de Oaxaca, México, mantienen muchas de sus costumbres antiguas produciendo bellos objetos de arte. El trabajo reciente de una señora zapoteca, Sabina Sánchez, se ha convertido en piezas de museo. Hoy día muchas mujeres bordan los conocidos vestidos mexicanos, creación de doña Sabina, pero no tan bonitos como los que ella hacía. Ahora los hacen aprisa para venderlos al gran mercado extranjero. Nota que el primer idioma de la señora Sánchez fue el zapoteca. Por eso su español "hablado", como se presenta en la siguiente entrevista, es diferente.

A. ¿Qué es eso?   Usa el contexto del siguiente artículo, **Los vestidos mexicanos de Sabina Sánchez,** para determinar el significado de **bordar** y **bordado.** Selecciona una de las opciones siguientes.

1. to sew and sewing
2. to embroider and embroidery
3. to design and designing
4. to crochet and crocheting

→ **Para leer mejor:**
Las fotografías son útiles para determinar el significado de palabras clave (*key*). Examínalas cuidadosamente.

Los vestidos mexicanos de Sabina Sánchez

"Aquí en San Antonino, todos los que vienen creciendo hablan puro español; pero ya las gentes de mi edad—puro idioma zapoteco, purísimo, sí. Aprendí español como en 1925, sí, español; pero zapoteco es lo que… nací con zapoteco, vaya!"

Estas son las palabras de Sabina Sánchez recogidas durante una entrevista hecha por Judith Bronowski, especialista en arte folklórico, de Los Ángeles, California.

Enseñada por su tía Zenobia, Sabina Sánchez empezó a desarrollar su arte cuando tenía siete años y desde entonces ha mantenido una constante aspiración hacia la excelencia. Debido a esto el bordado de Sabina es notable en diseño, calidad y versatilidad.

"Mi nombre completo es Sabina Sánchez Alonzo, y el señor es Emilio Mateos Pérez. Mi mamá Apolonia Alonzo. Tenía yo quince años y medio cuando me casé. Pues puro ese trabajo de bordado hago; y quiso Dios, pues, mi esposo no me obligaba hacer cosas de así, cocina; puro bordado, puro bordado".

"No más que huipil usaban las gentes anteriores—usaban huipiles. Enseguida de huipil vino el bordado blanco. Apenas como '28, 1929 empecé yo de inventar ese de bordado de todos colores".

Sabina dibuja a mano sus diseños directamente en la tela, demostrando confianza en su ejecución y una visión extraordinaria. Sus imágenes naturalistas reflejan su vida campesina. San Antonino Castillo Velasco, donde vive Sabina, es un pueblo en el valle de Oaxaca donde se cultivan flores, especialmente la enorme "Cresta de Gallo", de mucho valor, y en gran demanda en la Ciudad de México para el adorno de los altares del Día de los Difuntos. La belleza de las flores y los pájaros es una de las inspiraciones para los motivos de Sabina.

Sabina tiene tres hijos, pero ninguna hija, y espera con ansiedad el día que se casen porque tal vez una de sus nueras se interese en aprender toda la riqueza de conocimientos que ella ha acumulado sobre el arte de bordar. La mayor parte de las aprendices de Sabina no tienen ni el anhelo ni la vocación para alcanzar calidad y excelencia, comenta ella tristemente. Hay, sin embargo, una sobrina que está demostrando talento. Para mantener una tradición se necesitan practicantes.

"Dilata uno para hacerlo, mucho dilata para hacerlo; pero se ve una cosa buena, una cosa bonita, pero no más que dilata… y paciencia, para hacer todas esas cosas, sí".

B. La profesión de Sabina Sánchez.   ¿Cuál es la idea principal del artículo sobre Sabina Sánchez?

1. La familia de Sabina Sánchez ayuda a producir hermosos vestidos bordados a mano.
2. Sabina Sánchez busca una persona que siga su tradición artística.
3. Sabina Sánchez es una artista única, con una visión y un talento que nadie ha podido alcanzar.
4. Sabina empezó a bordar vestidos desde muy joven.

C. Reporte verbal. Imagínate que quieres contarle la historia de Sabina a un familiar tuyo que se interesa en artesanías. ¿Qué le dirías sobre los siguientes puntos?

1. su nacionalidad   4. sus hijos
2. su idioma   5. la paciencia
3. las flores y los pájaros   6. su contribución artística

D. Las cosas buenas. Selecciona la oración que mejor expresa las palabras de Sabina al final del artículo.

1. Para hacer cosas buenas y bonitas se necesita tiempo y paciencia.
2. Es importante terminar todo trabajo empezado.
3. Las cosas buenas y bonitas se hacen con gusto.

Joven estrella

A. **¿Quién es Luis Miguel?**   Busca estas palabras en el siguiente artículo y decide cuáles indican quién es Luis Miguel.

1. cantante
2. ídolo
3. mexicano
4. chalet
5. ensueño
6. lacio
7. estrella de Hollywood
8. chaval

Para leer mejor:
Examina cuidadosamente el artículo buscando palabras específicas. Adivina su significado a través del contexto y las fotografías.

EL CANTANTE LUIS MIGUEL

Se ha comprado un chalet de superlujo en Las Matas (Madrid), a principios de 1985

Las quinceañeras *fans* españolas del cantante mexicano Luis Miguel están de enhorabuena...En efecto, el jovencísimo cantante—catorce años—ha decidido pasar largas temporadas en España y para esto se ha comprado una superlujosa casa en Las Matas, en los alrededores de Madrid. Una casa de ensueño, una casa de película que no tiene nada que envidiar a las lujosas mansiones de las estrellas de Hollywood.

Cien millones le ha costado la casita a este nuevo ídolo del mundo de la canción. Un chalet de cuatro plantas con una superficie de unos setecientos metros cuadrados y un enorme jardín de más de siete mil.

Todo un cantante prodigio

La historia de Luis Miguel empezó en México cuando fue descubierto en el transcurso de una fiesta hace ya tres años. Hoy, con sus casi quince años, este chaval rubio, hijo de artista, es todo un ídolo de la juventud. En México, la tierra que lo vio nacer, pasando por Argentina, Venezuela, Chile, incluso en Malasia y Singapur, todas las quinceañeras suspiran por llegar a mesar algún día su lacio cabello.

B. **¡HOLA!, revista de España.**   Lee el artículo **El cantante Luis Miguel** otra vez. Encuentra y escribe la oración que indica de dónde es él. Busca y escribe también dos hechos (*facts*) que expliquen por qué una revista española tiene un artículo sobre él.

C. ¿Cuántos años tiene ahora? El artículo sobre Luis Miguel fue publicado en mayo de 1985. Usa esta información para contestar las siguientes preguntas.

1. ¿Por qué el autor llama a sus *fans* "quinceañeras"?
2. ¿Cuántos años tenía Luis Miguel cuando lo descubrieron en una fiesta?
3. ¿Cuántos años tiene ahora Luis Miguel?
4. ¿En qué año ocurrió la fiesta donde Luis Miguel fue descubierto?

D. ¿Mesar o suspirar? Busca las palabras "suspirar" y "mesar" en el artículo **El cantante Luis Miguel**. En una hoja de papel explica tus ideas sobre su posible significado.

→
Para leer mejor:
Lee entre líneas para encontrar información adicional de utilidad.

→
Para leer mejor:
Utiliza el contexto de la lectura para encontrar el significado de palabras nuevas.

La mujer en la pintura

A. ¿De qué se trata la historia? Selecciona la frase que mejor expresa la idea principal del siguiente artículo, **Julia Díaz, exponente de la pintura salvadoreña actual**. Copia del artículo las frases que apoyen (*support*) tu respuesta.

1. la historia de la artista
2. los hechos sobre su último éxito
3. la ayuda de su madre y sus hijos
4. los temas principales de sus pinturas

María (1943)

El Grito (1981)

JULIA DÍAZ
EXPONENTE DE LA PINTURA
SALVADOREÑA ACTUAL

Se le considera como uno de los máximos exponentes de la pintura centro-americana actual y como la primera mujer que se destaca en su país dentro del arte pictórico. Nos referimos a la artista salvadoreña Julia Díaz.

A pesar de su formación académica europea, de muchos de sus lienzos brota la luz del trópico. Es esa luz con la que nació y creció en su pueblo de Cojutepeque. Y, por entre esa luz, sus temas reflejan siempre la ternura.

Curioso resulta que una mujer que no ha conocido la maternidad tenga ésta como temática central de su obra. "Precisamente por no haber sido madre, he querido llevar la maternidad a mis lienzos", dice ella, añadiendo: "Es una forma de compensar".

Madres y niños son generalmente la gran fuente de inspiración de esta artista. A éstos los ha captado, hasta hace unos años, dentro de un ambiente de serenidad y amor, que se refleja a través de las expresiones y de los matices. En la actualidad, y desde hace algún tiempo, los niños de Julia Díaz son esqueléticos, llorosos, como si gritaran de miedo y dolor. Según una publicación cultural salvadoreña, "estos niños reflejan la realidad de El Salvador en estos difíciles momentos".

Maternidad (1983)

B. El desarrollo de una artista. Después de leer el artículo sobre Julia Díaz, examina las pinturas y selecciona la mejor respuesta a las siguientes preguntas.

1. ¿Qué cambio notas en la obra de Díaz?
    a. El estilo se vuelve menos personal.
    b. El estilo es más abstracto y menos colorido.
    c. Las pinturas son más románticas.
2. ¿A qué atribuye el autor algunos de estos cambios?
    a. su formación académica europea
    b. los momentos difíciles de El Salvador
    c. la maternidad

10

Hacia un mundo mejor

In this chapter, you will talk about the future. You will also learn about the following functions and structures.

Functions	Structures
• talking about the future	the future tense of regular verbs
• talking about what will be	irregular verbs in the future
• asking *what* or *which*	**qué** vs. **cuál**
• talking about conditions to be met in the future	the subjunctive after adverb clauses

1NTRODUCCIÓN

EN CONTEXTO

¡Ya llegó el futuro!

Dos <u>técnicos</u> de un laboratorio están hablando de sus problemas en el trabajo y lo que pueden hacer para cambiar su vida.

ROBERTO	¡No aguanto más hacer lo mismo <u>día tras día</u>! ¡Siempre estamos <u>encerrados</u> en este laboratorio!	day after day enclosed
ROBERTA	<u>¿Y qué?</u> Para eso estamos aquí. <u>Deja de soñar.</u>	So what? / Stop dreaming.
ROBERTO	<u>Hablo en serio.</u> Quiero algo diferente. <u>Quisiera</u> ver <u>ciertas</u> cosas que existen afuera.	I'm serious / I'd like certain
ROBERTA	Para eso tenemos la televisión. Con ella podemos ir a cualquier lugar del mundo y ver muchas cosas hermosas.	
ROBERTO	Sí, pero a mí todavía me gustaría salir a caminar, mirar el cielo, las <u>nubes</u>... ¿Entiendes?	clouds
ROBERTA	<u>Ya veo.</u> Bueno, ¿por qué no le <u>pedimos permiso</u> al jefe?	I see. / ask permission
ROBERTO	¡Fantástica idea! Mira, ahí viene.	
DR. VARGAS	¡Hola! ¿De qué estaban hablando?	
ROBERTO	Queríamos preguntarle si puede llevarnos a dar un paseo.	
DR. VARGAS	¿A dar un paseo? ¿Adónde? Me gustaría, pero ustedes saben muy bien que los robots no pueden salir de aquí.	
ROBERTO	Sí, lo sabemos, pero soñar nada cuesta, ¿verdad?	

Comprensión

Lee estas frases sobre **¡Ya llegó el futuro!** y decide si son verdaderas o falsas. Si son falsas, hazlas verdaderas.

1. Para ver lo que pasa afuera, los técnicos tienen que mirar las nubes.
2. Los técnicos hacen el mismo trabajo día tras día.
3. Roberta tiene tantas ganas de salir del laboratorio como Roberto.
4. Los técnicos trabajan también en otro lugar.
5. Tienen que pedirle permiso a otra persona para ir afuera.
6. Los técnicos no pueden salir porque tienen que cuidar a los robots.
7. Los robots están tristes porque no pueden soñar.

ASÍ SE DICE

¿Qué significa el futuro para ti? ¿Estás pensando en tu futuro inmediato o posiblemente en...?

graduarte de la
escuela secundaria

matricularte en
la universidad

especializarte en
algo interesante

conseguir empleo

casarte y tener familia

jubilarte

En el futuro también vas a tener que resolver problemas de todo tipo y

saber controlar los gastos

ganarte la vida

pagar las cuentas

ahorrar parte de tu sueldo

Además, cuando piensas en el futuro hay que pensar en el futuro de la
<u>sociedad</u>. Hay problemas como el desempleo, la <u>sobrepoblación</u>, la
contaminación, el hambre y además

society / overpopulation

la guerra   la inflación

Siempre hay esperanzas de <u>mejorar</u> el futuro, tener paz en el mundo y

to better, to
improve

curar las enfermedades   mejorar el nivel de vida

A. La vida del cine.   ¿Qué le dice esta estrella de cine al periodista que
la entrevista? Contesta **probable** o **poco probable** para indicar si los
comentarios que oyes pertenecen (*belong*) a esta entrevista o a otra.

> MODELO   Yo quisiera dejar de ser técnico.
> **poco probable**

B. Conchita la concisa.   Conchita tiene un vocabulario muy amplio
(*extensive*) en español. Rebeca, en cambio, a veces no puede pensar
en las palabras que necesita y tiene que describirlas. ¿Cómo le responde
Conchita a Rebeca?

> MODELO   cuando alguien tiene sesenta y cinco años y deja de
> trabajar
> **Ya veo. Quieres decir <u>jubilarse</u>.**

a. ganarse la vida   f. el robot
b. jubilarse   g. estar encerrado
c. matricularse   h. la inflación
d. la guerra   i. graduarse
e. la sobrepoblación   j. ahorrar

COMUNICACIÓN

A. El futuro es tuyo. Contesta estas preguntas o úsalas para entrevistar a otro(a) estudiante sobre sus planes para el futuro.

1. ¿Qué esperas hacer al graduarte de la escuela secundaria?
2. ¿En qué universidad te gustaría matricularte? Si no vas a la universidad, ¿qué tipo de empleo piensas conseguir?
3. ¿En qué piensas especializarte?
4. ¿Qué clases de vivienda se pueden conseguir en una universidad? ¿Cuál prefieres? ¿Por qué?
5. ¿Piensas casarte antes de tener 25 años? ¿Por qué (no)?
6. ¿Esperas tener hijos? ¿Cuántos?
7. ¿Cómo piensas ganarte la vida?
8. ¿Dónde te gustaría trabajar: en una oficina, en casa, en una fábrica, en tu propio negocio...?
9. ¿Cómo te sientes cuando piensas en el futuro? ¿Deprimido(a), preocupado(a), optimista?

B. La Casa Blanca responde. Imagínate que eres un(a) consejero(a) (*advisor*) del Presidente de los Estados Unidos. Él quiere resolver unos problemas de este país. ¿Cuáles son tus soluciones?

EJEMPLO **Para evitar el desempleo hay que crear más trabajos.**

	la guerra
	el hambre
evitar	la inflación
curar	la contaminación
mejorar	el sistema de educación
reducir	la pobreza
eliminar	el crimen
	las enfermedades
	¿...?

Manos Unidas
CAMPAÑA CONTRA EL HAMBRE

UNA AYUDA AL TERCER MUNDO

- Promueve cambios hacia un Nuevo Orden Internacional
- Puede ser comprobada
- No hace mendigos sino agentes de su propio desarrollo

C. Los años dan experiencia. Imagínate que ya tienes unos 40 años y tus hijos quieren que les des consejos para ayudarlos en la vida. ¿Qué les dices? Usa estas sugerencias o piensa en otras.

EJEMPLO **Hijos, ¡diviértanse cuando puedan!**
¡Ahorren la mitad de su sueldo!

graduarse, matricularse, especializarse, preparar, seguir, gastar, ir, terminar, casarse, estudiar, trabajar, ahorrar, controlar, conseguir, viajar, disfrutar ¿...?

EXPLORACIÓN 1

Function: *Talking about the future*
Structure: *The future tense of regular verbs*

PRESENTACIÓN

A. You already know several ways to talk about events that will take place in the future.

1. The present tense may be followed by a future time expression to talk about things you expect to happen soon.

   Eduardo se gradúa en junio.

2. **Pensar** and **esperar** often refer to actions that will occur in the future.

   ¿Piensas ahorrar mucho dinero este verano?
   Espero trabajar con mi padre algún día.

3. **Ir a** plus an infinitive is the most common way to express future time. It is the equivalent of *to be going to* in English.

   Voy a pedirle permiso a mi mamá.

B. There is a separate future tense in Spanish. It uses one word to tell what *will* happen. The future tense of most verbs is formed by adding the future endings to the complete infinitive, without dropping the **-ar, -er,** and **-ir** endings.

infinitive	+	é	emos
		ás	éis
		á	án

Iremos en julio.   *We'll go in July.*
Se casarán el año que viene.   *They'll get married next year.*
Volverá mañana.   *He'll return tomorrow.*

PREPARACIÓN

A. Queremos casarnos. Raúl y Nelda quieren casarse. Para ver si Raúl es responsable, el papá de Nelda le hace preguntas sobre su pasado y sus planes para el futuro. Escucha las preguntas del papá y contesta por Raúl.

1. a. Sí, saqué buenas notas.   b. Sí, sacaré buenas notas.
2. a. Me gradué en mayo.   b. Me graduaré en mayo.
3. a. Lo gané como técnico.   b. Lo ganaré como técnico.
4. a. Sí, ya conseguí empleo.   b. Sí, pronto conseguiré empleo.
5. a. Sí, ahorré bastante dinero. b. Sí, ahorraré bastante dinero.
6. a. Trabajé en el hospital.   b. Trabajaré en un hospital.

B. ¡A viajar! David y Mark fueron a Puerto Rico y ahora hablan con dos chicas que también piensan ir. ¿Qué les dicen las chicas a los chicos?

MODELO   Tomamos el sol todos los días.
         ¿Y qué? Nosotras también tomaremos el sol todos los días.

1. Nadamos en el Caribe.
2. Insistimos en hablar español todo el tiempo.
3. Sacamos muchas fotos.
4. Comimos comida muy exótica.
5. Vimos muchos lugares importantes.
6. Fuimos al Viejo San Juan.

C. Mi propio negocio. Carlos le dice a Marta que un día le gustaría poner un negocio (*to start a business*) de equipo de vídeo. ¿Qué le pregunta Marta?

MODELO   ¿dónde / fundar tu negocio?
         ¿Dónde fundarás tu negocio?

1. ¿dónde / conseguir el equipo?
2. ¿cuántas personas / ayudarte en el negocio?
3. ¿qué muebles / necesitar para la oficina?
4. ¿quiénes / comprar tus productos?
5. ¿cuánto tiempo / tardar en ganar un buen sueldo?
6. ¿por qué / especializarse en el equipo de video?

D. ¡Qué sorpresa! Hoy es el Día de las Madres y Bárbara quiere que sea un día especial para su mamá. Según Bárbara, ¿cómo la sorprenderá (*surprise*) toda la familia?

MODELO   yo / preparar
**Yo le prepararé
el desayuno.**

1. papá / servir

2. Amalia y
Miguelito / escribir

3. Papá y yo / comprar

4. Miguelito / dar

5. Bernardo y
Amalia / traer

6. yo / arreglar

E. Nunca es tarde. Es Año Viejo, y Fernando y su familia están haciendo sus resoluciones para el Año Nuevo. Según Fernando, ¿qué piensan hacer todos para mejorar su vida?

MODELO   Nosotros **trataremos** de estudiar más. (tratar)

pagar   conseguir   ser   bajar   ahorrar   pelear

1. Yo ===== menos exigente.
2. Mamá ===== un nuevo trabajo.
3. Todos ===== menos.
4. Dolores y yo ===== más dinero.
5. Tío Luis ===== todas sus cuentas.
6. Juan y Clara ===== de peso.

CONTEXTO CULTURAL

Cuando se menciona la Antártica, muchas veces uno piensa en un gran continente al sur donde sólo existen el frío, la nieve y los pingüinos. Pero la verdad es que ha servido como un gran laboratorio internacional de estudios científicos. En el futuro, Chile, Argentina y otros países tendrán interés en este continente también porque allí esperan encontrar petróleo, gas y otros minerales.

F. Noticias de familia. Estela está escribiéndole una carta a una vieja amiga sobre sus planes para trabajar en la Antártica algún día. ¿Qué le cuenta?

Querida Catarina,

En pocos días yo (graduarse) __1__ de la escuela secundaria. ¡Por fin! Y, es más, ya tengo mi futuro entero planeado. Durante el verano yo (ganarse) __2__ la vida como secretaria. Luego en el otoño mis padres (mudarse) __3__ al extranjero. Pero mi primo Gregorio y yo (quedarse) __4__ aquí en Chile con los abuelos. Mi novio Miguel (matricularse) __5__ en la universidad y yo también. Él (especializarse) __6__ en química y yo (especializarse) __7__ en física. Al terminar los estudios, nosotros (casarse) __8__ y los dos (ganarse) __9__ la vida como científicos, ¡en la Antártica! Pero Gregorio tiene otros planes. Él (casarse) __10__ con su novia Greta y los dos (irse) __11__ a Alaska. ¡Qué lugar más remoto! ¡Imagínate!

¿Y tú? ¿Dónde (encontrarse) __12__ de aquí a cinco años?

Muchos besos y abrazos,
Estela

COMUNICACIÓN

A. ¡Por fin, la libertad!   Imagínate que vas a la universidad el año que viene y que vivirás en una residencia estudiantil. ¿Cómo será tu vida?

> EJEMPLO   **Compartiré un cuarto con otro estudiante.**

estar   estudiar   limpiar   especializarse   acostarse
necesitar   conocer   asistir   ir   ¿...?

B. De aquí a 10 años.   Escribe el nombre de un verbo en un papel y ponlo en una bolsa (*bag*) junto con los papeles de otros estudiantes. Cuando te toque a ti, saca uno de los papeles, lee el verbo y úsalo para decir algo sobre el futuro de otro estudiante. Luego le toca a otro estudiante hacer lo mismo.

> EJEMPLO   (Sacas un papelito y lees *comer*.)
> Dices: **Samuel, en 10 años no comerás carne.**
> (Samuel saca un papelito y lee *hablar*.)
> Dice: **Rebeca, en 10 años hablarás español con tu esposo.**

C. Nunca en la vida.   Escribe cinco oraciones sobre lo que nunca harás (*will never do*). Usa estas sugerencias o piensa en otras.

> EJEMPLO   **Nunca viviré en la Antártica porque hace demasiado frío.**
> **Nunca saltaré en paracaídas porque me asusta mucho.**

casarse con   conseguir   ir   vivir   jubilarse
trabajar   viajar   especializarse   comer   ¿...?

Repaso y extensión

> Remember that **ir a** plus an infinitive is often used instead of the future tense you have just learned. Restate these sentences using **ir a** plus an infinitive.
>
> > EJEMPLO   Nuestro mundo será mejor.
> > **Nuestro mundo va a ser mejor.**
>
> ¿Cómo será el mundo ideal?
> 1. Nadie pensará en la guerra.
> 2. Viviremos en paz.
> 3. La contaminación desaparecerá.
> 4. El nivel de vida mejorará.
> 5. Los médicos curarán todas las enfermedades.
> 6. Todos se jubilarán a los cuarenta años.
> 7. Los estudiantes aprenderán español mientras duermen.
> 8. Nos divertiremos todos los días.

Function: *Talking about what will be*
Structure: *Irregular verbs in the future*

PRESENTACIÓN

In Spanish, verbs that are irregular in the future tense are formed by adding the regular future ending **-é, -ás, -á, -emos, (-éis), -án** to an irregular stem. Learn the irregular stems of these verbs.

infinitive	future stem	+ ending
poner	pondr-	é
tener	tendr-	
salir	saldr-	ás
venir	vendr-	
saber	sabr-	á
poder	podr-	
haber	habr-	emos
querer	querr-	éis
hacer	har-	
decir	dir-	án

Saldremos a las ocho en punto.   ¡No lo haré!
¿Vendrá el sábado o el domingo?   ¿Cuándo nos dirán la verdad?

PREPARACIÓN

A. Ay, las apariencias. Esta noche los señores Torres tendrán una cena formal en casa. ¿Qué dice el señor Torres que toda la familia hará para cooperar?

MODELO   Lorenzo y Gregorio **se pondrán** camisas nuevas.

salir   tener   venir   hacer   poner   decir

1. Todos nosotros ===== que arreglar la casa.
2. Tú, querida, ===== flores frescas en la mesa.
3. Lola y Gregorio ===== la tarea arriba en su cuarto.
4. Yo les ===== a los invitados que pasen a la sala primero.
5. Pepito y Evita ===== abajo para despedirse antes de dormir.
6. Lidia ===== a la terraza con el bebé si empieza a llorar.

B. ¡Nunca nos creerán! Mientras caminan al colegio, Luisa y dos amigos se encuentran con un perro hambriento (*hungry*) que les devora (*devours*) la tarea. ¿Qué les dirán a los profesores? Usa el verbo **decir** para contar lo que Luisa sugiere.

1. Como no creerán nunca lo del perro, nosotros les ===== esto:
2. Yo les ===== que el viento me llevó la tarea.
3. Tú les ===== que la tuya se perdió cuando caíste al río tratando de conseguirme la mía.
4. Beto les ===== que la suya desapareció cuando él se metió al agua para salvarte la vida.
5. Pero al vernos sanos y secos, los profesores nos ===== que un pretexto así es tan increíble como el del perro hambriento.
6. En ese caso les ===== la verdad y aceptaremos las consecuencias.

C. ¡Vivan los optimistas! La clase del señor Solé está prediciendo cómo se resolverán nuestros problemas sociales en el siglo XXI. ¿Qué dicen? Forma oraciones, completándolas con las palabras de la lista.

MODELO   inundaciones / científicos / saber controlar ¿...? (el tiempo)
          No habrá inundaciones porque los científicos sabrán controlar el tiempo.

el trabajo   comida   paz   carro   las enfermedades   otros planetas

1. guerra / todos los seres humanos / querer ¿...?
2. hambre / nosotros / tener suficiente ¿...?
3. desempleo / los robots / hacer ¿...?
4. sobrepoblación / mucha gente / vivir en ¿...?
5. gente enferma / los médicos / saber curar todas ¿...?
6. contaminación del aire / nadie / usar ¿...?

D. Salir para la universidad. Panchito está preocupado porque mañana su hermana mayor saldrá para estudiar en los Estados Unidos y él la extrañará. ¿Qué responde Amalia a las preguntas de Panchito?

> MODELO   ¿No tendrás miedo de estar sola?
> **No, no tendré miedo de estar sola.**

1.
2.
3.

4. 5. 6.

Ahora, con los nuevos sistemas de telecomunicaciones (el videotex y el teletex), uno puede comunicarse con la gente de varios países sin salir de la oficina. Así, se ahorra tiempo, energía y dinero. En España se espera tener una telemática (un sistema público de información) en los próximos años. Este sistema es un archivo que se compone de unas computadoras centrales que guardan todo tipo de información.

E. Porque quieres saber. Antonia escribe un artículo sobre la vida de algunas estrellas de cine para la columna de chismes *(gossip)* del periódico. ¿Qué escribe ella?

hacer   haber   tener   conmemorar   salir   poder   decir   casarse

Ramona Ramón __1__ con Esteban Estévez para Roma este fin de semana. Se dice que los dos __2__ en noviembre, pero ni Ramona ni Esteban __3__ nada sobre una boda hasta octubre. Eduardo Roca __4__ un viaje al extranjero en el otoño. Su esposa no __5__ acompañarlo porque ella __6__ que completar una película en México. __7__ una fiesta en la casa de los señores Merino el sábado por la noche donde los dos __8__ su aniversario de 30 años de casados. ¡Felicidades!

COMUNICACIÓN

A. ¿Qué traerá el futuro? Contesta estas preguntas o úsalas para entrevistar a otro(a) estudiante sobre la vida dentro de 50 años.

1. ¿Haremos carros que no necesitan gasolina?
2. ¿Qué sabrán los científicos que no saben ahora?
3. ¿Qué podrás hacer que no haces ahora?
4. ¿La gente realmente se pondrá ropa "estilo Star Trek"?
5. ¿Qué les dirás a tus nietos sobre los años noventa?
6. ¿Qué nuevos pasatiempos tendrán tus nietos?
7. ¿Saldremos para otros planetas en aviones en vez de naves espaciales?
8. ¿Vendrá por fin el día en que nos consideremos todos hermanos?

B. **¿Qué carrera?** Piensa en los intereses de tus compañeros de clase. Ahora, dile a la clase qué profesión crees que seguirá cada persona en el futuro y por qué.

EJEMPLO **Teresa podrá ser periodista porque le gusta escribir. Eduardo tendrá que ser agente de viajes porque le encanta viajar.**

	abogado(a)	médico(a)
	agente de viajes	periodista
	actor (actriz)	piloto(a)
ser	artista	profesor(a)
poder	científico(a)	programador(a) de computadoras
tener	dentista	hombre (mujer) de negocios
	enfermero(a)	técnico(a)
	fotógrafo(a)	vendedor(a)
	secretario(a)	veterinario(a)
	ingeniero(a)	¿...?

Repaso y extensión

You now know how to talk about past, present, and future actions. Review these tenses as you complete the following activity.

¿Qué le responde Inés a su hermanita, quien la acusa de lo siguiente?

MODELO Estás loca por Reinaldo.
No lo **estoy**, nunca lo **he estado** y no lo **estaré** en mi vida.

1. Dices mentiras.
   No las ═══, nunca las ═══ y no las ═══ en mi vida.
2. Comes puros dulces.
   No los ═══, nunca los ═══ y no los ═══ en mi vida.
3. Quieres al novio de Isabel.
   No lo ═══, nunca lo ═══ y no lo ═══ en mi vida.
4. Tienes el pelo sucio.
   No lo ═══, nunca lo ═══ y no lo ═══ en mi vida.
5. Sacas muy malas notas.
   No las ═══, nunca las ═══ y no las ═══ en mi vida.
6. Eres un sabelotodo.
   No lo ═══, nunca lo ═══ y no lo ═══ en mi vida.

EXPLORACIÓN 3

Function: *Asking* what *or* which
Structure: *qué vs. cuál*

PRESENTACIÓN

You already know many words in Spanish that are used to ask questions:
dónde, adónde, cuándo, cuánto(s), **cómo, quién**(es), and **por qué**.

A. Two more interrogative words in Spanish are **qué** and **cuál**(es).
Qué means *what* and usually asks for a definition or an explanation.

¿Qué es esto? ¿Qué estás estudiando en la universidad?
¿Qué quieres? ¿Qué libros usarás en tu clase de química?

B. **Cuál**(es) means *which* or *which one*(s) and asks us to choose between
two or more things.

¿Cuál prefieres, la camisa blanca o la azul?
¿Cuáles son los más exigentes?
¿Cuál es el peor problema, la sobrepoblación o la inflación?

C. Although **cuál** can mean *what*, it still indicates a choice to be made.

¿Cuál es la fecha? ¿Cuál es tu problema?
¿Cuál es la capital ¿Cuáles son los ríos más largos
de Ecuador? de Sudamérica?

PREPARACIÓN

A. ¿Qué quiere decir? Unos turistas que están en Buenos Aires saben muy poco español. Cuando ven letreros (*signs*) que no entienden, ¿qué le preguntan al guía?

> MODELO ¿Qué es una carnicería?
> ¿Qué significa *carnicería*?
> ¿Qué quiere decir *carnicería*?

1. Relojería Baume & Mercier
2. Frutería T. Borges
3. LIBRERÍA COMERCIAL MODESTO
4. Panadería Paduo Tejero
5. G. Lanza Pastelería
6. HELADERÍA TUTTI FRUTTI
7. Joyería Roca Hermanos
8. ZAPATERÍA R. SANDOS

B. ¡Qué indecisos! Los señores Rodela están en un mercado al aire libre. Quieren comprar unos recuerdos, pero ninguno de los dos puede decidirse. ¿Qué preguntas se hacen uno a otro?

> MODELO las piezas de cerámica / la inca (maya)
> **¿Cuál de las piezas de cerámica prefieres, la inca**
> **o la maya?**

1. los tejidos / el antiguo
2. las canastas / la grande
3. las joyas / la de oro
4. las alfombras / la verde
5. los sombreros / el más caro

a. plata
b. barato
c. moderno
d. roja
e. pequeña

C. Una expedición. El gran zoólogo Enrique Díaz pronto hará una expedición a Baja California para estudiar los animales en su ambiente (*environment*) natural. ¿Qué preguntas le hace un reportero mexicano?

> MODELO cosas / estudiar allí
> **¿Qué cosas estudiará usted allí?**

1. regiones / explorar
2. animales / observar
3. instrumentos / llevar
4. tipo de transporte / usar
5. problemas / encontrar
6. otras expediciones / hacer en el futuro

En un intento de proteger la naturaleza, México ha designado ciertos lugares como parques nacionales. La mayor parte de Baja California es un refugio para muchos pájaros y animales que casi han desaparecido. Sin embargo, en el futuro será difícil preservar la hermosura (*beauty*) natural de la península porque se está convirtiendo en un lugar turístico muy popular.

MINISTERIO DE AGRICULTURA, PESCA Y ALIMENTACION

INSTITUTO PARA LA CONSERVACION DE LA NATURALEZA

D. ¿Qué le preguntaron? Algunos estudiantes no oyen bien las explicaciones que da el profesor de ciencias sociales. ¿Qué preguntas le hacen? Usa **qué** o **cuál(es)** según el caso.

MODELO   El desempleo significa que no hay suficiente trabajo.
Perdón, profesor, no lo oí bien. ¿Qué significa el desempleo?

1. La inflación significa que los precios de los productos suben.
2. El carro es el sistema de transporte preferido.
3. La sobrepoblación será el problema más grave.
4. Las casas y los apartamentos son algunos ejemplos de vivienda.
5. El nivel de vida seguramente se mejorará.
6. El SIDA (*AIDS*) probablemente se curará dentro de 50 años.
7. La inflación es un problema para todos los países del mundo.

E. ¡Así es Nuria! Nuria tiene un problema. Escucha cómo se lo explica a su prima Linda. Selecciona la pregunta o respuesta que hace Linda después de cada comentario.

MODELO   NURIA   ¡No aguanto más indecisión!
               LINDA   **a. ¿Cuál es el problema?**
                            b. ¿Qué quiere decir indecisión?

1. **a.** Pues, ¿qué van a hacer ustedes?   **b.** ¿Qué vas a ponerte?
2. **a.** ¿Qué tipo de baile es?   **b.** ¿Cuál es tu respuesta?
3. **a.** ¿Cuál es tu color favorito?   **b.** Pues, ¿cuál te gusta más?
4. **a.** ¿En qué te puedo ayudar?   **b.** ¿Ah sí? ¿Qué?
5. **a.** ¿Cuál es su problema?   **b.** ¿Cuál es?
6. **a.** ¿Qué invitación aceptaste?   **b.** ¿Cúal es tu opinión?
7. **a.** A mí ni me pidas consejos. ¡Mejor pídeselos a Luis y Armando!   **b.** Pues, la solución es fácil. No digas nada.

CONTEXTO
CULTURAL

Otro problema que nos queda por resolver en el futuro es la crisis de energía. Ahora los latinoamericanos están tratando de aprovecharse de algunos recursos naturales como el viento y el agua. Por ejemplo, en Nicaragua se ha encontrado una solución formidable al problema. Están utilizando la energía producida en el volcán Momotombo para generar electricidad. Los nicaragüenses esperan que produzca suficiente energía para todo el país.

COMUNICACIÓN

A. En busca de puesto.   Si buscas empleo, tendrás que contestar las preguntas del jefe. Contesta estas preguntas típicas o úsalas para entrevistar a otro(a) estudiante.

1. ¿Cuál es la fecha en que usted nació?
2. ¿En qué se ha especializado usted en la escuela?
3. ¿Qué experiencia de trabajo ha tenido usted?
4. ¿Cuál fue su último empleo?
5. ¿Qué puesto espera usted conseguir?
6. ¿Qué sabe usted de nuestro negocio?
7. ¿Qué sueldo pide usted?
8. ¿Cuáles son las horas que usted prefiere trabajar?
9. ¿Qué idiomas sabe hablar, leer o escribir?
10. ¿Cuál es el nombre, número de teléfono y dirección de su último jefe de trabajo?

B. Por favor, explícanos.   Imagínate que visitas una escuela primaria y tienes que explicarles a los niños el significado (*meaning*) de ciertas profesiones. ¿Qué preguntas te harán los niños y qué les dirás?

EJEMPLO   **¿Qué hace un arqueólogo?**
Estudia las civilizaciones antiguas.

1. arqueólogo(a)	5. agente de viajes	9. arquitecto(a)
2. astrónomo(a)	6. (mujer) piloto	10. escultor(a)
3. fotógrafo(a)	7. médico(a)	11. cómico(a)
4. periodista	8. sicólogo(a)	12. actor / actriz

C. ¿Gustos o disgustos?   Haz un estudio de las preferencias de los jóvenes. Usa **qué** o **cuáles(es)** para hacerles preguntas a los otros estudiantes.

EJEMPLO   **¿Cuál es tu día favorito?**
Mi día favorito es el sábado porque no hay clases.

¿Qué deportes te gustan más?
Me gusta más el fútbol y el béisbol.

	clases
	deportes
ser	día
preferir	comida
gustar	refrescos
hacer	música
¿...?	programas de televisión
	ropa
	¿...?

D. ¡El ganador soy yo! Escribe cinco preguntas usando **qué** o **cuál** y también escribe sus respuestas. Luego divide la clase en dos equipos. Cada equipo debe hacerle preguntas al otro equipo. El grupo con más respuestas correctas al final del juego gana.

EJEMPLO

> ¿Cuál es la ciudad más grande de Latinoamérica?
> La Ciudad de México es la más grande.

E. Preferencias y deseos. Mira estos dibujos y haz preguntas con **qué** o **cuál** para referirte a las acciones que ves.

1.

2.

Repaso y extensión

You already know that many verbs are followed by prepositions such as **a, de, en,** and **para**. These prepositions must also be included when you ask a question. Instead of following the verb, as in a statement, the preposition is the first word in a question. Complete the following questions with **a, de, en,** or **para,** depending on the verb used.

1. ¿_____ qué año te graduarás de la escuela secundaria?
2. ¿_____ qué universidad piensas asistir?
3. ¿_____ qué disciplina te especializarás?
4. ¿_____ qué necesitarás más educación?
5. ¿_____ qué querrás dinero en el futuro?
6. ¿_____ qué actividades participarás después de graduarte?
7. ¿_____ qué te quejarás en el año 2000?
8. ¿_____ qué te preocuparás en veinte años?

Function: *Talking about conditions to be met in the future*
Structure: *The subjunctive after adverb clauses*

PRESENTACIÓN

You have already learned many uses of the subjunctive. It is also used to refer to an event that has not happened or to something that is not completed yet.

A. **Antes (de) que** (*before*) is a future time expression that is always followed by the subjunctive. **Cuando** is followed by the subjunctive when it is used to refer to an action that has not been completed yet. When **cuando** is used with actions that occur repeatedly or have already occurred, use the indicative.

Mis amigos me visitarán antes que **me mude**.
My friends will visit me before I move. (hasn't happened yet)

Marta me llamará cuando **llegue** a casa.
Marta will call me when I get home. (hasn't happened yet)

Ani siempre llora cuando su mamá la **deja**.
Ani always cries when her mother leaves her. (happens repeatedly)

Felipe me llamó cuando **regresé**.
Felipe called me when I got home. (has already happened)

B. The following expressions always introduce the subjunctive because they tell what will happen provided certain conditions are met.

para que *so that, in order that*	a menos que *unless*
sin que *without*	con tal (de) que *provided that*
en caso (de) que *in case*	hasta que *until*

Ahorramos dinero para que yo pueda ir de viaje.
No iremos a menos que mi hermano termine la tarea.
Trabajará allí con tal que le paguen bien.
No hablaré contigo hasta que me pidas perdón.

PREPARACIÓN

A. Hay que esperar. Hace poco tiempo que Miguel y Consuelo Cifuentes se casaron. Varias personas les aconsejan que esperen unos años antes de comprar una casa. ¿Qué consejos les dan?

> MODELO   a menos que / estar bien preparados
> **No compren una casa a menos que estén bien preparados.**

1. a menos que / ahorrar suficiente dinero
2. hasta que / tener hijos
3. antes que / comprar otro carro
4. sin que / conseguir mejores empleos primero
5. a menos que / tener un futuro seguro
6. sin que / estar seguros de dónde quieren vivir

CONTEXTO CULTURAL

La sobrepoblación es un problema que preocupa a muchos hispanos porque su crecimiento demográfico (*population growth*) es el más alto del mundo. Ahora el 40% (por ciento) de la población hispana tiene menos de quince años. También, la mayoría de la gente hispana está concentrada en las grandes ciudades. Por ejemplo: el 32% de los argentinos viven en Buenos Aires, y el 50% de los uruguayos en Montevideo.

B. Primero la educación. Alma y sus amigos están hablando de sus planes para el futuro. Todos prefieren terminar sus estudios universitarios antes de buscar trabajo. ¿Qué dicen?

> MODELO   Sarita
> **Sarita no buscará empleo hasta que se gradúe.**

1. Roberto y Rosa
2. yo
3. Gabriela
4. nosotros
5. Carlos y Clara
6. Silvia

C. ¿Qué les parece?   El señor Acevedo acaba de mostrarles un apartamento a los señores Ayala. ¿Qué le dicen los Ayala?

MODELO   a menos que / hacer algunos cambios
             **No alquilamos este apartamento a menos
             que usted haga algunos cambios.**

1. sin que / pintar la sala
2. hasta que / limpiar las ventanas y cortinas
3. a menos que / arreglar el horno
4. sin que / lavar los pisos
5. antes que / poner otro refrigerador
6. a menos que / resolver estos problemas

CONTEXTO CULTURAL

Los mexicanos han sufrido
varios terremotos en el pasado
y recuerdan muy bien la des-
trucción que pueden causar.
Ahora miran hacia el futuro.
Saben que es imposible controlar los fenómenos naturales, pero sí pueden construir rascacielos sobre un gato
(*jack*) hidráulico para que se
muevan con los movimientos
diarios de la tierra. La Torre
Latinoamericana, en la Ciudad
de México, es un buen ejemplo de la ingeniería y la arquitectura modernas.

D. Los ahorros. Los señores Leñero hablan con un consultor financiero sobre su situación económica. La señora añade (*adds*) una explicación a todo lo que dice su esposo. Escucha al señor Leñero y escribe lo que comenta su esposa, usando la forma correcta del verbo entre paréntesis.

MODELO SR. LEÑERO Nos interesa ahorrar dinero.
SRA. LEÑERO Así es, **nos interesa ahorrar dinero** para que la familia **tenga** un futuro seguro.

1. Así es, ______ sin que nosotros (ganar) ______ un mejor sueldo.
2. Así es, ______ con tal que no (seguir) ______ esta inflación.
3. Así es, ______ antes que (gastar) ______ en tonterías lo poco que tenemos.
4. Así es, ______ para cuando los niños (ir) ______ a la universidad.
5. Así es, ______ a menos que nuestros jefes nos (pagar) ______ más.

E. Un mundo mejor. Algunos estudiantes están hablando sobre el bien que pueden hacer en sus futuras carreras. ¿Qué dicen que harán por la sociedad?

MODELO **Cuando Rosa sea veterinaria, ayudará a los animales.**

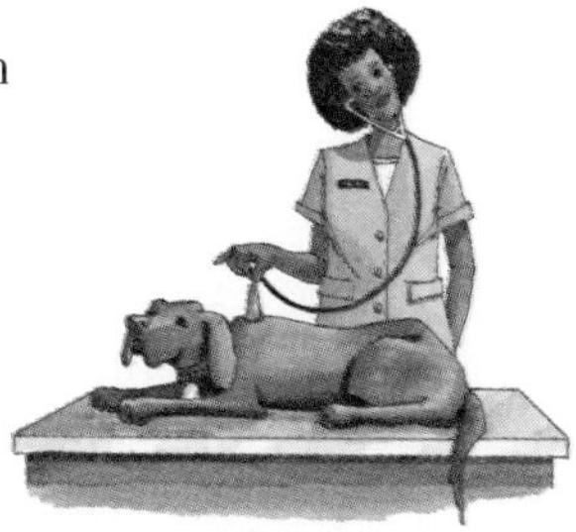

enseñar a los estudiantes
construir muchos edificios
ayudar a los animales
curar las enfermedades
escribir sobre los problemas sociales
pintar cuadros hermosos
estudiar las ruinas de civilizaciones antiguas

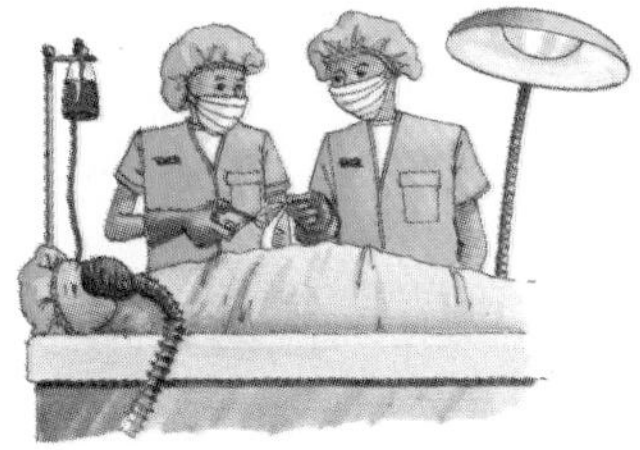

1. Marta y Eduardo

2. yo

3. tú

4. nosotros

5. Fernando

6. ustedes

COMUNICACIÓN

A. Padres generosos.   Imagínate que ya eres padre. ¿En qué circunstancias les darás dinero a tus hijos cuando tengan tu edad? Al escuchar cada oración, responde con **sí** o **no** y escribe una explicación. Usa estas sugerencias o piensa en otras.

> EJEMPLO   Les daré dinero para que almuercen en la cafetería.
>
> *Sí, porque seré responsable de su comida.*

ser generoso	deber pagar sus propios gastos
no querer tener hijos consentidos	no querer verlos sufrir
deber trabajar para ganar su dinero	¿...?

B. ¡Ojo al futuro!   Dile a la clase cuándo esperas hacer ciertas cosas y en qué condiciones las harás.

> EJEMPLO   **Me especializaré en computadoras para que pueda conseguir un buen puesto.**

enamorarse		haber
matricularse	hasta que	ganar
especializarse	antes que	ir
graduarse	a menos que	poder
ganarse la vida	con tal que	ser
casarse	cuando	trabajar
jubilarse	para que	tener
¿...?		¿...?

C. Para conocerte mejor.   Con otro estudiante, háganse las siguientes preguntas el uno al otro. Usen las frases de la lista en sus respuestas.

> EJEMPLO   ¿Sacarás una "A" en esta clase?
> **No, no sacaré una "A" a menos que estudie más.**

para que	sin que	con tal que
a menos que	antes que	cuando

1. ¿Tendrás tiempo para ver televisión esta noche?
2. ¿Asistirás a un concierto este semestre?
3. ¿Trabajarás este verano para ganar un poco de dinero?
4. ¿Cuándo podrás hablar bien el español?
5. ¿Cuándo empezarás a controlar tus gastos?
6. ¿Saldrás con alguien interesante esta noche?

CONSEJO MUNDIAL DE LA ALIMENTACION

VENCER EL HAMBRE PAIS POR PAIS

ESTRATEGIAS ALIMENTARIAS

VENCER EL HAMBRE PAIS POR PAIS

NACIONES UNIDAS

D. ¡Voten por mí!   Imagínate que quieres ser presidente de los Estados Unidos. Tienes que hablarle a la gente para que voten por ti. ¿Qué promesas (*promises*) incluirás en tu discurso? Usa estas sugerencias o piensa en otras.

EJEMPLO   **Ayudaré a los pobres para que resuelvan sus problemas.**

poner	hasta que		haber
decir	para que		tener
ayudar	sin que		poder
buscar	antes que	(no)	quedarse
comprar	a menos que		resolver
vender	con tal que		sentirse
dar	cuando		¿...?

Repaso y extensión

You know how to use **cuando** with the present indicative, preterite, and imperfect tenses. You have just learned to use **cuando** with the subjunctive to refer to future actions that have not occurred yet. Compare the use of **cuando** as shown in the model to talk about the future, to make general statements, and to talk about the past.

MODELO   no haber hambre / todos tener comida
No habrá hambre cuando todos tengan comida.
No hay hambre cuando todos tienen comida.
No había hambre cuando todos tenían comida.

1. no haber guerra / la gente vivir en paz
2. haber esperanza / la gente dejar de ser pesimista
3. el problema de la inflación resolverse / los precios bajar

PERSPECTIVAS

LECTURA

El progreso,
¿a qué precio?

Carlos y Alfredo están parados afuera del colegio a la hora del almuerzo.
Miran la construcción en el parque que queda al lado de la escuela. La
ciudad va a destruir el parque para que se construya un centro comercial.
Mientras los muchachos observan a los trabajadores cortar unos árboles,
tienen esta conversación.

ALFREDO   Me alegro que construyan un centro comercial tan cerca del
colegio. Pronto podremos caminar no más de veinte metros
para comer cualquier clase de comida que queramos.

CARLOS   Puede ser, pero, ¿dónde iremos para escaparnos de todo este
cemento?

ALFREDO   ¿Qué sé yo? Total, ¿qué podemos hacer nosotros? Así es el
progreso.

CARLOS   Uy, el progreso. Pero, ¿es progreso en realidad? Escucha
esta canción. Voy a tocarla cuando trate de convencer a los
demás de que hagamos una petición para que no destruyan
el parque.

Carlos saca su grabadora y toca una versión de la canción "El
progreso", escrita por el famoso cantante brasileño Roberto Carlos.

Yo quisiera* poder aplacar una fiera terrible,
Yo quisiera poder transformar tanta cosa imposible,
Yo quisiera decir tantas cosas que pudieran* hacerme sentir bien conmigo,
Yo quisiera poder abrazar mi mayor enemigo.

Yo quisiera no ver tantas nubes oscuras arriba,
Navegar sin hallar tantas manchas de aceite en los mares,
Y ballenas desapareciendo por falta de escrúpulos comerciales,
Yo quisiera ser civilizado como los animales. (2 veces)

Yo quisiera no ver tanto verde en la tierra muriendo,
Y en las aguas de ríos los peces desapareciendo,
Yo quisiera gritar que ese tal "oro negro" no es más que un negro veneno,
Ya sabemos que por todo eso vivimos ya menos.

Yo no puedo aceptar ciertas cosas que ya no comprendo,
El comercio de armas, de guerra, de muertes viviendo,
Yo quisiera hablar de alegría en vez de tristeza, mas no soy capaz,
Yo quisiera ser civilizado como los animales. (2 veces)

Yo no estoy contra el progreso si existiera* un buen consenso,
Errores no corrigen otros, eso es lo que pienso.

*Quisiera (*would like*), pudieran (*could*), and existiera (*existed*) are forms of the past subjunctive.
You will learn more about these verb forms in **Capítulo 12.**

Expansión de vocabulario

el aceite	oil	**la mancha**	stain, spill
la alegría	happiness	**mayor**	greatest
aplacar	to placate, to calm	**el muchacho**	boy
el arma (*f*)	weapon	**el pez** (*pl.* **peces**)	fish
la ballena	whale	**¿Qué sé yo?**	How should I know?
corregir	to correct	**ser capaz de**	to be capable of
el enemigo	enemy	**tal**	so-called
los escrúpulos	scruples	**Total...**	Anyway...
la fiera	wild beast	**la tristeza**	sadness
hallar	to find	**el veneno**	poison

Comprensión

Según la canción "El progreso", ¿cuáles de estos comentarios haría (*would make*) Roberto Carlos? Léelas, contesta **sí** o **no** y encuentra una línea de la canción que concuerda (*agrees*) con cada respuesta.

> EJEMPLO   Me siento bien conmigo.
> **No: Yo quisiera decir tantas cosas que pudieran hacerme sentir bien conmigo.**

1. Uno no debe tener nada que ver con sus enemigos.
2. Hay que cambiar el mundo.
3. Me preocupo por el petróleo que hay en los mares.
4. El amor al dinero es un gran vicio de los seres humanos.
5. Es lógico que los seres humanos tengan guerras.
6. Gracias a las cosas positivas que hay en el mundo, siento más alegría que tristeza.
7. Los seres humanos son más crueles que los animales.
8. Amo la naturaleza y quiero conservarla.
9. El aceite en los mares es peor que un veneno.

COMUNICACIÓN

A. ¿Cómo será el mundo?   Lee estas oraciones y predice (*predict*) el siglo en que serán verdad. Sólo menciona los siglos entre XXI y XXV. También puedes contestar con **nunca**. Al terminar, compara tus predicciones con las de otros estudiantes.

> EJEMPLO   Todos tendremos un robot doméstico **en el siglo XXII**.

1. Acabaremos las reservas de petróleo...
2. La gente será capaz de parecer siempre joven...
3. Sabremos hablar con los animales...
4. Los médicos curarán todas las formas de cáncer...
5. Aprenderemos a desaparecernos y reaparecernos en otro lugar...
6. Físicamente los niños serán idénticos a sus padres...
7. La contaminación matará todos los peces y ballenas del mar...
8. Todos los países destruirán sus armas nucleares...
9. No habrá tristeza en el mundo...

B. Distintos puntos de vista. Isabel y Marcos no están de acuerdo en cuanto al futuro. Lee el diálogo entre ellos y termínalo de una manera apropiada. Con otro estudiante, escribe por lo menos cuatro oraciones adicionales.

MARCOS   Cada vez que escucho las noticias estoy más convencido de que muy pronto veremos el fin del mundo.

ISABEL   ¿Hablas en serio, Marcos?

MARCOS   Claro que sí. ¿No ves las guerras, la discriminación, la crueldad y la injusticia en el mundo?

ISABEL   Sí, pero también veo muchos cambios que son muy buenos y que me dan esperanza.

     . . .

LA ORGANIZACIÓN MUNDIAL DE LA SALUD

PRONUNCIACIÓN

In many areas, when **y** and **ll** come after a pause or after **n** or **l**, Spanish speakers pronounce them much like a *j* in English.

yo   lleno   llámame   un llorón   Ya no.   el yogur

In all other cases, the letters **y** and **ll** are pronounced like the *y* in the English word *yellow* except more distinctly.

Soy yo.   la yuca   Está lloviendo.   No llega.   ayer   las llaves

Listen to and repeat what Jorge tells about his little brother.

Ayer cuando empezó a llover, Guille estaba afuera. Llegó a la puerta llorando. Mi tía Yola lo oyó y lo consoló: "Ya no llores más. ¿Qué te pasó?" Mi hermanito respondió: "Me caí y estoy lleno de tierra". "Ve a bañarte", le sugirió tía Yola. Guille lloró más fuerte. "Ya, ya", le dije. "Yo te llevaré al baño". Cuando Guille se vio la rodilla, gritó, "¡Llama al doctor! ¡Hay sangre!" Entonces tuve que decirle, "Llorón, no es nada".

¹NTEGRACIÓN

Find out how much you know as you do these activities. If you have trouble with any of them, study the topic and practice the activities again, or ask your teacher for help.

Vamos a escuchar

A. Clase de sociología. En la clase de sociología se discuten varios problemas. Escucha las preguntas del profesor y escribe las letras de las respuestas correspondientes.

a. la guerra

b. pagar las cuentas

c. la sobrepoblación

d. la inflación

e. mejorar el nivel de vida

f. conseguir empleo

g. ahorrar parte de su sueldo

B. Llamada telefónica. Fausto llama a Enriqueta para darle una noticia. Escucha la conversación. Luego indica si estas frases corresponden al pasado, al presente o al futuro.

1. los exámenes de Fausto

2. la conversación con la señora Robles

3. la boda de Susy

4. la graduación de Susy

5. el mal estado financiero de Susy

6. el trabajo de Susy y su esposo

7. los nietos de la señora Robles

Vamos a leer

A. La Suiza centroamericana. Lee esta selección y luego contesta las preguntas.

Cuando se habla del tema "Hacia un mundo mejor" en conexión con Latinoamérica, es necesario e interesante hablar de Costa Rica, un país pequeño y muy hermoso, al que con cariño le dicen "la Suiza centroamericana".

Costa Rica es la democracia más antigua y mejor establecida de América Latina. Es a la vez pacífica y estable. Por eso, se ha comparado con la Suiza de Europa. En 1824 los costarricenses eligieron a Juan Mora Fernández como su primer jefe de estado. En 1838 obtuvieron su independencia al separarse de la Federación Centroamericana. Desde entonces, el gobierno ha cambiado de manos en forma democrática y pacífica, con excepción de una pequeña revuelta civil en 1948. Como resultado de esta guerra civil se adoptó una constitución en 1949 que, entre otras cosas, prohibió la existencia de las fuerzas armadas. En su lugar se creó la pequeña guardia civil que cuida el orden. Así, Costa Rica no gasta ni un colón en armamentos ni en militares. La escuela es gratuita y obligatoria, y existe un alto nivel de educación y cultura. Costa Rica es uno de los pocos países del mundo donde es común ver al Presidente de la República caminar por las calles de San José saludando a todos y charlando con la gente.

Desde la cima del volcán Irazú a los 3.452 metros (11.323 pies) de altura, se puede ver en días claros desde el Océano Pacífico hasta el Atlántico. Así, se abarca en un instante esta bella, pacífica y culta nación que es la pasión de sus habitantes y un ejemplo a seguir para mejorar el mundo en que vivimos.

1. ¿Con qué país se compara Costa Rica?
2. ¿Qué tipo de sistema político tienen los costarricenses?
3. ¿Hasta cuándo existieron las fuerzas armadas de Costa Rica?
4. ¿Con qué reemplazaron las fuerzas armadas?
5. ¿Cuál es una de las ventajas de no tener fuerzas armadas?
6. ¿Qué hace el Presidente de Costa Rica que casi no hacen otros presidentes latinoamericanos?
7. ¿Qué es lo interesante de estar encima del volcán Irazú?
8. ¿Qué tiene que ver el caso de Costa Rica con el tema "Hacia un mundo mejor"?

Vamos a escribir

A. **¿Una nueva Atlántida?**   Escribe seis oraciones o más sobre este dibujo de una sociedad del futuro.

EJEMPLO

En el futuro habrá ciudades debajo del mar.
Los delfines y los peces serán animales domésticos.

B. ¿Qué dijo?   Con toda la construcción que se está haciendo en el barrio, los familiares de Juanita tienen problemas para oírse unos a otros. Usa **qué** y **cuál**, y escribe algunas preguntas que se hacen.

> EJEMPLO   JUANITA   Prefiero la música brasileña a la portuguesa.
> ABUELO   **¿Cuál prefieres?**

1.   JUANITA   Mi papá dice que las armas nucleares representan el mayor peligro.
     ABUELO   ======
2.   MIGUELITO   Me gustan más las fieras que los animales domésticos.
     PAPÁ   ======
3.   MAMÁ   Este producto tiene veneno, el otro no.
     JUANITA   ======
4.   ABUELO   Total, tu abuelita y yo pensamos que debes pedirle permiso a tu mamá primero.
     JOSÉ   ======
5.   PAPÁ   En mi opinión, las ballenas son los animales más inteligentes del mar.
     JUANITA   ======

C. Siempre hay condiciones.   Termina estas frases de una forma personal.

1. No me casaré hasta que...
2. Si es posible, me jubilaré cuando...
3. No me acostaré esta noche antes que...
4. Estaré contento(a) en el futuro con tal que...
5. Mis padres no me dejan salir de noche sin que...
6. Quiero graduarme de la escuela secundaria para que...

Vamos a hablar

Work with a partner and create short dialogues based on the following situations. Whenever appropriate, switch roles and practice another part of your dialogue.

Situaciones

A. ¿Qué será de mí?   Talk with a friend about what you both will probably be doing 10, 20, and 50 years from now. Discuss where, what, and with whom you will be. Think creatively.

B. El destino.   Discuss with someone else how the world will be 30 or 40 years from now. If you have a pessimistic view, say what needs to be (or not to be) done to avoid such a fate.

VOCABULARIO

NOUNS
el **aceite**   oil
la **alegría**   happiness
el **arma** (*f*)   weapon
la **ballena**   whale
la **conversación**   conversation
el **empleo**   job, employment
el **enemigo**   enemy
la **enfermedad**   disease, illness
la **fiera**   wild beast
el **gasto**   expense
la **guerra**   war
la **inflación**   inflation
el **metro**   meter
la **muchacha**   girl
el **muchacho**   boy
el **nivel de vida**   standard of living
la **nube**   cloud
el **pez** (*pl.* **peces**)   fish
el **progreso**   progress
la **sobrepoblación**
   overpopulation
la **sociedad**   society
el **sueldo**   wage, salary
el **técnico**   technician

la **tristeza**   sadness
la **universidad**   university
el **veneno**   poison

ADJECTIVES
brasileño   Brazilian
cierto   certain
encerrado   enclosed, locked in
mayor   greatest, largest

VERBS AND VERB PHRASES
ahorrar   to save
controlar   to control
convencer (**de**)   to convince
corregir (**e → i, i**)   to correct
curar   to cure, to treat
dejar de   to stop (*doing something*)
especializarse (**en**)   to major (in),
   to specialize (in)
jubilarse   to retire
matricularse (**en**)   to enroll (in)
   (*a school*)

mejorar   to better, to improve
pedir permiso   to ask permission
ser capaz de   to be capable of
soñar (**o → ue**)   to dream

ADVERBIAL CONJUNCTIONS
a menos que   unless
antes (de) que   before
con tal (de) que   provided that
en caso (de) que   in case
hasta que   until
para que   so that, in order that
sin que   without

OTHER WORDS AND EXPRESSIONS
día tras día   day after day
Hablo en serio.   I'm serious.
¿Qué sé yo?   How should I know?
Quisiera...   I'd like ....
Total...   Anyway...
Ya veo.   I see.
¿Y qué?   So what?

Viaje por las islas

In this chapter, you will talk about islands and marine life. You will also learn about the following functions and structures.

Functions

- telling what had happened
- referring to people or things
- talking about what would or could happen
- expressing what you wonder or guess

Structures

the past perfect tense

the relative pronouns **que** and **quien**

the conditional tense

the future and conditional of probability

1NTRODUCCIÓN

EN CONTEXTO

Las Islas Encantadas

Me llamo Roberto Suárez y quisiera decirles algo sobre las Islas Galápagos donde pasaron mis padres su <u>luna de miel</u> hace treinta años. ¿Quién sabe? A lo mejor yo también pasaré mi luna de miel allí algún día, ¡si es que me caso!

Las Islas Galápagos <u>pertenecen</u> a Ecuador y están a unos 1.000 kilómetros de la costa. Al descubrirlas, los españoles <u>les pusieron el nombre</u> de Islas Encantadas porque encontraron en ellas un paisaje fascinante y misterioso con especies de plantas y animales que no existen en ningún otro lugar de la Tierra. A mí también me tienen encantado porque yo voy a ser biólogo un día, <u>igual que</u> mi mamá.

Según mis padres, este <u>paraíso</u> tiene una historia rica e interesante también. ¿Sabes que <u>a fines del</u> siglo XVII los piratas tenían su refugio en las Galápagos y <u>enterraban</u> allí sus tesoros? Luego en 1959 las islas fueron declaradas parque nacional dedicado a la investigación y a la conservación de la naturaleza. A propósito, ¿sabes cómo las islas llegaron a tener su nombre <u>actual</u>? Por las <u>tortugas</u> gigantes o galápagos que las habitan. Además hay pelícanos, flamencos y los únicos pingüinos y <u>focas</u> que se encuentran en zonas ecuatoriales. Es fascinante, ¿verdad?

Dicen mis padres que sólo falta que yo me case para que <u>me paguen el pasaje</u> a las Islas Galápagos. Lo que pasa es que ellos ya quieren tener nietos. A decir la verdad, yo no sé <u>cuál es el apuro</u>. (Sólo tengo 19 años.) Pero estoy dispuesto a hacer casi cualquier cosa para poder ver las islas personalmente. Así que... ¿<u>acaso</u> no conoces a ninguna chica que posiblemente se enamore <u>a primera vista</u> de un muchacho como yo, <u>aventurero</u> y fanático de la naturaleza?

honeymoon

belong
named them

just like
paradise
at the end of
buried

present / turtles
seals

pay my way

what the hurry is

by chance
at first sight
adventurous

✦ Comprensión

Contesta estas preguntas sobre **Las Islas Encantadas**.

1. ¿Dónde quedan las Islas Galápagos?
2. ¿Quiénes las descubrieron?
3. ¿Por qué antes tenían el nombre de "Islas Encantadas"?
4. ¿Por qué les han puesto su nombre actual?
5. ¿Para qué usaron los piratas las Galápagos?
6. ¿Qué pasó en 1959?
7. ¿Por qué son fascinantes las formas de vida en las islas?
8. ¿Qué es lo interesante de los pingüinos y focas de las islas?
9. ¿Por qué tiene Roberto Suárez interés en las islas?
10. En este período de su vida, ¿qué le interesa más a Roberto, ir de luna de miel o estudiar la naturaleza?

ASÍ SE DICE

En las islas y en el mar, hay muchos animales.

También hay plantas hermosas y frutas <u>sabrosas</u>.   tasty

En las islas, es posible participar en varias actividades divertidas.

A. **¡Qué nervios!** Graciela tiene un nuevo puesto como guía de turistas
(*tour guide*). El primer día está tan nerviosa que dice muchas cosas
ilógicas. En cada frase, identifica el elemento que no pertenece al
grupo de animales, plantas o actividades que describe Graciela.

> MODELO Entre los animales del mar que uno puede comer están
> el cangrejo, la langosta y la sandía.
> **la sandía**

B. **Crucigrama**. Lorenzo y Tomás van a hacer un crucigrama para
la clase de español. El tema es las formas de vida y las actividades
relacionadas con el mar. ¿Qué palabra corresponde a cada definición?

> MODELO animalito que nada en el agua
> **pez**

1. animal grande y peligroso que no ve muy bien
2. fruta de color marrón que crece en las islas
3. animal que, según se dice, camina muy lentamente
4. animal del mar que tiene ocho brazos
5. fruta roja, negra y verde
6. actividad necesaria si uno quiere comer pescado
7. flor que crece en las islas tropicales
8. forma de cocinar en la playa
9. actividad que permite ver peces y plantas bajo
   el agua

a. pescar
b. sandía
c. tiburón
d. orquídea
e. coco
f. hacer una
barbacoa
g. tortuga
h. pulpo
i. bucear

COMUNICACIÓN

A. Hermanito, hermanito. En el camino a la playa Raulito le hace varias preguntas a su hermana mayor Carolina. Responde por Carolina, corrigiendo a Raulito cuando sea necesario.

EJEMPLO   RAULITO   ¿La piña es una verdura?
    CAROLINA   **No, es una fruta.**
    RAULITO   ¿Se pueden comer las langostas?
    CAROLINA   **Sí, se pueden comer.**

B. Averígualo. Hazle preguntas a un compañero sobre estos temas.

EJEMPLO   Averigua su opinión sobre el mayor peligro relacionado con la playa.
    ¿Cúal es el mayor peligro relacionado con la playa?
    Para mí, el mayor peligro es meterme al agua porque no sé nadar.

Averigua

1. su fruta tropical favorita.
2. una actividad marina que le interesa.
3. si prefiere broncearse en la arena o flotar en un colchón de aire.
4. su clase favorita de mariscos.
5. si le dan más miedo los tiburones o las ballenas.
6. los nombres de algunas frutas tropicales que no ha comido.

C. El paraíso. Imagínate que le escribes a un amigo sobre tus vacaciones en unas islas. Usa tu imaginación para describir lo que viste, hiciste y comiste, tratando de usar nuevas palabras lo más posible.

Querido Miguel,
    ¡Cómo me divertí en __1__! Pasé los días nadando, __2__, __3__ y __4__. Por eso, siempre estaba muerto(a) de hambre. ¡Qué suerte que mi mamá es experta en cocinar! Ella preparó los __5__ que __6__ cuando yo salía en bote con mi papá. Para variar, mi mamá y mi papá también prepararon __7__, __8__ y __9__. ¿Sabes que mi pobre hermanito no se metió ni una sola vez al agua? Es que él tiene mucho miedo de __10__ y __11__. Pero se divirtió igual buscando frutas como __12__, __13__ y __14__, por ejemplo. Además, él y yo pasamos largos ratos construyendo castillos de __15__. El único problema de estar tanto tiempo en la playa es que __16__. Estoy más rojo(a) que __17__. Pero, ¿qué importa? ¡También en los paraísos debe haber algunas desventajas!

Function: *Telling what had happened*
Structure: *The past perfect tense*

PRESENTACIÓN

You have already learned that the present perfect tense can describe past events that are viewed in relation to present time.

¿Has visto las orquídeas que
  crecen en las islas?
Nunca han ido a las Islas
  Canarias.

*Have you seen the orchids that
  grow on the island?*
*They've never gone to the Canary
  Islands.*

A. In order to talk about an action that was completed in the past before another past action took place, you need to know the past perfect. Spanish uses the imperfect tense of **haber** with a past participle to tell what *had happened.* Here are the past perfect forms of **hacer.**

había hecho	habíamos hecho
habías hecho	habíais hecho
había hecho	habían hecho

B. Expressions such as **ya, antes, todavía,** and **nunca** often show that one action was completed prior to others.

¡Nunca habíamos visto una
  langosta tan enorme!
¿Habías explorado esa cueva
  antes?
Ya habían comido toda la sandía
  cuando llegué.

*We had never seen such a
  huge lobster!*
*Had you explored that cave
  before?*
*They had already eaten all the
  watermelon when I arrived.*

C. As with the present perfect tense, reflexive and object pronouns precede the conjugated form of **haber.**

Leticia ya se había vestido para
  la fiesta.
Ellos nunca lo habían visto en
  tan malas condiciones.

*Leticia had already gotten
  dressed for the party.*
*They had never seen him in
  such poor condition.*

ES QUE YA HABÍA
SALIDO EL TREN
CUANDO LLEGUÉ A
LA ESTACIÓN.

PREPARACIÓN

A. ¡Qué desastre! El señor Montoya debía cenar en casa de los Blanco a las siete, pero llegó temprano. Ahora todos se ríen de cómo él encontró la casa al llegar. ¿Qué dicen?

> **MODELO**   nosotros todavía / no sacar la basura
> **Todavía no habíamos sacado la basura.**

1. David y Mateo / no arreglar los dormitorios
2. papá / no volver del supermercado
3. Teresa / no preparar la cena
4. nosotros / no limpiar la sala
5. yo / no poner la mesa
6. Raúl / no hacer las camas
7. el señor Montoya / no entender la hora de la cena

CONTEXTO CULTURAL

Las Islas Galápagos fueron descubiertas en 1535 por los españoles. Ellas forman un archipiélago aislado (*isolated*) en medio del Océano Pacífico, lo que hace únicas su flora y fauna. Todas las especies que allí se encuentran llegaron cruzando grandes distancias a través del océano. En 1835, el famoso naturalista inglés Charles Darwin encontró en este lugar muchos especímenes vivientes que respaldaban (*supported*) sus ideas sobre la selección natural. En particular, es muy interesante la existencia de varias especies de tortugas o galápagos, cada una presente en una sola isla, y la gran variedad de especies de pinzones (*finches*).

B. Vacaciones ideales.   Raquel está hablando de la primera vez que su familia fue a las Islas Galápagos. Según ella, ¿qué dijeron todos?

> MODELO   Pancho / comer tantos mariscos
> **Pancho dijo que nunca había comido tantos mariscos.**

1. yo / pescar tanto
2. tú / sacar tantas fotos
3. Maximiliano / bucear tanto

4. ustedes / ver tantas especies raras
5. mamá y papá / broncearse tanto
6. nosotros / divertirse tanto

C. ¡Una fiesta en la playa!   Elisa la perezosa (*lazy one*) llegó demasiado tarde para ayudar con la mayoría de los preparativos para una fiesta de cumpleaños de su hermanito. Contesta las preguntas, indicando qué preparativos habían hecho ya·los demás.

> MODELO   ¿Ya habían decorado la mesa?
> **Sí, ya la habían decorado.**
> ¿Ya habían traído las sillas?
> **No, no las habían traído todavía.**

D. Una vez es suficiente.   Los Sánchez están hablando con su vecino Emilio sobre ciertas cosas que no hicieron durante su segunda visita a Mallorca. ¿Qué pregunta Emilio, y cómo contestan los Sánchez?

> MODELO   ir al Castillo de Belever / visitarlo
> **¿Por qué no fueron al Castillo de Belever?**
> **Porque ya lo habíamos visitado antes.**

1. comprar piezas de artesanía / comprarlas
2. dar un paseo por el barrio antiguo / hacerlo
3. llamar a nuestros amigos / escribirles
4. visitar la catedral / verla
5. hacer una excursión a las Cuevas del Drach / explorarlas
6. ir al mercado al aire libre / visitarlo

CONTEXTO CULTURAL

Si eres aventurero(a) y te gustaría explorar unas cuevas bellas y diferentes, entonces haz una excursión a las Cuevas del Drach en Mallorca. Allí puedes caminar por cavernas y túneles largos hasta llegar a un lago subterráneo inmenso. Cuando te sientes a admirar su belleza, ¡no te asustes al oír música! Pronto verás músicos en un barco flotando en medio de las aguas del lago. Qué espectáculo más maravilloso, ¿no?

COMUNICACIÓN

A. ¡Cómo pasa el tiempo!   Imagínate que volviste a tu pueblo después de cinco años. ¿Qué había pasado durante tu ausencia (*absence*)?

EJEMPLO   **El perro de los García se había muerto.**

mi perro	desaparecer
mis amigos del colegio	poner
mis padres	morirse
mi mejor amigo(a)	irse
nuestros vecinos	cambiar
mis abuelos	mudarse
mi novio(a)	casarse
¿...?	¿...?

B. Cada día trae algo nuevo. Dile a la clase algo que estas personas habían o no habían hecho hasta este año. Usa estas sugerencias o piensa en otras.

> EJEMPLO **Mi familia y yo nunca habíamos visto un volcán.**
> **Yo no había buceado en el mar hasta este año.**

	ver	
yo	ir	
mis padres	tratar de	
mi familia y yo	pescar en el mar	antes de
mi mejor amigo(a)	viajar	hasta
mi profesor(a)	jugar	nunca
mi amigo(a)	asistir	todavía
mi novio(a)	bucear	
¿...?	hacer	
	conducir	
	¿...?	

C. ¡Ese perro! Hace dos días que el perro de Ani desapareció. Ahora Ani está entrevistando a un vecino para averiguar lo que le podría haber pasado. Con otro estudiante, escribe cuatro o más preguntas y respuestas que ayudarán a Ani a encontrar a su perro. Luego representen su diálogo.

> EJEMPLO
>
> *Ani: ¿Acaso no lo había visto antes de ayer?*
> *Vecino: No, pero lo había escuchado detrás de tu casa.*

Repaso y extensión

You already know that the preterite tense is used to talk about actions completed in the past. You have just learned that the past perfect tense tells what had happened or had been done before another past action took place. Now compare the two tenses.

Leonor está hablando de sus vacaciones. ¿Qué le pregunta su amiga Cristina cuando Leonor le dice lo que hizo?

> MODELO Fui a Mallorca este año.
> **¿Nunca habías ido a Mallorca antes?**

1. Tomé un avión.
2. Visité unos pueblitos de pescadores.
3. Escalé unas montañas.
4. Paseé en velero.
5. Comí camarones y cangrejos.
6. Vi unos bailes folklóricos.

EXPLORACIÓN 2

Function: *Referring to people or things*
Structure: *The relative pronouns* **que** *and* **quien**

PRESENTACIÓN

We often want to refer to a person or thing already mentioned in a sentence without repeating the noun. The pronouns that replace these nouns are called relative pronouns. Although they may be omitted in English, they must be used in Spanish.

A. **Que** is the most common relative pronoun in Spanish. It can refer either to people or to things and can mean *that* or *who*.

¿Dónde están los cocos que dejé aquí?	*Where are the coconuts (that) I left here?*
Éstos son los anteojos que me dieron mis padres.	*These are the glasses (that) my parents gave me.*
Ahí están los delfines que vi ayer.	*There are the dolphins (that) I saw yesterday.*
La chica que está pescando allí es mi mejor amiga.	*The girl who is fishing over there is my best friend.*

B. After a preposition, **quien(es)** must be used to refer to people. **Que** after a preposition can refer only to things. **A**, **de**, **con**, **en**, and **para** are the prepositions most frequently used with relative pronouns.

¡La isla en que estoy pensando es fabulosa!	*The island (that) I'm thinking about is fabulous!*
Éste es el chico de quien te hablé ayer.	*This is the boy (whom) I talked to you about yesterday.*
No podía invitar a todos los muchachos con quienes trabajo.	*I couldn't invite all the kids (whom) I work with.*
¿Cuál es la prima para quien hiciste el vestido?	*Which one is the cousin (whom) you made the dress for?*

PREPARACIÓN

A. ¡Hemos encontrado el paraíso!   Gloria le manda varias tarjetas postales a su amiga Carmen durante su viaje a la Isla de Margarita. En cada tarjeta, describe el lugar que aparece en la foto de la tarjeta. ¿Qué escribe ella?

> MODELO   el restaurante / en / comer
> **Éste es el restaurante en que comimos ayer.**

1. la tienda / de / hablarte
2. la playa / a / referirnos
3. el hotel / en / quedarnos
4. el café / en / tomar leche de coco
5. el velero / de / hablarte
6. el club / en / divertirnos

La Isla de Margarita, al norte de la costa de Venezuela, es el nuevo paraíso turístico de Sudamérica. Hay grandes hoteles modernos situados en playas de arena blanquísima, donde uno puede tomar el sol, nadar en el mar o practicar el esquí acuático. Por la noche, la gente se divierte en los clubes, discotecas y restaurantes que se encuentran allí.

B. ¡Cuántos recuerdos!   Marcela y su familia acaban de volver de las Islas Baleares en el Mediterráneo. Ahora ella les muestra a sus amigos los recuerdos que compraron allí. ¿Qué les dice Marcela?

> MODELO   ¡Qué piñata más bonita! (mi hermanito)
> **Es la piñata que compró mi hermanito.**

1. ¡Me gustan las joyas! (mi madre)
2. ¡Qué cerámica más hermosa! (mis padres)
3. ¡Me encantan los tejidos! (mi hermana y yo)
4. ¡Miren esta falda! (yo)
5. ¡Me gustan las flautas! (mi hermanito)
6. ¡Qué pintura tan interesante! (mi padre)

C. Cuando brilla el sol... Escucha a Daniel describir estas dos fotos que tomó cuando estaba de vacaciones en las Islas Canarias. Indica a cuál de las fotos se refiere con cada comentario.

MODELO El chico que se pone la crema de broncear es mi primo.
la foto de la izquierda

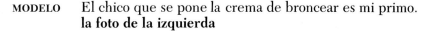

CONTEXTO CULTURAL

Las Islas Canarias se encuentran en el Océano Atlántico cerca de la costa noroeste de África. Antes se llamaban las «Islas Afortunadas» por su clima agradable. Por eso y por su gran variedad geográfica, muchos turistas las visitan cada año. En estas islas uno puede pasar el día bronceándose en las playas o subiendo las montañas para ver los volcanes. Además, como sugiere el nombre, se pueden ver canarios que viven en estado natural allí.

D. ¿Quiénes son?   Imelda muestra un álbum de fotos de amigos y familiares a su novio, Carlos. ¿Cómo responde ella a las preguntas de Carlos?

> MODELO   ¿Quién es esta chica? (la chica con / aprender a nadar)
> **Es la chica con quien aprendí a nadar.**

1. ¿Quién es este chico? (el chico con / ir a la escuela secundaria)
2. ¿Y el hombre pelirrojo? (el tío de / aprender a bucear)
3. ¿Y estas chicas? (las primas de / hablarte ayer)
4. ¿Y estos dos? (los jóvenes a / mis padres vender la casa)
5. ¿Quién es el bebé? (el primo para / hacer el suetercito)
6. ¿Y estos señores? (los abuelos a / visitar mucho de niño)
7. ¿Y esta mujer? (la tía a / llamar tantas veces por teléfono)
8. ¿Quién es este hombre alto? (el profesor de / recibir un premio)

COMUNICACIÓN

A. Las personas en mi vida.   Piensa en cinco de tus personas favoritas. ¿Qué haces con ellos? ¿Cómo son? Descríbelos por escrito.

> EJEMPLO   **Gabriela es una amiga con quien juego tenis.**
> **Héctor es un amigo con quien salgo a menudo.**
> **Tengo una madre de quien puedo aprender mucho.**

		llamar
a		hablar
de		depender
con	quien(es)	estudiar
para		pedir
por		aconsejar
		preocuparse
		divertirse
		ir
		pertenecer
		¿...?

B. Recuerdos. Imagínate que estás enseñando las fotos, recuerdos y regalos que trajiste contigo cuando regresaste de las vacaciones. Menciona algo que identifica cada recuerdo. Sé lo más específico(a) que puedas. Usa palabras de la lista en cada frase.

EJEMPLO **Éste es el mapa en que aparece el tesoro de los piratas.**

que   quien   en   con   de   para   a

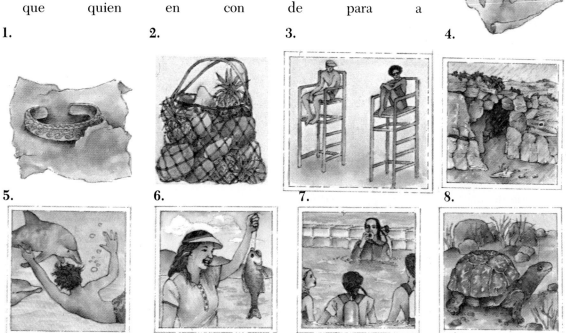

1.   2.   3.   4.

5.   6.   7.   8.

Repaso y extensión

You have already used **que** to join two parts of a sentence. You have also just learned to use the prepositions **a, de, en, con,** and **para** with **que** and **quien.** Now join each of the two sentences below by using **que** or **quien.** You will need to use prepositions in some cases.

MODELO   Aquí está la crema. Me la recomendaron.
     Aquí está la crema que me recomendaron.

1. Ese hombre es el salvavidas. Yo estaba charlando con él.
2. Ése es el colchón de aire. Corría olas con él.
3. Aquí vienen los chicos. Yo te hablaba de ellos.
4. Aquí están las frutas tropicales. Las compré ayer.
5. Aquí está el velero. Fuimos en él a Ibiza.
6. Allí está ese chico. Susana se quejaba de él.

Function: *Talking about what would or could happen*
Structure: *The conditional tense*

PRESENTACIÓN

You have already been using expressions like **me gustaría** and **nos encantaría** to tell what you would like or enjoy.

Me gustaría comprar un colchón de aire.

I would like to buy an air mattress.

Nos encantaría hacer una barbacoa este sábado.

We would love to have a barbecue this Saturday.

A. To talk about what would or could happen in the future or to make a request politely, use the conditional tense. The conditional tense of all regular verbs is formed by adding these endings to the future stem:

ía	íamos
ías	íais
ía	ían

B. Most verbs add the conditional endings to the complete infinitive. Verbs with an irregular stem in the future tense use the same irregular stem in the conditional.

¡Nunca me pondría ese traje de baño!

I'd never put on that bathing suit!

Tendríamos que verla para saber si nos gusta.

We would have to see it to know if we like it.

Con un millón de dólares compraría una casa grande.

With a million dollars I'd buy a big house.

C. Podría, debería, querría, and **me gustaría** are commonly used to make polite requests or remarks.

Por favor, ¿me podrías mostrar ése?

Would you please show me that one?

También querría ver el azul.

I would also like to see the blue one.

¿Debería doblar a la izquierda o seguir derecho?

Should I turn left or keep going straight?

¡PREFERIRÍA ESTAR EN EL CAMPO ENTRE LAS FLORES!

PREPARACIÓN

A. ¿Hemos olvidado algo? Juan y sus amigos iban a preparar una cena en la playa, pero parece que todos creían que otra persona era responsable de llevar diferentes cosas. Según Juan, ¿qué dijeron que harían? Escribe los comentarios de Juan según lo que oyes.

MODELO

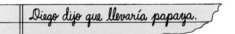

Diego dijo que llevaría papaya.

B. Los mejores planes. Martín y sus amigos pasaron su último día de vacaciones en la República Dominicana en la playa. Desafortunadamente, tuvieron varios problemas. Lee las actividades y comenta sobre los planes que habían hecho y los problemas que no habían anticipado (*anticipated*).

> MODELO   llover
> **No habíamos pensado que llovería.**
> bucear
> **Habíamos planeado que bucearíamos.**

1. detenernos un policía
2. broncearnos
3. correr olas
4. hacer una barbacoa
5. ponerse enferma Felicia
6. romper nuestro recipiente de agua fría
7. perdernos en la cueva
8. pescar
9. atacarnos una medusa
10. tener que ir al hospital yo

CONTEXTO
CULTURAL

Además de tener hermosas playas que ofrecen diversiones acuáticas, la República Dominicana tiene una historia muy interesante. La capital, Santo Domingo, fue fundada en 1496. Es la primera ciudad española de América y sirvió como punto de salida (*departure*) para varios exploradores como Cortés, Pizarro y Ponce de León. También se encuentra en Santo Domingo una de las universidades más antiguas del Nuevo Mundo y, según se cree, la tumba (*tomb*) de Cristóbal Colón.

C. **¡Mostremos nuestros talentos!**   A Felipe y a sus amigos les gustaría tener una feria de artesanía. ¿Qué podrían hacer sus amigos para ayudarlos? Escucha lo que dice Felipe y haz una sugerencia según el dibujo que corresponde a su comentario.

> MODELO   David tiene un carro bastante grande.
> **Él podría llevar las cosas a la feria.**

llevar las cosas a la feria

a.

preparar los refrescos
y los dulces

b.

hacer unas piezas
de cerámica

c.

conseguir las
esculturas

d.

pintar unos
cuadros

e.

hacer
anillos

D. **¡Vengan a Puerto Rico!**   La señora Bosé está en Puerto Rico para cuidar a su madre. Ella extraña a su familia y le escribe una carta a su esposo diciéndole que vaya a Puerto Rico. Completa cada oración con el tiempo condicional del verbo entre paréntesis y un pronombre (*pronoun*) apropiado.

Mi amor,
    ¡Cuánto te extraño! ¿Cómo están los niños? ¿Por qué no vienen Uds. de visita a Puerto Rico? A los niños (impresionar) __1__ el Viejo San Juan. A ti (interesar) __2__ los monumentos históricos. A todos (impresionar) __3__ el Centro de Artes Populares. Sé que a Alfredo (fascinar) __4__ los castillos. ¿Y no es cierto que a nosotros (gustar) __5__ las playas de El Condado? A Conchita seguramente (encantar) __6__ los bailes folklóricos. ¡Qué isla más interesante! Espero que vengan pronto. Muchos abrazos y besos,
                                    Flor María

COMUNICACIÓN

A. ¿Qué harías tú?　Dile a la clase qué harías en las siguientes situaciones. Usa las sugerencias o piensa en otras.

> EJEMPLO　Estás nadando y ves un tiburón.
> **¡Saldría del agua y no volvería a nadar nunca!**

ir, comprar, trabajar, tratar de, conseguir, necesitar, explorar, preocuparse de, tener, hacer, construir, ¿...?

1. Un amigo te sirve pulpo para la cena.
2. Quieres ir a las Islas Canarias, pero no tienes dinero.
3. Descubres que estás solo(a) en una isla y sin medio de transporte.
4. Vas a hacer una fiesta "tropical".
5. Vas a nadar en el mar y ves muchas medusas en la playa.
6. Recibes un millón de dólares.
7. Ves un robo.
8. Un familiar tuyo te paga el pasaje a cualquier lugar del mundo.

B. Una vida ideal.　En tu opinión, ¿cómo sería una vida completamente ideal? Contesta las preguntas o úsalas para entrevistar a otro estudiante.

1. En una vida ideal, ¿cómo serías y qué harías?
2. ¿Qué tipo de carro conducirías?
3. ¿Cómo serían tus amigos? ¿Ricos? ¿Generosos? ¿Famosos?
4. ¿Cómo sería tu novio(a)?
5. ¿Qué profesión tendrías?
6. ¿Cómo pasarías tus ratos libres? ¿Participarías en aventuras? ¿Cuáles?
7. ¿Dónde vivirías? ¿En los Estados Unidos? ¿En otro país? ¿En una isla? ¿En las montañas?
8. ¿Serías famoso(a)? ¿Qué serías? ¿Actor o actriz? ¿Médico(a)?
9. ¿Cuánto dinero tendrías? ¿Qué comprarías con tu dinero?
10. ¿Adónde viajarías y por qué?

C. Si fuera posible...　Imagínate que podrías viajar hacia el futuro o hacia el pasado. ¿A qué época (*period*) irías? ¿A quién(es) te gustaría conocer? ¿Por qué?

> EJEMPLO
>
> *Yo iría a la época de los años treinta. Me gustaría conocer a Amelia Earhardt porque...*

Repaso y extensión

You know how to use the future tense to talk about what *will* happen, and you have just learned that the conditional tense describes things that *would* happen under certain conditions. The conditional tense is also used to report what someone said in the past about what *would* happen. Compare the difference in use of the future and conditional tenses.

¿En situaciones como éstas, qué les dices a las personas indicadas cuando sus promesas o declaraciones no llegan a ser verdad?

> MODELO   Una amiga: *Pasaré* por ti a las ocho. (Llega a las diez.)
>
>   Tú: **Pero me dijiste que pasarías por mí a las ocho.**

1. Tus padres: No *volveremos* hasta muy tarde, pero acuéstate temprano, pues mañana tienes examen. (Decides no acostarte temprano pero tus padres llegan a casa ya a las once.)
2. Tu vecina: El bebé no *se despertará*. Acabo de acostarlo. (Vuelve la mamá y ahí estás tú tratando de calmar al bebé que llora muchísimo.)
3. Tu amigo: ¿Cómo que no conocerás a nadie en la fiesta? Me *verás* a mí, ¿no? (Llegas a la fiesta y no ves a tu amigo.)
4. Tu mamá: Cuando crezca el bebé, no *tendrás* que compartir tu cuarto con él. Te lo prometo. (A los dos años tu hermanito se instaló en tu cuarto.)
5. Tu papá: No nos *mudaremos* nunca de esta ciudad. (Durante tu último año en la escuela secundaria, se muda tu familia a otro estado.)

EXPLORACIÓN 4

Function: *Expressing what you wonder or guess*
Structure: *The future and conditional of probability*

PRESENTACIÓN

A. You have learned to use the future tense to say what *will* happen. In Spanish, the future tense can also express probability or conjecture in the present. In English, it often means *I wonder (if), probably, I guess,* or *it must be.*

¿Qué hora será?	*I wonder what time it is.*
Serán las tres.	*It's probably three o'clock.*
Ese hombre tendrá sesenta años.	*That man must be sixty years old.*
¡Estarán locos!	*They must be crazy!*

B. The conditional tense expresses probability about things in the past, just as the future is used to express probability in the present.

¿Qué hora sería cuando volvieron?	*I wonder what time it was when they got back.*
Tendría muy buena suerte.	*She must have had very good luck.*

PREPARACIÓN

A. Todo es probable. Cuando la gente supo que Cristóbal Colón quería hacer su primer viaje, todos reaccionaron de diferentes maneras. ¿Qué dijeron?

> MODELO   Probablemente está loco.
> **Estará loco.**

1. Debe pensar que es un viaje muy fácil.
2. Probablemente le gusta el peligro.
3. Es probable que sepa lo que hace.
4. A lo mejor quiere ser famoso.
5. Debe tener mucho dinero.
6. Es probable que no vuelva en muchos años.
7. A lo mejor piensa encontrar un paraíso.

CULTURAL

Aunque Cristóbal Colón descubrió la isla de Puerto Rico en 1493, no fue hasta 1521 cuando Ponce de León fundó la capital de San Juan. Reconociendo la importancia militar que podría tener la isla, éste hizo construir tres fortalezas: San Gerónimo, San Cristóbal y, la más grande, El Morro. Esta fortaleza defendió la ciudad contra uno de los piratas más conocidos del siglo XVI, el inglés Sir Francis Drake, llamado "El Draqui" por los puertorriqueños.

B. Dos aficionados. Como el televisor de José está roto, Rogelio le describe lo que está pasando en su telenovela favorita. ¿Qué pregunta José después de cada descripción que hace Rogelio? Selecciona la letra correcta y luego haz la pregunta apropiada.

MODELO   Don Ruperto lee una carta.
de quién / ser

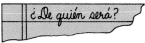
¿De quién será?

Isabel, tengo que decirte lo que leí en la carta.

  a. quién / ser
  b. por qué / tener una llave
  c. qué / ver
  d. por qué / estar tan triste
  e. adónde / ir
  f. por qué / darle la llave a don Ruperto
  g. por qué / estar cerca de la casa
  h. a quién / llamar

C. ¿Qué les pasaría? Ninguno de los turistas participó en la larga excursión que sus guías habían planeado a la Isla de Pascua. Según los guías, ¿qué ocurrió probablemente?

> MODELO los turistas / estar enfermos
> **Los turistas estarían enfermos.**

1. el señor Gómez / pensar que el viaje era mañana
2. los señores Gil / levantarse tarde
3. la doctora García / ir a otro lugar
4. las muchachas / quedarse en el hotel
5. los chicos / sentirse cansados
6. la señorita Jiménez / tener miedo de ir en barco
7. la familia Cisneros / decidir ir de compras
8. los señores Solé / tomar otra excursión

CONTEXTO CULTURAL

La Isla de Pascua (*Easter Island*), que pertenece a Chile, está situada en el Océano Pacífico. Así se llama esta pequeña isla porque fue descubierta el domingo de Pascua de 1722. Es famosa por las estatuas prehistóricas de piedra (*stone*) que se encuentran allí. El origen de ellas sigue siendo un misterio. Los arqueólogos no saben quiénes las hicieron ni por qué, ni qué representan. ¿Qué piensas tú?

D. Sólo es un niño.   La señora Alba acaba de cuidar a Panchito, el hijo travieso de la señora García. Escribe lo que contesta su madre para excusar sus travesuras (*mischievous behavior*).

MODELO   Juanito no comió el almuerzo.
No (tener) **tendría** hambre.

1. Se peleó con los otros niños.
   Los otros (ser) ===== muy malos.
2. Se comió todo el pastel.
   (gustarle) ===== .
3. Gritó todo el día.
   (tener) ===== miedo de algo.
4. Corrió por la casa durante una hora.
   (necesitar) ===== el ejercicio.
5. No quiso arreglar su cuarto después de que lo destruyó jugando.
   ¡(estar) ===== cansado después de un día tan lleno de actividades!

COMUNICACIÓN

A. Un análisis sicológico.   Imagínate que tomas un análisis de personalidad en que ves diferentes dibujos abstractos. Tienes que describir qué o quién será o qué estará pasando en cada uno. ¿Qué preguntas al ver cada dibujo?

EJEMPLO   **¿Será una madre que levanta del piso a su bebé que llora?**

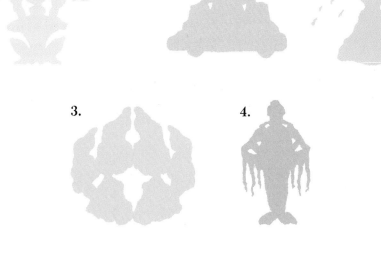

B. ¿Cómo se explica?   En cada una de las situaciones siguientes, hay un elemento confuso (*confusing*) o misterioso. ¿Cómo explicarías lo que probablemente pasó?

EJEMPLO   Tu amigo dijo que te iba a llamar a las cinco anoche.
No te llamó.

Tendría que salir con sus padres.
Se olvidaría.

1. Fuiste invitado a una fiesta ayer, pero cuando llegaste, no había nadie.
2. Ayer en el centro, viste un accidente de tráfico en que nadie llamó a la policía.
3. Le escribiste una carta a un buen amigo, pero no recibiste ninguna carta de él.
4. Ayer, tu novio(a) se puso furioso(a) contigo. Dijo que te vio con otro(a), pero estuviste en casa todo el día. Él (ella) dice que te llamó pero nadie contestó el teléfono.
5. Estás seguro que anoche viste un OVNI (Objeto Volador No Identificado: *UFO*). Era una luz roja y verde que brillaba en el cielo.
6. La semana pasada viste a una muchacha misteriosa en un museo de arte. Ella te miraba. Parecía que trataba de decirte algo, pero de repente desapareció.

Repaso y extensión

You already know how to use the present subjunctive to express doubt and probability. You have also just learned to use the future tense to express probability. Now compare the two tenses.

César y Ricardo están hablando de su amigo Miguel y de lo cansado (*how tired*) que parece. ¿Cómo explican lo que le pasa?

MODELO   Estudiará mucho. (es probable)
Es probable que estudie mucho.

1. Estará enfermo. (es probable)
2. No dormirá suficientemente. (no creo)
3. Se acostará tarde.(es posible)
4. Trabajará demasiado. (es probable)
5. Tendrá muchas preocupaciones. (es posible)
6. No se sentirá bien. (no creo)

PERSPECTIVAS

LECTURA

Nadie es una isla

¡Hola! Me llamo Marián Márquez y querría hablarles de mi país, Puerto Rico. Soy de San Juan, capital de la isla más bonita del mundo. Nuestro clima es magnífico, las playas son bellísimas y la gente es muy simpática. Pero eso no quiere decir que vivir en una isla sea vivir en un paraíso.

Aquí también tenemos nuestros problemas. Como somos una isla, a veces es fácil sentirnos aislados del mundo, aunque en realidad no vivimos tan aislados. Hay mucha gente que entra y sale; no sólo turistas, sino también puertorriqueños que viven en los Estados Unidos y regresan a Puerto Rico de visita.

En cuanto a la economía, sufrimos de un nivel de desempleo dos veces más alto que el de los Estados Unidos en general. También hay que entender algo de la política de Puerto Rico. Como somos ciudadanos de los Estados Unidos, tenemos un sistema de gobierno bastante parecido. Elegimos gobernador y alcaldes. Pero el debate entre ser o no ser estado de los Estados Unidos sigue siendo un conflicto político. Actualmente no somos estado de los Estados Unidos. Sin embargo, existe una discusión constante entre diferentes grupos políticos sobre este asunto. Los que no quieren que Puerto Rico sea estado dicen que la situación actual es ideal porque no pagamos impuestos a los Estados Unidos. Los que quieren que Puerto Rico sea estado dicen que la incorporación de la isla en el sistema político de los Estados Unidos permitirá la igualdad y la participación total en la vida nacional.

Para conocer Puerto Rico, hay que ser consciente no sólo de su belleza, sino de su cultura, política e historia. Espero que ustedes tengan la oportunidad de visitar mi isla algún día para divertirse y aprender más de lo que significa ser puertorriqueño.

Expansión de vocabulario

actualmente at present	**la economía** economy
aislado isolated	**elegir** to elect
el alcalde mayor	**en cuanto a** as for
el asunto matter	**el gobernador** governor
la belleza beauty	**la igualdad** equality
el ciudadano citizen	**el impuesto** tax
consciente aware, conscious	**la política** politics
	sufrir to suffer

Comprensión

Lee estas oraciones sobre **Nadie es una isla** y di si son verdaderas o falsas. Si son falsas, hazlas verdaderas.

1. Marián Márquez es ciudadana mexicana.
2. Según ella, la vida en una isla es como un paraíso.
3. Ella dice que hay problemas en la isla de Puerto Rico.
4. El desempleo es un problema menor en Puerto Rico que en los Estados Unidos.
5. La isla de Puerto Rico tiene gobernador y alcaldes.
6. Puerto Rico tiene que pagar impuestos igual que los estados de los Estados Unidos.
7. El sistema de gobierno de Puerto Rico es muy diferente al sistema de los Estados Unidos.

COMUNICACIÓN

A. **¿Adónde irías?** Piensa en todas las islas que conoces. Dile a la clase por qué o por qué no te gustaría visitarlas.

> EJEMPLO **Me gustaría visitar las Islas Galápagos porque podría disfrutar de su belleza natural y ver muchos animales raros.**

Puerto Rico
Cuba
la República Dominicana
las Islas de Hawaii
Mallorca

las Islas Canarias
la Isla de Pascua
la Isla de Margarita
las Islas Galápagos
¿...?

B. **¿Dónde preferirías vivir?** Compara y contrasta la vida de una isla tropical con la vida de tu pueblo o ciudad. ¿Qué podrías o querrías hacer en la isla?

> EJEMPLO **No hay ninguna playa cerca de mi ciudad. En una isla tropical podría ir a la playa todos los días.**

la comida   el paisaje
la vegetación   la vivienda
las diversiones   los peligros
el clima   ¿...?

C. **En busca de tesoros.** Imagínate que eres pirata. ¿Cómo sería tu vida? Usa estas sugerencias o piensa en otras.

> EJEMPLO **Navegaría por todo el mundo.**

navegar
buscar
enterrar
tener
viajar
hacer
pasar
compartir
tratar de
vestirse
preocuparse de
¿...?

D. **Después de las elecciones.** Imagínate que estás desilusionado(a) con un candidato político por quien votaste el año pasado. ¿Qué había prometido hacer antes de ser elegido que no ha hecho todavía? Trata de usar las palabras de la lista en tus respuestas.

> EJEMPLO **Había dicho que ya no sufriríamos de desempleo.**
> **Había prometido mejorar la economía.**

	sufrir	gobernador
	eliminar	paz
	bajar	sueldos
decir	poner fin a	promesas
prometer	reducir	impuestos
hablar de	mejorar	ciudadanos
	aumentar	guerra
	traer	economía
	elegir	pobreza
	¿...?	¿...?

E. **¿Animal o vegetal?** Piensa en algún animal o planta y descríbelo a la clase. La clase tendrá que adivinar lo que describes. Usa estas sugerencias o piensa en otras.

> EJEMPLO **Le gusta comer toda clase de comida y a veces come al ser humano. Esta criatura asusta a muchas personas. Por cierto, han hecho tres películas de terror sobre este pez. ¿Cuál es?**
> **¿Es el tiburón?**
> **¡Sí!**

delfín	tortuga	langosta	pulpo	palma	tiburón
medusa	orquídea	coco	piña	langosta	cangrejo
ballena	foca	papaya	búho	pingüino	¿ . . . ?

PRONUNCIACIÓN

In Spanish as it is spoken in the Americas and in some parts of Spain, the letters **s** and **z** usually have the sound of the *s* in the English word *bus*.

especie   asunto   paraíso   vez   langosta   medusa

However, when **s** or **z** come before a voiced consonant (**b, d, g, l, m, n, v**), even at word boundaries, they are pronounced like the *z* in the English word *buzz*.

desde   mismo   diez mil   aislado   Es mío.   Todos los días voy.

Now listen to and repeat the following paragraph.

Los Dávila compraron estos vasos en Zacatecas. Carlos compró lo mismo en Zamora. Ayer los Dávila fueron al zoológico y vieron dos zorras y un pez que medía diez metros. Quieren visitar el zoológico otra vez en marzo.

INTEGRACIÓN

Find out how much you know as you do these activities. If you have trouble with any of them, study the topic and practice the activities again, or ask your teacher for help.

Vamos a escuchar

A. La bióloga. Leticia está en las Islas Galápagos haciendo unos estudios de biología con otros estudiantes. Su padre la llama por teléfono. Escucha su conversación y luego completa las oraciones.

1. Los padres de Leticia
   a. estaban preocupados por ella.
   b. la visitaron.
   c. la han llamado con mucha frecuencia.

2. Leticia dice que
   a. ha descansado y tomado mucho sol.
   b. ha estado en sus prácticas de biología.
   c. ha estado muy enferma.

3. Antes de ayer Leticia
   a. no había visto tortugas.
   b. no había visto pingüinos o pelícanos.
   c. no había buceado.

4. En la arena había
   a. langostas y cangrejos.
   b. tortugas poniendo huevos.
   c. frutas tropicales sabrosas.

5. A Leticia le encantaría
   a. vivir para siempre en este paraíso.
   b. volver a casa lo más pronto posible.
   c. mostrarles los animales a sus padres.

6. Al final de la conversación, el padre decide que
   a. la volverá a llamar a fines del mes.
   b. no podrá ir a verla.
   c. podrá visitarla en menos de un mes.

B. Un anuncio radiofónico. Anita oyó este anuncio en la radio. Luego, quiere convencer a su papá de que es el trabajo perfecto para ella. Su papá le hace las siguientes preguntas. Contesta **sí** o **no** según el anuncio.

1. ¿Tendrías que trabajar de mesera?
2. ¿Podrías seguir viviendo en casa con la familia?
3. ¿Tendrías con quién practicar tu inglés?
4. Estarías aislada y sin amigos, ¿no es cierto?
5. Conducirías todos los días por el tráfico del centro, ¿verdad?
6. ¿Ganarías suficiente dinero para ir a la universidad?

Vamos a leer

A. En Janitzio. En la isla de Janitzio, hay una celebración anual en que participan tanto los muertos como los vivos. Lee la siguiente selección sobre esta tradición antigua y después contesta las preguntas.

En el centro del lago de Pátzcuaro, en la tierra de los tarascos, se encuentra la pequeña isla de Janitzio. La población de pescadores del mismo nombre y el cementerio ocupan la pequeña isla casi en su totalidad. Este cementerio sirve también a todas las poblaciones del lago. Evidentemente, es un lugar sagrado para los tarascos. Por miles de años han llevado en bote a sus muertos para enterrarlos en ese lugar y cada noviembre celebran la gran fiesta anual del Día de los Difuntos. Ésta es la fiesta anual principal de Janitzio, de otras poblaciones indígenas de México y de otros países latinoamericanos.

En lo más alto de la isla hay una gigantesca estatua de Morelos, uno de los héroes de la independencia de México. La estatua es tan grande que la isla parece no servir más que de pedestal para la enorme estructura. A la puesta del sol, el 2 de noviembre, Janitzio se convierte en el centro del universo. Esa noche, en la pequeña islita, los muertos y los vivos celebran la única ocasión del año en que pueden volver a estar juntos. Al caer el sol, la tierra cerca del lago se llena de luces de antorchas. La gente que las lleva se embarca en botes de pescadores y cruza las aguas convirtiendo el lago en un inmenso mar de luces. Lentamente, todas las luces llegan a la isla donde permanecerán el resto de la noche. Pero el viaje anual al cementerio se hacía muchísimo antes de la guerra de independencia. Por eso, los tarascos de hoy en día pasan indiferentes con sus antorchas frente a la gigantesca estatua de Morelos. Una vez en el cementerio prenden más velas, ponen la comida preparada especialmente para la ocasión sobre las tumbas, y cantan, festejan y honran a Dios toda la noche. Los espíritus hacen sentir su presencia consumiendo el aroma de los alimentos. Al día

siguiente los vivos, cansados, se comen esa comida, ya sin olor, pero
seguramente todavía muy sabrosa.

1. ¿Por qué podríamos decir que la isla de Janitzio es para los indios
   tarascos una conexión entre los vivos y los muertos?
2. ¿Durante qué parte del día del 2 de noviembre empieza la celebración? ¿Cuándo termina?
3. ¿Dónde hacen la celebración los tarascos?
4. Para empezar la celebración, ¿la gente sirve y come la comida?
5. ¿Cómo saben los tarascos que los muertos han participado en la
   celebración?

Vamos a escribir

A. **Amigos bien relacionados.** Cuando Mariluz viaja en el autobús,
   escucha esta conversación entre Julio y Pablo. Completa su diálogo
   con las palabras **a, de, con, para, quien(es)** y **que.**

JULIO La chica __1__ __2__ vas a la fiesta es Silvia, ¿verdad?
PABLO Sí, así es.
JULIO ¿Es Silvia la chica de pelo castaño __3__ te saludó esta mañana?
PABLO No, es la pelirroja __4__ __5__ me viste esta mañana.
JULIO ¡Uy! ¡Es guapísima!
PABLO Además tiene un hermano __6__ trabaja con el alcalde.
JULIO Ah sí, es él __7__ te puede conseguir el puesto __8__ __9__ hablamos
       ayer, ¿no?
PABLO Sí, pero primero necesito hablar con mi padre __10__ __11__ no le
       gusta nada ese puesto.
JULIO ¿Pero por qué? ¡Es un puesto __12__ paga muy bien!
PABLO Es que mi papá quiere que yo vuelva a aceptar el puesto __13__
       me ofrece su amigo cada verano.
JULIO ¿Y tener el mismo jefe __14__ __15__ trabajaste el año pasado? ¡Ése
       era un verdadero dictador! Bueno, ésta es mi parada. ¡Que te
       vaya bien con tu padre!
PABLO Gracias y ¡hasta pronto!

B. **Falta de comunicación.** La señora Vera
   regresa del trabajo y ve que ni su esposo ni
   su bebé están en el apartamento. Inmediatamente empieza a preguntarse dónde estarán.
   Escribe tres de sus preguntas y también tres
   respuestas basadas en lo que ves en el dibujo.

   EJEMPLO **¿Por qué estará tanta ropa**
   del bebé tirada en el piso?

   No podría decidir qué ponerle
   al bebé antes de salir.

C. **¿Verdad o mentira?** Qué dirían tú y las personas indicadas en estas situaciones? Usa el pluscuamperfecto (*past perfect tense*) para terminar cada oración.

1. Un amigo(a) presumido(a) te habla de lo avanzado(a) que fue de niño(a).
   "Y antes de tener cinco años, ya ===== ".
2. Oíste decir que el examen de biología era muy fácil. Por eso decidiste no estudiar. Ahora, estás explicándoles a tus padres lo de la "F" en el examen.
   "Pero ===== ".
3. Hablas de una película que te impresionó mucho hace varios años.
   "¡Nunca ===== !"
4. Ayer tu familia se olvidó de buscarte después de las clases y quedaste esperándola dos horas en la escuela. Ahora le cuentas a un(a) amigo(a) lo que pasó.
   "¡Eran las cinco de la tarde y ===== !"
5. Le estás contando a un profesor de la vez que tú y tu papá vieron un tiburón en el mar.
   "Y ésa no fue la primera vez. También ===== ".

Vamos a hablar

Work with a partner and create short dialogues based on the following situations. Whenever appropriate, switch roles and practice another part of your dialogue.

Situaciones

A. **Isla encantada.** Try to convince a friend who dislikes hot weather to go to a tropical island on his or her next vacation. Your friend should interrupt you from time to time with sarcastic comments about undesirable things that will probably happen or that will probably be found on the island. See if your friend ends up convincing you to go skiing in the mountains at the end of your conversation.

B. **Mi carrera política.** Imagine you are a candidate for mayor of your city or governor of your state. Answer one or more reporter's questions about the things you would or would not do in this position.

C. **Lo inexplicable.** Tell a friend about a seemingly inexplicable experience you had. Perhaps your cat cried constantly and refused to eat or drink for several hours or even days before an earthquake struck. Your friend offers several theories to explain what probably caused the mysterious phenomenon.

VOCABULARIO

NOUNS REFERRING TO NATURE
la arena   sand
el biólogo, la bióloga   biologist
el cangrejo   crab
el clima   climate
el coco   coconut
la conservación   conservation
la costa   coast
la cueva   cave
el delfín   dolphin
la especie   species
la foca   seal
la langosta   lobster
el mango   mango
los mariscos   seafood, shellfish
la medusa   jellyfish
la orquídea   orchid
la ostra   oyster
la palma   palm tree
la papaya   papaya
el pelícano   pelican
el pingüino   penguin
la piña   pineapple
el pulpo   octopus
la sandía   watermelon
el tiburón   shark
la tortuga   turtle, tortoise

OTHER NOUNS AND NOUN PHRASES
el alcalde, la alcaldesa   mayor
el apuro   hurry, rush
el asunto   matter

la belleza   beauty
el castillo   castle
el ciudadano, la ciudadana   citizen
el colchón de aire   float, air mattress
el conflicto   conflict
la discusión   discussion, argument
la economía   economy
el estado   state
la forma   form
el gobernador, la gobernadora   governor
la igualdad   equality
el impuesto   tax
la luna de miel   honeymoon
el paraíso   paradise
el pirata, la pirata   pirate
la política   politics
el salvavidas   lifeguard
el tesoro   treasure

ADJECTIVES
actual   present
aislado   isolated
aventurero   adventurous
consciente   aware, conscious
encantado   enchanted
fascinante   fascinating
misterioso   mysterious
político   political
sabroso   tasty, delicious

VERBS AND VERB PHRASES
broncearse   to get a tan
bucear   to skin dive
correr olas   to ride the waves
elegir (e → i, i)   to elect
enamorarse (de)   to fall in love (with)
enterrar (e → ie)   to bury
faltar   to be missing
flotar   to float
habitar   to live in, to inhabit
hacer una barbacoa   to have a barbecue
pagarle el pasaje a alguien   to pay someone's way
pertenecer (a)   to belong (to)
pescar   to fish
poner el nombre   to name
sufrir   to suffer

PREPOSITIONS
a fines de   at the end of
en cuanto a   as for
igual que   just like

OTHER WORDS AND EXPRESSIONS
acaso   by chance
a primera vista   at first sight

12

Imaginación y fantasía

In this chapter, you will talk about dreams and imagination. You will also learn about the following functions and structures.

Functions	Structures
• making very polite requests and suggestions	the imperfect subjunctive of **querer, poder,** and **deber**
• expressing emotion, doubt, or requests in the past	the imperfect subjunctive
• talking about obligations, interests, and conditions	more uses of the imperfect subjunctive
• saying what you would do if...	**si** and **como si** with the imperfect subjunctive

1NTRODUCCIÓN

EN CONTEXTO

La vida es un sueño

Todos soñamos <u>despiertos</u> o dormidos. Aquí tienes una conversación sobre los sueños que tuvieron cuatro amigos.

ADOLFO	Anoche tuve una <u>pesadilla</u> que no puedo <u>quitarme de la mente</u>. <u>Volaba</u> por la galaxia mientras unos seres de otro planeta me <u>perseguían</u> en un <u>platillo volador</u>. Y cuando me desperté, tuve la sensación de que todo había sido verdad. ¿Qué <u>extraño</u>, no?	awake nightmare / get off my mind I was flying were chasing after / flying saucer strange
JULIO	No, lo que pasa es que te impresionó mucho la película de ciencia-ficción que vimos anoche. Yo soñé con seres extra-terrestres también, pero en mi sueño <u>aterrizaron</u> y entraron en mi cuarto. Después, todo se movía <u>en cámara lenta</u>. Yo trataba de <u>alejarme de</u> ellos pero <u>se acercaban a mí cada vez más</u>. Por fin me sacaron de la casa en contra de mi <u>voluntad</u>. Cuando me desperté, estaban a punto de convertirme en una <u>mosca</u>. ¡Fue horrible!	they landed in slow motion to move away from / came nearer and nearer to me will fly
CARLOTA	¡Qué va! ¡Ustedes están locos! Seres de otros planetas, platillos voladores...esas cosas no existen. Son tonterías.	No way!
FELIPE	¿Y qué pasa, tú nunca sueñas?	
CARLOTA	Yo, nunca.	
JULIO	¡No lo creo! ¿Y qué nos dices de ese <u>montón</u> de novelas de misterio y romance que acabas de comprar?	bunch
ADOLFO	¿Y todas tus fantasías: que cuando seas estrella de cine, que cuando conozcas a tu <u>príncipe azul</u>, que cuando tengas un <u>yate</u> y viajes por todo el mundo...?	prince charming yacht
CARLOTA	Pues, todas esas cosas se basan en la realidad. Por eso yo no tengo que soñar de noche.	
FELIPE	Claro, ¿para qué?, si te pasas todo el día <u>soñando despierta</u>.	daydreaming

⬚ Comprensión

Contesta estas preguntas sobre **La vida es un sueño**.

1. ¿Qué persiguió a Adolfo en la pesadilla que tuvo?
2. Según Julio, ¿por qué tuvo Adolfo un sueño tan extraño?
3. ¿Qué soñó Julio anoche?
4. ¿Qué hicieron los extraterrestres en el sueño de Julio?
5. ¿A Carlota le gusta hablar de ciencia-ficción? ¿Por qué (no)?
6. ¿Cuáles son algunas de las fantasías de Carlota?
7. Según Carlota, ¿en qué se basan sus fantasías?
8. ¿Por qué no necesita Carlota soñar de noche?

ASÍ SE DICE

La imaginación de los seres humanos puede ser muy vívida. Tanto en la literatura clásica como en los <u>cuentos de hadas</u> <u>infantiles</u> la fantasía muchas veces tiene un papel importante. ¿Te acuerdas de los <u>personajes</u> <u>principales</u> de estas obras?

fairy tales / for children
characters
main

el gigante

la bruja

el mago

el hombre lobo

Los cuentos de este tipo pueden <u>influir en</u> los <u>pensamientos</u> de las personas,

influence / thoughts

dejando volar
la imaginación

causando pesadillas

creando un
mundo distinto

Sin embargo, después de toda fantasía uno termina, <u>tarde o temprano</u>,   sooner or later

volviendo a la realidad

A. **¡Qué imaginación!**   Los señores Ramos están discutiendo la increíble imaginación de su hija María que tiene siete años. ¿Cuáles de estos comentarios harían? Responde con **lo harían** o **no lo harían**.

> MODELO   Nuestra hija tiene una imaginación increíblemente vívida.
>
>

B. **El título te lo dice todo.**   Cuando Marisela y Diego buscan libros en la biblioteca, descubren que sus preferencias literarias son completamente distintas. Escucha los títulos (*titles*) que ellos mencionan y responde con la clase de libro que es, según el modelo.

> MODELO   Mira este libro: *Los sueños que asustan*. Interesante, ¿no?
> **¿Un libro sobre <u>las pesadillas</u>? ¡Qué va!**

magos	gigantes	cuentos de hadas
príncipes	brujas	volar

C. **Halloween.**   Unos jóvenes hablan de sus disfraces para la fiesta de Halloween. ¿De qué se van a disfrazar según sus descripciones?

> MODELO   Mi disfraz es fácil de hacer. Sólo necesito una manta blanca.
> **un fantasma**

1. Cada vez que llame a una puerta, sacaré un pajarito del sombrero.
2. Mi sobrina quiere ser Blancanieves y quiere que yo sea su novio.
3. Con las piernas falsas que me voy a poner, mediré unos dos metros y medio.
4. A ver, para mi disfraz necesito una nariz larga, un sombrero negro y unos dedos feísimos.
5. Me pintaré de verde y me pondré antenas en la cabeza. Y, ¿quién sabe? Quizás yo lleve también un ojo extra en la frente.
6. Voy a cubrirme la cara y las manos de pelo de animal y voy a ponerme cuatro dientes larguísimos.

COMUNICACIÓN

A. Los sueños no tienen dueño. Contesta estas preguntas sobre tus sueños.

1. ¿Sueñas a menudo? ¿Y cómo son tus sueños, a colores o en blanco y negro? ¿A veces se mueve todo en cámara lenta?
2. ¿Prefieres soñar dormido(a) o despierto(a)? ¿Por qué?
3. En general, ¿te olvidas de tus sueños rápidamente o tienes sueños vívidos que no puedes quitarte de la mente?
4. ¿Con qué frecuencia tienes pesadillas? ¿Cómo eran tus pesadillas de niño? Y ahora, ¿se basan más en la realidad?
5. ¿A veces sueñas con algo tan interesante que no quieres despertarte? ¿Qué haces cuando te despiertas?
6. ¿Sabes más o menos cuánto tiempo dura un sueño típico?
7. En tu opinión, ¿influyen en tus sueños cosas que has visto, leído o comido durante el día? ¿Cuáles, por ejemplo?

B. ¿Cómo funciona la mente? ¿Has soñado alguna vez con estas cosas? Describe la situación para la clase.

> EJEMPLO   **A veces sueño que me persiguen animales o personajes peligrosos. Trato de alejarme de ellos, pero se acercan a mí cada vez más.**

viajes
el fuego
el mar o un río
crímenes
amigos y familia
animales

brujas o magos
seres de otros planetas
personajes históricos
monstruos o fantasmas
inundaciones o terremotos
¿...?

EXPLORACIÓN 1

Function: *Making very polite requests and suggestions*
Structure: *The imperfect subjunctive of **querer, poder,** and **deber***

PRESENTACIÓN

You already know how to use commands (**Llámame mañana**) and the present subjunctive (**Quiero que me llames**) to express your wishes. In formal situations and in making very polite requests and suggestions, Spanish uses the imperfect subjunctive of **querer, poder,** and **deber**. It is formed by removing the **-ron** ending from the **ellos** form of the preterite and adding the endings **-ra, -ras, -ra, -ramos,** and **-ran**.

Si usted quiere casarse con la princesa, sólo tiene que traerme el tesoro del otro lado del río.

querer

quisiera	quisiéramos
quisieras	quisierais
quisiera	quisieran

Quisiéramos volver mañana.   *We would like to come back tomorrow.*

poder

pudiera	pudiéramos
pudieras	pudierais
pudiera	pudieran

¿Pudiera usted ayudarme, señor?   *Could you help me, sir?*

Pudiera habérmelo dicho, su Majestad.

debiera	debiéramos
debieras	debierais
debiera	debieran

Ustedes debieran tener más cuidado.   *You really should be more careful.*

PREPARACIÓN

A. ¿Pudieras ayudarme con eso? Carmen y un grupo de estudiantes están organizando una celebración para el Día de la Raza. Escucha a Carmen describir a varias personas. Luego, indica cómo ella sugeriría que estas personas pudieran ayudar con la celebración.

> MODELO   El señor Rivas habla elocuentemente.
>   **Él pudiera leer el discurso.**

a. ayudar con la comida
b. decorar las carrozas
c. leer el discurso
d. comprar serpentinas y velas
e. tocar en el baile
f. marchar en el desfile

B. La cortesía no está muerta. Ana María tiene que hacer muchas cosas hoy. ¿Qué le preguntan los empleados que trabajan en los siguientes lugares y qué responde Ana María?

> MODELO   Está en la carnicería. (un bistec)
>   **¿En qué le puedo servir, señorita?**
>   **Quisiera un bistec, por favor.**

1. Está en la zapatería.
2. Está en la farmacia.
3. Está en la pastelería.
4. Está en la florería.
5. Está en la tienda de ropa.
6. Está en el restaurante.
7. Está en el cine.

a. unas orquídeas
b. dos entradas
c. unos pantalones
d. unos zapatos
e. aspirinas
f. tarta de manzana
g. una ensalada de pollo

C. ¿Quién es? Los profesores y los estudiantes van a ir disfrazados a la fiesta de Sergio. ¿Qué dice Sergio sobre los disfraces que debieran usar?

> MODELO   Estela / pintarse los dientes de rojo
>   **Estela debiera pintarse los dientes de rojo.**

1. todos nosotros / dejar volar la imaginación
2. el profesor Álvarez / vestirse de hombre lobo
3. Victoria y Paula / ponerse una máscara de bruja
4. tú / ir del hada Tinkerbell
5. Marcos / disfrazarse de pirata
6. yo / vestirme de príncipe azul

D. Futuros científicos. Elena y Gerardo visitan el Observatorio Interamericano Cerro Tololo (*Tololo Hill*) en Chile. ¿Qué les preguntan a los científicos?

> MODELO poder / usted / decirnos algo sobre la luna
> **¿Pudiera usted decirnos algo sobre la luna?**

1. deber / nosotros / mirar por este telescopio
2. poder / ustedes / mostrarnos otros planetas
3. querer / usted / hacer un viaje al espacio
4. deber / nosotros / entrar por esa puerta
5. poder / usted / recomendarnos unos libros de astronomía
6. querer / ustedes / dar una conferencia en nuestro colegio

CONTEXTO CULTURAL

Una galaxia consta de centenares (*hundreds*) de millones de estrellas y varias nubes (*clouds*) gaseosas. En Chile, los astrónomos del Observatorio Interamericano Cerro Tololo han encontrado los primeros testimonios científicos de la existencia de galaxias caníbales. Éstas devoran a otras galaxias más pequeñas cuando se les acercan porque su centro de gravedad es mucho más fuerte. Así, las galaxias más chiquitas (*small*) pasan a formar parte de las más grandes.

COMUNICACIÓN

A. Una gran oportunidad. Imagínate que tu profesor(a) de español está considerando la posibilidad de llevar la clase a un concierto de rock en español. ¿Qué debieran hacer ustedes para que tu profesor(a) decida permitirles esta oportunidad?

> EJEMPLO **Debiéramos hacer todo lo que el profesor dice.**

B. ¡Cuánta gente se necesita! Imagínate que estás organizando un carnaval para tu escuela. Pregúntales a tus compañeros de clase si les gustaría ayudarte.

> EJEMPLO **Sara, ¿quisieras ayudarme con los adornos?**
> **No, pero pudiera traer empanadas de pollo.**

	decorar	carrozas
	conseguir	disfraces de magos y ____
quisiera	arreglar	palomitas
pudiera	vender	serpentinas
	participar	una banda
	¿...?	¿...?

C. Sueño realizado. Imagínate que acabas de ganar un viaje al país que quieras visitar. Ahora escribe adónde y con quién te gustaría hacer el viaje, y qué se puede hacer allí. Usa **quisiera, debiera** y **pudiera** cuando puedas.

> EJEMPLO *Quisiera ir a Puerto Rico para tomar el sol y descansar en la playa. Debiera llevar a mis mejores amigas porque también les encantaría visitar una isla tropical.*

Repaso y extensión

You already know how to use the present tense of **querer, poder,** and **deber.** You also know that the conditional tense of these verbs is used to make polite requests or suggestions. Now you have learned that the imperfect subjunctive is the most formal and courteous way of expressing your wishes. Change the verbs in each sentence, first from the present to the conditional and then to the imperfect subjunctive.

Antonia está pasando el día en la playa con sus amigas. ¿Qué les dice ella?

> MODELO Yo quiero correr olas esta tarde.
> **Yo querría correr olas esta tarde.**
> **Yo quisiera correr olas esta tarde.**

1. Anita, debes ciudarte del sol.
2. ¿Puede Pancho ayudarme con el bote?
3. ¿Quieres quedarte aquí toda la tarde?
4. Nosotros podemos bucear más tarde, ¿no?
5. ¿De veras quieren hacer una barbacoa en la playa esta noche?
6. No debemos hablar con el salvavidas.

EXPLORACIÓN 2

Function: *Expressing emotion, doubt, or requests in the past*
Structure: *The imperfect subjunctive*

PRESENTACIÓN

You know how to use the present subjunctive to express emotion, show doubt, and give orders and advice. You can make similar statements about the past by using the imperfect subjunctive. Compare these sentences.

Quiero que vuelvas pronto.	*I want you to return soon.*
Quería que volvieras pronto.	*I wanted you to return soon.*

A. When the first verb is in a past tense and expresses emotion, doubt, or a request, the verb following **que** must be in the imperfect subjunctive. Because the imperfect subjunctive is always formed from the **ellos** form of the preterite, verbs that have irregular stems in the preterite maintain that stem in the imperfect subjunctive. The endings **-ra, -ras, -ramos,** and **-ran** are always added to the stem. Like the present subjunctive, the imperfect subjunctive is used after the following.

1. verbs of emotion, such as **querer, esperar, alegrarse (de), sentir, estar contento, estar encantado,** and **tener miedo (de)**

Esperaba que termináramos mañana.	*She hoped we would finish tomorrow.*

2. verbs of request or advice, such as **pedir, decir, mandar, preferir, insistir en, recomendar,** and **aconsejar**

Le aconsejé que no lo hiciera.	*I advised him not to do it.*

3. verbs of doubt, such as **dudar** and **no creer**

Dudábamos que tuvieran razón.	*We doubted that they were right.*

PREPARACIÓN

A. ¿Qué hago?   José le cuenta a su padre lo que su consejero (*advisor*) le recomendó que hiciera en el futuro. Según José, ¿qué consejos le dio?

> MODELO   Me aconsejó que (matricularme) en la universidad.
> **Me aconsejó que me matriculara en la universidad.**

1. Me dijo que (ahorrar) ===== dinero para mi educación.
2. Me recomendó que (vivir) ===== en una residencia estudiantil.
3. Me sugirió que (especializarme) ===== en matemáticas.
4. Me aconsejó que (ganarme) ===== la vida como profesor.
5. Me dijo que (conseguir) ===== empleo en un colegio.
6. Me recomendó que (enseñar) ===== clases de álgebra y geometría.

B. Ayudemos a la abuela.   La abuela de Raúl estuvo enferma la semana pasada y le pidió a sus familiares que la ayudaran en casa. Según Raúl, ¿qué les pidió la abuela que hicieran todos?

> MODELO   a Lupe / pasar la aspiradora
> **A Lupe le pidió que pasara la aspiradora.**

1. a mis hermanos / barrer los pisos
2. a Lupe y a mí / poner la mesa
3. a Andrés / hacer las camas
4. a mí / limpiar el garaje
5. a mis padres / cortar la hierba
6. a la bisabuela / lavar los platos

CONTEXTO CULTURAL

Hoy día, debido al progreso de la medicina y la ciencia, se puede vivir hasta una edad más avanzada. Sin embargo, uno de los pocos lugares del mundo donde la gente a veces alcanza (*reach*) más de cien años es Vilcabamba, en los Andes ecuatorianos. En 1972 contaba entre sus 819 habitantes nueve personas de más de cien años de edad. El hombre más viejo fue José Toledo Avedaño, que se murió en 1971. Se dice que cumplió 140 años.

C. De vacaciones. Antonio les recomendó a sus amigos que hicieran varias cosas cuando estuvieron en Panamá. Algunas de sus recomendaciones no les gustaron porque sus amigos no son nada deportivos. Escucha cada recomendación e indica si les gustó o no a sus amigos.

> MODELO   Nos recomendó que visitáramos el Canal de Panamá.
>
> *Les gustó.*

Hay algunos datos (*facts*) interesantes sobre Panamá que quizás no conozcas. Los sombreros panameños originalmente se hacían en Ecuador. La Ciudad de Panamá es una de las capitales financieras más importantes del mundo. Cuando un barco cruza el Canal de Panamá, navega 82 kilómetros aunque el istmo (*isthmus*) sólo mide 43 kilómetros. Además, el canal va más bien de norte a sur y no de este a oeste.

D. ¿Un cuento de hadas? ¡Qué va!   Cuando Linda invitó a su hermana Cecilia al cine para ver un cuento de hadas moderno, ésta creía que se iba a aburrir. Sin embargo, le encantó la película. Después, Cecilia le confesó a Linda todas las dudas que había sentido. ¿Qué dijo Cecilia?

> MODELO   no creer / un tema de fantasía / interesarme
> **No creía que un tema de fantasía me interesara.**

1. no creer / la película / tener personajes interesantes
2. dudar / el autor del cuento / ser bueno
3. no querer / nosotras / perder el tiempo
4. no creer / haber muchas escenas cómicas
5. tener miedo / la entrada / costar demasiado
6. esperar / al principio / la película / terminar pronto
7. dudar / un cuento de hadas / poder sorprenderme
8. parecerme increíble / tú / invitarme a una película infantil

COMUNICACIÓN

A. ¡Cuánto ha cambiado mi vida! Compara tu vida de niño(a) con la de ahora. ¿Qué querían tus padres que hicieras o no hicieras en el pasado que te permiten hacer ahora? Usa estas sugerencias o piensa en otras.

> EJEMPLO **De niño mis padres insistían en que no saliera solo. Ahora me permiten salir solo.**

	querer	estar
	esperar	ser
	insistir en	ver
	pedir	poder
	permitir	jugar
(no)	mandar	subirse
	preferir	llevar
	recomendar	salir
	aconsejar	tener
	decir	ir
	¿...?	¿...?

Salvador Dali, *The Patient Lovers.*

B. El progreso sigue. Dile a la clase algo que la gente dudaba o no creía en el pasado y compáralo con el presente.

> EJEMPLO **En el pasado la gente no creía que se pudiera viajar a la luna. Ahora se han hecho varios viajes.**

Repaso y extensión

> You know how to use the present subjunctive with verbs of doubt, emotion, and ordering. Now you have learned when to use the imperfect subjunctive with these verbs. Compare the differences between the present and imperfect subjunctive by rewriting this dream in the past. Remember also to use the correct forms of the preterite and imperfect.
>
> Sueño[1] que vuelo[2] por la galaxia en bicicleta, imagínate. Luego aterrizo[3] en un planeta extraño y veo[4] a tres jóvenes gigantes. Les fascina[5] que yo sepa[6] volar y me piden[7] que les preste[8] mi bicicleta y que les enseñe[9] a volar. Curiosamente, estos seres no me asustan[10]. Sólo tengo[11] miedo que me rompan[12] la bicicleta. Por eso me voy[13]. Luego, un hada pequeñita aparece[14] e insiste[15] que la deje[16] entrar en mi mente y leer mis pensamientos. Por supuesto, no permito[17] que lo haga[18]. Me enoja[19] mucho que ella me persiga[20], tratando de meterse por mi boca, mis ojos y aun por mis orejas. Al despertar, estoy[21] sorprendido que una mosca vuele[22] como loca por mi cabeza.

EXPLORACIÓN 3

Function: *Talking about obligations, interests, and conditions*
Structure: *More uses of the imperfect subjunctive*

PRESENTACIÓN

You have already learned to use the imperfect subjunctive to express emotions, doubts, and requests in the past. Other clauses also require the imperfect subjunctive when referring to the past.

A. Impersonal expressions such as **era** (**fue**) **necesario, importante,** and **inútil,** as well as verbs like **gustar** (such as **encantar, molestar, fascinar, importar**) in the past tense require the imperfect subjunctive.

Era necesario que yo la llamara al mediodía.	*It was necessary for me to call her at noon.*
No les importó que yo fuera con ellos.	*They didn't mind that I went with them.*
Fue mejor que dijeras la verdad, ¿no?	*It was better that you told the truth, right?*

B. Adverb clauses after **para que, sin que, hasta que, con tal que, a menos que, en caso que,** and **antes que** take the imperfect subjunctive when the first verb is in the past tense.

Salió sin que la viéramos.	*She left without our seeing her.*
Regresó antes que empezara a llover.	*He returned before it started to rain.*

C. Adjective clauses referring to indefinite or nonexistent people or things use the imperfect subjunctive when they refer to the past.

Buscaban un cuento que no tuviera brujas.	*They were looking for a story that didn't have witches.*
No había nadie que supiera hacerlo.	*There was no one who knew how to do it.*
Quería comprar un regalo que le gustara a mi madre.	*I wanted to buy a gift that my mother would like.*

D. Imperfect subjunctive endings are required after clauses containing a conditional tense as well as those containing a past tense.

Fue inútil que llorara.
Sería inútil que llorara.

It was useless for her to cry.
It would be useless for her to cry.

No había nada que pudiera hacer.
No habría nada que pudiera hacer.

There was nothing he could do.
There would be nothing he could do.

PREPARACIÓN

A. Una plática. Durante una conversación entre Isabel y Raúl, Isabel habla de la fiesta que Raúl se perdió anoche y también de un sueño que ella tuvo. Escribe los comentarios de Isabel junto con la palabra **fiesta** o **sueño,** según el evento que describen.

MODELO

Fue increíble que Pablo supiera tantos bailes distintos. (fiesta)

B. Invitación al espacio. Esteban está hablando de cómo reaccionaría si tuviera la oportunidad de ir a otro planeta en el primer platillo volador construido por los seres humanos. ¿Qué dice?

MODELO con tal que / el gobierno / darme mucho dinero
Yo iría con tal que el gobierno me diera mucho dinero.

1. para que / mis amigos / no creerme cobarde
2. a menos que / yo / muy enfermo
3. a menos que / yo / tener que conducir el platillo volador
4. sin que / las preocupaciones de los demás / influir en mí
5. con tal que / un equipo de astronautas expertos / acompañarme
6. en caso que / nosotros / hacer un gran descubrimiento

C. Todos dijeron que no en Potosí. Raquel y su familia fueron a Potosí
en Bolivia para ver las minas (*mines*) de plata. ¿Qué dicen que les
pasó?

MODELO   **No había nadie** <u>**que quisiera acompañarnos a las minas.**</u>

1. No encontramos ningún mapa
2. No vimos ningún restaurante
3. No había ninguna tienda
4. No había ningún taxista
5. No encontramos ningún hotel
6. No conocimos a nadie

a. trabajar en las minas.
b. mostrar el lugar.
c. ofrecernos un cuarto.
d. querer llevarnos a la mina.
e. vender recuerdos.
f. servir comida vegetariana.

CONTEXTO
CULTURAL

La riqueza en oro y plata que
encontraron los españoles en
el Nuevo Mundo fue algo increíble. Por ejemplo, en Bolivia
sacaron del Cerro (*Hill*) del
Potosí más de seis mil millones
de dólares en plata en los primeros cincuenta años de explota-
ción de las minas. El metal era
tan abundante que una vez pusieron planchas (*sheets*) de
plata en las calles cuando recibieron al nuevo virrey (*vice-
roy*) de España. También
usaron plata para hacer sillas,
mesas, camas y bañeras (*bath-
tubs*), así como para adornar
sus caballos.

D. Se casan.   Julia va a casarse en junio. Le pide a su amiga Marina su opinión sobre la boda que tendría si ella se casara también. ¿Qué contesta Marina?

> MODELO   ¿Qué tipo de fotógrafo buscarías? (especializarse en bodas)
> **Buscaría un fotógrafo que se especializara en bodas.**

1. ¿Qué tipo de vestido comprarías? (verse elegante sin costar mucho)

2. ¿Qué clase de regalos pedirías? (durar por muchos años)

3. ¿Qué tipo de pastel te gustaría? (tener coco por fuera y piña por dentro)

4. ¿Qué clase de iglesia necesitarías? (ser suficientemente grande)

5. ¿Qué tipo de cantante pedirías? (saber cantar en inglés)

6. ¿Qué clase de banda querrías? (tocar música del Caribe)

7. ¿Qué tipo de restaurante buscarías? (servir comida china)

CONTEXTO

CULTURAL

Las novelas de caballería(*chivalry*) alcanzaron gran popularidad en el siglo XVI. Una de las más famosas es el *Amadís de Gaula*, una obra de fantasía y de aventura. El héroe Amadís, que personifica al caballero perfecto, viaja por Europa luchando (*fighting*) contra caballeros malos, magos, monstruos y gigantes, siempre para dar prueba de (*prove*) su amor por la princesa Oriana. La acción de la novela tiene lugar en ricos palacios, castillos encantados e islas misteriosas.

E. **Un poco de fantasía.** Una clase de literatura examinó el significado (*meaning*) de las novelas de fantasía. A José y a los otros estudiantes, ¿qué les parecieron las obras que leyeron?

> MODELO a mí / gustar / nosotros leer un libro de caballería
> **A mí me gustó que leyéramos un libro de caballería.**

1. a Andrés / fascinar / haber personajes imaginarios
2. a León y a Julio / molestar / no ser verdaderas las historias
3. a ustedes / no gustar / nosotros / hablar de gigantes y magos
4. a mí / encantar / las novelas / tener un doble significado
5. a ti / no importar / no estar basadas en la realidad
6. a la profesora / parecer bien / nosotros / ver la película sobre *Amadís de Gaula*

COMUNICACIÓN

A. **¿Qué te pareció?** Describe para la clase tus reacciones a lo que hicieron varias personas ayer.

> EJEMPLO **Fue increíble que mi hermanito hiciera algo en contra de su voluntad.**

	necesario			ir
	bueno			tener
	malo	yo		querer
	raro	mis padres		limpiar
Fue	extraño	mis hermanos	(no)	visitar
Era	mejor	mi mejor amigo(a)		arreglar
	aconsejable	mi profesor(a) de ___		levantarse
	una lástima			hacer
	importante			recibir
	¿...?			¿...?

B. Impresiones. Escucha algunas preguntas y contéstalas de una manera personal.

> EJEMPLO ¿Qué te gustó del último picnic que hiciste con unos amigos?
> **Me gustó que jugáramos béisbol y volibol.**

C. Obligaciones y diversiones. Imagínate que hoy es sábado. ¿Cómo serían tus actividades en comparación con las de estos jóvenes? Usa los dibujos para describir tu día e incluye una frase de la lista en cada oración.

> EJEMPLO **Por la noche iría al cine a menos que mis amigos me invitaran a una fiesta.**
> **Por la noche no iría al cine sin que me acompañara un(a) amigo(a).**

a menos que	para que	en caso que	antes que
con tal que	hasta que	sin que	

1.

2.

3.

4.

5.

6.

D. Vacaciones familiares. Imagínate que has hecho un viaje con tu familia. Ahora dile a la clase lo que ustedes **querían, buscaban** o **necesitaban** mientras estaban allí.

> EJEMPLO **Cuando estuvimos en Nuevo México, buscábamos una librería que vendiera libros infantiles en español.**

una tienda	tener
un mapa	hacer
un museo	vender
un(a) guía	hablar
un restaurante	poder
un café	servir
un hotel	ser
unos recuerdos	estar
un mercado al aire libre	mostrar
alguien	costar
¿...?	¿...?

Repaso y extensión

In everyday conversation, we often repeat what people have told us. Although what is actually said is quoted in the present or the future, when we repeat the information, we retell it in the past.

Teresa said, "I'll do it when I can."
Teresa said she would do it when she could.

Here is the Spanish translation of these two sentences.
Teresa dijo, "Lo haré cuando pueda".
Teresa dijo que lo haría cuando pudiera.

Alberto estuvo enfermo hoy y no fue al colegio. Por la noche, su mejor amigo pasó por la casa y le contó lo que comentaron varias personas durante las clases hoy. ¿Qué le dijo?

> MODELO El señor Díaz dijo, "Es raro que Alberto esté enfermo".
> **El señor Díaz dijo que era raro que estuvieras enfermo.**

1. La señora Gil dijo, "Espero que se sienta mejor muy pronto".
2. Juan dijo, "Es imposible que él no juegue en el partido esta noche".
3. Marcos dijo, "Es inútil que tratemos de ganar el partido sin él".
4. Yo dije, "Es dudoso que vuelva mañana".
5. Elena dijo, "Es necesario que le lleve la tarea".
6. Sara dijo, "Tengo miedo de que yo me esté enfermando también".

EXPLORACIÓN 4

Function: *Saying what you would do if…*
Structure: *si and como si with the imperfect subjunctive*

PRESENTACIÓN

To tell what will happen under certain conditions, Spanish uses a **si** (*if*) clause with the present or future tense: **Te llamo (llamaré) si puedo salir.** If you wish to talk about conditions that are not true or that are contrary to fact, use the imperfect subjunctive after **si**.

A. To say what would happen if something were true, use the imperfect subjunctive in the **si** clause, and use the conditional tense to tell the end result. Notice that either clause may come first.

> **si** clause with imperfect subjunctive + result clause with conditional

Si tuviera mucho dinero, me compraría un carro.
If I had a lot of money, I'd buy myself a car.

¿Estaría contenta si le pagaran más?
Would she be happy if they paid her more?

B. To make statements like *He talks as if he knew it all*, Spanish uses **como si** (*as if, as though*) followed by the imperfect subjunctive. The verb in the main clause can be either in the present or in the past tense.

Ella habla como si tuviera dolor de garganta.
She talks as if she had a sore throat.

Nos miraban como si fuéramos locos.
They looked at us as if we were crazy.

¿SI TUVIERA SUFICIENTE DINERO, YO TAMBIÉN ME COMPRARÍA UN ROBOT!

PREPARACIÓN

A. Talento prometedor. El director de una academia de arte habla del gran talento de algunos de los estudiantes. ¿Qué dice?

> MODELO   María / pintar (pintor)
> **María pinta como si ya fuera pintora profesional.**

1. Josefa / dibujar
2. Paula y Eduardo / cantar
3. Anita / bailar
4. Rafael y David / crear estatuas
5. Bernardo / escribir
6. Carolina / hacer planos

a. arquitecto
b. periodista
c. dibujante
d. escultor
e. cantante
f. bailarín

B. No me siento bien.   Luis y su familia visitaron la Catedral de Sal en Colombia. Mientras Luis estaba allí, empezó a sentirse mal. ¿Qué le aconsejó su familia que hiciera?

> MODELO   comer algo
> **Te sentirías mejor si comieras algo.**

1. tomar agua
2. descansar un poco
3. cerrar los ojos
4. salir al aire libre
5. dar un paseo
6. dormir un rato

CONTEXTO CULTURAL

Al norte de Bogotá está el pueblo de Zipaquirá y su famosa montaña de sal (*salt*). Los indios chibchas que vivían allí habían trabajado en las minas de sal de esta montaña por varios siglos antes de que los españoles llegaran. La Catedral de Sal fue tallada (*carved*) en las paredes de una mina de sal subterránea. Hoy día, esta catedral queda como monumento enorme a la santa patrona de los mineros, la Virgen del Carmen.

C. **Haríamos mucho más si...** Marcela está hablando de lo que ella y sus amigos no pueden hacer. Escucha lo que dice y completa las oraciones con lo que ellos harían si las condiciones fueran diferentes.

> MODELO José quiere construir un robot pero no tiene tiempo.
> **José construiría un robot si** <u>tuviera tiempo.</u>

1. Tomás y David formarían una banda si ═══ .
2. Asistiríamos al concierto si ═══ .
3. Amalia participaría en el drama musical si ═══ .
4. Tú escribirías un cuento de hadas moderno si ═══ .
5. Yo haría la tarea si ═══ .
6. Gloria y Rita llamarían a Rosalía si ═══ .

COMUNICACIÓN

A. **Así son, pues.** Describe para la clase algunas características de las personas de la lista.

> EJEMPLO **A veces mi hermano actúa como si estuviera loco.**

nunca	a veces	muchas veces	siempre

	gritar	ser
yo	hablar	estar
mis padres	actuar	tener
mi hermano(a)	cocinar	acabar de
mi profesor(a)	gastar dinero	tratar de
mi mejor amigo(a)	comer	querer
mis vecinos	vestirse	hacer
mis amigos y yo	caminar	preocuparse de
¿...?	continuar	resolver
	¿...?	sentirse
		¿...?

B. Si yo fuera...   Dile a la clase cómo sería tu vida si siguieras estas profesiones. Usa estas sugerencias o piensa en otras.

> EJEMPLO   **Si yo fuera sicólogo(a), ayudaría a la gente con sus problemas.**

actor (actriz)	arquitecto(a)	hacer	escribir
cantante	artista	tener	necesitar
policía	médico(a)	trabajar	estar
arqueólogo(a)	profesor(a)	participar	especializarse en
sicólogo(a)	escritor(a)	vivir	perseguir
campesino(a)	¿...?	viajar	¿...?

C. Y después de eso, ¿qué?   Con otro estudiante, sigan el ejemplo para imaginarse lo que podrían hacer si existieran las condiciones que ustedes describen a través de este juego.

> EJEMPLO   Tú: **Si fuéramos ricos, compraríamos un carro nuevo.**
> Él / Ella: **Y si compráramos un carro nuevo, podríamos salir todas las noches.**
>   Tú: **Y si pudiéramos salir todas las noches, estudiaríamos menos.**
> Él / Ella: **Y si estudiáramos menos...**

D. En ese caso...   Contesta estas preguntas, explicando lo que harías si tu vida fuera distinta.

1. ¿Qué comerías si tuvieras hambre ahora?
2. ¿Qué harías si necesitaras dinero para salir esta noche?
3. ¿Con quién hablarías si quisieras un carro nuevo?
4. ¿Qué estarías haciendo si estuvieras de vacaciones en este momento?
5. ¿Cómo usarías tu dinero si fueras rico(a)?
6. Si vivieras en tu propio apartamento, ¿con qué frecuencia harías fiestas?
7. Si te graduaras de la escuela secundaria mañana, ¿cómo te sentirías?
8. Si pudieras vivir en otro lugar, ¿adónde te mudarías?
9. ¿Qué harías si el (la) chico(a) más popular de la escuela te invitara a comer con su familia esta noche?

E. Un poco de fantasía. Imagínate que un compañero de clase es uno de estos objetos o personas. ¿Cómo sería su vida? Usa los dibujos u otras ideas tuyas y la clase adivinará lo que describes.

EJEMPLO   **Silvia, si fueras este objeto, la gente te pondría flores y serpentinas y participarías en un desfile.**
¿Soy carroza?
¡Sí!

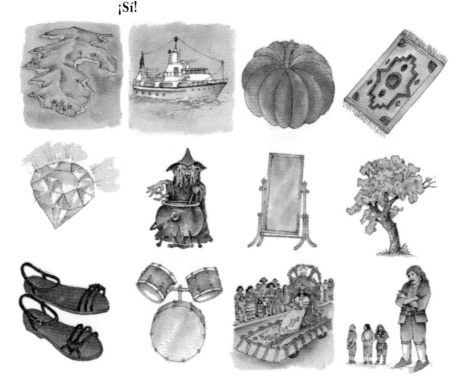

Repaso y extensión

You already know how to use **si** clauses with the present indicative and the future to express a simple condition and its result. You have just learned how to use **si** clauses with the imperfect subjunctive and the conditional to express a contrary-to-fact statement. Compare the two uses of **si** clauses by giving advice to a friend in the following situations.

EJEMPLO   tener hambre
Si tienes hambre, iremos a un restaurante.
Si tuvieras hambre, iríamos a un restaurante.

1. estar enfermo(a)
2. llover mañana
3. no entender la lección
4. tener un montón de tarea
5. hacer frío
6. haber un huracán

PERSPECTIVAS

LECTURA

Un sueño, nada más

Después de servirse en la cafetería Jaime se dirige a la mesa donde el señor Álvarez, consejero de la escuela, come mientras lee. Aquí tienen su conversación.

—Buenos días, profesor Álvarez, ¿le molestaría si me sentara a comer con usted?

—Claro que no, Jaime, siéntate. ¿Qué hay de nuevo? ¿Pasaste el examen de biología de que te quejabas ayer?

—Con una "A", aunque me costó trabajo. Y hablando de biología, profesor, yo quisiera saber si los sueños ocurren por causas biológicas, es decir, por sustancias químicas en el cerebro, o por lo que come uno antes de acostarse. ¿Usted lo sabe?

—Los sueños ocurren como los pensamientos, Jaime, en las células del cerebro y a través de sustancias químicas que facilitan su funcionamiento. No se sabe, sin embargo, su origen. Ahí entramos a cuestiones metafísicas y espirituales. ¿Por qué me lo preguntas?

—Bueno, tengo un sueño que se ha repetido varias veces en el cual voy volando sin miedo y muy contento, como si mis brazos fueran dos alas fuertes. Luego aterrizo en un lugar muy hermoso donde encuentro monedas de plata y oro. Extraño, ¿no? ¿Cree usted que tenga algún significado? ¿O será que como soy pobre sueño con dinero?

—Cuando se examinan los sueños, lo primero es ver la posibilidad de que tengan un significado literal. Por ejemplo, yo soñé por varios días que me caía de una escalera hasta que por fin se me ocurrió examinar los escalones en mi casa y encontré uno que estaba a punto de romperse. Ya hacía tiempo que rechinaba y no me había ocupado de arreglarlo. Mi subsconsciencia me lo estaba recordando, ¿ves? Pero tu sueño, Jaime, parece tener un significado más simbólico. Volar sin miedo pudiera significar que estás contento contigo mismo por alguna razón, a lo mejor por el excelente trabajo que estás haciendo en la escuela. Y el dinero que encuentras pudiera significar que tu subconsciencia te está diciendo que los estudios te llevarán a una profesión que te gustará y que mejorará tu situación económica.

—Me gusta su interpretación, profesor, porque tengo todas las intenciones de seguir estudiando hasta llegar a ser ingeniero. A propósito, ¿se acuerda usted de Marisela, la chica que le presenté el otro día? Pues también sueño con ella.

—Jaime, dime una cosa. Sueñas con Marisela aun despierto, ¿no?

—Bueno, a decir la verdad, sí.

—Pues, la interpretación en este caso es muy sencilla y a la vez muy alarmante.

—¿Cuál es?

—Estás enamorado, muchacho.

—¿Enamorado? ¿De veras? Y justamente cuando mi futuro comenzaba a relucir. ¿Qué voy a hacer? Tiene que ayudarme, profesor.

—¡Qué va! Yo no sirvo para ese tipo de consejos. ¡Vámonos! Y apúrate que se te hace tarde para la clase siguiente.

Pablo Picasso, *Night Fishing at Antibes*, 1939. Oil on canvas, 6'9" × 11'4". Collection, The Museum of Modern Art, New York, New York. Mrs. Simon Guggenheim Fund.

Expansión de vocabulario

a la vez at the same time	**llegar a ser** to become
el ala (*f*) wing	**ocuparse de** to take care of
alarmante alarming	**el pensamiento** thought
apurarse to hurry	**¿Qué hay de nuevo?** What's new?
el cerebro brain	
el consejero counselor	**la razón** reason
costar trabajo to be hard	**rechinar** to creak
la cuestión matter	**relucir** to look bright
dirigirse a to head for	**sencillo** simple
el escalón stair step	**servir para** to be good at
hacerse tarde to be getting late	**el significado** meaning
	la subconsciencia subconscious

🎬 Comprensión

Lee estas oraciones sobre **Un sueño, nada más** y decide si son verdaderas o falsas. Si son falsas, hazlas verdaderas.

1. Jaime habla con el señor Álvarez en su oficina.
2. El señor Álvarez es el director de la escuela.
3. Jaime parece ser un estudiante serio.
4. Según el consejero, los sueños ocurren por causas solamente biológicas.
5. Las sustancias químicas en el cerebro permiten que soñemos.
6. El sueño del señor Álvarez tenía un significado literal.
7. La subsconsciencia del consejero le recordó que debía reparar un escalón.
8. El sueño de volar de Jaime fue a la vez negativo y literal.
9. Jaime parece tener grandes esperanzas para el futuro.
10. Jaime soñó con Marisela porque se olvidó de llamarla ayer.
11. El consejero se considera un experto en cuestiones de amor.

COMUNICACIÓN

A. **Una encuesta.** Todos tenemos sueños que se han repetido. Indica si has soñado con estos temas más de una vez. Luego, suma las respuestas de la clase para ver cuál de estos sueños es el más típico.

¿Sueñas que
1. llegas a clase sin estudiar para un examen muy importante?
2. te levantas tarde y tienes que apurarte mucho para no perder el autobús?
3. llegas a la escuela sin llevar puestos tus zapatos?
4. puedes volar?
5. te caes de un lugar muy alto?
6. alguien o algún animal te persigue?
7. te cuesta mucho trabajo hablar o gritar aunque haces un esfuerzo tremendo para hacerlo?
8. no puedes parar el carro que estás conduciendo?
9. puedes respirar debajo del agua?
10. estás consciente que todo lo que está pasando es sólo un sueño?

B. **Analiza tus sueños.** Describe un sueño que has tenido. Da una
W interpretación lógica de lo que te pasó en él y por qué lo soñaste.

EJEMPLO

> En mi sueño estaba en un cuarto cerrado, pero por alguna razón las cortinas se movían como si hiciera viento...

C. La lámpara maravillosa. Imagínate que acabas de encontrar una lámpara mágica en la playa. Puedes pedir tres deseos. ¿Qué pedirías?

EJEMPLO **Primero, pediría que me diera más de tres deseos.**

Franco-Flemish, *The Hunt of the Unicorn*, tapestry, 16th century.

 PRONUNCIACIÓN

In English, the stressed syllable in a word is also the syllable that lasts the longest. Not only are the other syllables shorter in length, but the vowel contained in them often sounds slurred.

imag<u>i</u>nation   f<u>an</u>tasy   subc<u>on</u>scious   pr<u>in</u>cipal   c<u>oun</u>selor

In Spanish, stress does not affect the length of a syllable. Rather, each syllable has the same length.

imaginac<u>ió</u>n   fantas<u>í</u>a   subcons<u>cien</u>cia   princ<u>ip</u>al   conse<u>je</u>ro

This equal syllable length gives Spanish speech its "staccato" or "machine gun" rhythm. Keep this in mind as you listen to and repeat the following sentences.

A las cinco de la mañana, una mujer joven vio una luz brillantísima entrar por la ventana de su cuarto. Luego escuchó un ruido tremendo. Inmediatamente dejó volar la imaginación. Creyó que unos seres extraterrestres habían aterrizado afuera. Ya estaba a punto de llamar a la policía cuando notó que sólo fue un camión de basura.

ΙNTEGRACIÓN

Find out how much you know as you do these activities. If you have trouble with any of them, study the topic and practice the activities again, or ask your teacher for help.

Vamos a escuchar

A. Por teléfono. Ayer Fernando hizo varias llamadas telefónicas. Escucha partes de estas llamadas y mira los dibujos de las personas con quienes habló. ¿Puedes adivinar a quién llamó en cada caso?

a.

Pepe

b.

Sabrina

c.

el doctor Martínez

d.

el señor García

B. La persuasión. Lee estas afirmaciones (*statements*) y escucha un anuncio en la radio. Luego, decide si cada afirmación es **probable** o **poco probable**.

1. Según el anuncio la película se basa en una historia verdadera.
2. La historia le gustará más a las mujeres que a los hombres.
3. Esta película te permitirá escapar de la realidad.
4. El anuncio está dirigido principalmente a los jóvenes.
5. Esta película es un drama clásico de misterio y suspenso.
6. Si quieres ver la película, debieras ir esta semana.

Vamos a leer

A. Los creadores de arco iris. La realidad de algunos individuos es a veces más maravillosa que los sueños más fantásticos de otros. Lee este cuento y explora este fenómeno. Luego, completa la actividad siguiente.

Sofía se despertó lentamente, sintiéndose contenta y tranquila, y a la vez se resistía a despertarse. No quería dejar ese mundo maravilloso de donde parecía estarse alejando, en contra de su voluntad, para regresar a ese otro mundo familiar en el cual oía la voz de su abuelo llamándola.

—Sofía, levántate que se nos hace tarde. ¡Ya dejó de llover!
Pero ella quería seguir volando. Se resistía a abandonar aquellas dos hermosas alas blancas que la hacían sentirse totalmente segura de sí misma.

En su sueño, el más hermoso que hubiera experimentado en su vida, Sofía tenía alas, y junto con un pequeño grupo de bellos seres también alados, había volado a través del cielo donde miles de estrellas aparecían y desaparecían misteriosamente. Finalmente, antes que Sofía se despertara, las estrellas se convirtieron en gotas de agua brillante multicolor y entonces vio que volaba dentro de un gigantesco arco iris.

—Sofía, abre los ojos, se hace tarde.
—No, abuelito, soñé que tenía alas y si abro los ojos las voy a perder.
—¿De qué estás hablando, mi princesa? Apúrate que ya estamos todos listos para otro día de trabajo.
—Había un montón de estrellas, abuelito, que aparecían y desaparecían.
—¡Qué bueno! Eso significa salud y prosperidad, Sofía. Me parece que la primera lección de ayer te impresionó bastante. Pero ya no eres niña. Desde ayer eres una joven mujer con un trabajo que hacer. Quiero verte de pie cuando regrese. Pronto saldrá el sol.

El abuelo de Sofía salió a reunirse con el pequeño grupo de hombres y mujeres jóvenes que esperaban ansiosos.

Ayer estos adolescentes y Sofía habían recibido su primer par de emplumadas alas, su primera lección de cómo volar y, lo más importante, cómo hacer un arco iris. Hoy, llenos de entusiasmo, se preparaban para empezar su trabajo de crear y distribuir hermosos y brillantes arcos multicolores por toda la creación.

Ahora, lee estas oraciones y escribe **sueño** cuando describen el sueño de Sofía y **realidad** cuando describen su vida real. Si lo que lees describe algo que pertenece a los dos mundos, escribe **ambos** (*both*).

1. Habla con su abuelo.
2. Vuela con un grupo de seres alados.
3. Vuela por el cielo.
4. Ve estrellas que aparecen y desaparecen.
5. Trabaja como creador de arco iris.
6. Se siente totalmente segura de sí misma.

Vamos a escribir

A. Realidad y sueño.   Escribe lo que harías si lo siguiente fuera verdad.

> EJEMPLO   Si (estar) ═══ en la Antártica ahora, . . .
> **Si estuviera en la Antártica ahora, tendría frío.**

1. Si (poder) ═══ cambiar mi apariencia, . . .
2. Si mañana (ser) ═══ mi cumpleaños, . . .
3. Si (encontrar) ═══ una fortuna en la calle, . . .
4. Si (hablar) ═══ mejor el español, . . .
5. Si no me (costar) ═══ tanto trabajo, . . .
6. Si mis amigos y yo (tener) ═══ más tiempo, . . .
7. Si le (parecer) ═══ buena idea a mi amigo(a) _____ , . . .
8. Si el director de la escuela me (venir) ═══ a buscar ahora, . . .

B. Consejos de Carla.   Carla siempre les da consejos a sus amigos. Escribe lo que ella diría en las siguientes situaciones.

> EJEMPLO   UNA AMIGA   Voy a tener que inventar algún pretexto.
> Si no, mis padres se van a enojar conmigo.
> CARLA   ¿No sería mejor que **les dijeras la verdad?**

1. UNA AMIGA   Decidí no ir al dentista sino a un picnic en el parque.
   CARLA   ¿No era más recomendable que ═══ ?
2. UN AMIGO   Ya sé que el carro está casi sin gasolina, pero vamos a llegar tarde si paramos ahora a llenar el tanque.
   CARLA   Puede ser, ¿pero no sería más lógico que ═══ ?
3. UNA AMIGA   ¿Crees que yo debiera hablar con el consejero sobre mis sueños alarmantes?
   CARLA   Bueno, para mí sería importante que ═══ .
4. UNA AMIGA   Le dije que me dejara en paz. ¿Crees que estuvo bien?
   CARLA   Cómo no. Era necesario que ═══ .
5. SU NOVIO   No voy a hablar más con mis padres.
   CARLA   ¿Pero no sería mejor que ═══ ?

C. Usa tu imaginación. Mira estos dibujos y escribe expresiones con *como si*.

EJEMPLO

La hermana de Lina se porta como si fuera una bruja.

1. Guillermo y Alicia

2. Leonor

3. Juan y Matías

4. el tío de Jorge

Vamos a hablar

Work with a partner and create short dialogues based on the following situations. Whenever appropriate, switch roles and practice another part of your dialogue.

Situaciones

A. La vida es dura. Imagine that you and a friend, are complaining about having to work so much. Fantasize about what you both would change if you could.

B. Una pesadilla. You are on the school bus with a friend, and the topic of dreams comes up. Tell each other what you dreamed about last night. One dream should be pleasant and the other a nightmare.

VOCABULARIO

NOUNS RELATING TO FANTASY

la bruja   witch
el cuento de hadas   fairy tale
la fantasía   fantasy
la galaxia   galaxy
el gigante   giant
el hombre lobo   werewolf
la imaginación   imagination
el mago   magician
el misterio   mystery
el personaje   character
la pesadilla   nightmare
el platillo volador   flying saucer

OTHER NOUNS

el ala (*f*)   wing
el cerebro   brain
el consejero   counselor
la cuestión   matter
la mosca   fly
el pensamiento   thought
el príncipe   prince
la razón   reason
el significado   meaning
la subsconsciencia   subconscious
la voluntad   will
el yate   yacht

ADJECTIVES

alarmante   alarming
despierto   awake
distinto   different
extraño   strange
extraterrestre   extraterrestrial
infantil   for children
principal   main, principal
sencillo   simple
vívido   vivid

VERBS AND VERB PHRASES

acercarse (a)   to come near, to approach
alejarse (de)   to move away (from), to get away (from)
apurarse   to hurry
aterrizar   to land
basarse en   to be based on
causar   to cause
convertirse (e → ie, i) en   to turn into
costar trabajo   to be hard
crear   to create
dejar volar la imaginación   to let one's imagination go wild

dirigirse (a)   to head (for)
influir en   to influence
llegar a ser   to become
ocuparse de   to take care of, to bother to
perseguir (e → i, i)   to chase after
quitarse algo de la mente   to get something off one's mind
relucir (c → zc)   to look bright, to shine
soñar despierto   to daydream
volar (o → ue)   to fly

OTHER WORDS AND EXPRESSIONS

a la vez   at the same time
en cámara lenta   in slow motion
¿Qué hay de nuevo?   What's new?
¡Qué va!   No way!
Se hace tarde.   It's getting late.
tarde o temprano   sooner or later
un montón de   a whole bunch of (*lit.* pile, heap)

GACETA

Nº 4

Fábulas y
cuentos

Calla el pico

A. Mensaje oculto. Decide qué tipo de texto es esta selección y después explica tu decisión en inglés.

1. un poema
2. un cuento
3. una fábula
4. una adivinanza

→ **Para leer mejor:** Examina el texto rápida y ligeramente y usa tus conocimientos básicos para determinar el formato.

LA RANA Y LA GALLINA

Desde un charco una cantora rana
oyó cacarear a una gallina.
—Vaya, le dijo, —no creyera,
hermana, y con todo ese ruido,
¿qué hay de nuevo?
—Nada, sino anunciar que puse un
huevo.
—¿Solamente un huevo? ¡Y alborotas
tanto!
—Solamente un huevo; sí, señora
mía.

¿Te espantas de eso cuando no me
espanto de oír cómo graznas noche
y día?
Yo, porque sirvo de algo, lo publico;
Tú, que no sirves de nada, calla el
pico.

Aquel que trabaja algo, puede
disimulársele que lo publique;
aquel que no hace nada, debe
callar.

Tomás de Iriarte (1750–1791), Spain

B. Hacer ruido. Busca las palabras indicadas en el texto **La rana y la gallina**. Selecciona su significado entre cada grupo de tres opciones.

1. charco
   a. puddle   b. meadow   c. charcoal
2. cacarear
   a. to make noise   b. to sing   c. to cackle
3. alborotar
   a. to be noisy   b. to be bored   c. to labor
4. espantarse
   a. to get tired   b. to get scared   c. to awaken
5. graznar
   a. to croak   b. to whisper   c. to whistle
6. callar el pico
   a. to fall off a cliff   b. to call a pig   c. to shut your mouth

→ **Para leer mejor:** Usa el contexto de la lectura. Recuerda la posibilidad de onomatopeya (palabras que indican su significado por su sonido).

C. **¡Cómo criticas!**   Una de las tres oraciones siguientes explica lo que ocurre en esta fábula. Selecciona la respuesta correcta y escribe las frases que utilizaste para tu conclusión.

   1. La gallina critica a la rana.
   2. La rana critica a la gallina.
   3. La rana y la gallina se critican.

D. **En breve.**   Resume en pocas palabras lo que dice la rana y lo que dice la gallina en **La rana y la gallina**.

E. **La moraleja.**   **La rana y la gallina** tiene una moraleja, o lección moral. ¿Dónde expresa Iriarte claramente esta lección en el texto? ¿Cuál es el significado de la moraleja?

Había una vez...

A. **Formatos literarios.**   Decide qué tipo de texto es **El hombrecito vestido de gris**, que empieza en la página 460, y después explica tu decisión en inglés.

   1. una biografía
   2. un artículo
   3. un cuento ficticio
   4. un poema épico

B. **Introducciones.**   Vuelve a leer la primera sección de **El hombrecito vestido de gris** en la página 460. ¿Cuál es la idea central que presenta el autor? Escribe el número de la oración.

   1. El hombrecito tiene un trabajo aburrido.
   2. El gris es el color favorito del hombrecito.
   3. La vida del hombrecito es rutinaria.
   4. Las mañanas del hombrecito son muy desagradables.

→ **Para leer mejor:** Lee rápidamente la primera sección. Pon atención al significado general de las frases y a su formato para llegar a una conclusión.

El hombrecito vestido de gris

Fernando Alonso

Había una vez un hombre
que siempre iba vestido de gris,
Tenía un traje gris,
tenía una corbata gris y un bigotito gris.
El hombrecito vestido de gris hacía
cada día las mismas cosas.
Se levantaba al son del despertador.
Al son de la radio, hacía un poco de
gimnasia.
Tomaba una ducha, que siempre
estaba bastante fría,
tomaba el desayuno, que siempre
estaba bastante caliente,
tomaba el autobús, que siempre
estaba bastante lleno,
y leía el periódico, que siempre decía
las mismas cosas.
Y, todos los días, a la misma hora, se
sentaba en su mesa de la oficina.
A la misma hora.
Ni un minuto más, ni un minuto menos.

Todos los días, igual.
El despertador tenía cada mañana el
mismo zumbido.
Y esto le anunciaba que el día
que amanecía
era exactamente igual que el anterior.
Por eso, nuestro hombrecito del traje
gris tenía también la mirada
de color gris.

C. Estilo de escribir. Los autores de textos literarios usan diferentes
técnicas estilísticas para crear un tono deseado o presentar un mensaje
(*message*). En una hoja de papel, escribe los números de las frases
que contestan esta pregunta: ¿Cuáles de estas técnicas usó el autor
para ayudar a presentar la idea central de la primera sección?

1. la repetición de las palabras **siempre, mismo, igual, todos los días**
2. el contraste entre lo caliente y lo frío
3. el contraste entre el son de la radio y el son del despertador
4. el uso del color gris
5. la descripción de la oficina del hombrecito
6. el uso de los verbos en el tiempo imperfecto
7. el ritmo monótono de las oraciones

D. Acción. Lee la segunda sección del texto en esta y en la siguiente página, y luego decide si estas oraciones son verdaderas o falsas. Contesta **sí** o **no**.

→ **Para leer mejor:** Usa tanto el contexto de las palabras nuevas como su relación con palabras conocidas para imaginarte el significado.

1. El hombrecito es tan aburrido por dentro como por fuera.
2. El hombrecito es un cantante de ópera famoso.
3. Nadie entiende los sentimientos que el hombrecito lleva por dentro.
4. Los vecinos del hombrecito le ponen agua porque él tiene calor.
5. La belleza de la naturaleza le da ganas de cantar al hombrecito.
6. Cuando él canta "Granada" en la oficina, todos aplauden.
7. Al jefe del hombrecito le encanta oír música en la oficina.

Pero nuestro hombre era gris
sólo por fuera.
Hacia adentro... ¡un verdadero
arco iris!
El hombrecito soñaba con ser cantante
de ópera.
Famoso.
Entonces, llevaría trajes de color rojo,
azul, amarillo... trajes brillantes
y luminosos.
Cuando pensaba aquellas cosas,
el hombrecito se emocionaba.
Se le hinchaba el pecho de notas
musicales, parecía que le iba a estallar.

Tenía que correr a la terraza y...
—¡Laaa-lala la la la laaa...!
El canto que llenaba sus pulmones
volaba hasta las nubes.
Pero nadie comprendía a
nuestro hombre.
Nadie apreciaba su arte.
Los vecinos que regaban las plantas,
como sin darse cuenta,
le echaban una rociada con la regadera.
Y el hombrecito vestido de gris entraba
en su casa, calado hasta los huesos.

Algún tiempo después las cosas
se complicaron más.
Fue una mañana de primavera.
Las flores se despertaban en los rosales.
Las golondrinas tejían en el aire
maravillosas telas invisibles.
Por las ventanas abiertas se colaba
un olor a jardín recién regado.
De pronto, el hombrecito vestido de
gris comenzó a cantar: —¡Granaaaadaa...!
En la oficina.

Se produjo un silencio terrible.
Las máquinas de escribir
enmudecieron.
Y don Perfecto, el Jefe de Planta,
le llamó a su despacho con gesto
amenazador.
Y, después de gritarle de todo,
terminó diciendo:
—¡Ya lo sabe! Si vuelve a repetirse,
lo echaré a la calle.

E. **Soluciones.** Después de leer la próxima parte del texto, contesta estas preguntas con la opción más apropiada. Luego, lee la última parte de **El hombrecito vestido de gris** en la página 463.

1. ¿Qué problema tiene el hombrecito en la cafetería?
   a. Los empleados cantan con él y hacen mucho ruido.
   b. El hombrecito vuelve a cantar.
   c. Los empleados se burlan del hombrecito.

2. ¿Cómo reacciona el dueño, y cómo reacciona el hombrecito?
   a. El dueño se pelea con el hombrecito y el hombrecito llama a la policía.
   b. El dueño llama a la guardia y el hombrecito busca otro trabajo.
   c. El dueño le enseña un letrero que prohíbe el cantar y el hombrecito decide dejar de abrir la boca en la oficina.

Días más tarde, en una
cafetería, sucedió otro tanto.
El dueño, con cara de malas pulgas,
le enseñó un letrero que decía:
SE PROHÍBE CANTAR Y BAILAR
Y lo echó amenazándole con llamar
a un guardia.

Nuestro hombre pensó y pensó.
¡No podía perder su empleo!
Tampoco quería andar por el mundo
expuesto a que lo echaran de todas partes.
Y, al fin, se le ocurrió una brillante idea.
Al día siguiente, fingió tener un fuerte
dolor de muelas.
Se sujetó la mandíbula con un pañuelo
y fue a su trabajo.
Así no podría cantar. ¡Aunque quisiera!
Y día tras día, año tras año, estuvo
nuestro hombrecito, con su pañuelo
atado, fingiendo un eterno dolor de muelas.

SE PROHÍBE
CANTAR Y
BAILAR

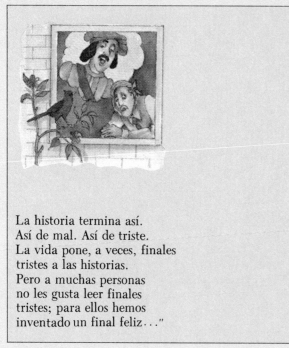

"La historia termina así.
Así de mal. Así de triste.
La vida pone, a veces, finales
tristes a las historias.
Pero a muchas personas
no les gusta leer finales
tristes; para ellos hemos
inventado un final feliz..."

F. ¿Cuándo fue?   Hay cuatro eventos principales en el cuento. Vuelve a leer el texto completo, identifica los cuatro eventos verdaderos de esta lista y colócalos (*place them*) en el orden en que ocurrieron.

1. Se sujetó la mandíbula.
2. Cantó en la cafetería.
3. Se despertó con un dolor de muelas.
4. Cantaba en la terraza.
5. Cambió de trabajo.
6. Cantó en la oficina.

G. ¡Arriba el arte!   Mira los dibujos que acompañan el texto y selecciona una leyenda (*caption*) apropiada para cada uno.

1. Los vecinos le echaban una rociada con la regadera.
2. Las golondrinas tejían telas invisibles en el aire.
3. El despertador tenía cada día el mismo zumbido.
4. El dueño, con cara de malas pulgas, le prohibió cantar.
5. El hombrecito tenía la mirada de color gris.
6. La vida pone, a veces, finales tristes a las historias.
7. Se sujetó la mandíbula con un pañuelo y fingió un dolor de muelas.
8. Se le hinchaba el pecho de notas musicales.

Para leer mejor: Usa las ilustraciones que acompañan un texto para entender palabras nuevas la idea central o la secuencia de eventos de un texto.

H. El gran final.   Escribe un final al cuento, en un párrafo. Luego compara tu final con el final original del autor.

Cuadro de verbos

REGULAR VERBS

Infinitive	Present		Preterite		Imperfect		Future	
tomar	tomo	tomamos	tomé	tomamos	tomaba	tomábamos	tomaré	tomaremos
	tomas	tomáis	tomaste	tomasteis	tomabas	tomabais	tomarás	tomaréis
	toma	toman	tomó	tomaron	tomaba	tomaban	tomará	tomarán
comer	como	comemos	comí	comimos	comía	comíamos	comeré	comeremos
	comes	coméis	comiste	comisteis	comías	comíais	comerás	comeréis
	come	comen	comió	comieron	comía	comían	comerá	comerán
vivir	vivo	vivimos	viví	vivimos	vivía	vivíamos	viviré	viviremos
	vives	vivís	viviste	vivisteis	vivías	vivíais	vivirás	viviréis
	vive	viven	vivió	vivieron	vivía	vivían	vivirá	vivirán

STEM-CHANGING VERBS

pensar (e → ie)	pienso	pensamos						
	piensas	pensáis						
	piensa	piensan						
like pensar: cerrar, comenzar, despertarse, empezar, enterrar, nevar (only **nieva** used), recomendar, sentarse, regar								
perder (e → ie)	pierdo	perdemos						
	pierdes	perdéis						
	pierde	pierden						
like perder: entender								
volver (o → ue)	vuelvo	volvemos						
	vuelves	volvéis						
	vuelve	vuelven						
like volver: doler (only **duele, duelen** used), llover (only **llueve** used), moverse, resolver								
mostrar (o → ue)	muestro	mostramos						
	muestras	mostráis						
	muestra	muestran						
like mostrar: acordarse, acostarse, almorzar, colgar, contar, costar, encontrar(se), probar(se), recordar, soñar, volar								
jugar (u → ue)	juego	jugamos	jugué	jugamos				
	juegas	jugáis	jugaste	jugasteis				
	juega	juegan	jugó	jugaron				
sentir (e → ie, i)	siento	sentimos	sentí	sentimos				
	sientes	sentís	sentiste	sentisteis				
	siente	sienten	sintió	sintieron				
like sentir: convertirse, divertirse, preferir, referirse, sugerir								

Conditional		Commands		Present Subjunctive		Imperfect Subjunctive		Participles
		Formal	Familiar					
tomaría	tomaríamos	tome	toma	tome	tomemos	tomara	tomáramos	tomado
tomarías	tomaríais	tomen	no tomes	tomes	toméis	tomaras	tomarais	tomando
tomaría	tomarían			tome	tomen	tomara	tomaran	
comería	comeríamos	coma	come	coma	comamos	comiera	comiéramos	comido
comerías	comeríais	coman	no comas	comas	comáis	comieras	comierais	comiendo
comería	comerían			coma	coman	comiera	comieran	
viviría	viviríamos	viva	vive	viva	vivamos	viviera	viviéramos	vivido
vivirías	viviríais	vivan	no vivas	vivas	viváis	vivieras	vivierais	viviendo
viviría	vivirían			viva	vivan	viviera	vivieran	

		Formal	Familiar					
		piense	piensa	piense	pensemos			
		piensen	no pienses	pienses	penséis			
				piense	piensen			
		pierda	pierde	pierda	perdamos			
		pierdan	no pierdas	pierdas	perdáis			
				pierda	pierdan			
		vuelva	vuelve	vuelva	volvamos			vuelto
		vuelvan	no vuelvas	vuelvas	volváis			
				vuelva	vuelvan			
		muestre	muestra	muestre	mostremos			
		muestren	no muestres	muestres	mostréis			
				muestre	muestren			
		juegue	juega	juegue	juguemos			
		jueguen	no juegues	juegues	juguéis			
				juegue	jueguen			
		sienta	siente	sienta	sintamos	sintiera	sintiéramos	sintiendo
		sientan	no sientas	sientas	sintáis	sintieras	sintierais	
				sienta	sientan	sintiera	sintieran	

Infinitive	Present		Preterite		Imperfect		Future	
dormir (o → ue, u)	duermo duermes duerme	dormimos dormís duermen	dormí dormiste durmió	dormimos dormisteis durmieron				
like **dormir**: **morir(se)**								
pedir (e → i, i)	pido pides pide	pedimos pedís piden	pedí pediste pidió	pedimos pedisteis pidieron				
like **pedir**: **conseguir, corregir, despedirse, elegir, medir, perseguir, reír(se), repetir, seguir, servir, vestirse**								

IRREGULAR VERBS

Infinitive	Present		Preterite		Imperfect		Future	
andar			anduve anduviste anduvo	anduvimos anduvisteis anduvieron				
caer	caigo caes cae	caemos caéis caen	caí caíste cayó	caímos caísteis cayeron				
dar	doy das da	damos dais dan	di diste dio	dimos disteis dieron				
decir	digo dices dice	decimos decís dicen	dije dijiste dijo	dijimos dijisteis dijeron			diré dirás dirá	diremos diréis dirán
estar	estoy estás está	estamos estáis están	estuve estuviste estuvo	estuvimos estuvisteis estuvieron				
haber	he has ha	hemos habéis han	hube hubiste hubo	hubimos hubisteis hubieron			habré habrás habrá	habremos habréis habrán
hacer	hago haces hace	hacemos hacéis hacen	hice hiciste hizo	hicimos hicisteis hicieron			haré harás hará	haremos haréis harán
ir	voy vas va	vamos vais van	fui fuiste fue	fuimos fuisteis fueron	iba ibas iba	íbamos ibais iban		
oír	oigo oyes oye	oímos oís oyen	oí oíste oyó	oímos oísteis oyeron				
oler	huelo hueles huele	olemos oléis huelen						

Conditional		Commands Formal	Commands Familiar	Present Subjunctive		Imperfect Subjunctive		Participles
		duerma duerman	duerme no duermas	duerma duermas duerma	durmamos durmáis duerman	durmiera durmieras durmiera	durmiéramos durmierais durmieran	durmiendo
		pida pidan	pide no pidas	pida pidas pida	pidamos pidáis pidan	pidiera pidieras pidiera	pidiéramos pidierais pidieran	pidiendo

Conditional		Commands Formal	Commands Familiar	Present Subjunctive		Imperfect Subjunctive		Participles
						anduviera anduvieras anduviera	anduviéramos anduvierais anduvieran	
		caiga caigan	cae no caigas	caiga caigas caiga	caigamos caigáis caigan	cayera cayeras cayera	cayéramos cayerais cayeran	caído cayendo
		dé den	da no des	dé des dé	demos deis den	diera dieras diera	diéramos dierais dieran	
diría dirías diría	diríamos diríais dirían	diga digan	di no digas	diga digas diga	digamos digáis digan	dijera dijeras dijera	dijéramos dijerais dijeran	dicho diciendo
		esté estén	está no estés	esté estés esté	estemos estéis estén	estuviera estuvieras estuviera	estuviéramos estuvierais estuvieran	
habría habrías habría	habríamos habríais habrían			haya hayas haya	hayamos hayáis hayan	hubiera hubieras hubiera	hubiéramos hubierais hubieran	
haría harías haría	haríamos haríais harían	haga hagan	haz no hagas	haga hagas haga	hagamos hagáis hagan	hiciera hicieras hiciera	hiciéramos hicierais hicieran	hecho
		vaya vayan	ve no vayas	vaya vayas vaya	vayamos vayáis vayan	fuera fueras fuera	fuéramos fuerais fueran	ido yendo
		oiga oigan	oye no oigas	oiga oigas oiga	oigamos oigáis oigan	oyera oyeras oyera	oyéramos oyerais oyeran	oído oyendo
		huela huelan	huele no huelas	huela huelas huela	olamos oláis huelan			

Infinitive	Present		Preterite		Imperfect		Future	
poder	puedo	podemos	pude	pudimos			podré	podremos
	puedes	podéis	pudiste	pudisteis			podrás	podréis
	puede	pueden	pudo	pudieron			podrá	podrán
poner	pongo	ponemos	puse	pusimos			pondré	pondremos
	pones	ponéis	pusiste	pusisteis			pondrás	pondréis
	pone	ponen	puso	pusieron			pondrá	pondrán
querer	quiero	queremos	quise	quisimos			querré	querremos
	quieres	queréis	quisiste	quisisteis			querrás	querréis
	quiere	quieren	quiso	quisieron			querrá	querrán
saber	sé	sabemos	supe	supimos			sabré	sabremos
	sabes	sabéis	supiste	supisteis			sabrás	sabréis
	sabe	saben	supo	supieron			sabrá	sabrán
salir	salgo	salimos					saldré	saldremos
	sales	salís					saldrás	saldréis
	sale	salen					saldrá	saldrán
ser	soy	somos	fui	fuimos	era	éramos		
	eres	sois	fuiste	fuisteis	eras	erais		
	es	son	fue	fueron	era	eran		
tener	tengo	tenemos	tuve	tuvimos			tendré	tendremos
	tienes	tenéis	tuviste	tuvisteis			tendrás	tendréis
	tiene	tienen	tuvo	tuvieron			tendrá	tendrán
like **tener: detenerse**								
traer	traigo	traemos	traje	trajimos				
	traes	traéis	trajiste	trajisteis				
	trae	traen	trajo	trajeron				
venir	vengo	venimos	vine	vinimos			vendré	vendremos
	vienes	venís	viniste	vinisteis			vendrás	vendréis
	viene	vienen	vino	vinieron			vendrá	vendrán
ver	veo	vemos			veía	veíamos		
	ves	veis			veías	veíais		
	ve	ven			veía	veían		

VERBS WITH SPELLING CHANGES

conocer	conozco	conocemos		
	conoces	conocéis		
	conoce	conocen		
like **conocer** (c → zc before **o** or **a**): **aparecer, crecer, desaparecer, nacer, ofrecer, parecer, pertenecer**				

	Conditional	Commands		Present Subjunctive		Imperfect Subjunctive		Participles
		Formal	**Familiar**					
podría	podríamos			pueda	podamos	pudiera	pudiéramos	pudiendo
podrías	podríais			puedas	podáis	pudieras	pudierais	
podría	podrían			pueda	puedan	pudiera	pudieran	
pondría	pondríamos	ponga	pon	ponga	pongamos	pusiera	pusiéramos	puesto
pondrías	pondríais	pongan	no pongas	pongas	pongáis	pusieras	pusierais	
pondría	pondrían			ponga	pongan	pusiera	pusieran	
querría	querríamos	quiera	quiere	quiera	queramos	quisiera	quisiéramos	
querrías	querríais	quieran	no quieras	quieras	queráis	quisieras	quisierais	
querría	querrían			quiera	quieran	quisiera	quisieran	
sabría	sabríamos	sepa	sabe	sepa	sepamos	supiera	supiéramos	
sabrías	sabríais	sepan	no sepas	sepas	sepáis	supicras	supierais	
sabría	sabrían			sepa	sepan	supiera	supieran	
saldría	saldríamos	salga	sal	salga	salgamos			
saldrías	saldríais	salgan	no salgas	salgas	salgáis			
saldría	saldrían			salga	salgan			
		sea	sé	sea	seamos	fuera	fuéramos	
		sean	no seas	seas	seáis	fueras	fuerais	
				sea	sean	fuera	fueran	
tendría	tendríamos	tenga	ten	tenga	tengamos	tuviera	tuviéramos	
tendrías	tendríais	tengan	no tengas	tengas	tengáis	tuvieras	tuvierais	
tendría	tendrían			tenga	tengan	tuviera	tuvieran	
		traiga	trae	traiga	traigamos	trajera	trajéramos	traído
		traigan	no traigas	traigas	traigáis	trajeras	trajerais	trayendo
				traiga	traigan	trajera	trajeran	
vendría	vendríamos	venga	ven	venga	vengamos	viniera	viniéramos	viniendo
vendrías	vendríais	vengan	no vengas	vengas	vengáis	vinieras	vinierais	
vendría	vendrían			venga	vengan	viniera	vinieran	
								visto
		conozca	conoce	conozca	conozcamos			
		conozcan	no conozcas	conozcas	conozcáis			
				conozca	conozcan			

Infinitive	Present		Preterite		Imperfect		Future	
llegar			llegué	llegamos				
			llegaste	llegasteis				
			llegó	llegaron				
like **llegar** (g → gu before e): **colgar (ue), jugar (ue), navegar, pagar, regar (ie)**								
buscar			busqué	buscamos				
			buscaste	buscasteis				
			buscó	buscaron				
like **buscar** (c → qu before e): **acercarse, explicar, pescar, practicar, sacar, secar, significar, tocar**								
empezar	empiezo	empezamos	empecé	empezamos				
	empiezas	empezáis	empezaste	empezasteis				
	empieza	empiezan	empezó	empezaron				
like **empezar** (z → c before e): **abrazar, almorzar (ue), aterrizar, avanzar, comenzar (ie), cruzar, disfrazarse, especializarse, simbolizar, trazar**								
conducir	conduzco	conducimos	conduje	condujimos				
	conduces	conducís	condujiste	condujisteis				
	conduce	conducen	condujo	condujeron				
like **conducir** (c → zc before o or a in present; c → j in preterite): **introducir, relucir, traducir**								
construir	construyo	construimos	construí	construimos				
	construyes	construís	construiste	construisteis				
	construye	construyen	construyó	construyeron				
like **construir** (i → y between vowels): **destruir, incluir, influir, sustituir**								
leer			leí	leímos				
			leíste	leísteis				
			leyó	leyeron				
like **leer** (i → y between vowels): **creer**								
exigir	exijo	exigimos						
	exiges	exigís						
	exige	exigen						
like **exigir** (g → j before o and a): **dirigirse, elegir (i), corregir (i)**								
actuar	actúo	actuamos						
	actúa	actuáis						
	actúas	actúan						
like **actuar** (accents on weak vowels*): **criar, esquiar, graduarse**								

*reunir: **reúno, reúnes, reúne, reunimos, reunís, reúnen**

REFLEXIVE VERBS

lavarse	me lavo	nos lavamos	me lavé	nos lavamos	me lavaba	nos lavábamos	me lavaré	nos lavaremos
	te lavas	os laváis	te lavaste	os lavasteis	te lavabas	os lavabais	te lavarás	os lavaréis
	se lava	se lavan	se lavó	se lavaron	se lavaba	se lavaban	se lavará	se lavarán

Conditional	Commands Formal	Familiar	Present Subjunctive		Imperfect Subjunctive		Participles
	llegue lleguen	llega no llegues	llegue llegues llegue	lleguemos lleguéis lleguen			
	busque busquen	busca no busques	busque busques busque	busquemos busquéis busquen			
	empiece empiecen	empieza no empieces	empiece empieces empiece	empecemos empecéis empiecen			
	conduzca conduzcan	conduce no conduzcas	conduzca conduzcas conduzca	conduzcamos conduzcáis conduzcan	condujera condujeras condujera	condujéramos condujerais condujeran	
	construya construyan	construye no construyas	construya construyas construya	construyamos construyáis construyan	construyera construyeras construyera	construyéramos construyerais construyeran	construyendo
					leyera leyeras leyera	leyéramos leyerais leyeran	leído leyendo
	exija exijan	exige no exijas	exija exijas exija	exijamos exijáis exijan			
	actúe actúen	actúa no actúes	actúe actúes actúe	actuemos actuéis actúen			

| me lavaría
te lavarías
se lavaría | nos lavaríamos
os lavaríais
se lavarían | lávese
lávense | lávate
no te laves | me lave
te laves
se lave | nos lavemos
os lavéis
se laven | me lavara
te lavaras
se lavara | nos laváramos
os lavarais
se lavaran | |

Expresiones y dichos adicionales

Expresiones

a regañadientes unwillingly, gritting one's teeth
a tiempo on time
ahora mismo right now
de ahora en adelante from now on
de buena gana willingly, cheerfully
de mal en peor from bad to worse
de una vez at once
de todos modos anyway
de vez en cuando once in a while
del todo absolutely
en ninguna parte nowhere
en resumen in short
en voz alta (baja) in a loud (soft) voice
hacer algo sin querer to do something accidentally
hacer caso to pay attention, to mind
hacer cola to wait in line
hacer el papel de to play the part of
hoy en día nowadays
llevarse bien (mal) con alguien to get along well (badly) with someone
más vale que... it's better to...
Menos mal. So much the better.
¡Mentira! That's a lie!

No es molestia ninguna. It's no bother.
¡No hay de qué! You're welcome!
No se moleste. Don't bother.
(No) vale la pena. It's (not) worth it.
¡Ojalá! I wish! If only it were true!
¡Ojo! Watch out! Be careful!
¡Olvídalo! Forget it!
pares y nones evens and odds; odds and ends
pasado de moda old-fashioned, out of style
por ahora for the time being
por lo general generally
por lo menos at least
por lo tanto for that reason
por lo visto apparently
¡Qué ganga! What a bargain!
¿Qué hay de nuevo? What's new?
¡Que te vaya bien! Good-bye!; Good luck!
sano y salvo safe and sound
ser una lata to be a bother
tomar en serio to take seriously
un poquito a little bit

Dichos

Amanecí con el pie izquierdo. I woke up on the wrong side of the bed.
Creen sabérselas todas. They think they know everything.
Es pan comido. It's (money) in the bag.
Está en su casa. (Mi casa es su casa.) Make yourself at home.
Fui por lana y salí trasquilado. I had the wool pulled over my eyes.
Hay gato encerrado. I smell a rat.
Más vale tarde que nunca. Better late than never.
Me costó un ojo de la cara. It cost me an arm and a leg.
Me dejó plantada. He (she) stood me up.
Metí la pata. I stuck my foot in my mouth.
¡No me importa ni un comino! I couldn't care less!
No lo puedo ni ver en pintura. I can't stand him.
No lo tome a pecho. Don't take it so hard.
¡No te metas! Stay out of this!
Se echó a perder. It spoiled.; It got ruined.
Siempre se salen con la suya. They always get their way.
Son como dos gotas de agua. They are like two peas in a pod.
Vamos al grano. Let's get to the point.
Voy a consultar con la almohada. I'll think about it. I'll sleep on it.

Vocabulario español-inglés

The **Vocabulario español-inglés** includes all active vocabulary for *Entre todos*. It also relists the active vocabulary from *¿Y tú?* except for obvious cognates and certain category lists, such as numbers, which are reviewed in **Capítulo 1**.

The number following each entry indicates the chapter in which the word or expression is first introduced. A chapter reference in parentheses indicates that the word was not required. Required words are taken from the chapter sections titled **En contexto, Así se dice, Presentación,** and **Expansión de vocabulario**. The entries from *¿Y tú?* have no chapter reference.

Adjectives are given in the masculine, with feminine endings noted. In the case of irregular adjectives and professions or activities, the feminine form is given in full. Idiomatic expressions from *Entre todos* are listed under the main words in each idiom. Expressions from *¿Y tú?* are listed only when their meaning in English cannot be readily deduced, in which case the expression is listed under the first main word. Verbs marked * are irregular in some forms or have spelling or stem changes and may be found in the verb charts.

Parts of speech are included when necessary to avoid confusion. The following abbreviations are used:

abbrev. abbreviation, *adj.* adjective, *adv.* adverb, *fam.* familiar, *f* feminine, *inf.* infinitive, *lit.* literally, *m* masculine, *pl.* plural, *pron.* pronoun, *sing.* singular

A

a to
abajo down, downstairs **6**
abarcar to comprise, to encompass **(10)**
abierto,-a open **7**
el abogado, la abogada lawyer
abrazar* to embrace, to hug
el abrazo hug
el abrigo coat
abril (*m*) April
abrir to open
absurdo,-a absurd **2**
la abuela grandmother
el abuelo grandfather
los abuelos grandparents

aburrido,-a boring, bored
aburrirse to get bored **2**
acabar to finish; **acabar de +** *inf.* to have just
el acampador, la acampadora camper
acampar to camp
acaso by chance **11**
el aceite oil **10**
aceptar to accept **3**
acercarse* (**a**) to come near (to), to approach **12**
el acompañante, la acompañante chaperone **(3)**
acompañar to go with, to accompany **2**
aconsejable advisable **8**
aconsejar to advise

acordarse (**o → ue**)* **de** to remember **5**
el acordeón accordion **9**
acostarse (**o → ue**)* to go to bed
acostumbrarse to get accustomed to, to get used to **(6)**
la actividad activity **2**
el actor actor
actual present **11**
actuar* to act, to perform **7**
acuático,-a water, aquatic
acuerdo: estar de acuerdo (**con**) to agree (with) **7**
además (**de**) in addition (to), besides
adentro inside **6**

adivinar to guess **5**
adiós good-bye
el adolescente, la adolescente adolescent, teenager **3**
el adorno decoration **3**
¿adónde? where...(to)?
el aeropuerto airport
el aficionado, la aficionada fan **(11)**
afortunado,-a fortunate **6**
afuera outside **6**
la agencia agency
el agente, la agente agent; **agente de viajes** travel agent
agitado,-a hectic, agitated
agosto (*m*) August
agradable pleasant, likable, nice
la agricultura agriculture **8**
el agua (*f*) water
el aguacate avocado **8**
el aguafiestas, la aguafiestas party pooper **2**
aguantar to be able to stand, to be able to bear **6**
el águila (*f*) eagle **8**
ahora now
ahorrar to save **10**
ahí there
el aire air; **al aire libre** outdoors; **el colchón de aire** float, air mattress **11; la contaminación del aire** air pollution **5; el mercado al aire libre** open-air market **4**
aislado,-a isolated **11**
el ajedrez chess
alarmante alarming **12**
el ala (*f*) wing **12**
el álbum album
el alcalde, la alcaldesa mayor **11**
alegrarse (de) to be glad **7; ¡Cuánto me alegro!** I'm so glad!
alegre happy, cheerful **(2); alegremente** happily, cheerfully
la alegría happiness **10**
alejarse (de) to move away

(from), to get away (from) **12**
el alemán German
Alemania Germany
la alfombra rug **6**
el álgebra (*f*) algebra
algo something
el algodón cotton; **algodón de azúcar** cotton candy **2**
alguien somebody
algún, alguna some (*adj.*); **algún lado** somewhere
alguno some (*pron.*)
el alimento food **(11)**
el almacén department store **5**
el alma (*m*) soul **(9)**
la almohada pillow **6**
almorzar (o → ue)* to have lunch
el almuerzo lunch
alquilar to rent **5**
alto,-a high **(2);** tall; **en voz alta** out loud, aloud **(7)**
la altura height **(10)**
allá over there
allí there
amar to love **9**
amarillo,-a yellow
amazónico,-a Amazon
el ambiente atmosphere, environment **7**
americano,-a (North, Central, South) American
el amigo, la amiga friend
el amor love
el análisis analysis **7**
anaranjado,-a orange
andar* to ride
el anfitrión host **3**
la anfitriona hostess **3**
el anillo ring
el animal animal; **animal doméstico** pet
anoche last night
ansioso,-a anxious **(5)**
anteayer the day before yesterday
los anteojos (eye)glasses
el antepasado, la antepasada ancestor **(5)**
antes (de) que before **10**

antiguo,-a ancient, old
antipático,-a unpleasant
el anuario yearbook
el anuncio commercial, advertisement
el año year; **Año Nuevo** New Year's Day **9; Año Viejo** New Year's Eve **9**
el aparato ride, apparatus **2**
aparecer* to appear
el apartamento apartment
aplacar to placate, to calm **(10)**
aprender (a) to learn (to)
aprovecharse de to take advantage of **5**
apurarse to hurry **12**
el apuro hurry, rush **11**
aquí here
el árabe Arab
Arabia Saudita (*f*) Saudi Arabia
la araña spider **8**
el árbol tree **4**
el arco iris rainbow **(12)**
la arena sand **11**
el arma (*f*) weapon **10**
el arqueólogo, la arqueóloga archeologist **8**
el arquitecto, la arquitecta arquitect **7**
la arquitectura arquitecture **7**
arreglar to arrange, to fix
arriba up, upstairs **6**
el arroz rice
el arte art; **las bellas artes** fine arts **7**
la artesanía handcrafts
el artesano, la artesana artisan, craftsperson **8**
el artista, la artista artist **7;** entertainer
asado,-a roasted
el asalto assault, mugging **5**
el ascensor elevator **6**
el asco: dar asco to disgust **4**
así (in) that way, thus **3; Así, así.** So-so.; **Así es.** That's right. **3; así que** so **7**
asistir a to attend
el aspecto aspect **7**
la aspiradora vacuum cleaner **6;**

pasar la aspiradora to vacuum 6

la astronomía astronomy 8

el asunto matter 11

asustar to frighten, to scare 9

la atención: prestar atención to pay attention 6

aterrizar* to land 12

la atracción: el parque de atracciones amusement park 2

aumentar to increase; aumentar de peso to gain weight

aun even 9

aunque although 3

el autobús bus

la autoridad authority 3

el autorretrato self-portrait 7

avanzar* to advance 8

la avenida avenue

la aventura adventure

aventurero,-a adventurous 11

averiguar* to find out 6

la aviación aviation

el avión plane; pilotear un avión to fly a plane

¡Ay, no! Oh, no!

ayer yesterday

ayudar to help

azteca Aztec (*adj.*) 8

el azúcar sugar (6); el algodón de azúcar cotton candy 2

azul blue

B

bailar to dance

el bailarín, la bailarina dancer 7

el baile dance

bajar to descend, to go down, to lower; bajar de peso to lose weight

bajarse to get off, to get out of 5

bajo,-a short

la ballena whale 10

el baloncesto basketball

el banco bank

la banda band 9

la bandera flag

bañarse to take a bath

el baño bathroom 6

barato,-a cheap

la barbacoa barbecue 11; hacer una barbacoa to have a barbecue 11

la barbaridad: ¡Qué barbaridad! How amazing! (8)

el barco boat, ship

barrer to sweep 6; barrer el piso to sweep the floor 6

el barrio neighborhood 6

basarse en to be based on 12

bastante quite, fairly, rather

la basura garbage; sacar la basura to take out the garbage 6

el bautizo baptism 4

el bebé, la bebé baby (3)

beber to drink 9

la bebida drink

el béisbol baseball

la belleza beauty 11

bello,-a beautiful 9; las bellas artes fine arts 7

besar to kiss

el beso kiss (9)

la biblioteca library; el ratón de biblioteca bookworm (6)

la bicicleta bicycle

bien fine, well; Está bien. OK. fine.

bienvenido: ser bienvenido to be welcome (9)

la billetera billfold

la biología biology

el biólogo, la bióloga biologist 11

el bisabuelo great-grandfather 6

la bisabuela great-grandmother 6

los bisabuelos great-grandparents 6

el bistec steak

blanco,-a white

la blusa blouse

la boca mouth; ¡No seas bocón! Don't be a loud mouth! (8)

el bocadillo appetizer, snack 3

la boda wedding 4

el boleto ticket (8)

el boliche bowling

el bolígrafo ball-point pen

la bolsa purse

el bombero, la (mujer) bombero fire fighter 4; el cuartel de bomberos firehouse 4

el boniato sweet potato 8

bonito,-a pretty, nice

el bosque woods, forest

las botas boots

el bote boat

Brasil (*m*) Brazil

brasileño,-a Brazilian 10

el brazo arm

brillar to shine 6

la brisa breeze

la broma joke 7; en broma as a joke, for fun (7)

broncearse to get a tan 11

la bruja witch 12

bucear to skin dive 11

buen, bueno,-a good; Bueno,... OK, well,...; ¡Qué bueno! Good!

el búho owl 8

burlarse de to make fun of 4

el burlón, la burlona joker (7)

buscar* to look for

C

el caballete easel 7

el caballo horse 4; montar a caballo to ride a horse 4

la cabeza head; Yo no le veo ni pies ni cabeza. I can't make heads or tails of it. 7

la cabra goat 4

el cacao cacao, cocoa bean 8

cada each 2

caerse* to fall 2

el café café, coffee; la mesita de café coffee table 6

la calabaza pumpkin 8

los calcetines socks

la calculadora calculator

el calendario calendar 8

caliente hot 5; el perro caliente hot dog 2

el calor warmth, heat 7; Hace calor. It's hot.; tener calor to be (feel) warm, hot

la calle street

la cama bed 6

la cámara camera; en cámara lenta in slow motion 12

el camarón shrimp

cambiar to change

el cambio change 3; en cambio instead, on the other hand 4

caminar to walk

la caminata hike, walk; dar caminatas to go on hikes

el camino way, path

la camisa shirt

la camiseta T-shirt

el campamento camp

el campesino, la campesina peasant, country dweller 4

el campo country, countryside, field

Canadá (m) Canada

la canasta basket 8

la canción song

el cangrejo crab 11

la canoa canoe

cansado,-a tired

el cantante, la cantante singer 2

cantar to sing

la cantidad quantity (9)

capaz: ser capaz de to be capable of 10

la capital capital (city) 4

la capucha hood (9)

la cara face

el carácter character 9

¡Caramba! Wow!, Shoot!

el carbón: el lápiz al carbón charcoal crayon 7

cariñoso,-a affectionate 4

el carnaval carnival, Mardi Gras 9

la carne meat; carne asada roast beef, barbecued beef

la carnicería butcher shop

caro,-a expensive

la carrera race

la carretera highway 5

el carro car

la carroza (parade) float 9

el carrusel merry-go-round 2

la carta letter

el cartel poster

la casa home, house; casa de fantasmas haunted house 2

casarse con to marry 5

casi almost

el caso case 3; en caso (de) que in case 10; en ese caso in that case 3

castaño,-a brown (hair, eyes)

el castillo castle 11

casualidad: por casualidad by chance (2)

el catarro head cold

la catedral cathedral

católico,-a Catholic 9

causar to cause 12

la celebración celebration 9

celebrar to celebrate 9

celoso,-a jealous

el cemento cement 6

la cena dinner

el centro downtown, center of town

la cerámica: la pieza de cerámica ceramic object, ceramic pot 8

cerca de near, close to

el cerdo pig 4

el cerebro brain 12

cerrado,-a closed 7

cerrar (e → ie)* to close 2

el cielo sky

el científico, la científica scientist

cierto certain 10; true (5); por cierto as a matter of fact

la cima top (of a mountain) (10)

el cine movies, movie theater

la cinta tape, cassette

el circo circus 2

la cita date (6)

la ciudad city

el ciudadano, la ciudadana citizen 11

cívico,-a civic 9

la civilización civilization 8

civil; la revuelta civil civil revolt, civil uprising (10)

claro (que sí) of course 2; claro que no of course not 2

la clase class

el cliente, la cliente customer, client

el clima climate 11

el clóset closet 6

cobarde cowardly 2

el coche car 5

la cocina cooking, cuisine; kitchen 6

cocinar to cook

el cocinero, la cocinera cook

el coco coconut 11

el colchón de aire float, air mattress 11

coleccionar to collect

el coleccionista, la coleccionista collector

el colegio (private) school

colgar (o → ue)* to hang (up) 3

colombiano,-a Colombian 3

el color color 7; la película a colores color film (for camera) 7

colorear to color 7

el collar necklace (8)

la comedia comedy 7

el comedor dining room 6

el comentario comment, remark 9

comenzar (e → ie)* (a) to begin (to), to start (to)

comer to eat; dar de comer to feed 4

el comercio commerce 5

cómico,-a comical

la comida food, meal

el comilón, la comilona glutton

la comisaría police station 4

como like, such as, since, as ¿cómo? how?, what?; Cómo no. Sure. 3

la cómoda chest of drawers 6

cómodo,-a comfortable 4

el compañero, la compañera friend, companion 3

compartir to share 3

la competencia competition (7)

complicado,-a complicated 5

comprar to buy

las **compras** shopping (*lit.* purchases)
comprender to understand
la **computadora** computer
con with; **con tal (de) que** provided that 10
el **concierto** concert
el **concurso** quiz show, contest
la **condición física** physical condition
conducir* to drive; **la licencia de conducir** driver's license (1)
el **conflicto** conflict 11
confundir to confuse 8
conmemorar to commemorate 9
conmigo with me
conocer* to know, to be acquainted with, to be familiar with
conocerse* (to get) to know one another 7
consciente aware, conscious 11
conseguir (e → i, i)* to get, to obtain
el **consejero, la consejera** counselor 12
los **consejos** advice 7
el **consenso** consensus (10)
consentido,-a spoiled, pampered 4
la **conservación** conservation 11
consistir en to consist of
constar de to consist of 3
construir* to build, to construct 5
la **contabilidad** bookkeeping, accounting
el **contador público, la contadora pública** public accountant (8)
la **contaminación del aire** air pollution 5
contar (o → ue)* to tell (*a story, joke*) 4; to count (9)
contento,-a happy
contestar to answer
contigo with you (*fam. sing.*)
contra against
controlar to control 10
convencer (de) to convince 10

la **conversación** conversation 10
convertirse (e → ie, i)* **en** to turn into 12
coqueto,-a flirtatious (4)
el **corazón** heart
la **corbata** necktie
el **coro** choir, chorus
corregir (e → i, i)* to correct 10
el **correo** post office
correr to run, to jog; **correr olas** to ride the waves 11; **salir corriendo** to run away 6
la **corrida de toros** bullfight
la **corriente** current
cortar to cut 6; **cortar la hierba** to cut the grass 6
la **cortina** curtain 6
corto,-a short
la **cosa** thing; **guardar las cosas** to put away one's things 6
la **costa** coast 11
costar (o → ue)* to cost; **costar trabajo** to be hard (to do) 12
la **costumbre** custom 3
la **creación** creation 8
crear to create 12
crecer* to grow
creer* to think, to believe; **Creo que no.** I don't think (believe) so.; **Creo que sí.** I think (believe) so.
el **creyón** artist's crayon, artist's pencil 7
criar* to raise (*children, animals*) 4
el **crimen** crime 5
cruzar* to cross; **cruzar una luz roja** to run a red light (1)
el **cuaderno** notebook
el **cuadro** painting, picture 7
¿cuál? what?, which?
cualquier any 3
¿cuándo? when?
cuanto: en cuanto a as for 11
¿cuánto,-a? how much? how many?; **¿Cuántos años tiene?** How old is he/she?; **¿Cuánto tiempo hace que...?** How long ago...?

3; **¿Cuánto tiempo hace que no...?** How long has it been since...? 3
el **cuartel de bomberos** firehouse 4
el **cuarto** quarter (hour); room
cubrir to cover 8
la **cucaracha** cockroach (4)
la **cuchara** spoon (4)
el **cuello** neck
la **cuenta** bill
el **cuento** story 2; **cuento de hadas** fairy tale 12
el **cuerpo** body
la **cuestión** matter 12
la **cueva** cave 11
el **cuidado: con cuidado** carefully 7; **tener cuidado (de)** to be careful (to)
cuidar to take care of; **cuidarse (de)** to be careful (of) 5
la **culpa** fault 2
culto,-a cultured, refined (10)
la **cultura** culture
cultural cultural 5
el **cumpleaños** birthday
cumplir to turn (*an age*) (9); **que los cumplas feliz** happy birthday to you (*from a song*) (9)
curar to cure, to treat 10
el **curso** course, class; **seguir un curso** to take a course

Ch

la **chaqueta** jacket
charlar to chat 3
la **chica** girl
los **chicharrones** pork rinds 2
el **chico** boy
el **chileno, la chilena** Chilean 9
la **chimenea** chimney 7
China (*f*) China
el **chino** Chinese
el **chiste** joke 2
chocar to wreck (1)
el **chocolate** chocolate, hot chocolate
el **chofer, la (mujer) chofer** driver (3)

la chuleta de cerdo pork chop

D

las damas checkers
el daño: hacer daño to do harm
dar* to give; **dar asco** to disgust 4; **dar de comer** to feed 4; **dar las gracias** to thank (6); **dar miedo** to frighten 2; **dar pánico** to terrify 2; **dar pena** to cause to feel sorry (for) (2); **dar una vuelta a la manzana** to take a spin around the block 8
el dato piece of information (7)
de from; of ; about
debajo de under, beneath
deber to have to, should, must
decir* to say, to tell; **decir groserías** to say bad words 6; **decir que no (sí)** to say no (yes); **es decir** that is to say; **mejor dicho** better said 4
el dedo finger; **dedo del pie** toe
dejar to leave (behind); to let, to allow 3; **dejar de** to stop (*doing something*) 10; **dejar volar la imaginación** to let one's imagination go wild 12
delante de in front of 7
el delfín dolphin 11
delgado,-a thin, slender
demasiado too much (*adv.*)
demasiado,-a too much, too many (*adj.*)
demás: los demás the others, the rest (of them) 6
dentro de inside of
el deporte sport
deportivo,-a sports (*adj.*)
deprimido,-a depressed
la derecha right
derecho,-a straight
desafortunado,-a unfortunate, unlucky (2)
desagradable disagreeable, unpleasant

desaparecer* to disappear
desarrollar to develop 8
desayunar to have breakfast
el desayuno breakfast
descansar to rest
el descubrimiento discovery (7)
descubrir to discover 8
desde from; **desde que** since 5
desear to want
el desempleo unemployment 5
desesperado,-a hopeless, desperate
el desfile parade 4
el desierto desert 8
desilusionado,-a disappointed
despedirse (e → i, i)* (de) to say good-bye (to) 3
despertarse (e → ie)* to wake up
despierto awake 12; **soñar despierto** to daydream 12
después afterward, after; **después (de)** after
destruir* to destroy, to tear down 5
la desventaja disadvantage 5
detenerse* to stop, to pause
detrás de behind
el día day; **Buenos días.** Good morning.; **Día de la Independencia** Independence Day 9; **Día de la Raza** Columbus Day 9; **Día de las Elecciones** Election Day 9; **Día de los Difuntos** All Souls' Day 9; **Día de los Enamorados** Valentine's Day 9; **Día de los Inocentes** Fool's Day 9; **Día de los Reyes Magos** Epiphany 9; **Día del Trabajo** Labor Day 9; **día feriado** (legal) holiday 9; **día tras día** day after day 10; **El día se va...** The day goes by.... 5
el diamante diamond 6
el diario diary, journal
dibujar to draw
el dibujo drawing 7; **dibujo animado** cartoon
diciembre (*m*) December

el diente tooth
difícil difficult
la dificultad difficulty
el difunto: el Día de los Difuntos All Soul's Day 9
el dinero money
¡Dios mío! My goodness!
la dirección address
dirigirse* (a) to head (for) 12
la disciplina discipline 2
el disco record
el discurso speech 9
la discusión discussion, argument 11
el disfraz costume
disfrazarse* (de) to disguise oneself (as) 9
disfrutar de to enjoy 5
dispuesto: estar dispuesto (a) to be willing (to) 3
distinto different 12
distraído,-a absent-minded (3)
la diversión amusement 2
divertido,-a fun, amusing
divertirse (e → ie, i)* to have fun
doblar to turn
el documental documentary
doler (o → ue)* to hurt
el dolor pain, ache
el domador, la domadora (de leones) (lion) tamer 2
domingo Sunday; **el domingo** (on) Sunday
¿dónde? where?; **¿De dónde eres?** Where are you (*fam. sing.*) from?
dorado,-a golden (2)
dormido,-a asleep 8
dormir (o → ue, u)* to sleep; **dormirse (o → ue, u)*** to fall asleep
el dormitorio bedroom 6
el drama drama 7
dudar to doubt 6
dudoso,-a doubtful 8
el dueño, la dueña owner (12)
dulce sweet (*adj.*)
los dulces sweets
durante during
durar to last 9
duro,-a hard (7)

E

e and (*before* i *and* hi)
echar to throw (8)
la economía economy 11
la edad age 8
el edificio building
EE.UU. U.S., United States
egoísta selfish, egotistical (3)
el ejemplo: por ejemplo for
example
el ejercicio exercise
la elección: el Día de las
Elecciones Election Day 9
el elefante elephant 2
elegir (e → i, i)* to elect 11
embargo: sin embargo
nevertheless 5
emocionado,-a excited
emocionante exciting
la empanada turnover 2
empezar (e → ie)* (a) to begin
(to), to start (to)
el empleo job, employment 10
en in, on, at
enamorado,-a in love 9; el
Día de los Enamorados
Valentine's Day 9
enamorarse (de) to fall in love
(with) 11
encantado,-a enchanted 11;
delighted
encantador, encantadora
charming, delightful (4)
encantar to be delightful, to
delight; me encanta(n)
I love, I like a lot; me
encantaría I'd love to 3
encerrado,-a enclosed, locked
in 10
encima de on top of, above
encontrar (o → ue)* to find
encontrarse (o → ue)* (con) to
meet
la encuesta survey (3)
el enemigo, la enemiga enemy 10
enero (*m*) January
la enfermedad disease, illness 10
la enfermería infirmary, school
clinic (7)

el enfermero, la enfermera
nurse
enfermo,-a sick
enfrente de in front of
el enlace link (8)
enojado,-a angry
enojar to make angry 7
enorme enormous 5
la ensalada salad
enseñar to teach
entender (e → ie)* to
understand
entero,-a entire, whole (8)
enterrar (e → ie)* to bury 11
el entierro funeral 4
entonces then
la entrada ticket (12); appetizer
entrar (en, a) to enter
entre between, among
la entrevista interview
entrevistar to interview 2
la época time (*period*) (3)
el equipo team, equipment
la equivocación mistake (5)
equivocado,-a: estar
equivocado to be wrong (9)
la erupción de un volcán volcanic
eruption 8
escalar to climb
la escalera stairs 6
el escalón stair step (12)
la escena scene 9
escribir to write
el escritor, la escritora writer 7
el escritorio desk 6
los escrúpulos scruples (10)
escuchar to listen (to)
el escudo coat-of-arms 8
la escuela school; escuela
secundaria high school
el escultor, la escultora sculptor 7
la escultura sculpture 7
el esfuerzo effort (12)
el espacio space
la espalda back
el español Spanish
el español, la española Spaniard (3)
especial special 2
especializarse (en)* to major
(in), to specialize (in) 10
la especie species 11

el espectador, la espectadora
spectator 7
el espectáculo show,
performance 2
el espejo mirror 6; el salón de
espejos hall of mirrors 2
la esperanza hope
esperar to hope 7; to wait (for)
las espinacas spinach
la esposa wife 6
el esposo husband 6
el espíritu spirit (11)
el esquí acuático water skiing
esquiar* to ski
la esquina corner 5
la estación season
el estadio stadium
el estado state 11
los Estados Unidos (*abbrev.*
EE.UU.) United States
estadounidense American
(U.S.) (2)
la estampilla stamp
estar* to be; estar de acuerdo
(con) to agree (with) 7;
estar dispuesto (a) to be
willing (to) 3; estar
equivocado to be wrong (9)
la estatua statue 7
el estilo style 6
el estómago stomach
la estrella ferris wheel 2; star
estudiantil student (*adj.*); la
residencia estudiantil
student dorm 3
estudiar to study; estudiar
para to study to be 4
los estudios studies
la estufa stove 6
evitar to avoid
exagerado,-a theatrical,
exaggerated
la excursión: ir de excursión to
go on a hike, field trip 2
exigente demanding
exigir* to demand, to require
existir to exist 2
el éxito success, hit
exótico,-a exotic 2
la explicación explanation
explicar* to explain

la exposición exhibit 2
exterior exterior 6
extranjero,-a foreign
el extranjero abroad, foreign
countries; ir al extranjero
to go abroad
extrañar to miss 5
extraño,-a strange 12
extraterrestre extraterrestrial 12

F

la fábrica factory 5
fácil easy
la falda skirt
falso,-a deceitful, two-faced 2;
false (3)
la falta lack 5
faltar to be missing, to be
lacking 11
familiar family (adj.) 3
el familiar relative
fanático,-a fanatical; ser
fanático de to be a fan of
la fantasía fantasy 12
el fantasma ghost (6); la casa de
fantasmas haunted house 2
el farmacéutico, la farmacéutica
pharmacist
la farmacia pharmacy 4
fascinante fascinating 11
el favor favor 5; Por favor.
Please.
la fe faith 9
febrero (m) February
la fecha date
¡Felicidades!
Congratulations! (10)
feliz happy 7; que los cumplas
feliz happy birthday to you
(from a song) (9)
feminista: el movimiento
feminista women's
movement 3
el fenómeno phenomenon 8
feo,-a ugly
la feria fair 2
feriado: el día feriado (legal)
holiday 9
festejar to celebrate, to feast (11)

la fiebre fever; tener fiebre to
have a fever
la fiera wild beast 10
la fiesta party; hacer una fiesta to
have a party 3
el fin goal, end; a fines de at the
end of 11; en fin all in all;
los fines de semana (on)
weekends; por fin finally
el final end (9)
la física physics
físico,-a physical
el flan baked custard, flan
la flauta flute 9
la flor flower 4
flotar to float 11
la foca seal 11
la fogata campfire
folklórico,-a folkloric 9
el fondo: al fondo in the
background 7
la forma form 11; shape
formidable great, wonderful
la fotografía photography 7
el fotógrafo, la fotógrafo
photographer
el francés French
Francia (f) France
la frecuencia frequency; ¿Con
qué frecuencia? How
often?
frecuentemente frequently,
often 3
el fregadero (kitchen) sink 6
frente a facing, opposite
la fresa strawberry
el fresco coolness; Hace fresco.
It's cool.
los frijoles beans
el frío cold; Hace frío. It's cold.;
tener frío to be cold; la
sangre fría nerves of steel 2
frito,-a fried
la frutería fruit store 4
el fuego fire; fuegos artificiales
fireworks 9
la fuente fountain 6
fuera de outside (of) 7
fuerte strong
las fuerzas armadas armed forces,
army (10)

fumar to smoke 6
fundar to found 8
el fútbol soccer; fútbol americano
football
el futuro future

G

el gabinete cupboard, cabinet 6
la galaxia galaxy 12
la gallina hen 4
el gallo rooster 4
ganar to earn, to win
el garaje garage 6
la garganta throat
gastar to spend (money)
el gasto expense 10
el gato cat
generalmente generally 4
el genio, la genio genius
la gente (sing.) people
el gerente, la gerente manager
el gigante giant 12
la gimnasia gymnastics
el gimnasio gymnasium (5)
la gira tour; de gira on tour (7)
el globo balloon 2
el gobernador, la gobernadora
governor 11
el gobierno government 9
el golpe bump, blow 6
gordo,-a fat
la gota drop (12)
gozar to enjoy (8)
la grabadora tape recorder
gracias thank you; dar las
gracias to thank (6)
graduarse* to graduate
gran, grande big, large
la granja farm 4
gratuito,-a free (10)
graznar to quack (4)
la gripe flu; tener gripe to have
the flu
gris gray
gritar to shout
la grosería: decir groserías to say
bad words 6
gruñir to grunt (4)
el grupo group

los guantes gloves
   guapo,-a good-looking
   guardar (las cosas) to put away
      (one's things) 6
la guerra war 10
   gustar to like (*lit.* to be
      pleasing)
el gusto taste, liking (9); Mucho
   gusto. Pleased to meet you.
el guía, la guía guide 8

H

haber* *See Capítulos 4, 8, 11.
   See also* hay.
el habitante, la habitante
   inhabitant 5
   habitar to live in, to inhabit 11
   hablar to speak; Hablo en
      serio. I'm serious. 10
   hacer* to do, to make;
      ¿Cuánto tiempo hace
      que...? How long ago...?
      3; ¿Cuánto tiempo hace
      que no...? How long has it
      been since...? 3; hace
      mucho (poco) a long (short)
      time ago 3; hacer planes to
      make plans 3; hacer una
      barbacoa to have a barbecue
      11; hacer una fiesta to have
      a party 3; hacer un picnic
      to go on a picnic 2; Se hace
      tarde. It's getting late. 12;
      ¡Trato hecho! It's a deal! 8
   hacerse to become
   hacia toward
el hada (*f*) fairy 12; el cuento de
   hadas fairy tale 12
   hallar to find (10)
la hamaca hammock
el hambre (*f*) hunger; pasar
   hambre to suffer from
   hunger; tener hambre to
   be hungry
   hasta (que) until 10
   hay there is, there are; hay
      que one should, it is
      necessary to; ¿Qué hay de
      nuevo? What's new? 12

el hecho fact 8
el helado ice cream
la hermana sister
el hermano brother
los hermanos brother(s) and
   sister(s)
   hermoso,-a beautiful 7
el hielo ice (11)
la hierba grass, plants; cortar la
   hierba to cut the grass 6
la hija daughter
el hijo son
los hijos children, son(s) and
   daughter(s)
   hispánico,-a Hispanic
   hispano,-a Hispanic 3
la historia history 6; story
la historieta comic book (comic
   strip)
el hogar home 6
el hombre man; hombre lobo
   werewolf 12
la hora time, hour
el horno oven 6
   hoy today
   hueco,-a hollow 6
el hueco hole 6
el huevo egg
   humano,-a: el ser humano
      human being 8
el humor mood, humor 9
el huracán hurricane 8

I

la idea idea
el idioma (*m*) language
la iglesia church
   igual equal(ly), anyway (11);
      igual que just like 11
la igualdad equality 11
   igualmente likewise
la imagen image 8
la imaginación imagination 12;
      dejar volar la imaginación
      to let one's imagination go
      wild 12
   imaginarse to imagine 5
   impaciente impatient
el impermeable raincoat

importar to be important, to
   matter 2; ¡Qué importa!
   Who cares!
   impresionante impressive 5
el impuesto tax 11
el incendio fire 8
   incluir* to include 3
   increíble incredible 8
la independencia independence 9;
      el Día de la Independencia
      Independence Day 9
   indicar to indicate (8)
el indígena, la indígena native
   inhabitant 8
   indio,-a Indian 8
el indio, la india Indian, native
   American
la industria industry 5
   infantil for children 12
la inflación inflation 10
   influir* en to influence 12
la ingeniería engineering
el ingeniero electricista, la
   ingeniera electricista
   electrical engineer
   Inglaterra (*f*) England
el inglés English
   inmediatamente immediately
   inocente: el Día de los
      Inocentes Fool's Day 9
   inolvidable unforgettable 5
el insecto insect
   instalarse to move in (6)
la institución institution 3
   interior interior 6
la interpretación interpretation 7
   introducir* (en) to introduce
      (into) 3
la inundación flood 8
   inútil useless 8
la invitación invitation 3
el invitado, la invitada guest 3
   ir* to go; El día se va... The
      day goes by.... 5; ir de
      excursión to go on a hike,
      field trip 2; irse (de) to
      leave, to go away (from) 5;
      ¡Qué va! No way! 12; Ya,
      ya. Vamos. Oh, come on
      now. 4
la isla island

Italia *f*) Italy
el italiano Italian
la izquierda left

J

el jamón ham
Japón (*m*) Japan
el japonés Japanese
el jardín garden, yard; **regar el jardín** to water the garden (yard) **6**
el jardinero, la jardinera gardener (**3**)
la jaula cage **2**
el jefe, la jefa boss
el joven, la joven young person **3**
la joya piece of jewelry
jubilarse to retire **10**
el juego game
jueves Thursday; **el jueves** (on) Thursday
el jugador, la jugadora player
jugar (**u → ue**)* to play
el jugo juice
julio (*m*) July
junio (*m*) June
juntos, juntas together **3**
justo,-a fair (**4**)
la juventud youth (**4**)

K

el kilómetro kilometer

L

el lado side **5**; **al lado de** next to, beside
el ladrillo brick **6**
el ladrón thief, robber (**6**)
el lago lake **2**; **remar en el lago** to go rowing on the lake **2**
la lámpara lamp **6**
la langosta lobster **11**
el lápiz pencil; **lápiz al carbón** charcoal crayon **7**
largo,-a long

el largo: de largo in length **8**
la lástima: ¡Qué lástima! What a shame!
latinoamericano,-a Latin American **9**
el lavaplatos dishwasher **6**
lavar to wash; **lavarse** to wash, to get washed
la lección lesson
la lectura reading
la leche milk
leer* to read
lejos de far from
lentamente slowly **2**
la lente camera lens **7**
lento,-a: en cámara lenta in slow motion **12**
el león lion **2**
levantar to lift; **levantarse** to get up, to stand up
la leyenda legend **8**
la libertad freedom **3**
libre free
la librería bookstore **4**
el librero bookshelf **6**
el libro book
la licencia license, permit; **licencia de conducir** driver's license (**1**)
limpiar to clean **3**
limpio,-a clean
la línea line **7**
listo,-a ready
la literatura literature **7**
el lobo: el hombre lobo werewolf **12**
loco,-a crazy; **volverlo loco a uno** to drive someone crazy **5**
lógico,-a logical **8**
la lucha libre wrestling
luego then
el lugar place
el lujo luxury **9**
la luna moon **8**; **luna de miel** honeymoon **11**
lunes Monday; **el lunes** (on) Monday
la luz light **5**; **cruzar una luz roja** to run a red light (**1**)

Ll

llamar to call; **llamarse** to be called
la llave key
la llegada arrival (**5**)
llegar* to arrive; **llegar a ser** to become **12**
lleno de full of **6**
llevar to take (along, out), to wear
llorar to cry
llorón, llorona crybaby **4**
llover (**o → ue**)* to rain; **Está lloviendo.** It's raining.
la lluvia rain

M

la madera wood **6**
la madre (mamá) mother (mom)
el maestro, la maestra teacher (**5**)
magnífico,-a magnificent, great (**6**)
el mago, la maga magician **12**
el maíz corn
mal (*m*), **malo,-a** bad
la maleta suitcase (**8**)
la mancha stain, spot, spill (**10**)
mandar to order **7**; to send **3**
el mandato order **8**
mandón, mandona bossy **4**
la manera way, manner **9**; **de otra manera** in a different way **3**
el mango mango **11**
la mano hand
la manta blanket **6**
la mantequilla butter
la manzana block (*city*) **8**; apple; (**dar**) **una vuelta a la manzana** (to take) a spin around the block **8**
mañana tomorrow; **pasado mañana** day after tomorrow
la mañana morning; **de la mañana** in the morning, A.M.; **por la mañana** in the morning

el **mapa** map
el **mapache** raccoon (6)
la **máquina** machine; **máquina de escribir** typewriter
el **mar** sea
maravilloso,-a wonderful
mareado,-a dizzy 2
la **marimba** marimba (*a kind of xylophone*) 9
el **marinero**, la **marinera** sailor
los **mariscos** seafood, shellfish 11
marrón brown
martes Tuesday; **el martes** (on) Tuesday
marzo (*m*) March
más more; **el** (**la**) **más** the most 2; **Más vale tarde que nunca.** Better late than never. (8)
la **máscara** mask 9
matar to kill 7
matricularse (**en**) to enroll (in) (*a school*) 10
maullar to meow (4)
mayo (*m*) May
mayor greatest, largest 10; older; **mayor que** older than
la **mayoría** majority 8
máximo: lo máximo the best, the maximum (2)
la **mecanografía** typing
la **mecedora** rocking chair 6
el **mecenas** (*sing.*) patron (of the arts) (7)
media: y media half (past the hour)
la **medianoche** midnight
la **medicina** medicine 8
el **médico**, la **médica** doctor
la **medida** measure (7)
el **medio** means (5); center, middle 8; **en medio de** in the middle of 8; **medio de transporte** means of transportation (5)
el **mediodía** noon
medir (**e → i, i**)* to measure 8
la **medusa** jellyfish 11
mejor better; **a lo mejor** maybe; **el** (**la**) **mejor** the

best; **mejor dicho** you mean to say, better said 4
mejorar to better, to improve 10
el **melón** cantaloupe
mencionar to mention 4; **ni lo menciones** don't even mention it 4
menor younger
menos before the hour; less; **a menos que** unless 10; except for (3); **por lo menos** at least
mental mental
la **mente** mind (8); **quitarse algo de la mente** to get something off one's mind 12
la **mentira** lie
menudo: a menudo often 4
el **mercado al aire libre** open-air market 4
la **mermelada** jam
el **mes** month
la **mesa** table 6; **mesita de café** coffee table 6; **mesita de noche** night table 6; **poner la mesa** to set the table 6
la **mesera** waitress
el **mesero** waiter
meterse (**en, a**) to enter, to get (into) 5
el **metro** meter 10; subway 5
la **mezcla** mixture
el **miedo** fear (12); **dar miedo** to frighten 2; **tener miedo** to be afraid
miedoso,-a scaredy-cat 2
la **miel: la luna de miel** honeymoon 11
el **miembro**, la **miembro** member
mientras while 3
miércoles Wednesday; **el miércoles** (on) Wednesday
el **minuto** minute
mío, mía my, mine 3
mirar to watch
mismo: lo mismo the same
el **misterio** mystery 12
misterioso,-a mysterious 11
la **mitad** half 8

el **mito** myth 8
la **mochila** backpack
la **moda** style, fashion; **estar a la moda** to be in style
moderno,-a modern
molestar to bother, to annoy 2
el **momento** moment 9
la **moneda** coin
el **mono** monkey 2
el **monstruo** monster (12)
montar a caballo to ride a horse 4
la **montaña** mountain; **montaña rusa** roller coaster 2
el **montón** pile, heap (12); **un montón de** a whole bunch of 12
morir(se) (**o → ue, u**)* to die 2
la **mosca** fly 12
mostrar (**o → ue**)* to show
la **moto** (*f*) motorcycle
moverse (**o → ue**)* to move 5
el **movimiento feminista** women's movement 3
la **muchacha** girl 10; **muchacha guía** Girl Scout
el **muchacho** boy 10; **muchacho explorador** Boy Scout
la **muchedumbre** crowd 5
mucho,-a much, a lot (*sing.*), many (*pl.*) (*adj.*)
mucho a lot, much (*adv.*); **hace mucho** a long time ago 3
mudarse (**a, para**) to move (to) 3
el **mueble** piece of furniture 6; **sacudir los muebles** to dust the furniture 6
la **muela** tooth, molar
la **muerte** death 9
la **mujer** woman; **la mujer salvavidas** lifeguard 11
el **mundo** world
la **muñeca** doll
el **mural** mural 7
el **músculo** muscle
el **museo** museum
el **músico**, la **música** musician 7
muy very

N

nacer* to be born **5**
nacional national **9**
nada not at all, nothing; **De nada.** You're welcome.
nadar to swim
nadie nobody
la naranja orange
la nariz nose
la natación swimming
natural natural **2**
la naturaleza nature
la Navidad Christmas Day **9**
necesario,-a necessary **8**
necesitar to need
el negocio business; **el hombre (la mujer) de negocios** businessperson
negro,-a black
nervioso,-a nervous
nevar (e → ie)* to snow **(5)**; **Está nevando.** It's snowing.
ni not even **4**; **ni...ni** neither...nor; **ni lo menciones** don't even mention it **4**
la nieta granddaughter **3**
el nieto grandson **3**
los nietos grandchildren **3**
la nieve snow
ningún, ninguna none *(adj.)*; **ningún lado** nowhere
ninguno none *(pron.)*
el niñero, la niñera babysitter **(6)**
la niñez childhood **(3)**
el niño, la niña child
el nivel de vida standard of living **10**
no no, not; **¿no?** right?, isn't it?, don't you?; **No es para tanto.** Big deal.
la noche night, evening; **Buenas noches.** Good evening/ night.; **de la noche** at night, P.M.; **de noche** at night, by night **5**; **esta noche** tonight; **la mesita de noche** night table **6**; **por la noche** at night, in the evening

la Nochebuena Christmas Eve **9**
el nombre name **6**; **poner el nombre** to name **11**
el norte (the) north **5**
norteamericano,-a American (U.S.) **(3)**
la nota grade
la noticia news item
las noticias news
la novia girlfriend
noviembre *(m)* November
el novio boyfriend
la nube cloud **10**
nublado cloudy; **Está nublado.** It's cloudy.
nuestro, nuestra our, ours **3**
nuevo,-a new; **el Año Nuevo** New Year's Day **9**; **¿Qué hay de nuevo?** What's new? **12**
el número number
nunca never; **Más vale tarde que nunca.** Better late than never. **(8)**

O

o (u before o or ho) or; o...o either...or
obediente obedient **4**
el objeto object **8**
la obra work *(of art, of literature)* **7**
el obrero, la obrera (factory) worker, laborer **5**
observar to observe
la ocasión occasion **9**
octubre *(m)* October
ocupado,-a busy
ocuparse de to take care of, to bother to **12**
ocurrir to occur, to happen **9**
la oficina office
el oficinista, la oficinista (office) worker **5**
ofrecer* to offer **3**
oír* to hear; **¡Oye!** Hey!, Listen! *(fam. sing.)*
el ojo eye
la ola wave **11**; **correr olas** to ride the waves **11**

oler* to smell **4**; **oler bien (mal)** to smell good (bad) **4**
el olor smell **4**
olvidar to forget; **olvidarse (de)** to forget **5**
la olla saucepan, pot **(4)**
la ópera opera **7**
opinar: **¿Qué opinas?** What do you *(fam. sing.)* think? **(6)**
la oportunidad occasion, opportunity **2**
la oración sentence **(7)**
la orden: **¡A sus órdenes!** At your service! **(5)**
la oreja ear *(outer)*
orgullosamente proudly **(8)**
el origen origin **8**
original original **2**
el oro gold **8**
la orquídea orchid **11**
oscuro,-a dark
el oso: **osito de peluche** teddy bear
la ostra oyster **11**
otro,-a other, another; **de otra manera** in a different way **3**
la oveja sheep **4**

P

pacífico,-a peaceful **(10)**
el padre (papá) father (dad)
los padres parents
pagar* to pay; **pagarle el pasaje a alguien** to pay someone's way **11**
el país country
el paisaje landscape **7**
el pájaro bird
la palabra word **3**
la paleta palette **7**
la palma palm tree **11**
las palomitas popcorn **2**
el pan bread
la panadería (bread) bakery **4**
la pandereta tamborine **9**
el pánico: **dar pánico** to terrify **2**
los pantalones pants
la papa potato
la papaya papaya **11**

el papel role, part 3; paper

para to, in order to, for; **para mí** as far as I am concerned, to me; **para que** so that, in order that 10

el paracaídas parachute; **saltar en paracaídas** to parachute

el paraíso paradise 11

pararse to stop, to stand up 5

parecer* to seem; **¿Qué te parece?** What do you (*fam. sing.*) think?

parecido: ser parecido a to be similar to 8

la pared wall 6

el parque park; **parque de atracciones** amusement park 2

el párrafo paragraph (7)

la parte part 9; **por todas partes** everywhere 4

el participante, la participante participant 7

participar to participate 9

el partido game, match

pasado,-a last, past

el pasado past (3)

el pasaje: pagarle el pasaje a alguien to pay someone's way 11

el pasajero, la pasajera passenger

pasar to happen 2; to pass, to go by, to spend (*time*); **pasar hambre** to suffer from hunger; **pasar la aspiradora** to vacuum 6

el pasatiempo pastime, hobby

el pase pass (*noun*) (2)

pasear to go for a ride, walk

el paseo excursion; **dar un paseo** to take a walk

el paso step (5)

el pastel pastry, cake

la pastelería pastry shop 4

patinar to skate

el patio patio, yard 6

el pato duck 4

patrón, patrona: el santo patrón patron saint 9

el pavo turkey (3)

el payaso clown 2

la paz peace 4

el pecho chest (8)

pedir (e → i, i)* to ask for, to order; **pedir perdón** to apologize, to say one is sorry (10); **pedir permiso** to ask permission 10

peinarse to comb one's hair

peleador(a) bully 4

pelear(se) to fight 6

el pelícano pelican 11

la película movie, film; **película a colores** color film (*for camera*) 7

el peligro danger 2

peligroso,-a dangerous

pelirrojo,-a redheaded

el pelo hair

la peluquería barbershop, beauty parlor 4

la pena: dar pena to cause to feel sorry (for) (2); **¡Qué pena!** What a shame!

el penitente penitent (9)

el pensamiento thought 12

pensar (e → ie)* (en) to think (about); **pensar + inf.** to plan on, to intend to

peor worse; **el (la) peor** the worst 2; **peor...que** worse...than

pequeño,-a small

la pera pear

perder (e → ie)* to lose, to miss (*fail to attend*), to waste (*time*)

la pérdida: una pérdida de tiempo a waste of time

el perdón: Perdón. Excuse me. (10); **pedir perdón** to apologize, to say one is sorry (10)

perezoso,-a lazy (6)

el periódico newspaper

el periodista, la periodista journalist

permanecer to stay, to remain (11)

el permiso: pedir permiso to ask permission 10

pero but

el perro dog; **perro caliente** hot dog 2

perseguir (e → i, i)* to chase after 12

el personaje character 12

la personalidad personality 7

pertenecer* (a) to belong (to) 11

peruano,-a Peruvian 8

la pesadilla nightmare 12

pesado boring (*lit.* heavy); **pesadísimo** very hectic, terrible; **¡Qué pesado!** How boring!, What a nuisance!

las pesas weights

el pescado fish

pescar* to fish 11

la peseta peseta (*unit of currency, Spain*) (2)

el peso weight; **peso** (*unit of currency, several Latin American countries*)

el pez fish 10

el picnic: hacer un picnic to go on a picnic 2

el pie foot; **a pie** on foot; **Yo no le veo ni pies ni cabeza.** I can't make heads or tails of it. 7

la pierna leg

la pieza piece; **pieza de cerámica** ceramic object, ceramic pot 8

el pincel artist's paintbrush 7

el pingüino penguin 11

pintar to paint 7

el pintor, la pintora painter 7

la pintura paint, painting 7

la piña pineapple 11

la pirámide pyramid 8

el pirata, la pirata pirate 11

la piscina swimming pool

el piso floor 4; **barrer el piso** to sweep the floor 6

el piyama pajamas

planchar to iron 6

los planes plans; **hacer planes** to make plans 3

el planeta planet 8

el plano floor plan 6

la planta plant 6

la plata silver 8

el plátano banana, plantain
la plática conversation, chat (12)
el platillo volador flying saucer 12
el plato plate, dish
la playa beach
la plaza plaza, square
la población people, population (8)
pobre poor; **pobrecito,-a** poor thing
la pobreza poverty 5
poco,-a little; few (*pl.*) (3); **hace poco** (*adv.*) a short time ago 3
el poco bit; **poco a poco** little by little 3; **un poco** a little (bit)
poder* to be able (to), can, may; **¡No puede ser!** It can't be!; **No puedo más.** I can't take any more.
la poesía poetry
el poeta poet 9
la política politics 11
político,-a political 11
el político, la mujer político politician 2
el pollo chicken; **el pollito** chick 4
poner* to put, to place, to set; **poner el nombre** to name 11; **poner la mesa** to set the table 6; **ponerse** to put on; **ponerse** (+ *adj.*) to become 5; **ponerse a** to begin to, to set out to (8)
por by, through 3; about, for; **por casualidad** by chance (2); **por cierto** as a matter of fact; **por eso** that's why, therefore; **¿por qué?** why?; **por supuesto** of course; **por todas partes** everywhere 4; **por último** finally (4)
porque because
portarse (**bien, mal**) to behave (well, badly) 5
Portugal (*m*) Portugal
el portugués Portuguese
posible possible 8; **lo más posible** as much as possible; **lo más rápido posible** as quickly as possible 5
el postre dessert

el precio price
preciso necessary 8
la pregunta question
preguntar to ask (*a question*)
preguntón, preguntona inquisitive (one) (2)
el premio prize
prender to turn on, to light 6
la prensa press (5)
preocupado,-a worried
preocuparse (**de, por**) to worry (about) 5
el preparativo preparation (11)
presentar to present 9
prestar to lend 6; **prestar atención** to pay attention 6
presumido,-a presumptuous, boastful (9)
el pretexto pretext, excuse 9
primero,-a first; **a primera vista** at first sight 11
el primo, la prima cousin
principal main, principal 12
el príncipe prince 12
el principio: al principio at first 4
la prisa: tener prisa to be in a hurry
probable probable 8; **probablemente** probably
probar (**o → ue**)***: probarse** to try on; **probar suerte en** to try one's luck at 2
la procesión procession 9
el producto product 8
el progreso progress 10
prohibir to forbid, to prohibit 2
prometer to promise
el pronóstico del tiempo weather forecast
pronto soon
la propiedad property (6)
la propina tip (*in a restaurant*)
propio,-a own 3
propósito: a propósito by the way 4
proteger to protect (6)
próximo,-a next
público,-a: el contador público, la contadora pública public accountant (8)

el pueblo town 2
la puerta door 6
puertorriqueño,-a Puerto Rican 9
la puesta del sol sunset (11)
el puesto job, position
el pulpo octopus 11
la pulsera bracelet
el punto point; **en punto** sharp (*time*); **punto de vista** point of view (7)
puro,-a only (3); pure 4; **de raza pura** purebred (9)

Q

que that, who, than; **lo que** that, which, what 2
¿qué? what? which (one)?; **¿Qué sé yo?** How should I know? 10; **¡Qué va!** No way! 12; **¿Y qué?** So what? 10
quedar to be left, to remain 2; to fit (*clothing*), to be located; **quedarse** to remain
quejarse (**de**) to complain (about)
querer* to want, to wish, to love; **Quisiera. . .** I'd like. . . . 10
querido,-a dear
el queso cheese
¿quién? who?; **¿De quién(es). . . ?** Whose. . . ? (*sing., pl.*); **¿Quién es?** Who is it?
la química chemistry
el quiosco kiosk, stand 2
quitarse to take off; **quitarse algo de la mente** to get something off one's mind 12
quizás maybe

R

el radio radio (set)
la radio radio (*broadcast, programming*)
la rana frog 4

rápido,-a fast, quick; **lo más rápido posible** as quickly as possible **5**

raro,-a rare **8**; strange; **rara vez** rarely, seldom (**8**)

el rascacielos skyscraper **5**

la raspadilla snow cone **2**

el rato while; **ratos libres** free time

el ratón rat, mouse (**4**); **ratón de biblioteca** bookworm (**6**)

la raza race (**8**); **de raza pura** purebred (**9**); **el Día de la Raza** Columbus Day **9**

la razón reason **12**; **tener razón** to be right

real real (**8**); royal

la realidad reality (**12**); **en realidad** really **2**

realizado,-a: **el sueño realizado** dream come true (**12**)

recibir to receive

recomendar (e → ie)* to recommend **6**

recordar (o → ue)* to remember

el recreo recess

el recuerdo souvenir

el recurso natural natural resource

rechinar to creak (**12**)

referirse (e → ie, i)* (a) to refer (to) **3**

el refresco soft drink

el refrigerador refrigerator **6**

regalar to give (*a present*) (**3**)

el regalo gift

regar (e → ie)* **el jardín** to water the garden (yard) **6**

la regla rule

regresar to return

el regreso: **de regreso** (to be) back home (**2**)

la reina queen

reír (e → i, i)* to laugh **2**; **reírse (de)** to laugh (at) **3**

relacionado,-a con related to **8**

religioso,-a religious **9**

el reloj watch, clock

relucir (c → zc)* to look bright, to shine **12**

remar to row **2**; **remar en el lago** to go rowing on the lake **2**

el repaso review (**2**)

repente: **de repente** suddenly

el reportaje report; **reportaje deportivo** sportscast, sports report

reservado,-a reserved **7**

la residencia estudiantil student dorm **3**

resolver (o → ue)* to solve, to resolve **8**

respirar to breathe (**12**)

la respuesta answer **7**

el retrato portrait **7**

la reunión get-together **3**

reunirse* to get together **9**

revelar to reveal **7**

la revista magazine

revolver (o → ue) to stir (**4**)

la revuelta civil civil revolt (**10**)

el rey king; **el Día de los Reyes Magos** Epiphany **9**

rico,-a rich **6**; good, tasty (**5**)

el río river

el ritmo rhythm **2**

el robo robbery **5**

rodeado,-a surrounded (**6**)

rojo,-a red

el rompecabezas (jigsaw) puzzle

romper (con alguien) to break (up with someone) **6**

la ropa clothes, clothing

rosado,-a pink

rubio,-a blond

el ruego request, plea (**6**)

el ruido noise

rural rural **4**

Rusia (*f*) Russia

el ruso Russian

ruso,-a: **la montaña rusa** roller coaster **2**

S

sábado Saturday; **el sábado** (on) Saturday

el sabelotodo, la sabelotodo know-it-all

saber* to know (*a fact, information*), to know how (*to do something*); **¿Qué se yo?** How should I know? **10**

sabroso,-a tasty, delicious **11**

sacar* to take, to take out, to get; **sacar la basura** to take out the garbage **6**

el saco de dormir sleeping bag

sacudir los muebles to dust the furniture **6**

sagrado,-a sacred (**11**)

el sajón, la sajona Anglo-Saxon **9**

la sala living room **6**

la salida del sol sunrise (**9**)

salir* to go out, to leave; **salir corriendo** to run away **6**

el salón de espejos hall of mirrors **2**

saltar to jump

la salud health

saludar to greet **3**

los saludos regards, greetings

salvar to save (*from danger*) (**10**)

el salvavidas, la mujer salvavidas lifeguard **11**

la sandía watermelon **11**

la sangre blood **2**; **sangre fría** nerves of steel **2**

sano,-a healthy, wholesome

santo,-a: **la Semana Santa** Holy Week, Easter week **9**

el santo saint, saint's day **9**; **santo patrón** patron saint **9**

el saxofón saxophone **9**

secar* to dry **6**

la sed thirst; **tener sed** to be thirsty

seguir (e → i, i)* to follow, to continue

según according to **3**

seguro,-a sure; **seguramente** surely, probably **8**

la selva jungle

la semana week; **la semana que viene** next week (**4**); **Semana Santa** Holy Week, Easter week **9**

sencillo,-a simple **12**

sentarse (e → ie)* to sit down **5**

sentir (e → ie, i)* to be sorry

7; **¡Cuánto lo siento!** I'm so
sorry!; **sentir(se)** to feel
la señal sign
el señor (*abbrev.* **Sr.**) sir, man
(Mr.)
la señora (*abbrev.* **Sra.**) ma'am,
woman (Mrs.)
la señorita (*abbrev.* **Srta.**) Miss,
woman
separado,-a separated **7**
separarse to get separated
septiembre (*m*) September
ser* to be; **llegar a ser** to
become **12**; **¡No seas bocón!**
Don't be a loud mouth (**8**)
ser bienvenido to be welcome
(**9**); **ser capaz de** to be capable
of **10**; **ser parecido a** to be
similar to **8**
el ser humano human being **8**
serio,-a serious; **en serio**
seriously; **Hablo en serio.**
I'm serious. **10**
la serpentina streamer **9**
la serpiente snake
servir (e → i, i)* to serve;
servir para to be good for,
to be useful for
si if
sí yes
sí (*reflexive pron.*); **sí mismo**
himself, herself **9**
la sicología psychology **9**
el sicólogo, la sicóloga
psychologist **7**
siempre always
el siglo century
el significado meaning **12**
significar* to mean **7**
siguiente next, following
la silla chair **6**; **sillas voladoras**
flying swings (*lit.*, flying
chairs) **2**
el sillón armchair **6**
simbolizar* to symbolize, to
represent **8**
el símbolo symbol **3**
simpático,-a friendly, nice,
likable
sin without; **sin embargo**
nevertheless **5**; **sin que**

without **10**
sincero,-a sincere **2**
sino (que) but rather, instead **9**
la sirena siren (**2**)
el sistema system **5**
el sitio place **9**
sobre on, over **7**; about; **sobre
todo** above all
la sobrepoblación
overpopulation **10**
sobrevivir to survive (**8**)
la sobrina niece **3**
el sobrino nephew **3**
los sobrinos niece(s) and
nephew(s) **3**
social social **5**
la sociedad society **10**
¡Socorro! Help! (**6**)
el sofá sofa **6**
el sol sun; **Hace sol.** It's sunny.;
la puesta del sol sunset
(**11**); **la salida del sol**
sunrise (**9**); **tomar el sol** to
take a sunbath
solo,-a alone, by oneself, single
sólo only
la solución solution **3**
el sombrero hat
sonar (o → ue) to ring (**6**)
el sonido sound
soñar (o → ue)* to dream **10**;
soñar despierto to
daydream **12**
la sopa soup
sorprender to surprise (**7**)
sorprendido,-a surprised
la sorpresa surprise **4**
el sótano basement **6**
la subconsciencia subconscious
12
subir to go up (**6**); **subirse a** to
get on, to ride (on) **2**
submarino,-a underwater
sucio,-a dirty **4**
el sueldo wage, salary **10**
el sueño dream, sleep; **sueño
realizado** dream come true
(**12**); **tener sueño** to be
sleepy
la suerte luck; **probar suerte en**
to try one's luck at **2**

el suéter sweater
suficiente enough **4**
sufrir to suffer **11**
la sugerencia suggestion **5**
sugerir (e → ie, i)* to suggest **3**
sumar to add (**4**)
la suntuosidad splendor (**9**)
el supermercado supermarket
supuesto: por supuesto of
course
el sur (the) south
sustituir to substitute **9**
suyo, suya your, yours (*formal
sing.*), their, theirs, his,
her, hers **3**

T

tacaño,-a stingy
tal so-called (**10**); **con tal (de)
que** provided that **10**
la talla size (*clothing*)
también also, too
el tambor drum **9**
tampoco neither, (not) either
tan such a, so; **tan...como**
as...as **2**
tanto,-a so much (*sing.*), so
many (*pl.*); **tantos,- as...
como** as many as **2**
tanto so much (*adv.*);
tanto...como as much as **2**
tardar (en) to take a long time
(to) **8**
tarde late; **más tarde** later;
Más vale tarde que nunca.
Better late than never. (**8**);
Se hace tarde. It's getting
late. **12**; **tarde o temprano**
sooner or later **12**
la tarde afternoon; **Buenas
tardes.** Good afternoon /
evening.; **de la tarde** in the
afternoon/evening, P.M.;
por la tarde in the
afternoon / evening
la tarea chore, task **4**; homework
la tarjeta card
la tarta tart, pie
el taxi taxi **5**
el té tea

el técnico technician 10
el techo roof 6
  tejer to weave, to knit 8
el tejido fabric, weaving 8
la telenovela soap opera
la televisión television
  (broadcast, programming)
el televisor television (set)
el tema (m) subject, theme (10)
el temblor earthquake, tremor (6)
el templo temple 8
  temprano early; tarde o
    temprano sooner or later 12
  tener* to have; tener ganas de
    to feel like; tener que to
    have to; tener que ver con
    to have to do with 8
  terminar to finish, to end 2
la terraza terrace 6
el terremoto earthquake 8
el tesoro treasure 11
la tía aunt
el tiburón shark 11
el tiempo time; ¿Cuánto tiempo
    hace que...? How long
    ago...? 3; ¿Cuánto tiempo
    hace que no...? How long
    has it been since...? 3; una
    pérdida de tiempo a waste
    of time
el tiempo weather; Hace buen
    (mal) tiempo. It's good
    (bad) weather.; el
    pronóstico del tiempo
    weather forecast; ¿Qué
    tiempo hace? How is the
    weather?
la tienda store, tent; levantar
    una tienda to pitch a tent
la tierra land
  tímido,-a shy, timid 4
el tío uncle
los tíos aunt(s) and uncle(s)
  tirar to throw 9
el tocadiscos record player
  tocar* to touch, to play;
    tocarle a uno to be one's
    turn 2
el tocino bacon
  todavía still
  todo,-a all; todo el mundo

everyone, everybody; todos
everyone, everybody; todos
  los días every day
tomar to drink, to have (to
    eat), to take; tomar el pelo
    to kid
la tontería nonsense (6); ¡Qué
    tontería! What nonsense!
  tonto,-a silly 2
la tormenta storm (8)
la tortilla: tortilla de huevo
    omelet; tortilla de maíz
    corn tortilla
la tortuga turtle, tortoise 11
la tos cough; tener tos to have a
    cough
el total total; Total...
    Anyway.... 10
  trabajar to work
el trabajo work, job; costar
    trabajo to be hard 12; el Día
    del Trabajo Labor
    Day 9
la tradición tradition 9
  tradicional traditional 3
la traducción translation (3)
  traducir (c → zc)* (al) to
    translate (into) 3
  traer* to bring
el tráfico traffic 5
el traje suit; traje de baño
    swimsuit
la tranquilidad tranquility,
    peace, quiet 5
  tranquilo,-a tranquil, peaceful 4
el transporte transportation 5; el
    medio de transporte means
    of transportation (5)
el trapecista, la trapecista
    trapeze artist 2
  tras: día tras día day after day 10
  tratar (de) to try (to) 7
  ¡Trato hecho! It's a deal! 8
  través: a través de through
  travieso,-a mischievous 4
  trazar* to trace, to chart 8
el trecho stretch, distance (8)
  tremendo,-a terrible, naughty 4
el tren train
  triste sad 4
la tristeza sadness 10

la trompeta trumpet 9
  tuyo, tuya your, yours (fam.
    sing.) 3

U

u or (before o or ho)
último,-a last; por último
    finally (4)
único only 4
la universidad university 10
la Unión Soviética (Rusia) Soviet
    Union (Russia)
unos, unas some, any, a few;
    (a) unos about, approximately 4
urbano,-a urban 5
usar to use, to wear
útil useful 8
la uva grape

V

la vaca cow 4
  valer to be worth (8); Más vale
    tarde que nunca. Better
    late than never. (8)
  valioso,-a valuable (7)
las variedades variety show(s)
  varios,-as several
el vecino, la vecina neighbor 6
la vela candle 9
el velero sailboat
el vendedor, la vendedora
    salesclerk
  vender to sell 2
el veneno poison 10
  venezolano,-a Venezuelan 8
  venir* to come; la semana que
    viene next week (4)
la venta sale; en venta on sale
la ventaja advantage 5
la ventana window 6
  ver* to see; A ver... Let's
    see....; tener que ver
    con to have to do with 8;
    verse to look (appear) 5; Ya
    veo. I see. 10; Yo no le veo
    ni pies ni cabeza. I can't
    make heads or tails of it. 7
  veras: ¿De veras? Really?

verdad truth; **de verdad** really, truly **¿verdad?** right?, isn't it?, don't you?

verde green

la verdura vegetable

el vestido dress

vestirse (e → i, i)* to get dressed

la vez time, instance; **a la vez** at the same time **12**; **a veces** sometimes; **en vez de** instead of **8**; **muchas veces** often; **otra vez** again; **pocas veces** rarely; **rara vez** rarely, seldom (**8**)

viajar to travel

el viaje trip; **hacer un viaje** to take a trip

la vida life; **el nivel de vida** standard of living **10**

viejo,-a old; **el Año Viejo** New Year's Eve **9**

el viento wind; **Hace viento.** It's windy.

viernes Friday; **el viernes** (on) Friday

la vista: a primera vista at first sight **11**; **el punto de vista** point of view (**7**)

vívido,-a vivid **12**

la vivienda housing **5**

vivir to live

vivo,-a bright, alert **4**

volador: el platillo volador flying saucer **12**; **las sillas voladoras** flying swings (*lit.* flying chairs) **2**

volar (o → ue)* to fly **12**; **dejar volar la imaginación** to let one's imagination go wild **12**

el volcán volcano **8**; **la erupción de un volcán** volcanic eruption **8**

la voluntad will **12**

volver (o → ue)* to return; **volverlo loco a uno** to drive someone crazy **5**

la voz voice; **bajar la voz** to lower one's voice; **en voz alta** out loud, aloud (**7**)

la vuelta turn; **(dar) una vuelta a la manzana** (to take) a spin around the block **8**

vuestro, vuestra your, yours (*fam. pl.*) (**3**)

Y

y (**e** *before* **i** *and* **hi**) and; **¿Y qué?** So what? **10**

ya already; **Ya veo.** I see. **10**; **Ya, ya. Vamos.** Oh, come on now. **4**

el yate yacht **12**

la yuca cassava, manioc **8**

Z

la zanahoria carrot

los zapatos shoes

el zoológico zoo

English-Spanish Vocabulary

A

to **abandon** abandonar
able: to be able (to) poder; **to be able to stand, to be able to bear** aguantar **6**
about (a) unos **4**; de; por; sobre
above encima de; **above all** sobre todo
abroad el extranjero; **to go abroad** ir al extranjero
absent-minded distraído,-a (**3**)
absurd absurdo,-a **2**
to **accept** aceptar **3**
accidentally accidentalmente
to **accompany** acompañar **2**
according to según **3**
accordion el acordeón **9**
accounting la contabilidad
ache el dolor
acquainted: to be acquainted with conocer*
to **act** actuar* **7**
activity actividad **2**
actor el actor
actress la actriz
addition: in addition (to) además (de)
address la dirección; **What is your address?** ¿Cuál es tu dirección?
to **admire** admirar
adolescent el adolescente, la adolescente **3**
to **advance** avanzar* **8**
advantage la ventaja **5**; **to take advantage of** aprovecharse de **5**
adventure la aventura
adventurous aventurero,-a **11**
advertisement el anuncio
advice los consejos **7**
advisable aconsejable **8**
to **advise** aconsejar
affectionate cariñoso,-a **4**
afraid: to be afraid tener miedo

after después (de); **day after day** día tras día **10**
afternoon la tarde; **Good afternoon.** Buenas tardes.; **in the afternoon** de la tarde; por la tarde
afterward después
again otra vez
against contra
age la edad **8**
agency la agencia
agitated agitado,-a
ago: How long ago...? ¿Cuánto tiempo hace que...? **3**
to **agree (with)** estar de acuerdo (con) **7**
agriculture la agricultura **8**
air el aire; **air mattress** el colchón de aire **11**; **air pollution** la contaminación del aire **5**
airport el aeropuerto
alarming alarmante **12**
album el álbum
alert vivo,-a **4**
algebra el álgebra (f)
all todo,-a; **all in all** en fin; **All Souls' Day** Día de los Difuntos **9**
to **allow** dejar **3**; permitir
almost casi
alone solo,-a
already ya
also también
although aunque **3**
always siempre
Amazon amazónico,-a
American (North, Central, South) americano,-a; **American (U.S.)** estadounidense (**2**); norteamericano,-a (**3**)
among entre
amusement la diversión **2**; **amusement park** el parque de atracciones **2**
amusing divertido,-a
analysis el análisis **7**

ancient antiguo,-a
and y (e *before* i *and* hi)
Anglo-Saxon el sajón, la sajona **9**
angry enojado,-a; **to make angry** enojar **7**
animal el animal
to **annoy** molestar **2**
another otro,-a
answer la respuesta **7**
to **answer** contestar; responder
anxious ansioso,-a (**5**)
any cualquier **3**; unos, unas
anyway total **10**; igual (**11**)
apartment el apartamento
to **apologize** pedir perdón (**10**)
apparatus el aparato **2**
to **appear** verse **5**; aparecer*
appetizer el bocadillo **3**; la entrada
apple la manzana
to **approach** acercarse* (a) **12**
approximately (a) unos **4**
April abril (*m*)
aquatic acuático,-a
Arab el árabe
archeologist el arqueólogo, la arqueóloga **8**
argument la discusión **11**
arm el brazo
armchair el sillón **6**
armed forces, army las fuerzas armadas (**10**)
arquitect el arquitecto, la arquitecta **7**
arquitecture la arquitectura **7**
to **arrange** arreglar
arrival la llegada (**5**)
to **arrive** llegar*
art el arte; **fine arts** las bellas artes **7**
artisan el artesano, la artesana **8**
artist el artista, la artista **7**; **artist's crayon, artist's pencil** el creyón **7**; **artist's paintbrush** el pincel **7**; **trapeze artist** el trapecista, la trapecista **2**

as como; as...as tan...como
2; as for en cuanto a 11; as
much as tanto...como 2; as
many as tantos,-as...como
to ask (a question) preguntar; to
ask for pedir (e → i, i)*;
to ask permission pedir
permiso 10
asleep dormido,-a 8; to fall
asleep dormirse (o → ue, u)*
aspect el aspecto 7
assault el asalto 5
astronomy la astronomía 8
at en; at least por lo menos; at
the end of a fines de 11
atmosphere el ambiente 7
to attend asistir a
attention: to pay attention
prestar atención 6
August agosto (m)
aunt la tía; aunt(s) and uncle(s)
los tíos
authority la autoridad 3
autumn el otoño
avenue la avenida
aviation la aviación
avocado el aguacate 8
to avoid evitar
awake despierto 12
aware consciente 11
Aztec (adj.) azteca 8

B

baby el bebé, la bebé (3)
back la espalda
backache el dolor de espalda
background: in the
background al fondo 7
backpack la mochila
bacon el tocino
bad mal (m), malo,-a
bakery: (bread) bakery la
panadería 4
balloon el globo 2
banana el plátano; el guineo
band la banda 9
bank el banco
baptism el bautizo 4

barbecue la barbacoa; to have
a barbecue hacer una
barbacoa 11
barbecued beef carne asada
barbershop la peluquería 4
baseball el béisbol
based: to be based on basarse
en 12
basement el sótano 6
basket la canasta 8
basketball el baloncesto
bath: to take a bath bañarse
bathroom el baño 6
to be estar*; ser*; to be able to
bear, to be able to stand
aguantar 6; to be based on
basarse en 12; to be born
nacer* 5; to be capable
of ser capaz de 10; to be
careful (of) cuidarse (de) 5;
to be glad alegrarse (de) 7;
to be hard (to do) costar
trabajo 12; to be important
importar 2; to be lacking,
to be missing faltar 11; to
be left quedar 2; to be one's
turn tocarle a uno 2; to be
similar to ser parecido a 8;
to be sorry sentir (e → ie,
i)* 7; to be willing (to) estar
dispuesto (a) 3; to be wrong
estar equivocado (9); I'm
serious. Hablo en serio. 10;
I'm so sorry! ¡Cuánto lo
siento!; isn't it? ¿verdad?;
It's a deal! ¡Trato hecho! 8
beach la playa
beans los frijoles
to bear aguantar 6
beast: wild beast la fiera 10
beautiful bello,-a 9;
hermoso,-a 7
beauty la belleza 11; beauty
parlor la peluquería 4
because porque
to become llegar a ser 12;
ponerse (+ adj.) 5; hacerse
bed la cama 6; To bed! ¡A la
cama!; to go to bed
acostarse (o → ue)*
bedroom el dormitorio 6; el

cuarto
before antes (de) que 10
to begin (to) comenzar (e → ie)*
(a); empezar (e → ie)* (a)
beginning el principio
to behave (well or badly) portarse
(bien, mal) 5
behind detrás de
being: human being el ser
humano 8
to believe creer*; I believe so.
Creo que sí.; I don't believe
it! ¡No lo creo!; I don't
believe so. Creo que no.
to belong (to) pertenecer* (a) 11
beneath debajo de
beside al lado de
besides además (de)
best: the best lo máximo (2); el
(la) mejor
better mejor; better...than
mejor...que; Better not.
Mejor no.; better said
mejor dicho 4
to better mejorar 10
between entre
bicycle la bicicleta
big gran, grande; Big deal. No
es para tanto.
bill la cuenta
billfold la billetera
biologist el biólogo, la bióloga 11
biology la biología
bird el pájaro
birthday el cumpleaños
bit: a bit un poco
black negro,-a
blanket la manta 6
block (city) la manzana 8; (to
take) a spin around the
block (dar) una vuelta a la
manzana 8
blond rubio,-a
blood la sangre 2
blouse la blusa
blow el golpe 6
blue azul
boat el barco; el bote
body el cuerpo
book el libro
bookkeeping la contabilidad

bookshelf el librero 6
bookstore la librería 4
bookworm el ratón de
    biblioteca (6)
boot la bota
bored aburrido,-a; to get bored
    aburrirse 2
boring aburrido,-a; pesado,-a;
    How boring! ¡Qué pesado!
born: to be born nacer* 5
to bother to ocuparse de 12
boss el jefe, la jefa
bossy mandón, mandona 4
to bother molestar 2
bowling el boliche; to go
    bowling jugar boliche
boy el muchacho 10; el chico;
    Boy Scout muchacho
    explorador
boyfriend el novio
bracelet la pulsera
brain el cerebro 12
Brazilian brasileño,-a 10
bread el pan; bread bakery la
    panadería 4
breakfast el desayuno; to have
    breakfast, to eat breakfast
    desayunar
break romper 6; to break up
    with someone romper con
    alguien 6
breeze la brisa
brick el ladrillo 6
bright vivo,-a 4; to look bright
    relucir (c → zc)* 12
bring traer*
brother el hermano; brother(s)
    and sister(s) los hermanos
brown marrón; (hair, eyes)
    castaño,-a
build construir* 5
building el edificio
bullfight la corrida de toros
bully peleador(a) 4
bump el golpe 6
bunch: a whole bunch of un
    montón (lit. pile, heap) 12
bury enterrar (e → ie)* 11
bus el autobús; bus terminal la
    terminal de autobuses
businessperson el hombre (la

mujer) de negocios
busy ocupado,-a
but pero; but rather sino
    (que) 9
butcher shop la carnicería
butter la mantequilla
buy comprar
by por 3; by chance acaso 11;
    por casualidad (2); by the
    way a propósito 4

C

cabinet el gabinete 6
cacao el cacao 8
café el café
cage la jaula 2
cake el pastel
calculator la calculadora
calendar el calendario 8
call llamar; to be called
    llamarse
camera la cámara; camera lens
    la lente 7
camp el campamento; summer
    camp campamento de
    verano
camp acampar
camper el acampador, la
    acampadora
campfire la fogata
can poder*; I can't make heads
    or tails of it. Yo no le veo ni
    pies ni cabeza. 7; I can't
    take any more. No puedo
    más.; It can't be! ¡No
    puede ser!
candle la vela 9
candy: cotton candy el algodón
    de azúcar 2
canoe la canoa
cantaloupe el melón
capable: to be capable of ser
    capaz de 10
capital (city) la capital 4
car el coche 5; el carro
caravel (an ancient ship) la
    carabela
card la tarjeta
care el cuidado; to take care of

ocuparse de 12; cuidar
careful: to be careful (of)
    cuidarse (de) 5; to be
    careful (to) tener cuidado
    (de); carefully con cuidado 7
carnival el carnaval 9
carrot la zanahoria
cartoon dibujo animado
case el caso 3; in case en caso
    (de) que 10; in that case en
    ese caso 3
cassava la yuca 8
cassette tape la cinta
castle el castillo 11
cat el gato
cathedral la catedral
Catholic católico,-a 9
to cause causar 12
cave la cueva 11
to celebrate celebrar 9
celebration la celebración 9
cement el cemento 6
century el siglo
ceramic cerámico,-a 8; ceramic
    piece (pot) la pieza de
    cerámica 8
certain cierto 10
chair la silla 6; rocking chair la
    mecedora 6
chalkboard el pizarrón
chance: by chance acaso 11
change el cambio 3
to change cambiar
chaperone el acompañante, la
    acompañante (3)
character el carácter 9; el
    personaje 12
characteristic típico,-a
charcoal crayon lápiz al
    carbón 7
to chart trazar* 8
to chase after perseguir
    (e → i, i)* 12
to chat charlar 3
cheap barato,-a
checkers las damas
cheerful alegre (2)
cheerfully alegremente
cheese el queso
chemistry la química
chess el ajedrez

chest el pecho (8); **chest of drawers** la cómoda 6

chick el pollito 4

chicken el pollo

child el niño, la niña

childhood la niñez (3)

children los niños; los hijos; **for children** infantil 12

Chilean el chileno, la chilena 9

chimney la chimenea 7

Chinese el chino

chocolate, hot chocolate el chocolate

choir el coro

chore la tarea 4

chorus el coro

Christmas: **Christmas Day** la Navidad 9; **Christmas Eve** la Nochebuena 9

church la iglesia

circus el circo 2

citizen el ciudadano, la ciudadana 11

city la ciudad

civic cívico,-a 9

civilization la civilización 8

class la clase; el curso

clean limpio,-a

to clean limpiar 3

client el cliente, la cliente

climate el clima 11

to climb escalar

clock el reloj

to close cerrar (e → ie)* 2; **closed** cerrado,-a 7

closet el clóset 6

close to cerca de

clothes, clothing la ropa

cloud la nube 10

cloudy nublado; **It's cloudy.** Está nublado.

clown el payaso 2

coast la costa 11

coaster: **roller coaster** montaña rusa 2

coat el abrigo

coat-of-arms el escudo 8

cockroach la cucaracha (4)

cocoa bean el cacao 8

coconut el coco 11

coffee el café; **coffee table** la

mesita de café 6

coin la moneda

cold frío,-a; **to be cold** tener frío; **to have a cold** tener catarro; **head cold** el catarro; **It's cold.** Hace frío.

to collaborate colaborar

to collect coleccionar

collector el coleccionista, la coleccionista

Colombian colombiano,-a 3

color el color 7; **color film** (*for camera*) la película a colores 7

to color colorear 7

Columbus Day el Día de la Raza 9

to comb one's hair peinarse

to come venir*; **to come near** acercarse* (a) 12; **Oh, come on now.** Ya, ya. Vamos. 4

comedy la comedia 7

comfortable cómodo,-a 4

comical cómico,-a

comic book (comic strip) la historieta

to commemorate conmemorar 9

comment el comentario 9

commerce el comercio 5

commercial el anuncio

companion el compañero, la compañera 3

to complain (about) quejarse (de)

complicated complicado,-a 5

computer la computadora; **computer programmer** el programador (la programadora) de computadoras; **computer programming** la programación de computadoras; **to work at the computer** trabajar en la computadora

concerned: **as far as I am concerned** para mí

concert el concierto

cone: **snow cone** la raspadilla 2

conflict el conflicto 11

to confuse confundir 8

Congratulations! ¡Felicidades! (10)

conscious consciente 11

conservation la conservación 11

to conserve conservar

to consist of constar de 3; consistir en

to construct construir* 5

contest el concurso

to continue seguir (e → i, i)*

to control controlar 10

conversation la conversación 10

to convince convencer (de) 10

cook el cocinero, la cocinera

to cook cocinar

cooking la cocina

cool fresco,-a; **It's cool.** Hace fresco.

corn el maíz; **corn tortilla** tortilla de maíz

corner la esquina 5

to correct corregir (e → i, i)* 10

to cost costar (o → ue)*

costume el disfraz; **costume ball** el baile de disfraces

cotton candy el algodón de azúcar 2

cough la tos; **to have a cough** tener tos

counselor el consejero, la consejera 12

to count contar (o → ue)* (9)

country el campo; el país; **country dweller** el campesino, la campesina 4

countryside el campo

course el curso; **to take a course** seguir un curso

cousin el primo, la prima

to cover cubrir 8

cow la vaca 4

cowardly cobarde 2

crab el cangrejo 11

craftsperson el artesano, la artesana 8

crayon: **artist's crayon** el creyón 7; **charcoal crayon** el lápiz al carbón 7

crazy loco,-a; **to drive someone crazy** volverlo loco a uno 5

to create crear 12

creation la creación 8

crime el crimen 5

to cross cruzar*
crowd la muchedumbre 5
to cry llorar
crybaby el llorón, la llorona 4
cuisine la cocina
cultural cultural 5
culture la cultura
cupboard el gabinete 6
to cure curar 10
current la corriente
curtain la cortina 6
custard: baked custard el flan
custom la costumbre 3
customer el cliente, la cliente
to cut cortar; to cut the grass
cortar la hierba 6

D _____

dance el baile
to dance bailar
dancer el bailarín, la bailarina 7
danger el peligro 2
dangerous peligroso,-a
dark oscuro,-a
date la cita (6); la fecha; **What
is today's date?** ¿Cuál es la
fecha de hoy?; ¿Qué fecha
es hoy?
daughter la hija; **son(s) and
daughter(s)** los hijos
day el día; **All Souls' Day** el
Día de los Difuntos 9;
Christmas Day la Navidad
9; **Columbus Day** el Día de
la Raza 9; **Election Day** el
Día de las Elecciones 9;
Fool's Day el Día de los
Inocentes 9; **Independence
Day** el Día de la
Independencia 9; **Labor
Day** el Día del Trabajo 9;
New Year's Day Año
Nuevo 9; **Valentine's Day**
el Día de los Enamorados
9; **saint's day** el santo 9;
The day goes by.... El día
se va... 5; **day after day**

día tras día 10
to daydream soñar despierto 12
deal: **It's a deal!** ¡Trato hecho! 8
dear querido,-a
death la muerte 9
debate el debate
deceitful falso,-a 2
December diciembre (*m*)
to decide decidir
decoration el adorno 3
delicious sabroso,-a 11
to delight, to be delightful
encantar; **delighted**
encantado,-a
to demand exigir*
demanding exigente
dentist el dentista, la dentista
department store el almacén 5
depressed deprimido,-a
to descend bajar
desert el desierto 8
desk el escritorio 6
desperate desesperado,-a
dessert el postre
to destroy destruir* 5
to develop desarrollar 8
diamond el diamante 6
diary el diario
dictionary el diccionario
to die morir(se) (o → ue, u)* 2
different diferente 4; distinto
12; **in a different way** de
otra manera 3
difficult difícil
difficulty la dificultad
dining room el comedor 6
dinner la cena
director el director, la
directora
dirty sucio,-a 4
disadvantage la desventaja 5
disagreeable desagradable
to disappear desaparecer*
disappointed desilusionado,-a
discipline la disciplina 2
to discover descubrir 8
discovery el descubrimiento (7)
discussion la discusión 11
disease la enfermedad 10
to disguise oneself (as)
disfrazarse* (de) 9

to disgust dar asco 4
dish el plato
dishwasher el lavaplatos 6
to dive: **to skin dive** bucear 11
dizzy mareado,-a 2
to do hacer*; **to have to do with**
tener que ver con 8
doctor el médico, la médica
documentary el documental
dog el perro; **hot dog** el perro
caliente 2
doll la muñeca
dolphin el delfín 11
domino, dominoes el dominó
don't: **don't even mention it** ni
lo menciones 4; **don't you?**
¿no?; ¿verdad?
door la puerta 6
dorm: **student dorm** la
residencia estudiantil 3
to doubt dudar 6
doubtful dudoso,-a 8
down abajo 6
downstairs abajo 6
downtown el centro
drama el drama 7
to draw dibujar
drawing el dibujo 7
dream el sueño
to dream soñar (o → ue)* 10
dress el vestido
dressed: **to get dressed**
vestirse (e → i, i)*
drink la bebida; **soft drink** el
refresco
to drink beber 9; tomar
to drive conducir*; **to drive
someone crazy** volverlo
loco a uno 5
driver el chofer, la (mujer)
chofer (3); **driver's license**
la licencia de conducir (1)
drop la gota (12)
drum el tambor 9
to dry secar* 6
duck el pato 4
during durante
to dust the furniture sacudir los
muebles 6
dweller: **country dweller** el
campesino, la campesina 4

E

each cada **2**
eagle el águila (*f*) **8**
early temprano
to **earn** ganar
earthquake el terremoto **8**
ear (*outer*) la oreja
easel el caballete **7**
Easter week la Semana Santa **9**
easy fácil
to **eat** comer; **to take out to eat** llevar a comer
economy la economía **11**
education la educación
effort el esfuerzo (**12**)
egg el huevo
egotistical egoísta (**3**)
either o; **either...or** o...o; (**not**) **either** tampoco
to **elect** elegir (e → i, i)* **11**
election la elección; **Election Day** el Día de las Elecciones **9**
electric eléctrico,-a
electrical engineer el ingeniero (la ingeniera) electricista
electronic electrónico,-a
elephant el elefante **2**
elevator el ascensor **6**
to **embrace** abrazar*
employment el empleo **10**
enchanted encantado,-a **11**
enclosed encerrado,-a **10**
end el final (**9**); el fin; **at the end of** a fines de **11**
to **end** terminar **2**
enemy el enemigo, la enemiga **10**
engineering la ingeniería
English el inglés
to **enjoy** disfrutar de **5**
enormous enorme **5**
enough suficiente **4**
to **enroll** (**in**) (*a school*) matricularse (en) **10**
to **enter** meterse (en, a) **5**; entrar (en, a)

entertainer el artista, la artista **7**
environment el ambiente **7**
Epiphany el Día de los Reyes Magos **9**
equality la igualdad **11**
equipment el equipo
eruption: volcanic eruption la erupción de un volcán **8**
European europeo,-a
eve: New Year's Eve el Año Viejo **9**
even aun **9**; **not even** ni **4**
evening la noche; la tarde; **Good evening** Buenas noches/tardes.; **in the evening** de la noche/tarde; por la noche/tarde
everybody todo el mundo; todos
every day todos los días
everyone todo el mundo; todos
everywhere por todas partes **4**
exaggerated exagerado,-a
exam el examen
example: for example por ejemplo
excellent excelente
except for menos (**3**)
exceptional excepcional
excited emocionado,-a
exciting emocionante
excursion la excursión; el paseo
excuse el pretexto **9**
Excuse me,.... Perdón... (**10**)
exercise el ejercicio
exhibit la exposición **2**
to **exist** existir **2**
exotic exótico,-a **2**
expense el gasto **10**
expensive caro,-a
experience la experiencia
to **explain** explicar*
explanation la explicación
to **explore** explorar
explorer el explorador, la exploradora
exterior exterior **6**
extraterrestrial

extraterrestre 12
eye el ojo

F

fabric el tejido **8**
fabulous fabuloso,-a
face la cara
fact el hecho **8**
factory la fábrica **5**; **factory worker** el obrero, la obrera **5**
fair la feria **2**
fair justo,-a (**4**)
fairly bastante
fairy el hada (*f*); **fairy tale** el cuento de hadas **12**
faith la fe **9**
to **fall** caerse* **2**; **to fall in love** (**with**) enamorarse (de) **11**
false falso,-a
familiar: to be familiar with conocer*
family (*adj.*) familiar **3**; la familia
famous famoso,-a
fan: to be a fan of ser fanático de
fantasy la fantasía **12**
far: far from lejos de
farm la granja **4**
to **fascinate** fascinar
fascinating fascinante **11**
fast rápido,-a
fat gordo,-a
father (**dad**) el padre (papá)
fault la culpa **2**
favor el favor **5**
favorite favorito,-a
fear el miedo
February febrero (*m*)
to **feed** dar de comer **4**
to **feel** sentir(se) (e → ie, i)*; **to feel like** tener ganas de; **to feel sorry** (**for**) dar pena (**2**)
ferris wheel la estrella **2**
fever la fiebre; **to have a fever** tener fiebre
few: a few unos, unas
field el campo; **to go on a field trip** ir de excursión **2**

fight la lucha
to fight pelear(se) 6
   fighter: fire fighter el
      bombero, la (mujer)
      bombero 4
   figure la figura
   film la película; color film (for
      camera) película a
      colores 7; detective film
      película policíaca; science
      fiction film película de
      ciencia-ficción
   finally finalmente; por fin
to find hallar (10); encontrar
      (o → ue)*; to find out
      averiguar* 6
   fine bien; fine arts las bellas
      artes 7
   finger el dedo
to finish terminar 2; acabar
   fire el incendio 8; el fuego; fire
      fighter el bombero, la
      (mujer) bombero 4
   firehouse el cuartel de
      bomberos 4
   fireworks fuegos artificiales 9
   first primero,-a; at first al
      principio 4; at first sight a
      primera vista 11
   fish el pez 10; el pescado
to fish pescar* 11
to fit (clothing) quedar
to fix arreglar
   flag la bandera
   flirtatious coqueto,-a (4)
   float el colchón de aire 11;
      (parade) float la carroza 9
to float flotar 11
   flood la inundación 8
   floor el piso; floor plan el plano
      6; to sweep the floor barrer
      el piso 6
   flower la flor 4
   flu la gripe; to have the flu
      tener gripe
   flute la flauta 9
   fly la mosca 12
to fly volar (o → ue)* 12; to fly a
      plane pilotear un avión
   flying: flying saucer el platillo
      volador 12; flying swings

(lit. flying chairs) las sillas
   voladoras 2
folkloric folklórico,-a 9
to follow seguir (e → i, i)*
   following siguiente
   food la comida
   fool: Fool's Day el Día de los
      Inocentes 9
   foot el pie; on foot a pie
   football el fútbol americano
   for para; por; as for en
      cuanto a 11
to forbid prohibir 2
   force: armed forces las fuerzas
      armadas (10)
   foreign extranjero,-a
   forest el bosque
to forget olvidarse (de) 5; olvidar
   form la forma 11
   fortunate afortunado,-a 6
to found fundar 8
   fountain la fuente 6
   free gratuito,-a (10); libre; free
      time ratos libres
   freedom la libertad 3
   French el francés
   Friday viernes (m); (on) Friday
      el viernes
   fried frito,-a
   friend el compañero, la
      compañera 3; el amigo, la
      amiga
   friendly simpático,-a
to frighten asustar 9; dar miedo 2
   frog la rana 4
   from de; desde
   front: in front of delante de 7;
      enfrente de
   fruit la fruta; fruit store la
      frutería 4
   full of lleno de 6
   fun divertido,-a; for fun en
      broma (7); to have fun
      divertirse (e → ie, i)*; to
      make fun of burlarse de 4
   funeral el entierro 4
   furniture: to dust the furniture
      sacudir los muebles 6;
      piece of furniture el
      mueble 6
   future el futuro

G

galaxy la galaxia 12
game el juego; el partido;
   video game juego
   electrónico
garage el garaje 6
garbage la basura; to take out
   the garbage sacar la basura 6
garden el jardín; to water the
   garden regar (e → ie)* el
   jardín 6
generally generalmente 4
genius el genio, la genio
geography la geografía
geometry la geometría
German el alemán
to get conseguir (e → i, i)*; to get
   (into) meterse (en, a) 5; to
   get a tan broncearse 11; to
   get away (from) alejarse
   (de) 12; to get bored
   aburrirse 2; to get off, to
   get out of bajarse 5; to get
   on subirse a 2; to get
   something off one's mind
   quitarse algo de la mente
   12; to get together
   reunirse* 9; to get up
   levantarse; It's getting late.
   Se hace tarde. 12
get-together la reunión 3
ghost el fantasma (6)
giant el gigante, la giganta 12
gift el regalo
girl la muchacha 10; la chica;
   Girl Scout muchacha guía
girlfriend la novia
to give dar*
   glad: to be glad alegrarse (de)
      7; I'm so glad! ¡Cuánto me
      alegro!
   glass: (eye)glasses los anteojos
   gloves los guantes; baseball
      glove guante de béisbol
   glutton el comilón, la comilona
to go ir*; to go away (from) irse
   (de) 5; to go by pasar; to go
   down bajar; to go on a hike,
   to go on a field trip ir de

excursión **2**; **to go on a
picnic** hacer un picnic **2**;
to go out salir*; **to go
rowing on the lake** remar
en el lago **2**; **to go with**
acompañar **2**; **The day goes
by....** El día se va... **5**
goal el fin
goat la cabra **4**
gold el oro **8**
good buen, bueno,-a; **to be
good for** servir para; **Good!**
¡Qué bueno!
good-bye adiós; **to say good-bye
(to)** despedirse (e → i, i)*
(de) **3**
good-looking guapo,-a
goodness: My goodness!
¡Dios mío!
gorilla el gorila, la gorila
government el gobierno **9**
governor el gobernador, la
gobernadora **11**
grade la nota; **to get good (bad)
grades** sacar buenas (malas)
notas
to **graduate** graduarse*
grandchildren los nietos **3**
granddaughter la nieta **3**
grandson el nieto **3**
grandfather el abuelo
grandmother la abuela
grandparents los abuelos
grape la uva
grass la hierba; **to cut the grass**
cortar la hierba **6**
gray gris
great magnífico,-a (**6**);
formidable; **Great!**
¡Fantástico!
great-grandfather el bisabuelo
great-grandmother la
bisabuela
great-grandparents los
bisabuelos **6**
greatest mayor **10**
green verde
to **greet** saludar **3**
greetings los saludos
group el grupo
to **grow** crecer*

to **guess** adivinar **5**
guest el invitado, la invitada **3**
guide el guía, la guía **8**
guitar la guitarra; **to play the
guitar** tocar la guitarra
gymnasium el gimnasio (**5**)
gymnastics la gimnasia

H _____

hair el pelo
half la mitad **8**; **half (past the
hour)** y media
hall of mirrors el salón de
espejos **2**
ham el jamón
hammock la hamaca
hand la mano; **on the other
hand** en cambio **4**
handcrafts la artesanía
to **hang (up)** colgar (o → ue)* **3**
to **happen** ocurrir **9**; pasar **2**
happily alegremente
happiness la alegría **10**
happy alegre (**2**); feliz **7**;
contento,-a
hard duro,-a (**7**); **to be hard
(to do)** costar trabajo **12**
harm: to do harm hacer daño
hat el sombrero
haunted house la casa de
fantasmas **2**
to **have** tener*; **to have (to eat)**
tomar; **to have a barbecue**
hacer una barbacoa **11**; **to
have a party** hacer una
fiesta **3**; **to have just** acabar
de + *inf.*; **to have to** deber;
tener que; **to have to do
with** tener que ver con **8**
head la cabeza; **I can't make
heads or tails of it.** Yo no le
veo ni pies ni cabeza. **7**
to **head (for)** dirigirse* (a) **12**
headache el dolor de cabeza
health la salud
healthy sano,-a
to **hear** escuchar; oír*
heart el corazón
heat el calor **7**

hectic agitado,-a
to **help** ayudar; **Help!** ¡Socorro!
(**6**); **to help at home** ayudar
en casa
hen la gallina **4**
her suyo, suya **3**; su
here aquí
hers suyo, suya **3**
herself sí mismo **9**
Hey! (*fam. sing.*) ¡Oye!
Hi! ¡Hola!
high alto,-a (**2**)
highway la carretera **5**
hike la excursión **2**; la
caminata; **to go on a hike**
ir de excursión **2**; dar
caminatas
himself sí mismo **9**
his suyo, suya **3**; su
Hispanic hispano,-a **3**;
hispánico,-a
history la historia **6**
hit (*movie, song, etc.*) el éxito
hobby el pasatiempo
hole el hueco **6**
holiday: (legal) holiday el día
feriado **9**
hollow hueco,-a **6**
Holy Week la Semana Santa **9**
home el hogar **6**; la casa; **at
home** en casa
homework la tarea
honeymoon la luna de miel **11**
hood la capucha (**9**)
hope la esperanza
to **hope** esperar **7**
hopeless desesperado,-a
horse el caballo **4**; **to ride a
horse** montar a caballo **4**
hospital el hospital
host el anfitrión **3**
hostess la anfitriona **3**
hot caliente **5**; **It's hot.** Hace
calor.; **to be hot** tener calor;
hot dog el perro caliente **2**
hotel el hotel
hour la hora; **before the hour**
menos
house la casa; **haunted house** la
casa de fantasmas **2**
housing la vivienda **5**

how? ¿cómo?; **How are you?** (*formal sing., fam. sing.*) ¿Cómo está(s)?; **How do you say…?** ¿Cómo se dice…?; **How long ago…?** ¿Cuánto tiempo hace que…? **3**; **How long has it been since…?** ¿Cuánto tiempo hace que no…? **3**; **How many?** ¿cuánto,-a?; **How many are there?** ¿Cuántos (cuántas) hay?; **How much?** ¿cuánto,-a?; **How much does it (do they) cost** ¿Cuánto cuesta(n)?; **How often?** ¿Con qué frecuencia?; **How should I know?** ¿Qué sé yo? **10**

hug el abrazo
to hug abrazar*
human being el ser humano **8**
humor el humor **9**
hunger el hambre (*f*); **to be hungry** tener hambre; **to suffer from hunger** pasar hambre
hurricane el huracán **8**
hurry el apuro **11**; la prisa; **to be in a hurry** tener prisa
to hurry apurarse **12**
to hurt doler (o → ue)*; hacer daño
husband el esposo **6**

I

ice el hielo (**11**); **ice cream** el helado
idea la idea
if si
illness la enfermedad **10**
image la imagen **8**
imagination la imaginación **12**; **to let one's imagination go wild** dejar volar la imaginación **12**
to imagine imaginarse **5**
immediately inmediatamente
impatient impaciente
important importante; **to be**

important importar **2**
impossible imposible
impressive impresionante **5**
to improve mejorar **10**
in en
to include incluir* **3**
to increase aumentar
incredible increíble **8**
independence la independencia **9**; **Independence Day** el Día de la Independencia **9**
independent independiente
Indian el indio, la india
Indian (*adj.*) indio,-a **8**
industry la industria **5**
inflation la inflación **10**
to influence influir en* **12**
to inhabit habitar **11**
inhabitant el habitante, la habitante **5**; **native inhabitant** el (la) indígena **8**
insect el insecto
inside adentro **6**; **inside of** dentro de
to insist (on) insistir (en)
instance la vez
instead en cambio **4**; sino (que) **9**; **instead of** en vez de **8**
institute el instituto
institution la institución **3**
instrument el instrumento
intelligent inteligente
to intend to pensar + *inf.*
to interest interesar
interesting interesante
interior interior **6**
interpretation la interpretación **7**
interview la entrevista
to interview entrevistar **2**
to introduce (into) introducir* (en) **3**
invitation la invitación **3**
to invite invitar
to iron planchar **6**
irresponsible irresponsable
island la isla
isn't it? ¿no?
isolated aislado,-a **11**
Italian el italiano

J

jacket la chaqueta
jam la mermelada
January enero (*m*)
Japanese el japonés
jealous celoso,-a
jellyfish la medusa **11**
jewel la joya **8**
jewelry: piece of jewelry la joya **8**
job el empleo **10**; el puesto; el trabajo
to jog correr
joke la broma **7**; el chiste **2**; **as a joke** en broma (**7**)
journal el diario
journalist el periodista, la periodista
juice el jugo
July julio (*m*)
to jump saltar
June junio (*m*)
jungle la selva
just like igual que **11**

K

key la llave
to kid tomar el pelo
to kill matar **7**
kilometer el kilómetro
kind el tipo
king el rey
kiosk el quiosco **2**
kiss el beso (**9**)
to kiss besar
kitchen la cocina **6**; **kitchen sink** el fregadero **6**
to knit tejer
to know (to be acquainted with, familiar with) conocer*; **to know** (*a fact, information*); **to know how** (*to do something*) saber*; (**to get**) **to know oneself** conocerse* **7**; **How should I know?** ¿Qué sé yo? **10**; **I don't know.** No sé.

know-it-all el sabelotodo, la sabelotodo

L

laboratory el laboratorio
Labor Day el Día del Trabajo 9
laborer el obrero, la obrera 5
lack la falta 5
lacking: to be lacking faltar 11
lake el lago 2; to go rowing on the lake remar en el lago 2
lamp la lámpara 6
land la tierra
to land aterrizar* 12
landscape el paisaje 7
language el idioma (m)
large gran, grande
largest mayor 10
last pasado,-a; último,-a
to last durar 9
late tarde; It's getting late. Se hace tarde. 12
later más tarde; sooner or later tarde o temprano 12
Latin American latinoamericano,-a 9
to laugh reír (e → i, i)* 2; to laugh (at) reírse (de) 3
lawyer el abogado, la abogada
lazy perezoso,-a (6)
to learn (to) aprender (a)
least: at least por lo menos; the least el (la) menos 2
to leave irse (de) 5; salir*; to leave (behind) dejar; to be left quedar 2
left la izquierda
leg la pierna
legal holiday el día feriado 9
legend la leyenda 8
to lend prestar 6
length: in length de largo 8
lens: camera lens la lente 7
less menos; less than menos que
lesson la lección
to let dejar 3; to let one's imagination go wild dejar volar la imaginación 12
letter la carta

library la biblioteca
license la licencia; driver's license licencia de conducir (1)
lie la mentira
life la vida
lifeguard el salvavidas 11
to lift levantar
light la luz 5; to run a red light cruzar una luz roja (1)
likable agradable; simpático,-a
like como; just like igual que 11; What is he/she like? ¿Cómo es?
to like (to be pleasing [to someone]) gustar; Do you (fam. sing.) like...? ¿Te gusta(n)...?; he/she/you (formal) likes le gusta(n); I'd like quisiera 10; me gustaría; I like.... Me gusta(n)...; I like a lot me encanta(n)
Likewise. Igualmente.
line la línea 7
lion el león 2
to listen (to) escuchar; oír; Listen! (fam. sing.) ¡Oye!
literature la literatura 7
little poco,-a; a little un poco; little by little poco a poco 3
to live vivir; to live in habitar 11
living: living room la sala 6; standard of living el nivel de vida 10
lobster la langosta 11
located: to be located quedar
locked in encerrado,-a 10
logical lógico,-a 8
long largo,-a; How long ago...? ¿Cuánto tiempo hace que...? 3; How long has it been since...? ¿Cuánto tiempo hace que no...? 3
to look (appearance) verse 5; to look bright relucir (c →zc)* 12; to look for buscar*
to lose perder (e → ie)*
lot: a lot mucho,-a (adv.); a lot of mucho,-a (adj.)

love el amor; in love enamorado,-a 9; to fall in love (with) enamorarse (de) 11
to love amar 9; querer*; I'd love to me encantaría 3; I love me encanta(n)
luck la suerte; Good luck! ¡Buena suerte!; to try one's luck at probar suerte en 2
lunch el almuerzo; to have lunch almorzar (o → ue)*
luxury el lujo 9

M

ma'am la señora (abbrev. Sra.)
machine la máquina
magazine la revista
magician el mago, la maga 12
magnificent magnífico,-a (6)
main principal 12
to major (in) especializarse (en)* 10
majority la mayoría 8
to make hacer*; to make angry enojar 7; to make fun of burlarse de 4; to make plans hacer planes 3
man el hombre; el señor (abbrev. Sr.)
manager el gerente, la gerente
mango el mango 11
manioc la yuca 8
manner la manera 9
many mucho,-a; as many as tantos,-as...como 2; so many tanto,-a; too many demasiado,-a
map el mapa
March marzo (m)
Mardi Gras el Carnaval 9
marimba (a kind of xylophone) la marimba 9
market: open-air market el mercado al aire libre 4
to marry casarse con 5
mask la máscara 9
match (sports) el partido
mathematics las matemáticas

matter el asunto 11; la cuestión 12; **as a matter of fact** por cierto

to matter importar 2

mattress: air mattress el colchón de aire 11

May mayo (*m*)

may poder*

maybe a lo mejor; quizás

mayor el alcalde, la alcaldesa 11

maximum: the maximum lo máximo (2)

meal la comida

to mean significar* 7; **you mean to say** mejor dicho 4; **What does...mean?** ¿Qué quiere decir...?

meaning el significado 12

means el medio (5); **means of transportation** el medio de transporte (5)

to measure medir (e → i, i)* 8

meat la carne

medicine la medicina 8

to meet encontrarse (o → ue)* (con)

member el miembro, la miembro

mental mental

to mention mencionar 4; **Don't even mention it.** Ni lo menciones. 4

menu el menú

merry-go-round el carrusel 2

meter el metro 10

middle el medio 8; **in the middle of** en medio de 8

midnight la medianoche

milk la leche

mind la mente (8); **to get something off one's mind** quitarse algo de la mente 12

mine mío, mía 3

minute el minuto

mirror el espejo 6; **hall of mirrors** el salón de espejos 2

mischievous travieso,-a 4

Miss la señorita (*abbrev.* Srta.)

to miss extrañar 5; (*fail to attend*) perder (e → ie)*

missing: to be missing faltar 11

mixture la mezcla

modern moderno,-a

moment el momento 9

Monday lunes; **(on) Monday** el lunes

money el dinero

monkey el mono 2

monster el monstruo (12)

month el mes

monument el monumento

mood el humor 9

moon la luna 8

more más; **more or less** más o menos; **more...than** más...que

morning la mañana; **Good morning.** Buenos días.; **in the morning** de la mañana; por la mañana

most: the most el (la) más 2

mother (mom) la madre (mamá)

motion: in slow motion en cámara lenta 12

motorcycle la moto (*f*)

mountain la montaña

mouse el ratón (4)

mouth la boca

to move moverse (o → ue)* 5; **to move (to)** mudarse (a, para) 3; **to move away (from)** alejarse (de) 12; **to move in** instalarse (6)

movement: women's movement el movimiento feminista 3

movie la película; **movies, movie theater** el cine

Mr. el señor (*abbrev.* Sr.)

Mrs. la señora (*abbrev.* Sra.)

much mucho (*adv.*); mucho,-a (*adj.*); **as much as** tanto...como 2; **as much as possible** lo más posible; **so much** tanto (*adv.*); tanto,-a (*adj.*); **too much** demasiado (*adv.*); demasiado,-a (*adj.*)

mugging el asalto 5

mural el mural 7

muscle el músculo

museum el museo

music la música

musician el músico, la música 7

must deber

my mío, mía 3; mi

mysterious misterioso,-a 11

mystery el misterio 12

myth el mito 8

N

name el nombre 6; **in the name of** en nombre de; **My name is ____.** Me llamo ____.; **What's your name?** (*formal sing., fam. sing.*) ¿Cómo se (te) llama(s)?

to name poner el nombre 11

national nacional 9

native: native (American) el indio, la india; **native inhabitant** el indígena, la indígena 8

natural natural 2; **natural resource** el recurso natural

nature naturaleza

naughty tremendo,-a 4

near cerca de; **to come near** acercarse* (a) 12

necessary necesario,-a, preciso,-a 8

neck el cuello

necklace el collar (8)

necktie la corbata

to need necesitar

neighbor el vecino, la vecina 6

neighborhood el barrio 6

neither ni; tampoco; **neither...nor** ni...ni

nephew el sobrino 3; **niece(s) and nephew(s)** los sobrinos 3

nerves of steel la sangre fría 2

nervous nervioso,-a

never nunca

nevertheless sin embargo 5

new nuevo,-a; **New Year's Day** el Año Nuevo 9; **New Year's Eve** el Año Viejo 9; **What's new?** ¿Qué hay de nuevo? 12

news las noticias; **news item** la noticia

newspaper el periódico

next próximo,-a; siguiente; **next to** al lado de

nice agradable; simpático,-a

niece la sobrina 3; **niece(s) and nephew(s)** los sobrinos 3

night la noche; **at night** de noche 5; por la noche; de la noche; **Good night.** Buenas noches.; **last night** anoche; **night table** la mesita de noche 6

nightmare la pesadilla 12

no no; **No way!** ¡Qué va! 12

nobody nadie

noise el ruido

none ningún, ninguna (*adj.*); ninguno (*pron.*)

nonsense la tontería; **What nonsense!** ¡Qué tontería!

noon el mediodía

nor ni

north el norte 5

nose la nariz

not: not at all nada; **not even** ni 4

notebook el cuaderno

nothing nada

novel la novela

November noviembre (*m*)

now ahora

nowhere ningún lado

nuisance: What a nuisance! ¡Qué pesado!

number el número

nurse el enfermero, la enfermera

O _____

OK Regular.; **OK. fine.** Está bien.; **OK, well,....** bueno,...;

obedient obediente 4

object el objeto 8

to observe observar

to obtain conseguir (e → i, i)*

occasion la ocasión 9; la oportunidad 2

to occur ocurrir 9

October octubre (*m*)

octopus el pulpo 11

of de; **of course** claro (que sí) 2; por supuesto; **of course not** claro que no 2

to offer ofrecer* 3

office la oficina; **office worker** el oficinista, la oficinista 5

often frecuentemente 3; a menudo 4; muchas veces

Oh: Oh, come on now. Ya, ya. Vamos. 4; **Oh, no!** ¡Ay, no!

oil el aceite 10

old antiguo,-a; viejo,-a; **How old is he/she?** ¿Cuántos años tiene?

older mayor; **older than** mayor que

omelet la tortilla de huevo

on sobre 7

oneself: by oneself (*adv.*) solo,-a

only único 4; sólo

open abierto,-a 7

to open abrir

open-air market mercado al aire libre 4

opera la ópera 7

to operate operar

opinion la opinión

opportunity la oportunidad 2

opposite frente a

or o (u *before* o *or* ho)

orange (*color*) anaranjado,-a; (*fruit*) la naranja

orchid la orquídea 11

order el mandato 8

order: in order that para que 10; **in order to** para

to order mandar 7; pedir (e → i, i)*

origin el origen 8

original original 2

other otro,-a; **on the other hand** en cambio 4; **the others** los demás 6

our, ours nuestro, nuestra 3

outdoors al aire libre

outside afuera 6; **outside (of)** fuera de 7

oven el horno 6

over sobre 7

overpopulation la sobrepoblación 10

owl el búho 8

own propio 3

owner el dueño, la dueña (12)

oyster la ostra 11

P _____

pain el dolor

paint la pintura 7

to paint pintar 7

paintbrush: artist's paintbrush el pincel 7

painter el pintor, la pintora 7

painting el cuadro, la pintura 7

pajamas el piyama

palette la paleta 7

palm tree la palma 11

pampered consentido,-a 4

pants los pantalones

papaya la papaya 11

paper el papel

parachute el paracaídas

to parachute saltar en paracaídas

parade el desfile 4

paradise el paraíso 11

parents los padres

park el parque; **amusement park** el parque de atracciones 2

parlor: beauty parlor la peluquería 4

part el papel 3; la parte 9

participant el participante, la participante 7

to participate participar 9; **to participate (in)** participar (en)

party la fiesta; **to have a party** hacer una fiesta 3; **party pooper** el (la) aguafiestas 2

pass el pase (2)

to pass pasar

passenger el pasajero, la pasajera

past el pasado (3)

past pasado,-a

pastime el pasatiempo

pastry el pastel; **pastry shop** la pastelería 4

path el camino

patient el paciente, la paciente

patio el patio 6

patron saint el santo patrón 9

to pause detenerse*

to pay pagar*; **to pay attention** prestar atención 6; **to pay someone's way** pagarle el pasaje a alguien 11

peace la paz 4; la tranquilidad 5

peaceful tranquilo,-a 4

pear la pera

peasant el campesino, la campesina 4

pelican el pelícano 11

pen: **ball-point pen** el bolígrafo

pencil el lápiz; **artist's pencil** el creyón 7

penguin el pingüino 11

people la gente (*sing.*)

perfect perfecto,-a

to perform actuar* 7

performance el espectáculo 2

perfume el perfume

permission: **to ask permission** pedir permiso 10

permit la licencia

to permit permitir

person la persona; **young person** el joven, la joven 3

personality la personalidad 7

Peruvian peruano,-a 8

pet el animal doméstico

pharmacist el farmacéutico, la farmacéutica

pharmacy la farmacia 4

phenomenon el fenómeno 8

photo la foto

photographer el fotógrafo, la fotógrafo

photography la fotografía 7

physical: **physical condition** la condición física; **physical education** la educación física

physics la física

pianist el pianista, la pianista

picnic: **to go on a picnic** hacer un picnic 2

picture el cuadro 7; la foto; **to take pictures** sacar fotos

pie la tarta

piece la pieza; **ceramic piece** la pieza de cerámica 8; **piece of furniture** el mueble 6; **piece of jewelry** la joya 8

pig el cerdo 4

pillow la almohada 6

pilot el piloto, la mujer piloto

pineapple la piña 11

pink rosado,-a

pirate el pirata, la pirata 11

place el sitio 9; el lugar

to place poner*

plan: **floor plan** el plano 6

plane el avión

planet el planeta 8

to plan on pensar + *inf.*

plans los planes; **to make plans** hacer planes 3

plant la planta 6

plantain el plátano

plate el plato

to play jugar (u → ue)*; (*sports*) practicar*; tocar*; **to play the piano** tocar el piano

player el jugador, la jugadora

plaza la plaza

pleasant agradable

Please. Por favor.

Pleased to meet you. Mucho gusto.

poet el poeta 9

poetry la poesía

point el punto

poison el veneno 10

police: **police officer** el policía, la mujer policía; **police station** la comisaría 4

political político,-a 11

politician el político, la mujer político 2

politics la política 11

pollution: **air pollution** la contaminación del aire 5

pool: **swimming pool** la piscina

poor pobre; **poor thing** pobrecito,-a

popcorn las palomitas 2

popular popular

pork: **pork chop** la chuleta de cerdo; **pork rinds** los chicharrones 2

portrait el retrato 7

Portuguese el portugués

position el puesto

possible posible 8; **as quickly as possible** lo más rápido posible 5

poster el cartel

post office el correo

pot: **ceramic pot** la pieza de cerámica 8

potato la papa; **sweet potato** el boniato 8

poverty la pobreza 5

to practice practicar*

to prefer preferir (e → ie, i)*

preparation la preparación

to prepare preparar; **to prepare oneself** prepararse

present actual 11

to present presentar 9

to preserve conservar

pretext el pretexto 9

pretty bonito,-a

price el precio

prince el príncipe 12

principal el director, la directora

principal principal 12

prize el premio

probable probable 8

probably seguramente 8; probablemente

problem el problema (*m*)

procession la procesión 9

product el producto 8

profession la profesión

program el programa (*m*)

to program programar

progress el progreso 10

to prohibit prohibir* 2

promise la promesa

to promise prometer

provided that con tal (de) que 10

psychologist el sicólogo, la sicóloga 7

psychology la sicología 9

Puerto Rican

puertorriqueño,-a **9**
pumpkin la calabaza **8**
pure puro,-a **4**
purebred de raza pura **(9)**
purple morado,-a
purse la bolsa
to put poner*; **to put away (one's things)** guardar (las cosas) **6**; **to put on** ponerse
puzzle: (jigsaw) puzzle el rompecabezas
pyramid la pirámide **8**

Q

quarter (hour) y cuarto
queen la reina
question la pregunta
quick rápido,-a; **as quickly as possible** lo más rápido posible **5**
quiet la tranquilidad **5**
quite bastante
quiz show el concurso

R

race: car race carrera de automóviles
radio (*broadcast, programming*) la radio; (*set*) el radio
rain la lluvia
to rain llover (o → ue)*; **It's raining.** Está lloviendo.
rainbow el arco iris **(12)**
raincoat el impermeable
to raise (*children, animals*) criar* **4**
rare raro,-a **8**
rarely pocas veces
rat el ratón **(4)**
rather bastante; **but rather** sino (que) **9**
to read leer*
ready listo,-a
real real **(8)**
reality la realidad
really en realidad **2**; de verdad;

Really? ¿De veras?
reason la razón **12**
to receive recibir
recess el recreo
to recommend recomendar (e → ie)* **6**
record el disco; **record player** el tocadiscos
red rojo,-a
redheaded pelirrojo,-a
to refer (to) referirse (e → ie, i)* (a) **3**
refrigerator el refrigerador **6**
regards los saludos
related to relacionado,-a con **8**
relative el familiar
religious religioso,-a **9**
to remain quedar **2**; quedarse
remark el comentario **9**
to remember acordarse (o → ue)* de **5**; recordar (o → ue)*
to rent alquilar **5**
to repeat repetir (e → i, i)*
to represent simbolizar* **8**
to require exigir*
reserved reservado,-a **7**
to resolve resolver (o → ue)* **8**
to respect respetar
responsibility la responsabilidad
responsible responsable
rest: the rest (of them) los demás **6**
to rest descansar
restaurant el restaurante
to retire jubilarse **10**
to return regresar; volver (o → ue)*; **to return home** regresar a (la) casa
to reveal revelar **7**
rhythm el ritmo **2**
rice el arroz
rich rico,-a **6**
ride el aparato **2**
ride: to go for a ride pasear
to ride andar*; **to ride (on)** subirse a **2**; **to ride a bike** andar en bicicleta; **to ride a horse** montar a caballo **4**; **to ride the waves** correr olas **11**
ridiculous ridículo,-a

right? ¿no? ¿verdad?; **That's right.** Así es. **3**; **to be right** tener razón
right (*direction*) la derecha
ring el anillo
river el río
roast beef la carne asada
robber el ladrón **(6)**
robbery el robo **5**
rocking chair la mecedora **6**
rock music la música rock
role el papel **3**
roller coaster la montaña rusa **2**
roof el techo **6**
room el cuarto; **dining room** el comedor **6**; **living room** la sala **6**
rooster el gallo **4**
to row remar; **to go rowing on the lake** remar en el lago **2**
royal real
rug la alfombra **6**
ruins las ruinas
rule la regla
to run correr; **to run away** salir corriendo **6**; **to run a red light** cruzar una luz roja **(1)**
rural rural **4**
rush el apuro **11**
Russian el ruso

S

sad triste **4**
sadness la tristeza **10**
to sail navegar*; **to go sailing** pasear en velero
sailboat el velero
sailor el marinero, la marinera
saint, saint's day el santo **9**; **patron saint** el santo patrón **9**
salad la ensalada
salary el sueldo **10**
sale: on sale en venta
salesclerk el vendedor, la vendedora
same: at the same time a la vez **12**; **the same** lo mismo
sand la arena **11**

Saturday sábado (*m*); (**on**) **Saturday** el sábado

saucer: flying saucer el platillo volador **12**

to save ahorrar **10**; (*from danger*) salvar (**10**)

saxophone el saxofón **9**

to say decir*; **better said** mejor dicho **4**; **to say bad words** decir groserías **6**; **to say good-bye** (**to**) despedirse (e → i, i)* (de) **3**; **to say no** (**yes**) decir que no (sí); **to say one is sorry** pedir perdón (**10**); **that is to say** es decir; **you mean to say** mejor dicho **4**

to scare asustar **9**

scaredy-cat miedoso,-a **2**

scene la escena **9**

school la escuela; **high school** escuela secundaria; (**private**) **school** el colegio

scientist el científico, la científica

scruples los escrúpulos (**10**)

sculptor el escultor, la escultora **7**

sculpture la escultura **7**

sea el mar

seafood los mariscos **11**

seal la foca **11**

season la estación

secretary el secretario, la secretaria

to see ver*; **I see.** Ya veo. **10**; **Let's see....** A ver...; **See you later.** Hasta luego.; **See you tomorrow.** Hasta mañana.

to seem parecer*

self-portrait el autorretrato **7**

selfish egoísta (**3**)

to sell vender **2**

to send mandar **3**

separated separado,-a **7**; **to get separated** separarse

September septiembre (*m*)

serious serio,-a; **I'm serious.** Hablo en serio. **10**

seriously en serio

to serve servir (e → i, i)*

to set poner*; **to set the table** poner la mesa **6**

several varios,-as

shame: What a shame! ¡Qué lástima!; ¡Qué pena!

shape la forma; **to be in good shape** estar en buena forma

to share compartir **3**

shark el tiburón **11**

sharp en punto

sheep la oveja **4**

shellfish los mariscos **11**

to shine brillar **6**; relucir (c → zc)* **12**

ship el barco

shirt la camisa; **T-shirt** la camiseta

shoe el zapato

Shoot! ¡Caramba!

shop: pastry shop la pastelería **4**

shopping: to go shopping ir de compras

short bajo,-a; corto,-a

should deber; **one should** hay que

to shout gritar

show el espectáculo **2**

to show mostrar (o → ue)*

shrimp el camarón

shy tímido,-a **4**

sick enfermo,-a

side el lado **5**

sight: at first sight a primera vista **11**

sign la señal

silly tonto,-a **2**

silver la plata **8**

similar: to be similar to ser parecido a **8**

simple sencillo,-a **12**

since (**as**) como

since desde que **5**; **How long has it been since...?** ¿Cuánto tiempo hace que no...? **3**

sincere sincero,-a **2**

to sing cantar

singer el cantante, la cantante **2**

single (*adj.*) solo,-a

sink: (kitchen) sink el fregadero **6**

sir el señor (*abbrev.* Sr.)

sister la hermana; **brother(s) and sister(s)** los hermanos

to sit down sentarse (e → ie)* **5**; **Please sit down.** (*pl.*) Siéntense, por favor.

size (*clothing*) la talla

to skate patinar

to ski esquiar*

to skin dive bucear **11**

skirt la falda

sky el cielo

skyscraper el rascacielos **5**

to sleep dormir (o → ue, u)*

sleeping bag el saco de dormir

sleepy: to be sleepy tener sueño

slender delgado,-a

slow lento,-a; **in slow motion** en cámara lenta **12**

slowly lentamente **2**

small pequeño,-a

smell el olor **4**

to smell oler* **4**; **to smell good** (**bad**) oler bien (mal) **4**

to smoke fumar **6**

snack el bocadillo **3**

snake la serpiente

snow la nieve; **snow cone** la raspadilla **2**

to snow nevar (e → ie)* (**5**); **It's snowing.** Está nevando.

so así que **7**; tan; **so many things to do** tantas cosas que hacer; **so that** para que **10**; **So what?** ¿Y qué? **10**

so-called tal (**10**)

So-so. Así, así.

soap opera la telenovela

soccer el fútbol

social social **5**

society la sociedad **10**

socks los calcetines

sofa el sofá **6**

solution la solución **3**

some (*adj.*) algún, alguna; (*pron.*) alguno; unos, unas; **some day** algún día

somebody alguien

something algo

sometimes a veces
somewhere algún lado
son el hijo; son(s) and daughter(s) los hijos
song la canción
soon pronto
sooner or later tarde o temprano 12
sorry: to be sorry sentir(se) (e → ie, i)* 7; to feel sorry (for) dar pena (2); I'm so sorry! ¡Cuánto lo siento!; to say one is sorry pedir perdón (10)
soul el alma (m) (9); All Soul's Day el Día de los Difuntos 9
sound el sonido
soup la sopa
south el sur
souvenir el recuerdo
space: outer space el espacio
Spaniard el español, la española (3)
Spanish el español
to speak hablar
special especial 2
to specialize (in) especializarse (en)* 10
species la especie 11
spectator el espectador, la espectadora 7
speech el discurso 9
to spend (money) gastar; (time) pasar
spider la araña 8
spill la mancha (10)
spin: to take a spin around the block dar una vuelta a la manzana 8
spinach las espinacas
spirit el espíritu (11)
spoiled consentido,-a 4
sport el deporte
sports (adj.) deportivo,-a; sports report, sportscast el reportaje deportivo
spot la mancha (10)
spring la primavera
square la plaza
stadium el estadio
stain la mancha (10)

stairs la escalera 6
stamp la estampilla
stand el quiosco 2
standard of living el nivel de vida 10
to stand: to be able to stand aguantar 6
to stand up pararse 5; levantarse; Stand up. (pl.) Levántense.
star la estrella
to stargaze mirar las estrellas
to start (to) comenzar (e → ie)* (a); empezar (e → ie)* (a)
state el estado 11
station: police station la comisaría 4
statue la estatua 7
steak el bistec
steel: nerves of steel la sangre fría 2
still todavía
stingy tacaño,-a
stomach el estómago; stomachache el dolor de estómago
to stop pararse 5; (doing something) dejar de 10; detenerse
store la tienda; department store el almacén 5; fruit store la frutería 4
storm la tormenta (8)
story el cuento 2; la historia
stove la estufa 6
straight derecho,-a; Go straight ahead. (formal sing.) Siga derecho.
to straighten up one's room arreglar el cuarto
strange extraño,-a 12; raro,-a
strawberry la fresa
streamer la serpentina 9
street la calle
stress la tensión
strong fuerte
struggle la lucha
student el estudiante, la estudiante
student (adj.) estudiantil; student dorm la residencia estudiantil 3

studies los estudios
to study estudiar; prepararse; to study to be estudiar para 4
style el estilo 6; to be in style estar a la moda
subconscious la subsconsciencia 12
to substitute sustituir 9
subway el metro 5
success el éxito
such: such a tan; such as como
suddenly de repente
to suffer sufrir 11
sugar el azúcar (6)
to suggest sugerir (e → ie, i)* 3
suggestion la sugerencia 5
suit el traje
suitcase la maleta (8)
summer el verano
sun el sol; It's sunny. Hace sol.
sunbath: to take a sunbath tomar el sol
Sunday domingo (m); (on) Sunday el domingo
sunglasses los anteojos de sol
sunrise la salida del sol (9)
sunset la puesta del sol (11)
supermarket el supermercado
sure seguro,-a; Sure. Cómo no. 3
surely seguramente 8
surprise la sorpresa 4
surprised sorprendido,-a
to surprise someone sorprender a (7)
survey la encuesta (3)
sweater el suéter
to sweep barrer; to sweep the floor barrer el piso 6
sweet dulce (adj.); sweet potato el boniato 8
sweets los dulces
to swim nadar
swimming la natación
swimsuit el traje de baño
swing: flying swings (lit., flying chairs) las sillas voladoras 2
symbol el símbolo 3
to symbolize simbolizar* 8
system el sistema 5

T

table la mesa **6**; **coffee table** la mesita de café **6**; **night table** la mesita de noche **6**; **to set the table** poner la mesa **6**

tail: I can't make heads or tails of it. Yo no le veo ni pies ni cabeza. **7**

to take tomar; **to take (along, out)** llevar; **to take advantage of** aprovecharse de **5**; **to take a long time (to)** tardar (en) **8**; **to take a spin around the block** dar una vuelta a la manzana **8**; **to take care of** ocuparse de **12**; **to take off** quitarse; **to take out** sacar*; **Take out paper and pencil.** (*pl.*) Saquen papel y lápiz.; **to take out the garbage** sacar la basura **6**; **to take out to eat** llevar a comer; **Take out your homework.** (*pl.*) Saquen la tarea.

tale: **fairy tale** el cuento de hadas **12**

tamborine la pandereta **9**

tamer: **(lion) tamer** el domador, la domadora (de leones) **2**

tan: **to get a tan** broncearse **11**

tape recorder la grabadora

tart la tarta

task la tarea **4**

tasty sabroso,-a **11**

tax el impuesto **11**

taxi el taxi **5**

tea el té

to teach enseñar

teacher el profesor, la profesora

team el equipo

to tear down destruir* **5**

technician el técnico **10**

teddy bear el osito de peluche

teenager el adolescente, la adolescente **3**

telephone el teléfono; **to talk on the telephone** hablar por teléfono

television (*broadcast, programming*) la televisión; (*set*) el televisor

to tell decir*; (*a story, joke*) contar (o → ue)* **4**; **Don't tell me!** (*fam. sing.*) ¡No me digas!

temple el templo **8**

tennis el tenis

tension la tensión

tent la tienda; **to pitch a tent** levantar una tienda

terrace la terraza **6**

terrible (*behavior*) tremendo,-a **4**; pesadísimo

to terrify dar pánico **2**

test el examen

than que

to thank dar las gracias (**6**); **thank you** gracias

that que; **so that** para que **10**; **that's right** así es **3**; **(in) that way** así **3**; **that which, what** lo que **2**; **that's why** por eso

theater el teatro

theatrical exagerado,-a

their suyo, suya **3**; su

theirs suyo, suya **3**

then entonces; luego

there ahí; allí; **over there** allá; **There is...., There are....** Hay...

therefore por eso

thief el ladrón (**6**)

thin delgado,-a

thing la cosa; **to put away one's things** guardar las cosas **6**

to think creer*; (about) pensar (e → ie)* (en); **I (don't) think so.** Creo que sí (no). **What do you** (*fam. sing.*) **think?** ¿Qué te parece?

thirst la sed

thirsty: **to be thirsty** tener sed

thought el pensamiento **12**

throat la garganta; **sore throat** el dolor de garganta

through por **3**; a través de

to throw echar (**8**); tirar **9**

Thursday jueves; **(on) Thursday** el jueves

thus así **3**

ticket el boleto (**8**)

tiger el tigre

time la hora; el tiempo; la vez; **a long (short) time ago** hace mucho (poco) **3**; **at the same time** a la vez **12**; **At what time...?** ¿A qué hora...?; **It's time to....** Es hora de...; **to take a long time (to)** tardar (en) **8**; **What time is it?** ¿Qué hora es?

timid tímido,-a **4**

tip (*in a restaurante*) la propina

tired cansado,-a

to a; para

today hoy; **Today is....** Hoy es...; **What is today?** ¿Qué día es hoy?

toe el dedo del pie

together juntos, juntas **3**; **to get together** reunirse* **9**

tomato el tomate

tomorrow mañana; **day after tomorrow** pasado mañana

tonight esta noche

too también

tooth el diente; la muela; **to pull a tooth** sacar una muela

toothache el dolor de muelas

top: **on top of** encima de

tortoise la tortuga **11**

total el total

to touch tocar*

tourist (*adj.*) turístico,-a

toward hacia

town el pueblo **2**

to trace trazar* **8**

tradition la tradición **9**

traditional tradicional **3**

traffic el tráfico **5**

train el tren

tranquil tranquilo,-a **4**

tranquility la tranquilidad **5**

to translate (into) traducir (c → zc)* (al) **3**

transportation el transporte **5**;

means of transportation el medio de transporte (**5**)

trapeze artist el trapecista, la trapecista **2**

to travel viajar; **to travel around the world** dar la vuelta al mundo

travel agent el agente de viajes

treasure el tesoro **11**

to treat curar **10**

tree el árbol **4**; **palm tree** la palma **11**

trip el viaje; **to take a trip** hacer un viaje

tropical tropical

true cierto

truly de verdad

trumpet la trompeta **9**

truth la verdad

to try probar (o → ue)*; **to try (to)** tratar (de) **7**; **to try on** probarse; **to try one's luck at** probar suerte en **2**

Tuesday martes; **(on) Tuesday** el martes

turkey el pavo (**3**)

turn la vuelta

turn: to be one's turn tocarle a uno **2**

to turn cumplir (**9**); doblar; **to turn into** convertirse (e → ie, i)* en **12**; **Turn left.** (*formal sing.*) Doble a la izquierda.; **to turn on** prender **6**; **Turn right.** (*formal sing.*) Doble a la derecha.

turnover la empanada **2**

turtle la tortuga **11**

two-faced falso,-a **2**

type el tipo

typewriter la máquina de escribir

typical típico,-a

typing la mecanografía

U

ugly feo,-a

uncle el tío; **aunt(s) and**

uncle(s) los tíos

under debajo de

to understand comprender; entender (e → ie)*

underwater submarino,-a

unemployment el desempleo **5**

unforgettable inolvidable **5**

unfortunate desafortunado,-a (**2**)

United States los Estados Unidos (*abbrev.* EE.UU.)

university la universidad **10**

unless a menos que **10**

unlucky desafortunado,-a (**2**)

unpleasant antipático,-a; desagradable

until hasta (que) **10**

up arriba **6**

upstairs arriba **6**

urban urbano,-a **5**

U.S. EE.UU.; Estados Unidos

to use usar

useful útil **8**; **to be useful** servir para

useless inútil **8**

V

vacation las vacaciones; **to go on vacation** ir de vacaciones

to vacuum pasar la aspiradora **6**

vacuum cleaner la aspiradora **6**

Valentine's Day el Día de los Enamorados **9**

variety shows las variedades

vegetable la verdura

very muy; **very hectic** pesadísimo

veterinarian el veterinario, la veterinaria

visit la visita

to visit visitar

vivid vívido,-a **12**

voice la voz; **to lower one's voice** bajar la voz

volcanic eruption la erupción de un volcán **8**

volleyball el volibol

W

wage el sueldo **10**

waiter el mesero

waitress la mesera

to wait (for) esperar

to wake up despertarse (e → ie)*

walk la caminata; **to take a walk** dar un paseo

to walk caminar; pasear

wall la pared **6**

to want desear; querer*

war la guerra **10**

warmth el calor **7**

to wash lavar; (*oneself*) lavarse

waste: a waste of time una pérdida de tiempo

to waste (*time*) perder (e → ie)*

watch el reloj

to watch mirar; **to watch television** ver televisión

water el agua (*f*)

water acuático,-a; **water skiing** el esquí acuático

watermelon la sandía **11**

to water the garden (yard) regar (e → ie)* el jardín **6**

wave la ola **11**; **to ride the waves** correr olas **11**

way la manera **9**; el camino; **by the way** a propósito **4**; **in a different way** de otra manera **3**; **(in) that way** así **3**; **No way!** ¡Qué va! **12**; **to pay someone's way** pagarle el pasaje a alguien **11**

weapon el arma (*f*) **10**

to wear llevar; usar

weather el tiempo; **How is the weather?** ¿Qué tiempo hace?; **It's good (bad) weather.** Hace buen (mal) tiempo.; **weather forecast** el pronóstico del tiempo

to weave tejer **8**

weaving el tejido **8**

wedding la boda **4**

Wednesday miércoles; **(on) Wednesday** el miércoles

week la semana; **Holy Week,**

Easter week la Semana Santa **9**

weekend el fin de semana; **(on) weekends** los fines de semana

weight el peso; **to gain weight** aumentar de peso; **to lose weight** bajar de peso

weights las pesas; **to lift weights** levantar pesas

welcome: You're welcome. De nada.

well bien; **Oh, pretty well.** Pues, bastante bien.

werewolf el hombre lobo **12**

whale la ballena **10**

what? ¿cuál?; ¿cómo?; ¿qué?; **So what?** ¿Y qué? **10**; **What's new?** ¿Qué hay de nuevo? **12**

wheel: ferris wheel la estrella **2**

when? ¿cuándo?

where? ¿dónde?; **where... (to)?** ¿adónde?

which? ¿cuál?; **which (one)?** ¿qué?

while mientras **3**

while el rato

white blanco, -a

who ¿quién?; que; **Who are they?** ¿Quiénes son?; **Who cares!** ¡Qué importa!; **Who is it?** ¿Quién es?

whole: a whole bunch of un montón (*lit.* **pile, heap**) **12**

wholesome sano, -a

Whose...? (*sing., pl.*) ¿De quién(es)...?

why? ¿por qué?

wife la esposa **6**

wild: to let one's imagination go wild dejar volar la imaginación **12**; **wild beast** la fiera **10**

will la voluntad **12**

willing: to be willing (to) estar dispuesto (a) **3**

to win ganar

wind el viento; **It's windy.** Hace viento.

window la ventana **6**

wing el ala (*f*) **12**

winter el invierno

to wish querer*

witch la bruja **12**

with con; **with me** conmigo; **with you** (*fam. sing.*) contigo

without sin que **10**; sin

woman la mujer; la señora (*abbrev.* Sra.); la señorita (*abbrev.* Srta.); **women's movement** el movimiento feminista **3**

wonderful maravilloso, -a

wood la madera **6**

woods el bosque

word la palabra **3**; **to say bad words** decir groserías **6**

work el trabajo; (*art, literary*) la obra **7**

to work trabajar

worker: factory worker el obrero, la obrera **5**; **office worker** el (la) oficinista **5**

world el mundo

worried preocupado, -a

to worry (about) preocuparse (de, por) **5**

worse peor; **worse...than** peor...que

worst: the worst el (la) peor **2**

Wow! ¡Caramba!

to wreck chocar (**1**)

wrestling la lucha libre

to write escribir

writer el escritor, la escritora **7**

wrong: to be wrong estar equivocado (**9**)

Y

yacht el yate **12**

yard el patio **6**; **to water the yard** regar (e → ie)* el jardín **6**

year el año; **New Year's Day** Año Nuevo **9**; **New Year's Eve** Año Viejo **9**

yearbook el anuario

yellow amarillo, -a

yes sí

yesterday ayer; **the day before yesterday** anteayer

yoga el yoga

young joven; **young person** el joven, la joven **3**

younger menor; **younger than** menor que

yours (*formal sing.*) suyo, suya **3**; (*fam. sing.*) tuyo, tuya **3**; (*fam. pl.*) vuestro, vuestra (**3**)

youth la juventud (**4**)

Z

zoo el zoológico

Index

A

adjective clauses
  imperfect subjunctive in 436
  present indicative in 324
  present subjunctive in 324
adjectives
  adding -ísimo to 56
  agreement with nouns 5
  descriptive 123, 124
  limiting 123
  long-form possessive 81–82, 86
  past participles used as 281
  position of 123–124, 127
  possessive 6, 81, 86
  with **lo** as neuter article 243, 246
  with short forms 124, 127
adverb clauses
  imperfect subjunctive in 436
  present subjunctive in 372
agreement
  of adjectives with nouns 5, 127
  of articles with nouns 5
articles
  agreement with nouns 5
  lo + adjective 243, 246

C

caerse (de)
  present tense irregular **yo** form 30
  irregular preterite 155
clothing 6
colors 7
commands
  familiar 160
    formation of 23
    irregular forms of 23
    negative forms of 23
  formal 160
    formation of 25
    irregular forms of 25
    negative forms of 25

indirect vs. direct commands 194
  nosotros commands 161, 166
  position of object and reflexive pronouns in 160, 194
  reflexive verbs in 161–162
  stem-changing verbs in 161
como si, followed by imperfect subjunctive 443
comparisons 40, 45
conditional tense
  and **si** clauses 443
  for expressing probability 408
  formation of, regular and irregular 402
  in reporting about the past 407
  uses of 402, 403, 407, 408, 443
  vs. imperfect subjunctive in polite requests 431
  with clauses followed by imperfect subjunctive 437
conducir, irregular preterite 76
conocer
  present tense spelling change 12
  vs. **saber** 12
construir, irregular preterite 155
creer. *See also* **no creer**
  irregular preterite 155
cuál, vs. **qué** 366

D

deber, in polite requests and suggestions
  conditional 403, 431
  imperfect subjunctive 428, 431
decir, irregular preterite 76
descriptive adjectives 123, 124
destruir, irregular preterite 155
diminutives
  endings -**ín(a)** and -**illo(a)** 170
  formation with -**ito(a)** 167, 170
  special meanings of 170
  uses of 167
direct object pronouns 14, 208
double object pronouns 208–209
doubt, expressing
  with imperfect subjunctive 432, 435

with present subjunctive 203, 286, 328, 435
dudar
  imperfect subjunctive after 433
  present subjunctive after 203

E

estar
  formal command form 25
  past participles with 281
  present 8
  present subjunctive 238
  preterite 22
  vs. **ser** 8

F

future tense
  expressed with **ir a** + infinitive 12, 356, 360
  for expressing probability 408, 412
  formation of 356
  irregular forms of 361

G

greetings 3
gustar
  conditional 402, 403
  prepositional pronouns with 35
  with present subjunctive 286
  verbs like 35

H

haber
  future and conditional stem 361
  imperfect 117
  present subjunctive 238
  preterite of **hay** 117
  use in past perfect 392
  use in present perfect 275
hace with expressions of time
  in the present 128–129, 132
  in the preterite 71, 75

I

imperative mood. *See* commands
imperfect subjunctive
  formation of 428, 432
  uses
    after **como si** 443
    after impersonal expressions
      436
    after **querer** + **que** 432
    after verbs and expressions of
      doubt 432, 435
    after verbs expressing
      emotion 432, 435
    after verbs like **gustar** 436
    after verbs of request,
      ordering, influence, or
      advice 432, 435
    in adjective clauses 436
    in adverbial clauses 436
    in clauses after conditional
      tense 437
    in making polite requests and
      suggestions 428, 431
    in **si** clauses 443
imperfect tense
  formation of 87–88
  irregular forms 117
  mientras with 88
  of stem-changing verbs 87–88
  uses of 87, 88, 92, 117–118
  vs. preterite 133–134, 137, 171,
    176
impersonal expressions
  with imperfect subjunctive 436
  with indicative 291
  with present subjunctive 286,
    291
impersonal statements
  with **se** 46, 50
  with **uno** 46
incluir 94
  irregular present 93
  preterite 155
indicative mood
  vs. subjunctive mood in
    adjective clauses 324, 328
  vs. subjunctive mood in
    impersonal expressions 291
indirect commands 194

indirect object pronouns 18, 35,
  208
  position with other pronouns
    208–209
  with **a** + prepositional pronoun
    18
  with the subjunctive and verbs
    of ordering and advice 242
  with verbs like **gustar** 35
infinitives
  after conjugated verbs 292
  and verbs that take a
    preposition 296
  as objects of prepositions 292
  as subjects 292
interrogatives. *See* questions
introducir, irregular preterite 76
ir
  command forms
    formal command 25
    irregular familiar command 23
    nosotros command 161
  imperfect 117
  ir a + infinitive
    in the imperfect 118
    to express future 12, 356, 360
  past participle 275
  present 12
  present subjunctive 238
  preterite 22
  use of in progressive tenses 323
irregular verbs. *See specific verb*
  entries and verb tenses

L

leer
  preterite 155
  verbs like 155
limiting adjectives 123
lo
  + adjective 243, 246
  in proverbs and sayings 285

M

maps *ix–xi*
más...que and **menos...que** 45,
  51

mientras, with imperfect tense 88
morir(se), present tense stem
  change 57

N

negative expressions, present
  subjunctive after 203, 324
no creer. *See also* **creer**
  imperfect subjunctive after 432
  present subjunctive after 203
nosotros commands 161–162, 166
nouns, agreement with
  adjectives and articles 5
numbers, ordinal 3

O

object pronouns. *See also* direct
  object pronouns; double object
  pronouns; indirect object
  pronouns
  position in direct and indirect
    commands 160, 194
  with past perfect 392
  with present perfect 276
oír, irregular preterite 155
oler, irregular present 112

P

para
  uses of 253
  vs. **por** 253
  with relative pronouns 397, 401
parts of the body 15
passive voice 281
past participles. *See also* present
  perfect tense
  as adjectives 281
  formation of 275
  irregular forms 276
past perfect tense
  formation of 392
  reflexive and object pronouns
    with 392
  use of 392
  vs. preterite 396

Art Credits

Penny Carter: pp. 32, 33, 45, 169, 215, 251, 259, 318, 323, 352

Marie DeJohn: pp. 50, 86

Sue Durban: pp. 31, 47, 71, 84, 113, 114, 119, 137, 143, 144, 170, 179, 191, 218, 219, 255, 270, 271, 272, 290, 309, 310, 313, 322, 367, 377, 383, 389, 401, 411, 419, 425, 428, 447, 448, 457, 458, 459, 460, 461, 462, 463

Felipe Galindo: pp. 5, 6, 9, 11, 12, 14, 16, 18, 20, 25, 27, 35, 46, 52, 76, 82, 88, 114, 118, 124, 129, 134, 155, 162, 167, 169, 171, 177, 178, 179, 194, 199, 203, 209, 217, 233, 234, 235, 238, 243, 248, 253, 276, 281, 286, 292, 309, 310, 313, 319, 324, 329, 353, 354, 356, 361, 366, 372, 392, 403, 408, 432, 437, 443

David Griffin: pp. 8, 10, 15, 41, 63, 121, 126, 135, 192, 234, 251, 277, 285, 290, 293, 314, 320, 333, 338, 340, 353, 358, 363, 371, 375, 390, 394, 399, 405, 425, 426, 441, 452, 455

Pam Ford Johnson: pp. 115, 135, 272

Kathie Kelleher: p. 190

Mike Krone: pp. 7, 53

Bill Negron: pp. 151, 152, 202

Lane Yerkes: pp. 69, 72, 100, 101, 158, 172, 174, 212, 258, 261

Photo Credits

Abbreviations used: (t)top; (c)center; (b)bottom; (l)left; (r)right; (i)inset.

Table of contents: Page iv(t), HRW Photo by Russell Dian; iv(c), Stuart Cohen / Stock Boston; iv(b), HRW Photo by Russell Dian; v(t), U. Stustedt / Alpha / FPG International; v(c), Robert Frerck / Odyssey Productions; v(b), FPG International; vi(t), Robert Frerck / Odyssey Productions; vi(tc), Lee Boltin; vi(bc), Robert Frerck / Odyssey Productions; vi(b), Joe Viesti; vii(t), Dave Bartruff / Alpha / FPG International; vii(b), The Bettmann Archive.

Capítulo 1: Page xii(tl), Virginia Ferrero / D.D.B. Stock Photo; xii(tr), Marita Adair Hidalgo; xii(bl), HRW Photo by Russell Dian; xii(br), Joe Viesti; 1, Joe Viesti; 2, Robert Fried; 24, Joe Viesti; 27, Robert Frerck / Odyssey Productions.

Capítulo 2: Page 28(tl), Stuart Cohen / Stock Boston; 28(tr), Peter Menzel; 28(bl), Owen Franken / Stock Boston; 28(br), Erika Stone; 29, Steve Caspersen / Art Resource; 30, HRW Photo by Russell Dian; 34, Jerry W. Myers / FPG; 36, Mark Antman / Image Works; 39, Kent Oppenheimer / FPG; 43, Joe Viesti; 44, Steve Vidler / Leo deWys; 48(tl), Robert Frerck / Odyssey Productions; 48(bl), 48(c), Keith Dannemiller; 48(tr), 48(br), Robert Frerck / Odyssey Productions; 53(t), Courtesy, Communications Plus / Dominican Republic; 55, Shooting Star; 56, David Hiser / Photographers / Aspen; 57, HRW Photo by Julia Boltin; 58, Addison Geary / Stock Boston; 60, W. Fischer / FPG; 61, Cameramann International, Ltd.; 62, Norma Morrison.

Capítulo 3: Page 66(tl), HRW Photo by Russell Dian; 66(tr), D. Donne Bryant; 66(bl), 66(br), Cameramann International, Ltd.; 67, Chuck Beckley / Southern Light; 68, HRW Photo by Chris Thompson; 73, Michal Heron / Woodfin Camp; 74, Peter Menzel; 77, Cameramann International, Ltd.; 79 Shooting Star; 80, AP / Wide World Photo; 83, Michal Heron / Woodfin Camp; 89, Joe Viesti; 90, Richard Erdoes / Shostal; 93, HRW Photo by Russell Dian; 94, Robert Brenner; 95, HRW Photo by Russell Dian; 99, HRW Photo by Ruben Guzman.

Gaceta 1: Page 103, John Kelly / The Image Bank; 105, Sandy Roessler / FPG; 106, Miguel / The Image Bank; 107, Walter Chandoha; 108, David Wells / Image Works; 109(l), Cameramann International, Ltd.; 109(r), Norman Prince.

Capítulo 4: Page 110(tl), Brad Schafer / D. Donne Bryant; 110(tr), Joe Viesti; 110(bl), Cameramann International, Ltd.; 110(br), Norman Prince; 111(l), U. Stustedt / Alpha; 111(r), HRW Photo by Joe Viesti; 112, HRW Photo by Russell Dian; 116, Four By Five; 120(b), HRW Photo by Victor Englebert; 122, Robert Fried; 125, Luis Villotta; 130, Loren McIntyre; 136, HRW Photo by Tor Eigeland; 138, HRW Photo by Russell Dian; 139, HRW Photo by Tor Eigeland; 142, 146, Stuart Cohen.

Capítulo 5: Page 148(tl), Joe Viesti; 148(tr), Robert Frerck / Odyssey Productions; 148(bl), Nick Nicholson; 148(br), Joachim Messerschmidt / Bruce Coleman, Inc.; 149, Cameramann International, Ltd.; 150, HRW Photo by Russell Dian; 153, Chip and Rosa María de la Cueva Peterson; 154, HRW Photo by Russell Dian; 157, Cameramann International, Ltd.; 160, Katherine Lambert; 163, Victor Englebert; 168, Owen Franken; 173, Victor Englebert; 175, Cameramann International, Ltd.; 180, Bruce Coleman, Inc.; 182, Bob Schalkwijk.

Photo Credits (continued)

Capítulo 6: Page 186(tl), Stuart Cohen; 186(tr), Peter Menzel; 186(bl), FPG International; 186(br), Robert Frerck / Odyssey Productions; 187, John Launois / Black Star; 188(t), Stuart Cohen; 188(b), Robert Frerck / Odyssey Productions; 189(t), June Harrison / Stock Shop; 189(b), HRW Photo by Rafael Ramírez; 196, Stuart Cohen; 201, Foto Laminadas de Puerto Rico; 204, Joe Viesti; 205, 210, Chip and Rosa María de la Cueva Peterson; 211, Victor Englebert; 213, Robert Frerck / Odyssey Productions; 214, HRW Photo by Russell Dian; 220, Joe Viesti.

Gaceta 2: Page 223, HRW Photo by John Running; 225, Four By Five; 226, 227(l), 227(r), La Revista; 228, 229, Susan Torrey.

Capítulo 7: Page 230(tl), Courtesy Garth Clark Gallery; 230(tr), Robert Frerck / Odyssey Productions; 230(br), Four By Five; 231, Joe Viesti; 235, Tom Vinetz; 239, Three Lions; 242(tl), 242(tc), 242(tr), 242(cl), 242(c), 242(cr), Courtesy Columbia Pictures; 242(b), Joe Viesti; 244, Xurxo Lobato; 245, Leslie Bauman; 246, Three Lions; 249, Susan Van Etten / The Picture Cube; 252, HRW Photo by Yoav Levy; 254, Peter Menzel / Stock Boston; 263, Languepin / Photo Researchers; 265, Robert Frerck / Odyssey Productions; 266, HRW Photo by Helena Kolda.

Capítulo 8: Page 268(tl), David Phillips; 268(tr), Lee Boltin; 268(bl), Robert Frerck / Odyssey Productions; 268(br), Three Lions; 269, Joe Viesti; 274, Bradley Smith / Gemini Smith, Inc.; 278, Bettmann Archives; 280, 282, Lee Boltin; 283, Leo deWys; 284, Bradley Smith / Gemini Smith, Inc.; 287, Robert Frerck / Odyssey Productions; 289, 291, Lee Boltin; 293, Peter Frey / Image Bank; 294, Bettmann Archive; 295(t), 295(b), 296, Bradley Smith / Gemini Smith, Inc.; 297(l), Loren McIntyre / Woodfin Camp; 297(r), Gerhard Gscheidle / Image Bank; 300, D. Donne Bryant; 302, Joe Viesti.

Capítulo 9: Page 306(tl), 306(tr), Robert Frerck / Odyssey Productions; 306(bl), D. Donne Bryant; 306(br), 307, 308, Robert Frerck / Odyssey Productions; 315, Eduardo Fuss; 316, Spanish National Tourist Office / Madrid; 320, Diane Schmidt / Gartman Agency; 326, Joe Viesti; 327, Etienne Montes / Gamma Liaison; 328, Joe Viesti; 331, Kal Muller / Woodfin Camp; 334, Chip and Rosa María de la Cueva Peterson; 335, Joe Viesti; 337, Walter R. Aguiar.

Gaceta 3: Page 343, Judith Bronowski / The Works; 344, Shostal Associates; 346, Judith Bronowski / The Works; 347, ¡Hola! Magazine; 348(l), 348(r), 349, Geomundo Magazine.

Capítulo 10: Page 350(tl), Chip and Rosa María de la Cueva Peterson; 350(cr), Joe Viesti; 350(bl), NASA; 351, Robert Fried; 359, Bruno Zehnder; 363, Robert Frerck / Odyssey Productions; 368, F. Gohier / Photo Researchers; 369, David Mangurian; 373, Moldvay / After Image; 374(t), NASA; 374(b), Robert Frerck / Odyssey Productions; 378, Stuart Cohen; 380, Discos CBS International; 382, R. Maiman / Sygma.

Capítulo 11: Page 386(tl), Dave Bartruff / Alpha / FPG International; 386(tr), G. Marche / FPG; 386(bl), Joe Viesti; 386(br), Four By Five; 387, Max Bea Hunn / DDB Stock Photo; 388, Chip and Rosa María de la Cueva Peterson; 393, Four By Five; 395(t), Courtesy, Ministry of Tourism / Madrid; 395(b), Chip and Rosa María de la Cueva Peterson; 398, 399, Shostal; 400, Four By Five; 403, 404, 407(r), Joe Viesti; 409(t), Steve Vidler / Leo de Wys; 409(b), Lancio Film; 410(t), HRW Photo by Richard Weiss; 410(b), George Holton / Photo Researchers; 413, Dana Hyde / Photo Researchers; 415, Travelpix / FPG International; 416, Clyde H. Smith / FPG; 418, Four By Five.

Capítulo 12: Page 422(tl), The Bettmann Archive; 422(tr), Robert Frerck / Odyssey Productions; 422(bl), Scala / Art Resource; 422(br), Alan Gutiérrez; 423, Christopher Springmann / The Stock Market; 424, Chip and Rosa María de la Cueva Peterson; 425(l), Kobal Collection; 425(c), Movie Star News; 425(r), Yoram Kahana; 427, Shostal; 430, Douglas Kirkland / Woodfin Camp; 433, Bruno J. Zehnder / Peter Arnold, Inc.; 434, Wide World Photos; 435, The Photo Source; 438, Hispanic Society of America; 439, New York Public Library, General Research Division / Astor, Lenox and Tilden Foundations; 440, The Bettmann Archive; 442, Alan Gutiérrez; 444, Courtesy, Avianca, The Colombian Airlines; 446, Kobal Collection.